飛鳥・藤原京の謎を掘る

国際日本文化研究センター教授
千田稔

奈良国立文化財研究所
埋蔵文化財センター研究指導部長
金子裕之

共編著

文英堂

プロローグ／20世紀最後の大発見！

●飛鳥・酒船石遺跡の亀形石造物は何だろう

▼二〇〇〇年二月、明日香村岡の酒船石《さかふねいし》の下方の石敷き苑池《えんち》状遺構から二メートル余の亀形石造物が出土したので、私の考えを記す。年代的には七世紀後半の斉明《さいめい》女帝の頃とする見方でよいだろう。

　亀の石造物が出土した遺構についての解釈の重要なポイントは、その立地である。この位置は、斉明天皇が両槻宮《ふたつきのみや》を作った多武峰《とうのみね》の西北麓の谷地形部にある。両槻宮は天宮《あまつみや》《てんきゅう》とよばれ、道教《どうきょう》の仙人《せんにん》の宮のことである。つまり、神仙境《しんせんきょう》とよばれた理想郷を見立てた宮である。両槻宮が仙人に関係する道教寺院であることは、『日本書紀』に「観《たかどの》」と表記されていることで、道観のことをさす。現代の中国にも多くの道観がある。そこで、発見された亀形石造物は、遺構の位置から考えて、両槻宮との関係を考えるのが最も自然である。その理由を以下に示そう。

㈠　中国文献で、今回の状況を最も端的に示すのは『楚辞《そじ》』（中国・戦国時代の楚の屈原《くつげん》と門下の詩集）の天門扁に「大亀が山を背負い手を打って舞うというのに、どうして蓬莱山《ほうらいさん》を無事に落とさずにいられるのか……」（目加田誠訳）という表現がある。その注として、王逸《おういつ》（後漢の人）は「『列仙伝《れっせんでん》』を引き、大亀が背に蓬莱山を負い、手を打って蒼海《そうかい》の中で戯《たわむ》れる」と記している。

　ここまで書けば、このたびの亀形石造物を配する遺構の謎は、完全に解き明かされたことになる。すこし説明をくわえると、多武峰は天宮であるから蓬莱山になぞらえることができ、その麓にそれを支える大亀を配置したということである。あまりにも、みごとに『楚辞』のモチーフに合った構図ではないかと、長年日本の道教の痕跡を探求していた私は感嘆した。いや、こんな感動ははじめてといってよい。

(二) 飛鳥の時代よりもやや下がるが、次の藤原京に関する万葉歌も同様の意味を歌ったものである。

藤原役民の作る歌

……わが作る　日の御門《みかど》に　知らぬ国　寄《よ》し巨勢道《こせぢ》より　わが国は　常世《とこよ》にならむ　図負《ふみお》へる　神《あや》しき亀も　新代《あらたよ》と……(巻一—五〇)

「図負へる」とは、常世という図を負ったという意味である。常世とは神仙境と同じ意味で、そのような図を背に負って神々しい亀が、自分たちの宮に、まだ服しない国々を従わせようと大和南部の巨勢道から寄ってくるという。

(三) 日本人に最も親しみ深いのは、浦島太郎《うらしまたろう》(古代では浦島子《うらしまのこ》)の話である。『日本書紀』雄略《ゆうりゃく》天皇二十二年七月条にみえるが、亀の背に乗って浦島子が海の蓬莱山に行くのもこの遺構のモチーフとよくあう。なお、玄武《げんぶ》説と考えられる説もあるが、亀にからむ蛇の形をとっていないこと、頭部を南面して配置すべき理由が希薄なことなどから、検討すべき疑問点がいくらかある。

(千田　稔)

▼酒船石遺跡は斉明女帝(在位六五五～六六一)の、「岡本の宮の東山に作った石垣、石山丘」にあたる。この発見は「石山丘」だけでなく、南西約三百メートルにある後岡本宮を含めた全体の解明につながる。村教委の調査で、岡の丘陵全体に石垣と版築《はんちく》による盛り土があることが判明した。山城の一種と思う。圧巻は、丘陵西斜面の七段の列石と花崗岩石垣。女帝は百済《くだら》救援に執心し、六六一(斉明七)年、救援途次の朝倉宮《あさくらのみや》(福岡県)で没した。百済の首都扶余《ふよ》には王宮の北に扶蘇山城《ふそさんじょう》がある。岡本宮と酒船石遺跡

はこれに対応しよう。

　花崗岩の亀形石造物は精巧な構造をもち、口からの水を甲羅《こうら》の水槽で回遊させ、尾から石組みの南北溝に流す。この石造物に類似するのが出水《でみず》酒船石の石槽《いしふね》である。調査地の南西四百五十メートルの苑池遺跡で見つかった石槽は、平面が花形に近いが、花崗岩製であることや底に小孔のあるのが共通する。飛鳥と関係深い韓国慶州《けいしゅう》には、新羅《しらぎ》王宮に付属した雁鴨池《がんもうち》《アナプチ》がある。苑池に面して宮殿があり、池に連なる水路には観賞用の小池と、曲水宴《きょくすいえん》に関わる流盃渠《りゅうはいきょ》という石槽二基がある。亀形石造物が同じ施設なら、そこは「宴」の場であり、その先には水面があると思う。地形図では現健民グランドの下は、苑池に最適な大きな谷がある。

　亀形石造物に関連して思いあたるのが、斉明紀五年（六五九）三月条「甘樫岡《うまかしのおか》の東の川上に須彌山《すみのやま》を造り陸奥《みちのく》と越《こし》の蝦夷《えみし》を饗《あへ》る」や、同六年（六六〇）五月条「石上池《いそのかみのいけ》の辺《ほと》りに須彌山を作る。高さ廟塔のごとし。粛慎《みしはせ》四十七人あまりを饗る」とある記事だ。

　須彌山《しゅみせん》は仏説で世界の中心に立つ山で、法隆寺の玉虫厨《たまむしのず》

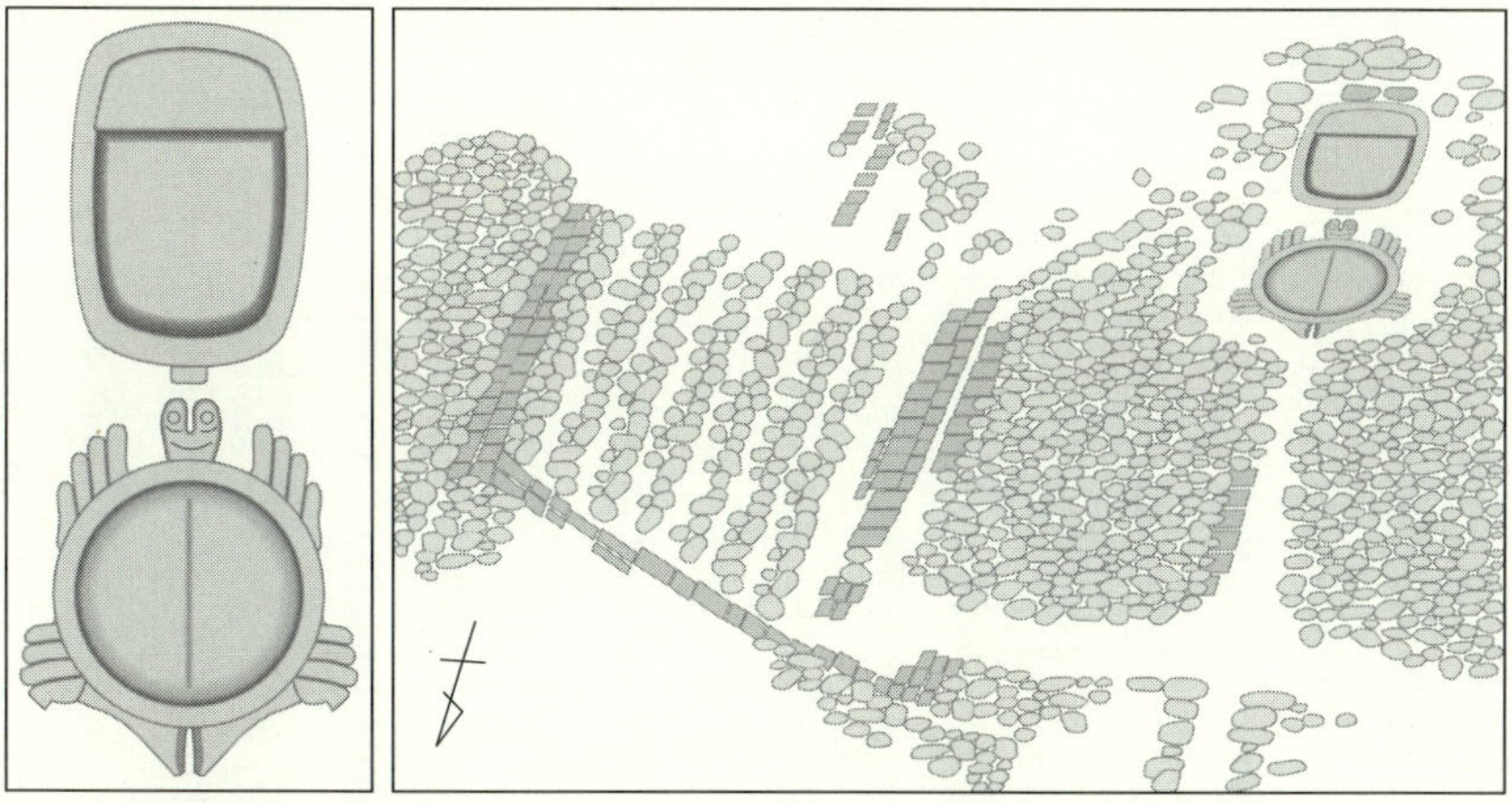

▲亀形石造物・石敷きと階段状につみあげられた花崗岩の列石のスケッチ

子《し》須彌座絵に例がある。調査地と甘樫丘《あまかしのおか》の東の川上とは矛盾しない。後者は天理市石上《いそのかみ》とすることが多く、石上は石神の意味で、噴水施設の「石人像」類なら、亀形石造物の北が石上池となる。

亀形石造物の南には須彌山石があるだけでなく、丘陵を須彌山に見立てた可能性がある。須彌山には帝釈天《たいしゃくてん》の忉利天宮《とりてんきゅう》がある。これが斉明二年の「天宮《あまつみや》《てんきゅう》」の由来なら、ここが両槻宮《ふたつきのみや》ともなろう。

須彌山は、服従宣誓の場でもある。女帝は蝦夷征討に熱心であり、亀形石造物を含めた酒船石遺跡は、斉明朝に降った蝦夷を饗応《きょうおう》「教化」する施設と思う。その傍証が、酒船石遺跡の東北二百三十メートルの尾根上と、約四百メートルの八釣《やつり》の尾根上に見つかった掘立柱の柵跡。標高はともに百四十メートル前後、二条の柵はほぼ平行し、北からは連なって見える。入京する蝦夷・粛慎らを威圧したと思う。

頭を南に向ける亀形石造物は四神の玄武《げんぶ》と思う。玉虫厨子の須彌山図には神仙を描くから、須彌山と四神《しじん》のとりあわせもおかしくない。四神は地形では青龍《せいりゅう》が東の流れ、朱雀《すざく》が南の朱雀池、白虎《びゃっこ》が白虎園を指す。猪熊兼勝《いのくまかねかつ》氏は、丘陵頂上の岡の酒船石を流盃渠の一種とし、東側尾根の水を南の車石《くるまいし》を経て、出水の酒船石に流したとした。「白錦後苑《しらにしきのみその》」にあたる出水の酒船石は天武期だが、建設は斉明期という。白錦が白虎の意味なら、岡の酒船石の南に朱雀池があると思う。酒船石の水は須彌山の水で南と同時に北の亀形石造物にも注ぐ。このように、酒船石遺跡は須彌山で、広場は「饗宴」施設と思う。

斉明の後岡本宮は飛鳥京跡の下層説が有力であるから、大苑池が宮の東西にあることになる。徳興里《とくこうり》高句麗《こうくり》古墳（四〇八年）の壁画をもとに、森浩一氏は東を蓮池、西を遊園と考えた。その起源を魏の首都、鄴都《ぎょうと》（二世紀）の東西にある華林園《かりんえん》と霊芝園《れいしえん》などに求めるべきか否か。後岡本宮の全体構造と朝鮮半島との関わりを含めて、課題となろう。

（金子　裕之）

飛鳥・藤原京の謎を掘る

文英堂

はしがき

飛鳥は霧のたちこめている風景だ。ほのかにしか、その素顔をみせないからである。時折、日がさして一部分が、ちらっと人の目にとまるが、実像は隠されたままである。だからこそ、飛鳥は人々をひきつけてやまない。ただひたすら、イメージだけが拡がる。古代の飛鳥はどのような土地であったのかと、考古学の発掘調査があくことなく続けられてきたが、それでも飛鳥はいまだ霧の中だ。

その霧の中から、高松塚の極彩色の壁画が突如あらわれたのは、昭和四十七年(一九七二)のことである。発掘調査のニュースがマスコミで大きく報じられるようになったのはその時からだ。戯画風にいえば、考古学者とマスコミは「あなた掘る人」、「私、報じる人」の関係ができ、さらには、「彼あるいは彼女はコメントする人」なども登場して、古代史ファンを増やしつづけるという構図が定着した。皮肉的に、「研究する人」はどこにいるのかといってしまいたくもなるが、それは冗談だ。

とりわけ、飛鳥・藤原京の地は謎めいた土地であるので、新発見の報道は大きく扱われ、古代史愛好者の心をときめかす。そして、現地説明会へと人々を駆りたてる。

飛鳥・藤原京の地がどうして人々をひきつけるのだろうか。それは、『古事記』や『日本書紀』あるいは『万葉集』というわが国最古の史書や歌集の時代だからだ。そして発掘によって目の当たりにその時代の断片が見られるとなれば、つかの間であれ、われわれは、現代から逃避できる至福の瞬間に遊ぶことができる。飛鳥・藤原京の時代にいかに辛苦な現実があったとしても、千三百年以上も前という時間的へだたりは、現代の人間にとって飛鳥・藤原京の地は楽土のように見える。

同時に、飛鳥はおそろしい土地である。発掘調査によって予期もしないものが出土して通説が崩れるからである。この文を書いているとき、酒船石の北がわの谷から、石敷きの苑池《えんち》状遺構と長さ二・四メートル、幅二メートルという亀の形をした石製品が検出されたという報に接した。大発見といってよい。驚いているのもつかの間、たちまち、それをどのように解釈したらよいかという問題に直面させられる。

この遺構の場所は、多武峰《とうのみね》の西北の麓にあたる。多武峰には斉明天皇によって両槻宮《ふたつきのみや》が作られた。別名天宮《あまつみや》ということから、道教《どうきょう》の仙人の居所になぞらえられた。不老不死の理想郷である。それと亀の関係は？　古くより中国では、大亀は背に蓬莱《ほうらい》という神仙《しんせん》世界を負うという。それならば、多武峰の天宮と亀の関係は、ためらいなく説明できる。亀がことさら大きく作られたことも、納得がいく。浦島太郎が亀の背に乗って竜宮城という仙

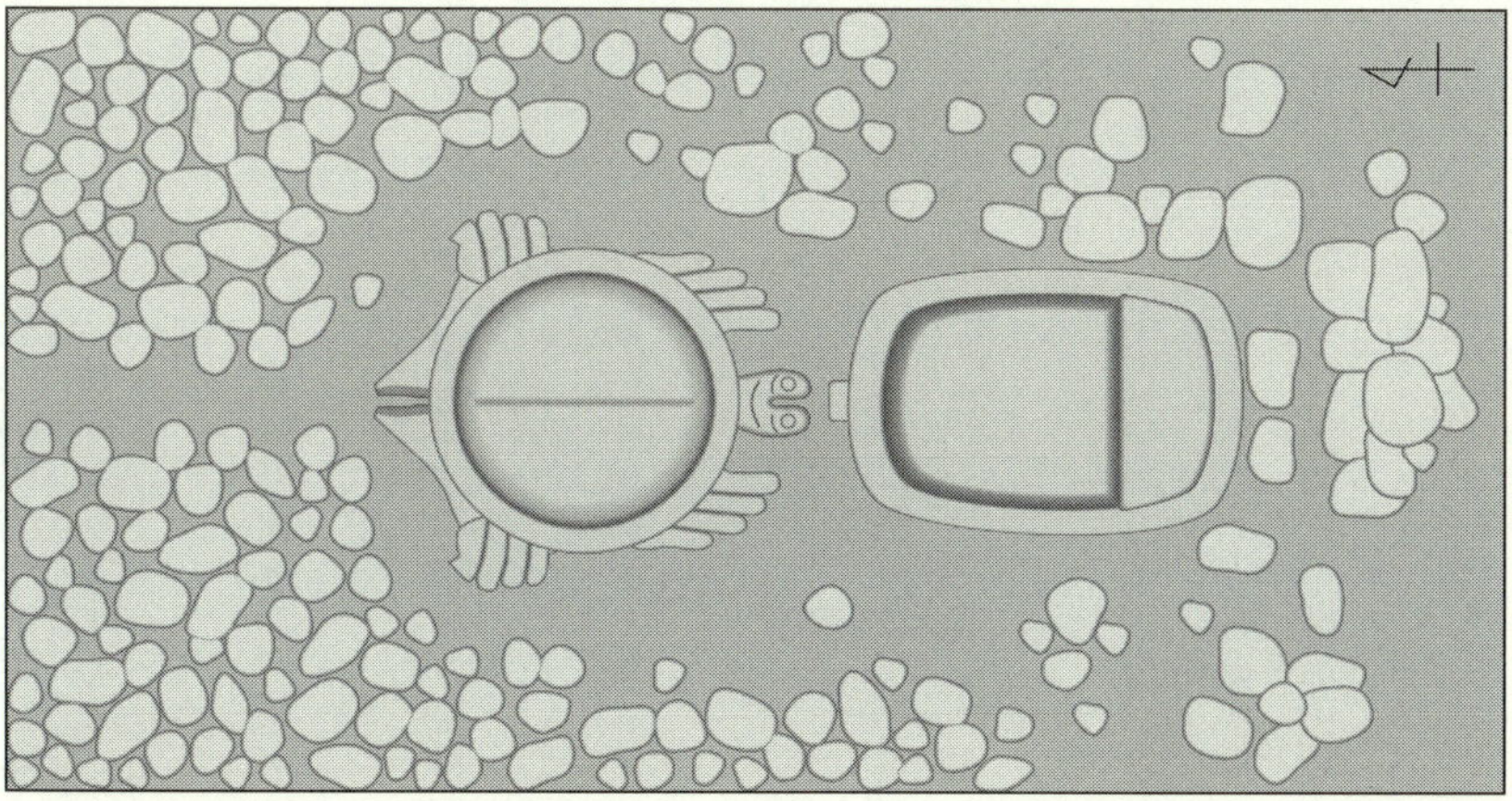

▲**亀形石造物の大発見**（明日香村岡、遺構をスケッチ）　口から水をそそぎ、甲《こう》羅《ら》部分の水槽で水を回遊させ、尾っぽから流れでる構造（2000年２月）。

人の世界に行く昔話のモチーフとも関係する。飛鳥は何が起こるかわからない神秘的な空間である。

私は、かつて読売新聞のキトラ古墳の取材本部に出向いたことがある。二十名近い取材スタッフの活動ぶりをみて、まるで「戦場」にいるかのような錯覚を覚えた。このときは、ファイバースコープで石室を探るというのであるから、いわゆる発掘と異なり、映し出されたものを瞬時に判断し、記事にしなければならないという緊張感がみなぎっていた。パソコンに記事を打ち込む現場は殺気すらも感じられた。その中に、今回執筆の労をとっていただいた林文夫氏(当時奈良支局、現松江支局長)、松村和明氏(当時奈良支局橿原通信部、現大阪本社編成部)や、われわれと座談会の時間を割いていただいた坪井恒彦氏(大阪本社解説委員)がおられた。今回執筆をお願いした方々のうち、関口和哉氏は、現在橿原通信部で飛鳥・藤原京における発掘調査の取材の最前線におられる。

本書の半分は、これらの方々に現場での生々しい取材記録や報道体験を執筆していただき、あるいは語っていただき、臨場感あふれる飛鳥・藤原京の現在を伝えたいと考えた。発掘調査のマスコミ報道について問題がないことはないが、それよりもまして、文化財担当の記者の諸氏がこの日本という土地の古代を人々に身近なものとして伝え、考える素材を提供してきたその意義は大きい。

編集は奈良国立文化財研究所埋蔵文化財センター研究指導部長金子裕之氏と私が担当したが、本書の半分は、読者の声を代弁したマスコミ記者の疑問や問いかけに対して、われわれ二人と飛鳥・藤原京の研究や発掘に第一線で取り組んでおられる橿原考古学研究所主任研究員の今尾文昭氏、橿原市教育委員会文化財課技師の竹田政敬氏からの現段階での研究成果を収録したものである。

平成十二年二月　　千田　稔

目次

2章　飛鳥・藤原京の謎を解く

1章 ジャーナリストが見た飛鳥・藤原京

1 なぜ「七・五・三」論争」とよばれるのか

林　文夫（読売新聞松江支局長）
関口和哉（読売新聞奈良支局橿原通信部記者）

一　邪馬台国から飛鳥へ

発掘・発見が巻き起こす「七・五・三論争」

一九七二年（昭和四十七）の高松塚《たかまつづか》古墳（明日香《あすか》村）の壁画の発見を契機に、マスコミ界に「考古学報道」というジャンルが生まれた。すでに、四半世紀が過ぎたが、その間、稲荷山《いなりやま》古墳（埼玉県行田《ぎょうだ》市）の辛亥《しんがい》年銘鉄剣の金象嵌《きんぞうがん》文字の解読をはじめ、『古事記』の編者・太安万侶《おおのやすまろ》の墓誌《ぼし》（奈良市）、八〇年代に入っても世紀の未盗掘古墳の調査と騒がれた藤ノ《ふじの》木《き》古墳（奈良県斑鳩《いかるが》町）、長屋王家木簡《ながやおうけもっかん》（奈良市）、吉野ヶ里《よしのがり》遺跡（佐賀県神埼《かんざき》町・三《み》田川《たがわ》町）の発掘、発見が続き、九〇年代には縄文時代の常識を覆す三内丸山《さんないまるやま》遺跡（青森市）、卑弥呼《ひみこ》の鏡との説がある三角縁神獣鏡《さんかくぶちしんじゅうきょう》が三十三枚出土した黒塚《くろづか》古墳（天理《てんり》市）、和同開珎《わどうかいちん》をさかのぼる最古の貨幣富本銭《ふほんせん》が大量に出土した飛鳥池《あすかいけ》遺跡（明日香村）など発掘ニュースが途切れることなく新聞紙面をにぎわしている。

ところで、新聞の一面トップを飾る発掘ニュースの基準とは何だろうか。取材現場に立ってよく研究者から逆取材されることがある。考古学的な価値があまり高く

飛鳥京苑池遺構（⇨P.135）▶**の現地説明会**（1999年6月）
全国各地から、考古学ファンが押しかけた。

ない場合でも、金銀のきらびやかや装飾品や、美しいガラス玉がカラー紙面で大きく扱われることもある。調査員らは、なぜ?と頭をかしげるかもしれない。これらは新聞やテレビの世界では「絵説き原稿」と呼び、その学問的価値とは別に読者や視聴者の目をひくという意味で優遇されることが多い。反対に学界で注目されるような発見でも、テーマが地味な場合は、自然と扱いが小さくなる。正直なところ、明確な基準がないというのが実情だ。

それでも、卑弥呼、獲加多支鹵＝ワカタケル（雄略《ゆうりゃく》天皇）、厩戸《うまやど》（聖徳太子）、天《てん》武《む》天皇らだれでも知っている古代史上に名を残す有名人物や「大化改新」（乙巳《いっし》の変）、壬申《じんしん》の乱など大事件にまつわる発見となると、全マスコミが歩調を合わせたように大々的な報道合戦を繰り広げる。

これらは、日本の歴史の節目《ふしめ》に関わる発掘成果が現れたケースだ。

では、古代史の節目とは何か。マスコミや考古学、歴史関係者の共通の認識でいえば、「七・五・三論争」と呼ばれる論争に関わる発見になる。古代国家形成、日本列島統合の出発点は三世紀か、五世紀か、七世紀か、という問題で、それは今日、我々が「日本」と意識する国土のおおまかな、まとまりの出発点でもある。

カラー壁画を発掘 明日香村の古墳
飛鳥風俗くっきり
豊かな頬、口に紅
埋葬者は高句麗の貴人 「法隆寺」に匹敵

◀**高松塚古墳壁画発見の報道**
この報道を機にマスコミ界に「考古学報道」の分野ができた。「読売新聞」1972年3月27日三世紀は『魏志《ぎし》』倭人伝に記された邪馬台国《やまたいこく》の時代。最近では三世紀中頃に前方後円墳が出現し、すでに古墳時代が始まっていたという見方が有力だ。五世紀は『宋書《そうじょ》』倭国伝《わこくでん》の倭の五王の時代。大仙陵《だいせんりょう》古墳（仁徳《にんとく》天皇陵＝大阪府堺《さかい》市）など巨大古墳の時代を迎える。

そして七世紀。本書で紹介する飛鳥・藤原京の時代で、この時期に古代国家が完成し、同時に三世紀以来、続いてきた伝統的な前方後円墳が姿を消す。前方後円墳をメルクマールとした考古学と文献史が互いに交差する。これは戦後の重大な研究成果でもある。

邪馬台国の三世紀

今、マスコミの熱い注目を集めるのが邪馬台国の三世紀。以前から何度かの邪馬台国ブームはあったが、在野の研究者や郷土史家、古代史ファン、推理作家らが自由な立場からそれぞれの邪馬台国論を展開し、その奇抜ともいえる発想がファンをひきつけた反面、新聞のニュース面では、ほとんど相手にされなかった。

それが、大きく様変わりしたのは、纒向《まきむく》遺跡（奈良県桜井《さくらい》市）の発掘調査である。一九七一年、当時、奈良県立橿原《かしはら》考古学研究所にいた石野博信《いしのひろのぶ》さん（現・徳島文理大教授）が県営団地建設に伴って、三輪《みわ》山麓の同遺跡を掘り始めた。すると、奈良盆地以外の地域で作られた土器が大量に出土した。東は東海、関東地方、西は瀬戸

箸墓《はしはか》古墳（桜井市箸中《はしなか》）▶
邪馬台国女王・卑弥呼の墓の最有力候補のひとつとされている。

内、山陰、四国、九州。日本列島各地の土器がまとまって見つかった。全国から人々が集う三世紀の首都。石野さんは「纒向こそが邪馬台国」と確信したという。

土器洗いが一段落した翌春、考古学報道のメッカ橿原市政記者クラブに纒向遺跡の発掘成果について発表を申し込んだが、当時は、高松塚古墳の壁画フィーバーのさなか。「忙しいから後にしてくれ」と記者クラブに一蹴された。今では考えられない話だが、そのころの認識では、邪馬台国など雲をつかむような戯言《たわごと》に聞こえたという。纒向遺跡の調査には、後に黒塚古墳を発掘する天理市教委の泉　武《いずみたけし》さん（当時、立命館大学生）も加わっている。地道な成果で三世紀の王都の姿が見えてきた。

近年、奈良国立文化財研究所の光谷拓実《みつたにたくみ》さんによって、年輪年代法というヒノキの年輪パターンから実年代を読み取る方法も開発された。池上曽《いけがみそ》根《ね》遺跡（大阪府和泉《いずみ》市、泉大津《いずみおおつ》市）出土の弥生《やよい》時代の柱痕は年輪年代測定の結果、従来の年代観よりも半世紀から一世紀もさかのぼる可能性が出てきた。

これらの成果などから、弥生や古墳時代初頭の年代観は揺れ動いている。纒向遺跡にある最古の巨大前方後円墳、箸墓《はしはか》古墳（桜井市箸中《はしなか》）の築造年代も三世紀中頃から後半にさかのぼるとの見方が強い。この年代観に立てば、初期ヤマト政権台頭は邪馬台国の時代とも重なる可能性が強まった。

◀**発掘された纒向遺跡の柱穴群**（橿原考古学研究所提供）　遠方に箸墓古墳が見える。

黒塚古墳で発見された三角縁神獣鏡の報道は記憶に新しいが、読売新聞奈良支局が鏡や古墳の研究者ら五十人に邪馬台国の所在地について尋ねたところ、四十八人が畿内説だった。学界は確実に畿内説に傾いている。大和、北九州説が互いに競い合った一九六〇〜八〇年代とは明らかに様相を異にしている。それでも、邪馬台国所在地論争は未だに決着を見ない。いつか、その日が来るだろうと信じている。

高松塚古墳の壁画発見を契機に、全国の自治体で埋蔵文化財の存在が顧みられるようになったことが邪馬台国問題にも波及しているのではないだろうか。地方でも調査技師が増え、きめ細かな発掘調査が行われるようになった。その小さな遺跡での一つ一つのデータの積み重ねによって、弥生時代の末期や古墳時代初頭の資料が膨大に増えるとともに、雲をつかむような時代から、現実味を帯びた時代に変わってきた。

『魏志』倭人伝の世界をほうふつとさせるとして話題になった吉野ヶ里遺跡や弥生時代最大級の遺跡として保存が決まった妻木晩田《むきばんだ》遺跡（鳥取県淀江《よどえ》町・大山《だいせん》町）なども、高松塚古墳の壁画発見がなければ、顧みられることがなかったかもしれない。

黒塚古墳

古代ロマンお先に満喫

地元の小中生 2000人に公開

「昔の鏡なのに顔が映りそう」

奈良県天理市柳本町の黒塚古墳（三世紀末）で、一般向けの現地説明会を前に十六日早朝から、市内の小中学生を対象にした説明会が開かれた。午後から、地元住民に公開する。

午前九時過ぎから小学生が古墳前に集合。石室の周囲に組まれた足場越しに、三角縁神獣鏡や刀剣類などの副葬品、真っ赤な朱で染まった石室内部を見学、計二千人が訪れた。

同市立丹波市小六年福島哲也君（11）は「昔の鏡なのに顔が映りそうなくらいきれいなのに驚いた。石に囲まれていたから、泥棒も手が出せなかったんだなあと思いました」。同市立柳本小二年畦岡望君（7）は「実際に見るまで鏡がどんなように埋まっていたのかよく分からなかった。帰ったらお母さんに説明したい」と話していた。

小林征夫・柳本小校長（58）は「子供たちが、歴史の事実にふれる絶好の機会になった」と喜んでいた。

十七、十八両日の現地説明会には一万人以上の人出が予想されるため、この日、地元の説明会を開くことにした。

また、厳文明・北京大教授、高崇文・同大学考古学部副学部長ら三人の中国の学者も駆け付け、調査員の説明に聴き入った。

一般公開に先駆けて古代のロマンを垣間見る地元の小学生ら（午前９時15分、奈良県天理市柳本町の黒塚古墳で）

黒塚古墳から発掘された▶三角縁神獣鏡を見学する小中学生を報道する（「読売新聞」1997年１月16日）

五世紀と稲荷山古墳鉄剣

『日本書紀』によれば、十代目の王のハックニシラシシ天皇＝ミマキイリヒコニエ（崇神《すじん》天皇）が奈良盆地東南部に宮を構える。黒塚古墳がある柳本《やなぎもと》古墳群には行燈山《あんどんやま》古墳（崇神《すじん》天皇陵）、渋谷向山《しぶたにむかいやま》古墳（景行《けいこう》天皇陵）などの四世紀代の隔絶した大古墳が並び、この地域に強大な権力が存在していたことは疑う余地もない。

ところが、この地域の大古墳は渋谷向山古墳を最後に姿を消し、奈良市の佐紀盾列《さきたたなみ》古墳群、奈良盆地中央部の馬見《うまみ》古墳群、さらに河内平野の古市《ふるいち》古墳群・百舌鳥《もず》古墳群に突如として巨大古墳が現れる。

四世紀後半から五世紀。とりわけ、五世紀代に河内平野に築かれた巨大古墳群は倭の五王の時代と重なることから、大和政権の墓域が河内平野に移ったのか。それとも、別の王統との説がある応《おう》神《じん》天皇を創始者とする王権が誕生したのか。ほかにも学説があるが、巨大古墳群の存在はいわゆる「河内王朝論」の根拠で、戦後の古代史論争のハイライトの一つとなった。また、ユニークな「騎《き》

◀古市古墳群（藤井寺市教育委員会提供）

①市野山《いちのやま》（允恭《いんぎょう》陵）、②仲津山《なかつやま》（仲津媛《ひめ》陵）、③誉田御廟山《こんだごびょうやま》（応神《おうじん》陵）、④岡ミサンザイ（仲哀《ちゅうあい》陵）、⑤墓山、⑥ボケ山（仁賢《にんけん》陵）、⑦軽里《かるさと》大塚（日本武尊《やまとたけるのみこと》陵）、⑧白髪山《しらがやま》（清寧《せいねい》陵）、⑨高屋城山《たかやしろやま》（安閑《あんかん》陵）などの巨大古墳が密集している。

馬《ば》民族征服王朝説」も古墳の変遷を騎馬民族による征服の証にする。

そうした謎の五世紀に光を当てたのが、一九七八年に解読された埼玉県行田《ぎょうだ》市の稲荷山古墳の辛亥《しんがい》年銘鉄剣の一一五文字。一九六八年に発掘調査で出土し、十年後、奈良県生駒《いこま》市にある元興寺《がんごうじ》文化財研究所の文化財処理センターで、土と錆《さび》落としがおこなわれ、金象嵌《ぞうがん》の文字が浮かび上がった。

表には、「辛亥年（四七一年）の七月中に記す。乎獲居（おわけ）の臣、上つ祖（おや）の名は意富比垝（おほひこ）、其の児は多加利（たかり）の足尼（すくね）、其の児の名は弖已加利獲居（てよかりわけ）、其の児の名は多加披次獲居（たかはしわけ）、其の児の名は多沙鬼獲居（たさきわけ）、其の児の名は半弖比（はてひ）」。裏には、「其の児の名は加差披余（かさはよ）、其の児の名は乎獲居（おわけ）の臣。世々杖刀人（じょうとうじん）の首（おびと）と為（な）りて、事（つか）えて奉（たてまつ）りて来（き）たり今に至る。獲加多支鹵（わかたける）の大王の寺、斯鬼宮（しきみや）に在る時、吾が天下を治（おさむる）を左（たす）く。此の百練の利刀を作ら令（し）め、吾が事え

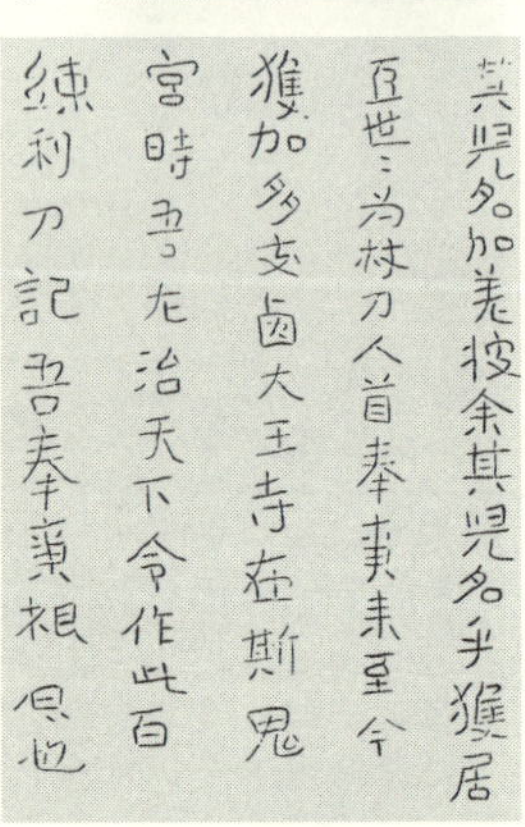

稲荷山古墳鉄剣▶
上の右が表、左が裏の一部、下は裏側の銘文である。稲荷山古墳は、全長120メートルの前方後円墳で、５世紀末と推定されている。埼玉《さきたま》古墳群の一角にある。埼玉県立さきたま資料館許可済。

奉る根原を記す也」と記されていた。

「倭の五王」の一人、「武《ぶ》」に比定される獲加多支鹵＝ワカタケル（雄略《ゆうりゃく》）の治世に乎獲居が杖刀人首として奉事する由来が刻まれたもので、江田船山《えだふなやま》古墳出土（熊本県菊水《きくすい》町）の鉄刀に刻まれた銘文とも対応。当時の新聞は「空白の五世紀　大きな発見」「大和朝廷　通説の二百年前に熊本から武蔵《むさし》までも」と報じた。桜井市付近に宮を構えたワカタケルの政権が関東から九州までを支配下に治めていたことを示し、五世紀代には大和を中心に列島が統合されていたことをほぼ裏付けた。

高松塚古墳で始まった考古学報道というジャンルが稲荷山古墳鉄剣の銘文解読によって、不動の地位を築いたことになる。

古代国家完成の七世紀

『日本書紀』では、雄略の後、清寧《せいねい》、顕宗《けんそう》、仁賢《にんけん》が即位、六世紀に入り武烈《ぶれつ》天皇へと続く。武烈には後嗣がおらず、応神天皇の五世孫に当たる継体《けいたい》天皇がその後に即位すると記される。さらに樟葉宮《くずはのみや》（大阪府枚方《ひらかた》市）での即位後、大和入りに二十年（一説には七年）を費やしたとある。こうした不自然な記述から、継体王朝を巡る論争は今も続く。

隅田八幡《すだはちまん》神社（和歌山県橋本《はしもと》市）の人物画像鏡に記された銘文には「癸《き》未《み》年」の干支《かんし》がある。実年代は五〇三年に推定される。この中に継体と

◀**西側の丸墓山《まるはかやま》古墳から見た稲荷山古墳**　現在、前方部は削平《さくへい》されている（埼玉県立さきたま資料館提供）。

みられる「男弟王《おおとのおう》」の文字があり、仁賢在位中の五〇三年に、継体が大和忍坂《おしさか(おさか)》宮にいたとも読める。

もちろん異論も多い。ただ、継体が王位に就く背景には、出身氏族または、擁立勢力とみられる近江北部に拠点を置く豪族息長《おきなが》氏の力があり、大和の大伴金村《おおとものかなむら》の存在も考えなければならない。大和勢力内部での抗争、動向と継体の擁立が無関係ではありえないだろう。北近江を基盤にし、越前・尾張、日本海ルートの対外交易で富を深めた新興勢力が、大和王権を倒したとは思えないが、将来、鏡や大刀が見つかり、その銘文から継体王朝誕生に関わる文字が発見されるかも知れない。

継体以降、安閑《あんかん》、宣化《せんか》、欽明《きんめい》、敏達《びだつ》、用明《ようめい》、崇峻《すしゅん》天皇へと続く。そして大豪族蘇我《そが》・物部《もののべ》の争いを経て、五九二年に女帝・推古《すいこ》が即位。飛鳥の豊浦《とゆら》宮、小墾田《おはりだ》宮に居を構え、聖徳太子が皇太子として摂政を始める。いわゆる飛鳥時代で、蘇我氏の全盛期でもあった。

それから約半世紀、六四五年に東アジアの情勢の緊張などを背景に中大兄《なかのおおえ》皇子、中臣鎌子《なかとみのかまこ》(鎌足《かまたり》)が蘇我本宗家を倒す大化の改新のクーデタ(乙巳《いっし》の変)が勃発する。蘇我氏を軸にした権力抗争の時代が終焉《しゅうえん》し、大王家の専制的な政治体制へと移行。古代国家は完成期に向けてひた走る。

天皇の宮はその後、飛鳥から難波、近江を転々とし、白村江《はくすきのえ》の敗戦(六六三年)を

飛鳥時代の宮の変遷▶

天皇	宮の変遷
推古	豊浦宮(592)→小墾田宮(603)
舒明	飛鳥岡本宮(630, 636火災)→田中宮(636)→厩坂宮(640)→百済宮(640)
皇極	小墾田宮(642計画)→飛鳥板蓋宮(643)
孝徳	〈難波長柄豊碕宮, 651〉
斉明	飛鳥板蓋宮(655火災)→飛鳥川原宮(655)→後飛鳥岡本宮(656)
天智	〈近江大津宮, 667〉
天武	嶋宮→岡本宮→飛鳥浄御原宮(672)
持統	飛鳥浄御原宮→藤原宮(694)

経て、古代史上最大の内戦といわれる壬申《じんしん》の乱（六七二年）に至る。壬申の乱に勝利した天武《てんむ》天皇は飛鳥浄御原《あすかきよみはら》で即位。律令国家をめざし、天皇制や国家的祭祀を整備・創始し、最古の貨幣・富本銭《ふほんせん》の鋳造を始めた。一方で本格的な都城「藤原京」の建設へと邁進する。

本書でとり上げる激動の七世紀、飛鳥・藤原京の時代は税金や法律で民を治め、お金が大きな価値を持ち始める。明日香村の水落《みずおち》遺跡には最古の水時計の「漏剋台《ろうこく》」が築かれ、時間の管理・統一も行われた。『万葉集』には恋歌も詠まれ、血なまぐさい政治抗争に破れた権力者の無念の挽歌《ばんか》もある。

まさに、今日につながる「日本」国家の出発点であり、現代人がこの時代に深い郷愁を抱く由縁だろうか。

田園風景と大和三山に囲まれた飛鳥・藤原宮跡を歩けば、歴史を彩った様々な遺跡に出会う。その日本のふるさとにある道路は、朝夕には車のラッシュが続き、藤原京があった橿原市内にはマンション建設が押し寄せている。わが国の埋蔵文化財保護の引き金になった高松塚古墳のおひざ元にも、開発のつち音が響くようになってきた。

（林）

◀**藤原宮近くに建つマンションや住宅**（橿原市）　醍醐池《だいご》（内裏跡《だいり》）から北をのぞむ。うしろは耳成山《みみなし》。歴史的風土をそこなう無秩序な開発はさけなければならない。

二　飛鳥という土地

田園風景が広がる明日香村

「埋蔵文化財がなければ、明日香は何もない、単なる中山間地なんですよ」。関義清《せきよしきよ》・明日香村長は、冗談交じりにこう説明してくれた。一九九八年三月、精巧な天文図などの壁画が見つかったキトラ古墳の取材で村役場を訪れた時のことだった。中山間地とは、農林水産省の農業統計で使われる都市と平地を除いた地域を指す「お役所言葉」。高齢化・過疎化が深刻なのが特徴だ。

明日香村は、竜門岳《りゅうもんだけ》（九〇四メートル）を主峰とする竜門山地の西部山麓一帯に広がり、南東部は四〇〇～七〇〇メートル、北西部は一〇〇～三〇〇メートルの山や丘陵が連なる。南東部を中心に、およそ三分の二が山で占められている。一八八一年（明治十四）に六三五七人だった人口は、一九九五年（平成七）の国勢調査で七一

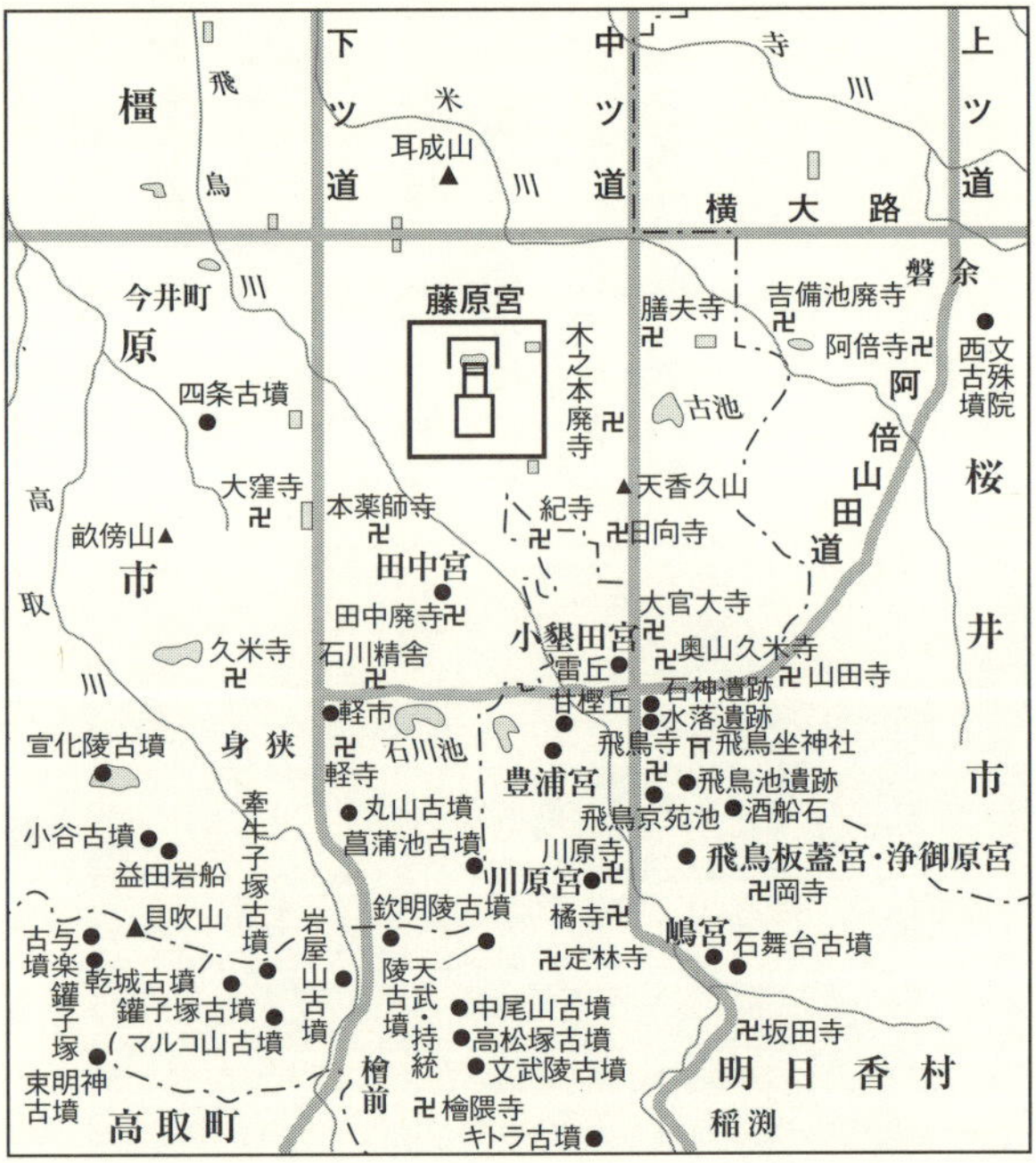

飛鳥地方要図▶

二六人。六十五歳以上の人口比は全国平均の14・5パーセントを大きく上回る20・1パーセント。関村長の嘆く所以だ。

しかも、一九六六年(昭和四十一)制定の「古都保存法」、八〇年(昭和五十五)制定の「明日香村における歴史的風土の保存及び生活環境の整備等に関する特別措置法」に基づき、歴史的風土の保全、文化財保護のため、村内の開発は制限されてきた。新興住宅街や工業団地の開発は望むべくもない。村は観光と棚田《たなだ》(⇩P.120)を生かした農業振興に努めているが、産業面では「単なる中山間地」という以上の厳しさがある。高度成長もバブル経済も素通りした今、歴史的風土、文化財との共存が絶えざる社会的、行政的な課題となっている。

地下に埋もれた文化遺産

同村は、一九五六年(昭和三十一)、阪合《さかあい》、高市《たかいち》、飛鳥の三村が合併して誕生した。阪合は御園《みその》・檜前《ひのくま》など八村、高市は岡《おか》・島庄《しましょう》など十七村、飛鳥は飛鳥・豊浦《とようら》など八村がそれぞれ一八八九年(明治二十二)に合併し成立した。これらの明治の旧村の名前は、現在も字名として残っている。奈良盆地の南部に位置し、面積は二四・〇四平方キロメートルで、奈良県内四十七市町村中、三十三位だ。

◀**明日香村の風景**
甘樫丘《あまがしのおか》から東方の小原《おおはら》・東山《ひがしやま》・八釣《やつり》方面を見た景観。1999年5月。

「飛鳥」とよぶと、漠然とこの明日香村全体のことを指しているようだが、古代の飛鳥の広がりは、最初の合併前の飛鳥、豊浦、雷《いかつち》、岡、祝戸《いわいど》、島庄、橘《たちばな》などの各村にあたる。現在の村を南から北に貫く大和川の支流・飛鳥川に沿い、南北四キロメートル、東西一～一・五キロメートルの小盆地、「飛鳥盆地」にほぼすっぽり収まる。

西にかつて蘇我蝦夷《そがのえみし》・入鹿《いるか》父子が居を構え、今は展望台としてにぎわう甘樫丘《あまがしのおか》（一四五・六メートル）、北に飛鳥川を隔てて、『万葉集』で柿本人麻呂《かきのもとのひとまろ》が「大君《おおきみ》は神にしませば天雲《あまくも》の雷の上に廬《いお》らせるかも」（巻三―二三五）と詠んだ雷丘（一〇五メートル）がある。北端は橿原市に接し、天香久《あまのかぐ》山（一四七・九メートル）、畝傍《うねび》山（一九八・一メートル）、耳成《みみなし》山（一三九・七メートル）の大和三山に囲まれた特別史跡の藤原宮跡を望む。

天香久山の側から南を眺めると、山々が折り重なる手前に、飛鳥盆地はあっけないほど狭く感じられる。が、推古《すいこ》天皇が豊浦宮に即位した五九二年から、持統《じとう》天皇が都を藤原京に遷した六九四年までの約百年間、この地に次々と天皇の宮が営まれたのだ。それらは、一見のどかな田園風景の地下深く眠っている。

（関口）

甘樫丘の北を流れる飛鳥川（明日香村豊浦）　この付近では、現代的な護岸が施されている。対岸は雷。▶

1章　ジャーナリストが見た飛鳥・藤原京

2 飛鳥の古墳発掘で何がわかったか

林　文夫（読売新聞松江支局長）

一　藤ノ木古墳・欽明陵・高松塚古墳が語るもの

飛鳥の終末期古墳

学生時代に旧石器、縄文、弥生、古墳、飛鳥、奈良、平安時代…と、機械的に暗記したものだが、古墳の築造は「古墳時代」に限定されない。

飛鳥時代と呼ばれる六世紀末から八世紀初頭、つまり推古《すいこ》天皇の豊浦《とゆら》宮への即位(五九二年)から元明《げんめい》天皇が平城京に遷都(七一〇年)するまでの一一八年間の大半においても古墳は営々と築かれた。この時期の古墳は「終末《しゅうまつ》期《き》古墳」と呼ばれ、寺院跡や宮跡とともに飛鳥・藤原京の時代を語る資料となっている。我々が古墳時代と呼んでいるのは、厳密に言えば「前方後円墳時代」である。古墳は「出現期」「前期」「中期」「後期」「終末期」に大別される。前方後円墳の消滅とともに、大王陵や皇族墓に比定される古墳は大型の円墳や方墳に姿を変える。そして、七世紀も中葉に差しかかると畿内の大王陵は「八角墳」となる。

初期の前方後円墳や三角縁神獣鏡《さんかくぶちしんじゅうきょう》が、ヤマト政権が地域の首長と結んだ同盟関係の象徴として各地方に波及したという前提に立てば、前方後円墳の広がりは墳形

発掘調査中の高松塚古墳（1970年3月）　墳丘は竹ヤブにおおわれ、墳丘にはテントがはられている(⇨P.36)。現在、墳丘周辺は整備されている(⇨P.338)。

をともにしたモニュメントを各地に造営することによってヤマト政権の支配体制の広がりを決定づけた。一方の八角墳は岡山県や山陰、関東地方など一部の例外を除けば、大王以外に築造が許されなかった。墳形を共有しないことによって大王の絶対的権威、超越した支配者としての地位を確立させたとも言える。律令的国家体制へと突き進む大和朝廷の一元的支配を物語る物証となったのである。前方後円墳がヤマト国家の出発点ならば、八角墳はその最終的な到着点だ。

終末期古墳が古代史ファンに注目される理由の一つに被葬者《ひそうしゃ》の推定が可能なことも挙げられる。『日本書紀』に登場する人物の実在性すら定かでない前期、中期古墳との違いもここにある。

八角墳の桜井市・段ノ塚《だんのづか》古墳（舒明《じょめい》陵）、京都・山科《やましな》の御廟野《ごびょうの》古墳（天智《てんじ》陵）、明日香村の野口王墓古墳（天武《てんむ》・持統《じとう》合葬陵）の被葬者はまず、疑う余地はない。八角墳の明日香村・中尾山《なかおやま》古墳も文武《もんむ》天皇の陵とみて間違いはないだろう。

八角墳が出現する直前の円墳や方墳にも被葬者が確実な古墳がある。方墳では崇峻《すしゅん》天皇の陵と推定される桜井市・赤坂天王山《あかさかてんのうざん》古墳、蘇我馬子《そがのうまこ》の桃原《ももはら》墓とされる石舞台《いしぶたい》古墳。円墳でも押坂彦《おしさかのひこ》人大兄皇子《ひとのおおえ》の成相《なりあい》墓とみられる広陵《こうりょう》町・牧野《ばくや》古墳などは学界でも異論はない。

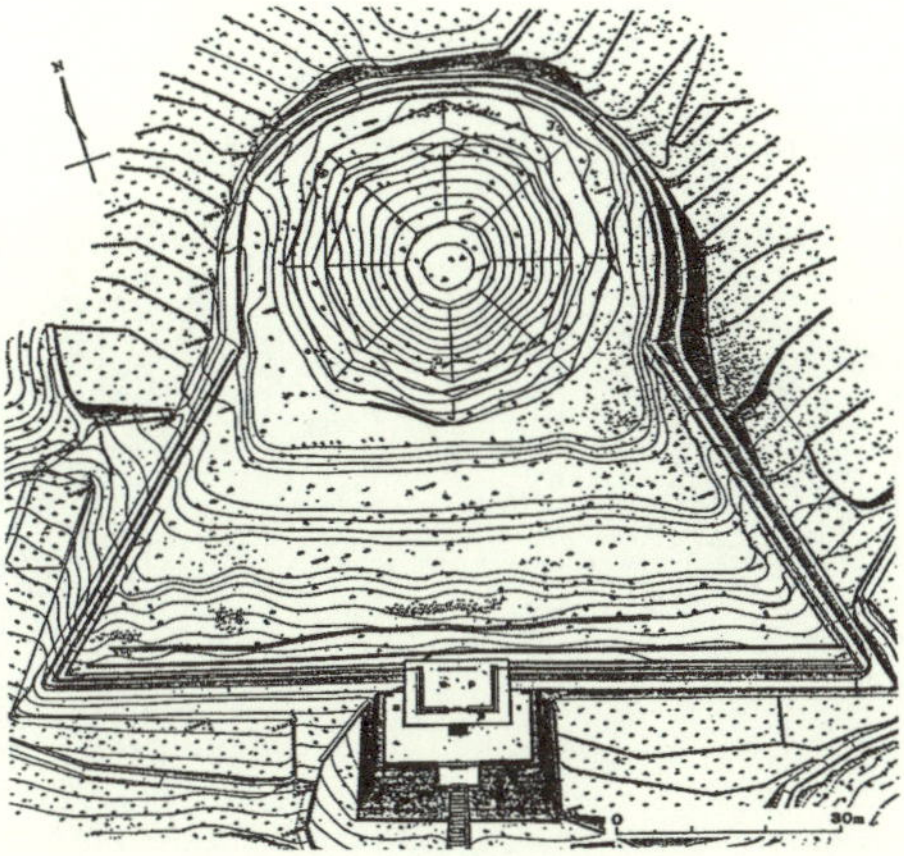

◀段ノ塚古墳（舒明陵）の墳丘復元図（白石太一郎「畿内における古墳の終末」『国立歴史民俗博物館研究報告』第1集、1982年より）　後円部が八角形となっている。

欽明《きんめい》陵は、橿原市の丸山《まるやま》古墳と明日香村の平田《ひらた》梅山《うめやま》古墳(宮内庁治定の欽明陵)の二つの古墳が候補に挙がる。

一方で高松塚、キトラの壁画古墳はその特殊性から被葬者を推理することが難しい。天皇陵にも例がない手のこんだ壁画がなぜ描かれたのか。朝廷の画師や渡来人《とらいじん》、あるいは文人など様々な推理が浮かぶが、他に類例がないことから被葬者の性格を判断するのは困難だ。

これら近畿地方を中心に点在する終末期古墳に眠る人物こそ、我々が歴史の教科書で学び、古代史のキャスティングボートを握った支配者たちの墓でもある。飛鳥・藤原京地域を歩けば、数多くの終末期古墳に巡り会う。それらの古墳を見学しながら、自分なりの被葬者像を巡らすのも飛鳥散策の楽しみだ。

藤ノ木古墳

聖徳太子ゆかりの地が明日香から北西約十五キロメートルにある斑鳩《いかるが》。太子は推古十三年(六〇五)に斑鳩宮に移り、推古三十年に没するまで十七年間、この地に住んだ。斑鳩は飛鳥時代の副都である。

この斑鳩を開発した有力氏族の墓ではないかと注目されたのが、古刹《こさつ》・法隆寺《ほうりゅうじ》

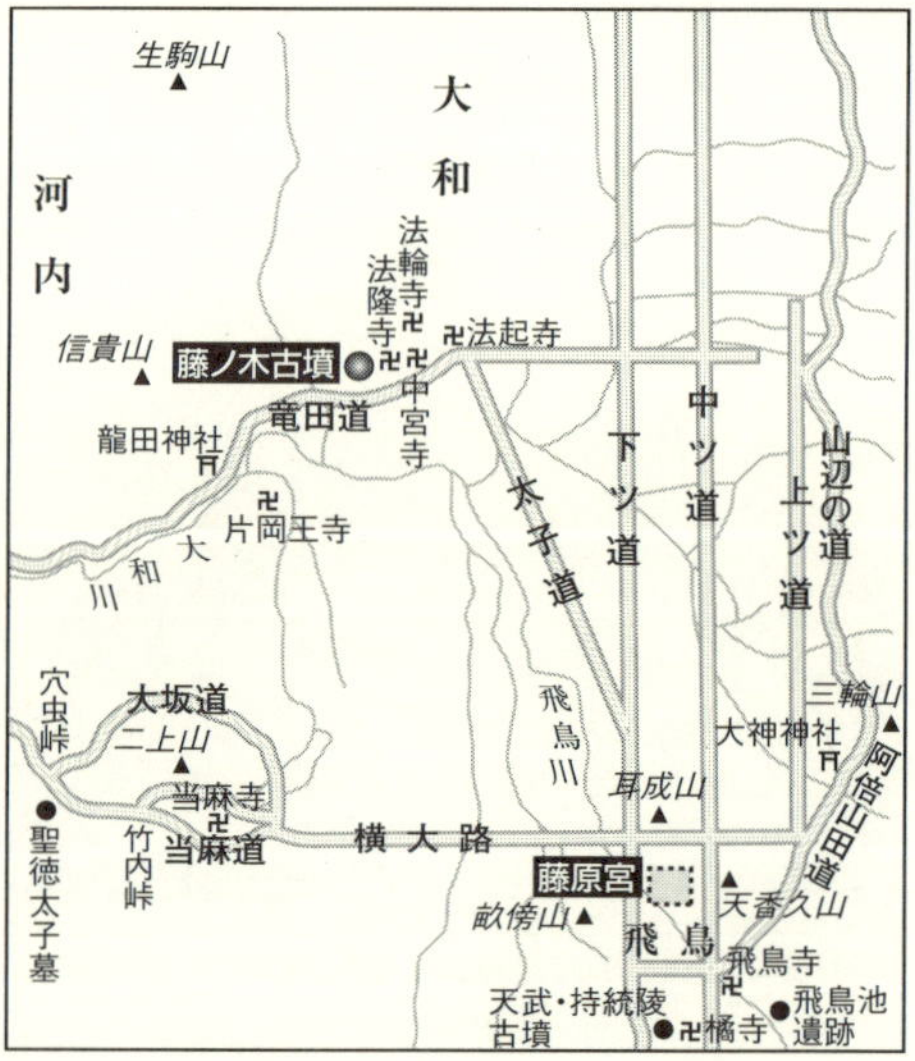

藤ノ木古墳の位置と▶飛鳥・藤原周辺図

の西約三五〇メートルにある藤ノ木古墳《ふじのき》。東アジアでも類例のない豪華な馬具と希有の未盗掘墳であったことなどから発掘調査は、大いに注目された。飛鳥周辺の終末期古墳を紹介する前に、藤ノ木古墳にふれておく。

現状では高さ七・六メートルの墳丘を持ち、一九八八年に奈良県立橿原考古学研究所が行った発掘調査の結果、直径四十八メートルの円墳とわかった。奈良盆地に前方後円墳が築かれていた時代ならば、中小規模の古墳に分類されるが、前方後円墳が消滅した時代となれば、「大型」円墳で、トップクラスの権力者の墓となる。

築造年代については、六世紀中葉から六世紀末まで諸説がある。調査をおこなった橿原考古学研究所は、六世紀後半という大まかな年代観で統一している。六世紀後半、つまり五五〇〜六〇〇年という年代幅でとらえると、前方後円墳の時代でもあり、前方後円墳が築かれなくなった時期でもある。しかし、最も知りたい古墳の正確な年代は、明らかにすることはできない。

一九八六年におこなわれた第一次調査で、両袖式《りょうそで》の横穴式石室が確認された。石室の全長は十三・九五メートル。石棺を安置する玄室《げんしつ》は長さ六・〇四メートル、最大幅二・六七メートル、最高四・二八メートル。朱塗りの家形石棺が収められ、石棺と玄室

◀**藤ノ木古墳**　（生駒郡斑鳩町法隆寺西）　墳丘の前に石棺が復元されている。

奥壁の間の空間から金銅製馬具の鞍金具《くらかなぐ》が見つかった。豪華な鞍金具が考古学者や古代史ファンをくぎ付けにした。

鞍金具は前輪《まえわ》、後輪《しずわ》、把手《はしゅ》、居木《いぎ》の四つのパーツに分かれる。とくに前輪と後輪には様々な意匠が凝らされている。前輪と後輪の中央部分は海金具と呼ばれ、藤ノ木の場合は海金具が亀甲《きっこう》文と呼ばれる六角形の連続繋《つな》ぎ文様で構成され、六角形の中に鬼神、象、鳳凰《ほうおう》など東アジアの伝統的な文様が精巧に透かし彫りされている。その透かし彫りの精巧さは東アジア世界でも最高級といってもよい。

そんな素晴らしい副葬品を所持した被葬者は誰か。プロもファンもこの古墳の調査に固唾《かたず》を飲んだのも無理はないが、当初、このような豪華な副葬品が埋まっているとは想定できなかったため、予算など諸般の事情で、第一次調査はいったん打ち切られた。

石棺内部の調査がおこなわれたのは二年後の一九八八年。遺体を安置する石棺内部には、玄室奥壁よりももっと豪華な副葬品が埋葬されているはずだ。期待とロマンが膨らんだ。

危険なファイバー調査

第二次調査は遺物の存在を確認するために、ファイバースコープを使って中をの

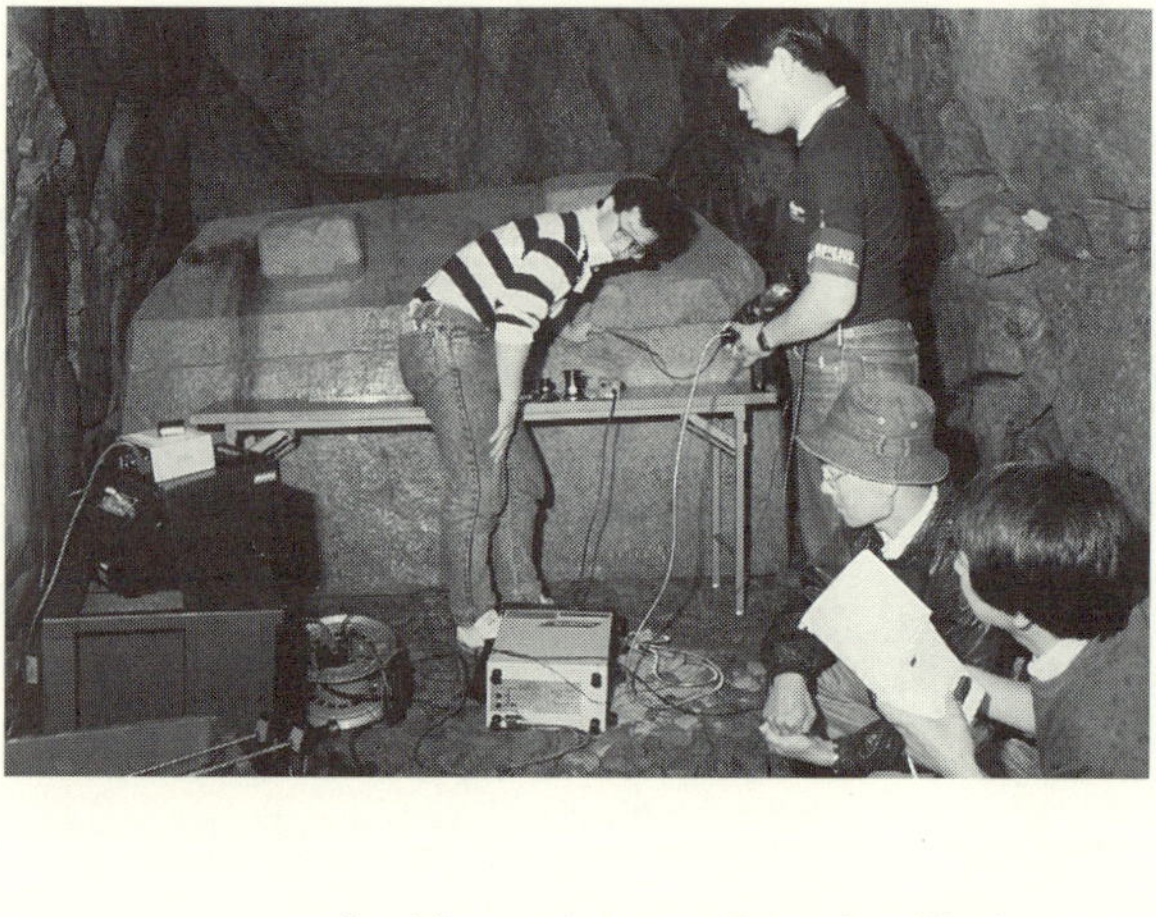

藤ノ木古墳の第２次▶調査内視調査　ファイバースコープで棺内のようすを観察する（橿原考古学研究所附属博物館提供）。

ぞくという方法が取られた。慎重を期しての選択だが、このファイバースコープ調査は後に、課題を残すことになる。直径八ミリの管を通して映し出された映像は極めて不鮮明だ。一体、何が映っているのかさっぱり、わからない。調査リーダーの石野博信・同研究所副所長(当時)にもよくわからなかった。

ファイバースコープに映った遺物の分析は、間違いだらけだった。映像を見て「冠《かん》帽《ぼう》」と発表された遺物は、後の調査で「筒形《つつがた》金銅製品」と判明することになるが、当時の各紙の一面では「冠帽」の文字が躍った。「冠帽への道」とタイトルを付けて連載を始めた新聞もあったほどだ。橿原考古学研究所や石野さんの名誉のために、付け加えれば、ファイバースコープ調査に写った映像で遺物を分析するのは至難の技だ。

佐賀県唐津《からつ》市の久里双水《くりそうずい》古墳でも「鉄かぶと」に見えたものが、石室の蓋《ふた》を開ければ、ただの土の塊だった。肉眼で見れば、小学生にもわかるようなものが、ファイバースコープの映像を通じれば、専門家ですら識別できない。話題になったキトラ古墳の天文図の映像も実際に発掘調査し実測すれば、違った図像になるだろう。

研究や科学の発展には、失敗や誤りがつきものかも知れない。だが、大きな誤りを産み出すファイバースコープ調査とその発表には慎重でなければならないが、ファイバースコープ調査を専売特許の

◀**第2次調査の記者発表**　石室内部がマスコミ各社に公開されているようす(橿原考古学研究所附属博物館提供)。

ようにして発表する人がいることも事実だ。この手の調査結果が新聞をにぎわしたとき、眉《まゆ》に唾《つば》をつけて読む必要があるだろう。

胃カメラなどに使われるファイバースコープと考古学に使われるファイバースコープとの違いは明白だ。胃カメラでは患部そのものを映し出すが、考古学調査では、遺物に泥がかぶっているため遺物そのものを映し出すことが出来ない。仮に直径五センチの遺物があり、これに十センチの泥がかぶっていれば、直径二十五センチの大きさに映る。泥の厚さがわからないため、遺物の大きさをつかむことができない。様々な空想が働き、遺物の実態とかけ離れてしまう。

第二次調査でおこなわれたファイバースコープのデータは、あまり信用できなかったようだ。石野さんの説明によると、ファイバースコープ調査は当初から期待していなかった。要は石棺が盗掘されているのか、未盗掘なのかを知りたかっただけだという。未盗掘とわかれば、中にある遺物の保存処理などを前提にした予算を組まなければならないからだ。しかし、ファイバースコープ調査では盗掘か未盗掘かさえも判明しなかった。「何かが残っているということがわかった」だけに過ぎなかった。

藤ノ木古墳の実態が明らかになったのは、石棺を開けて中を調べた第三次調査だった。一九八八年九月三〇日から十二月二十八日までの三か月間にわたる調査で、

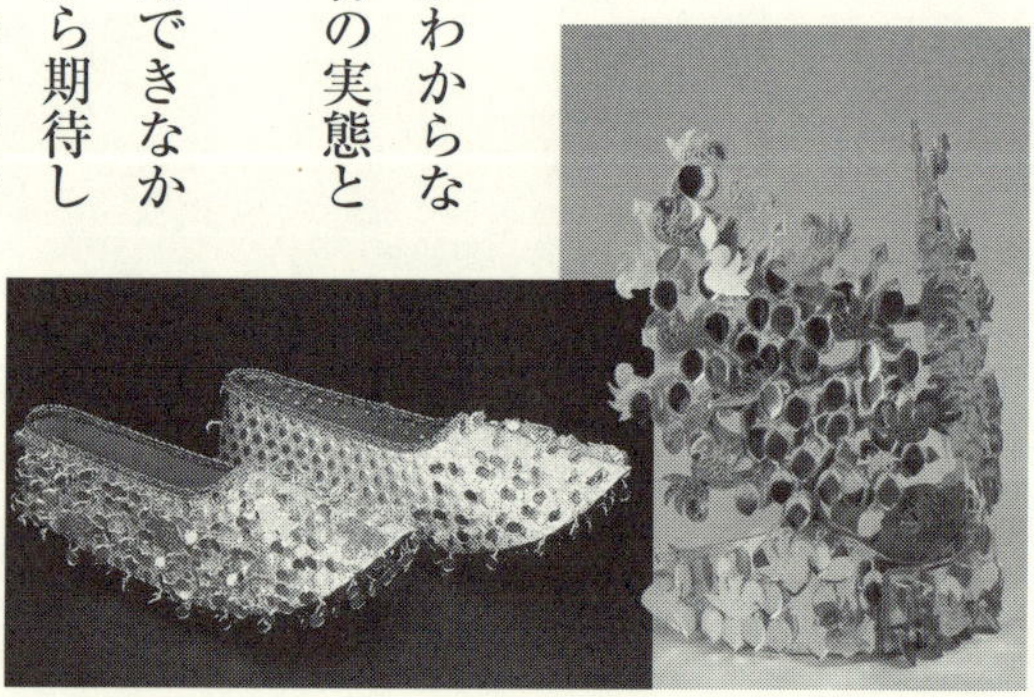

第３次調査で出土した棺▶内の金銅製沓《くつ》と冠《かんむり》の復元品（橿原考古学研究所附属博物館提供）

石棺内のおびただしい遺物は埋葬当時からまったく動かされておらず、未盗掘墳と判明した。

石棺に十センチほどたまった透明な水。ほとんど退色せずに残った石棺内側の古代朱《しゅ》。水に浮かぶ有機物。そのいずれもが、強烈な印象を与えた。まさに未盗掘古墳の醍醐味だ。

主な副葬品は金銅製冠《かんむり》（これは第二次調査で発表された冠帽とは別の遺物）、筒形金銅製品、金銅製大帯、金銅製沓《くつ》、半筒形金銅製品、剣菱形《けんびしがた》銀製品、剣菱形金銅製品、銀製垂飾り金具、耳環《じかん》、玉纏大刀《たままきたち》を含む大刀五本、剣、刀子六本、各種の空玉、ガラス玉、鏡四面、腕輪などおびただしい数量に達した。ガラス玉だけでも一万点を優に超えている。

二体合葬の被葬者は

そして、思いもよらなかったことが判明した。一つの石棺に二人の男性が同時に埋葬されていたのである。京都大学の片山一道さんらの鑑定によると、北側の人物は十七歳から二十五歳で、おそらく二十歳前後、身長一六四〜一六五センチ。南側は二十歳から四十歳までの壮年で、高身長ということである。いずれも、この時代の人物としては、相当の高身長とみられる。

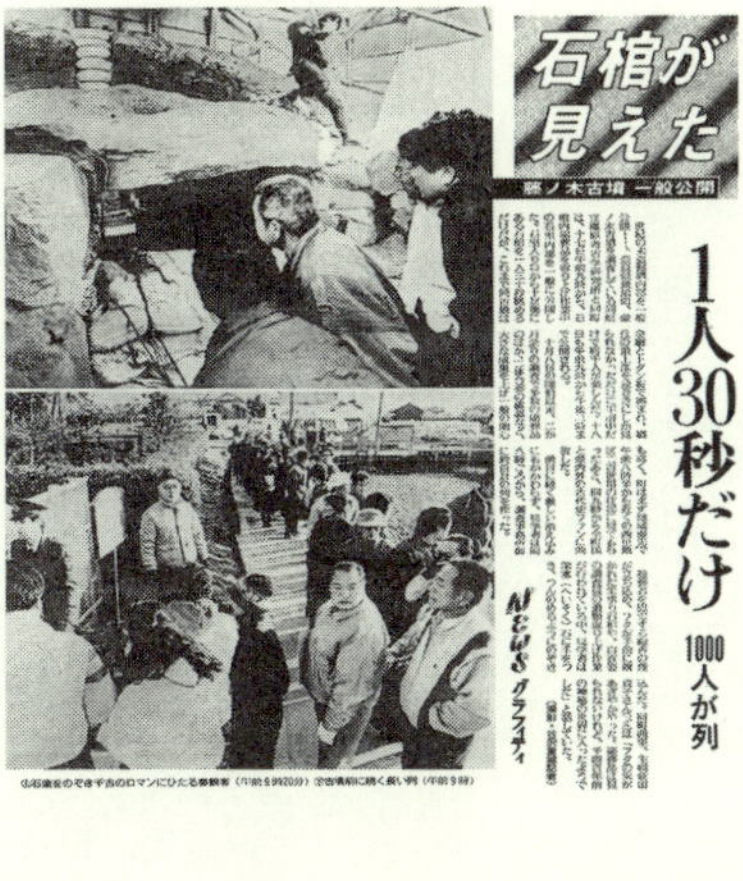
石棺が見えた
藤ノ木古墳 一般公開
1人30秒だけ
1000人が列
News グラフィティ

◀藤ノ木古墳第3次調査の報道（「読売新聞」1988年12月17日）

これだけの副葬品を持つ被葬者になぜ別々に石棺が造られなかったのか。ある時、同時に不慮の死を遂げたのではないか。そんな想像が浮かんだ。ともに暗殺されたような特殊なケースである。そこで、五八七年に蘇我馬子軍によって同時に殺害された穴穂部《あなほべ》皇子、宅部《やかべ》皇子の合葬説が浮上した。古墳築造が五八七年ごろだとすれば、トップクラスの権力者が円墳に葬られていても説明がつく。説得力のある被葬者論だが、決定的な証拠はない。

墳丘や石室の築造にどれぐらいの歳月を要したのだろうか。大林組のプロジェクトチームが世界最大といわれる大仙陵《だいせんりょう》古墳(仁徳天皇陵)の工期を試算したデータがある。それによると、現代人が古代工法で造営すると一日当たりピークで二〇〇〇人、延べ六八〇万七〇〇〇人を動員して十五年八か月を要するという。墳丘長四八六メートルの大仙陵古墳と直径四十八メートルの藤ノ木古墳では規模が違い過ぎるが、トラックやクレーンなどが無かった時代に石室の巨大な石を切り出し、運搬する作業には、相当量の労力が必要だったことは容易に察しがつく。

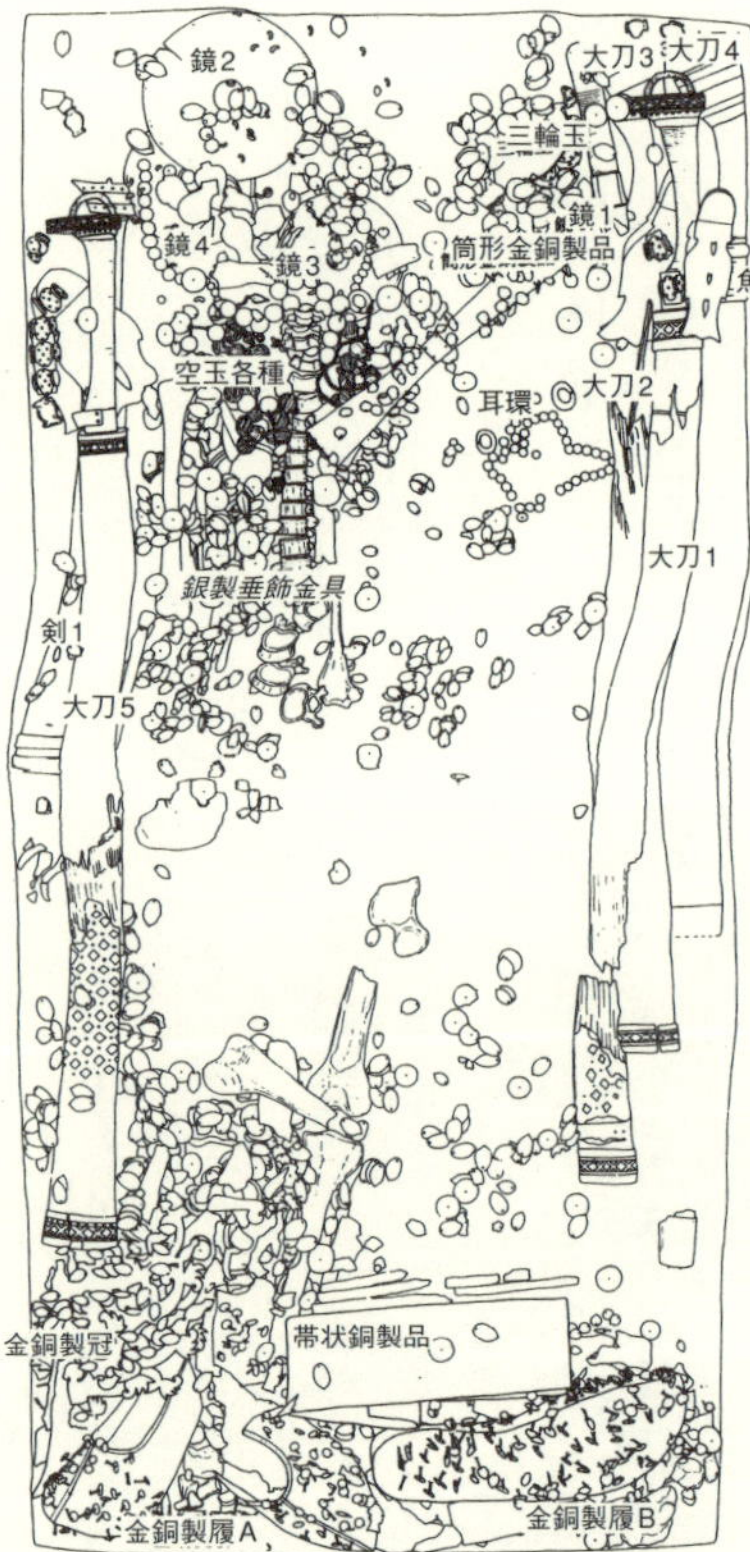

藤ノ木古墳出土▶遺物状況模式図(『斑鳩町の古墳』1990年より転載)

墳丘、石室を造営する工事期間に比べれば、石棺を造る時間など極めて短期間のように思う。緊急事態が発生したため、一つの石棺に二人を合葬したという前提には疑問がつきまとう。

古代には「殯《もがり》」という儀式があったことは広く知られている。死後、亡骸を葬るまでに相当の期間、別の場所に遺体を安置して儀式を繰り返すのである。例え緊急な死であっても、二基の石棺を造る時間的な余裕は十分にあったはずだ。

奈良県内最大の前方後円墳、丸山古墳が埴輪《はにわ》を伴っていないのに対し、藤ノ木では埴輪の存在が確認されている。考古学の一般論からすれば、丸山古墳より古い要素を備えている。穴穂部皇子、宅部皇子の合葬説が有力視されているが、聖徳太子と関係深かった秦《はた》氏をはじめ、膳《かしわで》氏、蘇我氏、物部氏や在地豪族の額田部《ぬかたべ》氏、平群《へぐり》氏も候補に挙げられる。あれだけ調査がおこなわれても、墓誌銘のような文字資料が無いかぎり、被葬者は簡単に判明しないのだ。

二つの欽明陵

近年マスコミをにぎわしたのが、丸山古墳と明日香村平田の欽明陵（梅山古墳）の調査である。丸山古墳と梅山古墳はともに六世紀後半で、どちらかが、奈良盆地で最後に築かれた前方後円墳だろう。三輪《みわ》山麓の箸墓《はしはか》古墳によって古墳時代が始まり、欽明陵の可能性が濃厚な両古墳の築造を最後に古墳時代が幕

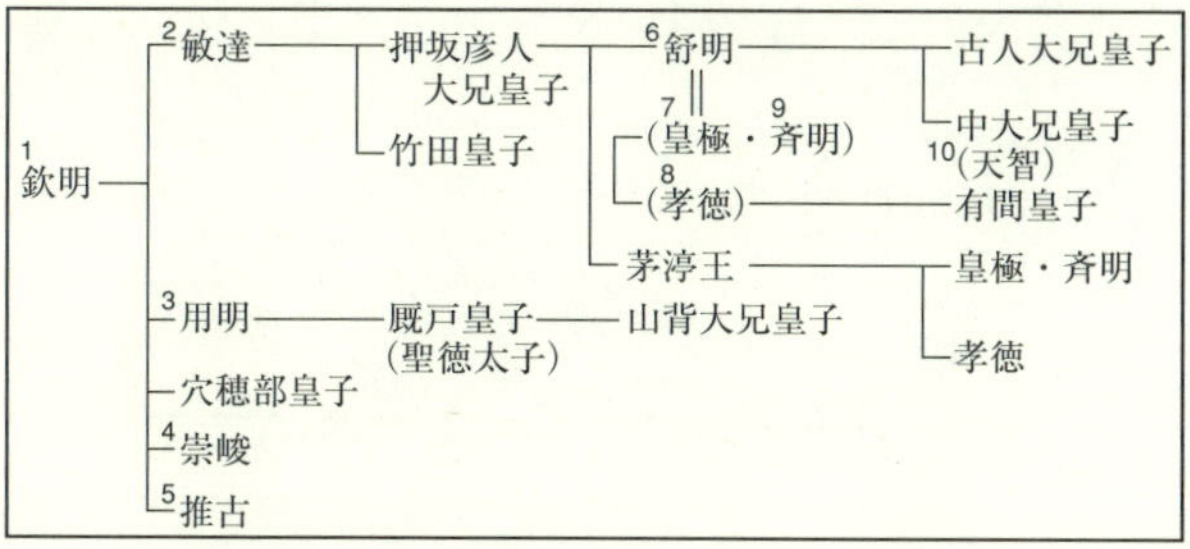

◀欽明天皇系図　数字はこの系図の即位順。欽明の系統が王権を継いでいることがわかる。

を閉じる。一時代の画期となる学問的にも貴重な遺跡だが、両古墳は宮内庁の管理下にあり、研究者らの立ち入りも禁止されている。

丸山古墳は、橿原市の見瀬《みせ》、五条野《ごじょうの》、大軽《おおがる》の三町にまたがり、後円部頂上部分が宮内庁、墳丘の大部分が文化庁所轄の国史跡である。後円部頂上部分にある石室入口付近が壊れ、一九九一年に市民が中に入って盗写した。その写真は新聞やテレビにも発表され、これが引き金になって翌年、宮内庁書陵部が測量調査に乗り出した。

全長三二〇メートルを誇り、その規模から大王陵とみる説が有力だ。かつては天武の墓ともされていたが、今は陵墓参考地になっている。もともと石室入口が開口しており、幕末期の北浦定政《きたうらさだまさ》・堤惟徳《つつみこれのり》や明治期のイギリス人ウィリアム・ゴーランドらが記録を残している。宮内庁の調査では、石室は全長二十八・四メートル。遺体を安置する玄室は奥行き八・三メートル。宮内庁の調査は修理補繕のための測量にとどまり、現状で目認される石室壁面や石棺上部は公開されたが、土砂に埋まった部分は不明のまま、調査を終了した。このため、正確な高さや幅はわからないが最大幅は四・五メートル以上と推定され、日本最大の石室であることがわかった。

丸山古墳に関する研究は以前から多くの考古学者らによって進められていた。その一人、増田一裕《ますだかずひろ》さんは盗写フィルムが発表される十か月前に『古代学研究一二四号』(一九九一年二月号)で、全長二十八・三メートル、玄室奥行き七・二七メートル、幅四・五五メートルと推定している。宮内庁の実測にほぼ一致する研究成果だ。

堤惟徳(左)・ゴーランド(右)が記した丸山古墳の石室▶　増田一裕「見瀬丸山古墳の被葬者(上)『古代学研究』124号より。

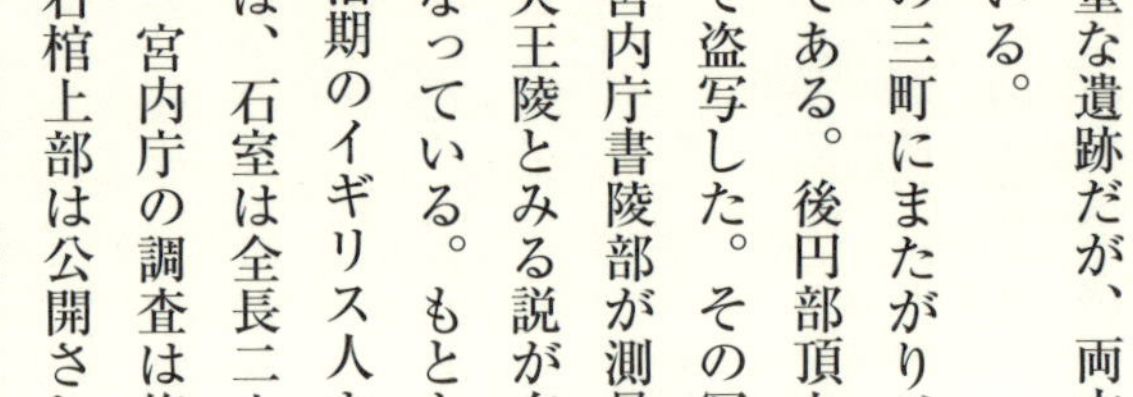

さて、丸山古墳の被葬者は誰か。欽明天皇と妃の堅塩媛《きたしひめ》説が根強い。盗写フィルムに写った石棺の形式では、手前が六世紀の第3四半期、奥がそれよりも新しい。場合によっては七世紀第1四半期まで下る可能性があるという。欽明天皇の没年は五七一年。『日本書紀』では推古天皇二十八年（六二〇）にも欽明陵の改葬がおこなわれており、二つの石棺は年代的に一致する。欽明陵説が声高に叫ばれる由縁だ。だが、文献資料では欽明陵は「檜隈坂合陵《ひのくまさかあい》」「檜隈大陵」「檜隈陵」と記されている。丸山古墳のある橿原市の見瀬、五条野、大軽地域を檜隈とするには難点がある。

一方の梅山古墳は飛鳥檜隈の地域に位置する。宮内庁が一九九七年十一月におこなった「陵墓営繕整備工事」に伴う試掘調査で、前方部墳丘すその西、南側のトレンチから張り石が確認され、「砂《さ》礫《れき》を以《も》て檜隈陵の上に葺《し》く」という『日本書紀』（推古二十八年十月）の記述と一致した。一緒に出土した埴輪《はにわ》片は六世紀後半と七世紀前半の二時期のものがあり、改葬があった可能性も強い。丸山古墳には葺石《ふきいし》や張り石が確認されないことからも『日本書紀』の記述を読むかぎり、梅山古墳を欽明陵とする説に説得力がある。難点があるとすれば全長一一〇メートルという墳丘の規模だろうか。三二〇メートルの古墳が大王陵でなく、一一〇メートルの古

◀**丸山古墳**　右のこんもりと森の茂っているところが後円部で、宮内庁の陵墓参考地になっている。

墳が大王陵ならば、我々が抱いている前方後円墳のイメージを改めなければならない。もっとも、奈良大学学長の水野正好《みずのまさよし》さんは、大王の在位期間の長短と墳丘規模の関わりを説いておられるが。

はたしてどちらが、真の欽明陵なのか。興味は尽きない。両古墳とも今は宮内庁の管理下にあり、本格的な発掘調査は不可能だ。宮内庁の公表資料はまるで、靴の底から足の裏をかくようなものだ。

ただ、古代史ファンの多くが抱いている「学術調査をすれば、古墳の被葬者が解明できる」という幻想は捨てるべきだ。文字資料のようなものが発見されない限り、被葬者は永遠に確定できない。

高松塚古墳

一九七二年三月一日。春まだ浅い飛鳥路は珍しく名残雪に包まれていた。世紀の大発見の序章は雪景色の中で始まった。関西大学助教授(当時)の網干善教《あぼしよしのり》さんをリーダーにする関西大学のグループ十人が名もない小さな古墳の調査に入った。

墳丘の盛り土は、がちがちに突き固められ、まるでコンクリートのようだった。これは古代の宮殿や寺院の基礎固めに用いる版築《はんちく》と呼ばれる特殊な工法で、発掘経験の少ない学生らも当初から「ただならぬ古墳」と直観していたという。十一日目に漆《うるし》塗り木棺の破片が出土。漆棺は高貴な人物の柩《ひつぎ》に限られる。貴人の墓の可能

西上空から見た平田梅山▶古墳　前方部周濠の手前右側の森は、猿石が置かれている宮内庁指定の吉《き》備《び》姫《ひめ》墓である。

性が濃厚になった。

　壁画の発見は三月二十一日。前日は朝から春一番が吹き、測量図の用紙が風に吹き飛ばされる。墳丘上の竹が、ボキッ、ボキッと音を立てて折れた。学生の一人森《もり》岡秀人《おかひでと》さん（現、芦屋《あしや》市教委技師）は「何か不気味だ。墓を暴くなという天の声か、とためらった」と思い出を語る。まるで、映画のシーンのような情景だった。二十一日正午過ぎ、森岡さんらが昼食に出かけた間に、居残り組みの網干さんら三人が「ぼさーっとしているのも手持ち無さたやし、ちょっと掘ってみようか」と盗掘坑をスコップで掘り進めると石槨《せっかく》の口が十五センチほどぽっかりと開いた。そばにいた学生が「先生、模様みたいなものが見えます」と声をあげた。薄暗い石槨に首を突っ込んだ網干さんは「えらいこっちゃ。絵がある」と驚きの声をあげた。緑色の古代服を着た男性像。鮮烈な緑色は今も目に焼きついているという。高松塚《たかまつづか》古墳壁画の発見の瞬間だ。

　網干さんは学生に「ええか。よう聞け。人間というのは、大きな事が起きた時こそ冷静に判断せなあかん」と震える声で壁画発見を伝えた。後に語り継がれる有名なエピソードだが、森岡さんの記憶によると、発見の重大さを熟知していた

◀**高松塚古墳の壁画**
西側采女《うねめ》像（明日香村教育委員会提供）

網干さんが一番、興奮していたという。

　石槨の口を広げれば、壁画が傷つく恐れがある。男性では、肩幅が邪魔になって中を十分にのぞき込めない。そこで、女子学生の東《あずま》永津子さんが男子学生に足を支えられ、石槨の中に上半身を突っ込んだ。壁画の状態をそのまま、「実況中継」し、学生らが克明にメモを取った。四神像、女子像、男子像、日像……。森岡さんの発掘調査記録日誌に克明な記録が記されている。「長時間空気に触れると壁画が傷む」との判断で石槨内部の調査は、わずか五日間で打ち切られた。

　古墳は直径十八メートル、高さ五メートルの円墳で七世紀末～八世紀初頭の築造。漆喰《しっくい》を塗った石槨壁面（奥行き二・七メートル、幅一・〇メートル、高さ一・一メートル）に男女の群像と青竜《せいりゅう》、白虎《びゃっこ》、玄武《げんぶ》の四神図、日月両像、星座を現した星《せい》宿《しゅく》図《ず》が赤や緑などの極彩色と金銀の箔で描かれていた。

　遺物は熟年男性の臼《きゅう》歯や頚椎《けいつい》などの人骨、漆塗り木棺の破片と飾り金具、海獣《かいじゅう》葡萄《ぶどう》鏡、大刀外装具、ガラス玉や琥珀《こはく》玉など。古墳は特別史跡、壁画は国宝、人骨を除く出土遺物は重文に指定されたが、被葬者論争はいまだに決着をみない。

　壁画発見の最大の意義は日本文化の独自性を強調した戦前からの古い歴史観にピリオドを打ったことだろう。東アジアとの関わりを抜きに日本古代史が成り立たないことは常識になった。高松塚古墳は、日本人の歴史観を書き換えた発見だった。

高松塚古墳発掘調査▶記録日誌（森岡秀人氏提供）

二　キトラ古墳の「ハイテク調査」

地元住民からの報告

「高松塚が日本の考古学を駄目にした」。ある国立機関の高名な研究者がマスコミに皮肉を込めて、こう話したことがある。これまで地道だった考古学が高松塚古墳の壁画発見以来、マスコミの派手な報道合戦の対象となり、珍説、奇説が新聞紙上をにぎわす風潮を嘆いた言葉である。

我々にとっては耳の痛い苦言だが、純粋な学術調査や開発に伴う発掘とは別に、マスコミを意識したような研究や調査が行われるようになってきたのも事実だ。その典型とも言えるが、橿原市の丸山古墳の盗写フィルムの解析と明日香村のキトラ古墳のファイバースコープ、超小型カメラによる調査だった。

高松塚の壁画発見から六年後の一九七八年、明日香村阿部山《あべやま》の住民から地元に似たような古墳があると報告され、キトラ古墳が注目を集めた。壁画が存在するとなると、その調査費の数倍もの費用が費やさ

◀キトラ古墳の現状
（明日香村阿部山）

れる。予算面からして、発掘調査はできない。関係者が隔靴掻痒《かっかそうよう》の思いを抱いていた時、この古墳に目をつけたのがＮＨＫだ。一九八三年に「科学による古墳の探査」を主旨とする番組を企画。盗掘口とみられるわずかの穴を利用して、小さなファイバースコープを挿入、壁面を映し出した。ハイテク調査には地元の飛鳥古京顕彰会、研究者有志らが協力し、ファイバースコープは石槨《せっかく》の奥壁をとらえた。ぼんやりとした像が浮かび上がり、壁画の存在が確認され、遺跡を傷つけない、非破壊探査として評価を得た。

ファイバースコープに浮かび上がった像は円形の人為的な線描で、その場所が奥壁だったことから、亀に蛇が絡まる「玄武《げんぶ》」像と推定された。さらにレンズを右に曲げた時、故障が発生。結局、玄武像をとらえたところで調査は打ち切られた。画期的な手法だが、奈良国立文化財研究所や橿原考古学研究所、明日香村教委などによる調査でなかったために、その後の予算が立たず、保存や再調査の計画は宙に浮いたままになった。その間に古墳の近くに新しい村道が開通。阪神大震災が発生し、壁画は無事だろうかと、心配する声も上がっていた。

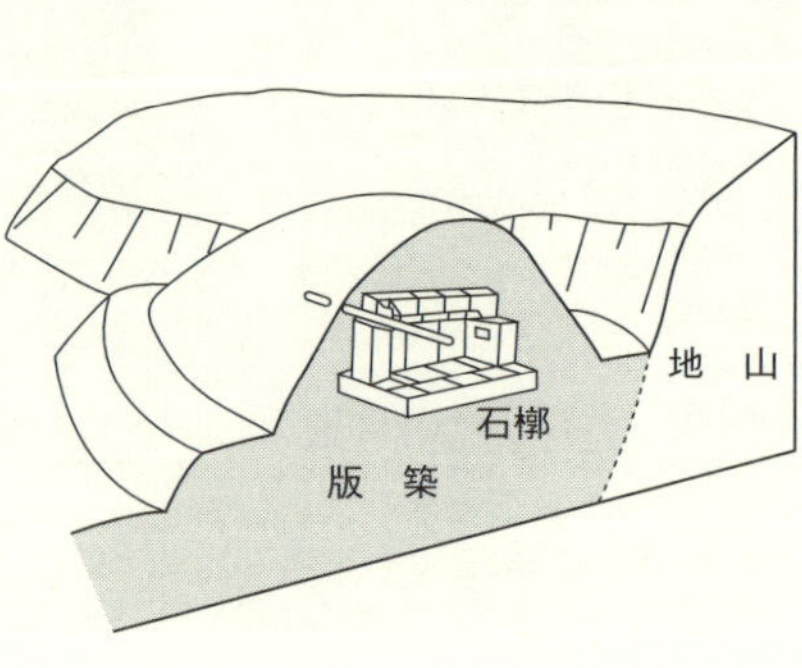

キトラ古墳概念図▶
（「キトラ古墳学術調査報告会資料」1998年3月15日より）

ファイバースコープ挿入の再調査

ファイバースコープ挿入から十五年後の一九九八年、今度はさらに性能を高めた超小型カメラを使って調査が実施された。村長の関義清さん、奈良国立文化財研究所飛鳥藤原宮跡発掘調査部長の猪熊兼勝《いのくまかねかつ》さんの二人が団長となり、「キトラ古墳学術調査団」を結成。再び、NHKのカメラを使用して撮影調査が行われた。

NHKが映像を独占するのではないか。新聞社やテレビ局が加盟する橿原市政記者クラブから反対の声が上がった。だが、関さんは「NHKには義理がある」と突っぱねた。これまでのマスコミの過熱ぶりからすれば、調査に入る前に一もんちゃくするところだが、一部の民放局を除いて、NHKの独占に対して強硬な意見は出なかった。というのも、天理市・黒塚古墳の発掘から二か月後。マスコミや世間の関心は邪馬台国の時代に移っており、「ハイテク調査」によるキトラに対しては今ひとつ盛りあがりを欠けていた。「ハイテク調査」の映像は同村の中央公民館で一般公開されたが、八〇〇人収容のホールは満席とまではならなかった。飛鳥ブームの再燃を狙った村にとって、キトラ古墳の発掘をいかに進めるかという課題を残した。

後に飛鳥池遺跡から富本銭《ふほんせん》が出土、教科書を書き換える発見として大騒ぎになるが、この遺跡の上には県立万葉ミュージアムが建設される。飛鳥池遺跡の保存運動が高まり、県と明日香村は地域の活性化と保存の問題に苦しい対応をせまられた。壁画が今ひとつ大きなブームをよばず、飛鳥池の富本銭が世間をにぎわしたのは、いささか皮肉な話である。

◀映像を見るキトラ古墳壁画調査団テント内のようす（1998年3月5日、明日香村教育委員会提供）

それでも、村はキトラ古墳の史跡申請をし、二〇〇〇年に国史跡になることは確実だ。ただ、超小型カメラの映像だけの成果だったので、壁画の色も大きさも不明、石槨の大きさや構造も正確には分からない。目玉とも言える天文図にいたっては、レンズのゆがみもあって精度の高い復元は不可能だ。壁画があるということが分かっただけでも十分な価値があるが、保存を考えるなら、超小型カメラの撮影のほかにもいろいろな方法がある。史跡指定には賛成だが、この程度のデータで史跡指定が実現すれば、これまでの指定基準のたがが外れてしまうのではないか。史跡指定の前か、その直後にもう一度、本格的な発掘調査をしなければならないだろう。

九九年秋に、明日香村教育委員会がまとめた『キトラ古墳学術調査報告書』の中で、調査団長の一人、猪熊兼勝さんは「これまでのところ、キトラ古墳保存対策委員会の意見を要約すると、高松塚古墳、マルコ山古墳の漆喰《しっくい》の遺存状況より劣悪と言わざるを得ない。早急に保存対策を講ずる必要がある」と結んでいる。

キトラ古墳が教えるもの

さて、キトラ古墳が高松塚古墳に先行するのか、それとも新しいのか。天文図の原図が描かれた場所はどこか。被葬者は誰か。様々な推論が飛び交った。

報告書によると、天文図の原図は「当時の日本には独自にこのような星図を作る能力はなかった」として、中国か朝鮮半島で作られたとの仮説を立てている。そし

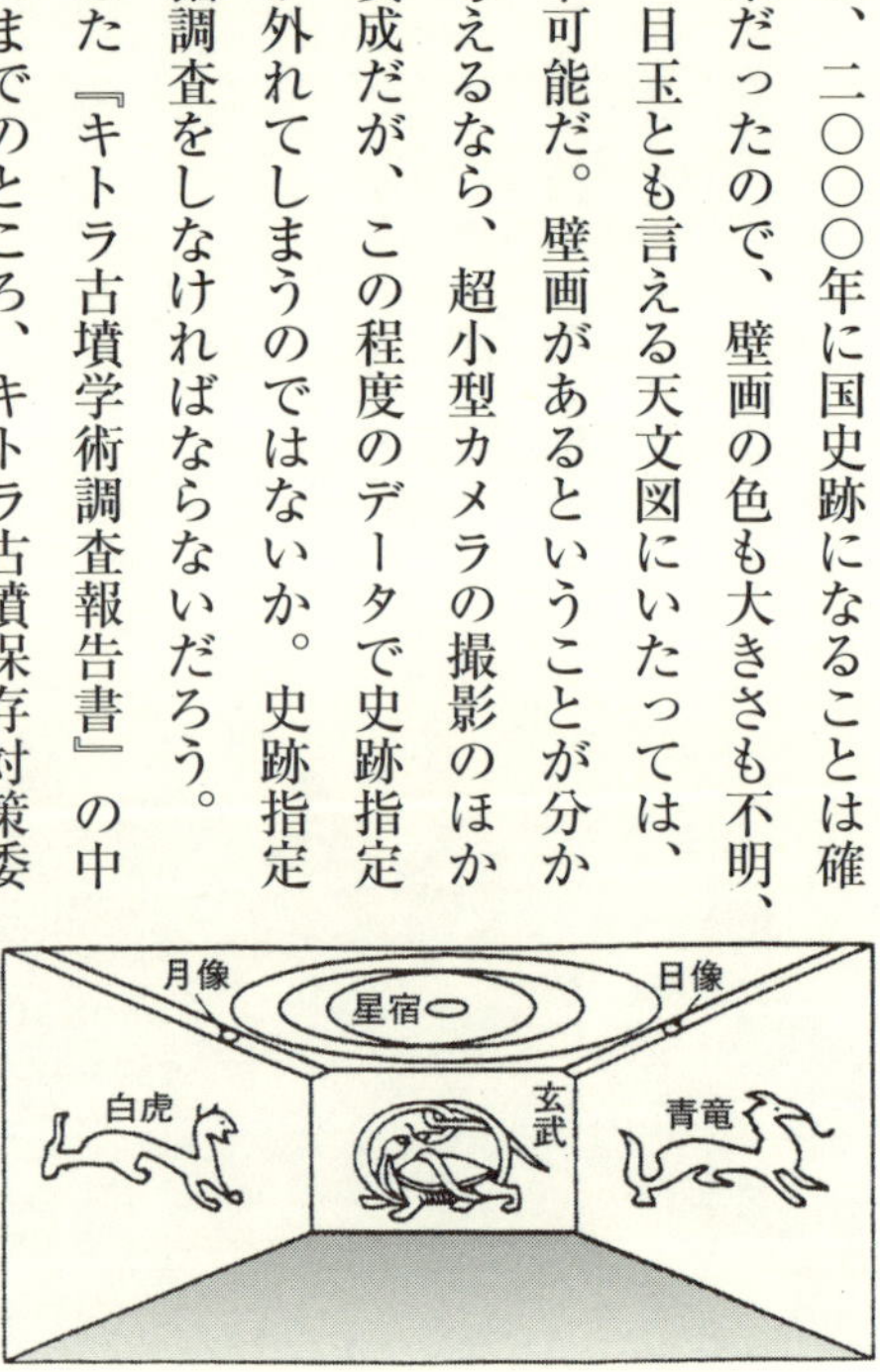

キトラ古墳の壁画位置イラスト（奥が北）▶

て、天文図にある内規・外規の去極度が観測に用いる土地の緯度によって違うことから、「使用地の緯度」を38・4度と推論している。高句麗《こうくり》の都のあった平壌の緯度が39・0度に近く、執筆した宮島一彦・同志社大助教授は「中国から伝わった星図に基づいて、高句麗で自国用に作られたのではないか」と要約している。

また、同報告書の中で、橿原考古学研究所の河上邦彦《かわかみくにひこ》・調査研究部長は、壁画が描かれた意味について、飛鳥の終末期古墳は本来ならば、風水《ふうすい》思想と対応するものであるとの前提に立ち、壁画のない古墳は周辺の立地条件が四神《しじん》図にかなう。高松塚、キトラの両古墳は四神図にかなう場所に造墓できなかったため、と推論。壁画に四神図を描くことによって、これを代用したとの仮説を出している。「壁画があることで、これまで古墳の主に対しても過大評価を与えていなかっただろうか」としている。

河上さんの指摘は卓見であると思う。壁画古墳の主が壁画のない天皇陵に眠る被葬者よりも格が上であったということはありえない。どうしても四神図を描かないと、古墳としての条件をクリアできない事情があったのかも知れない。天皇やトップクラスの皇族、あるいは渡来《とらい》系の画師といったこれまでの人物像から離れ、「四神図にかなう場所に造墓できなかった人物」と見るのも面白いのではないだろうか。

◀キトラ古墳調査のマスコミへの発表
(1998年3月5日、明日香村教育委員会提供)

三　マルコ山古墳と束明神古墳に眠る人

「飛鳥美人ほほ笑まず」

高松塚古墳フィーバーから八年。一九八〇年に、明日香村真弓《まゆみ》のマルコ山古墳の発掘が再びマスコミの耳目を集めた。墳丘下段の直径二十四メートル、高さ六メートル、腰高の円墳。すそ部が稜角《りょうかく》をなしていたので、天皇陵特有の八角形墳ではないかと期待された。高松塚の下段直径が二十メートル、キトラ古墳が十三・八メートル。その規模から一ランク上位に位置づけることができる。

さらに、立地条件を見ると、南約五三〇メートルに束明神《つかみょうじん》古墳、北約六〇〇メートルに斉明《さいめい》天皇が葬られているとの説がある牽牛子塚《けんごしづか》古墳、北東約六四〇メートルには、これまた斉明陵説のある岩屋山《いわややま》古墳が見える。

石槨《せっかく》が漆喰《しっくい》で塗られ、その剥離《はくり》面に朱《しゅ》があることも判明。壁画の夢冷めやらぬ時期。マスコミは高松塚に次ぐ、世紀の大発見の準備で大わらわだった。調査に取り組む網干善教《あぼしよしのり》さん（現・関西大学名誉教授）にとっては、迷惑だったが、まさに〝発掘ショー〟の様相を帯びた。遺物を取り上げるごとに、記者発表するリアルタイム

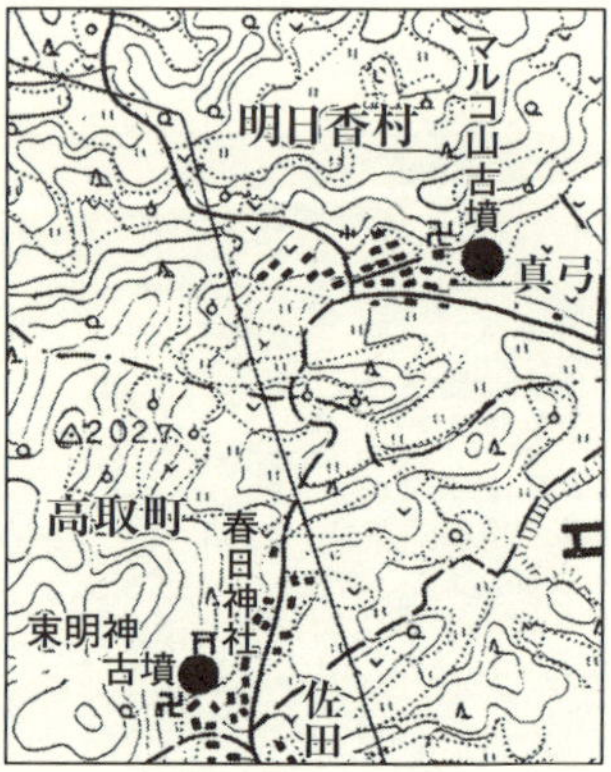

マルコ山古墳・束明神▶古墳位置図

式の報道は後の斑鳩《いかるが》の藤ノ木《ふじのき》古墳報道につながるが、その原型といってもいい。

教科書を書き換えるような画期的な成果が出る。そんな期待感に膨らんでいた。橿原通信部や大阪本社の文化担当記者を除けば、考古学の専門的な知識のある記者がまだ育っておらず、文化財報道の牧歌的な時代だった。結果は見事に外れ、「飛鳥美人ほほ笑まず」の見出しが各紙を飾ることになる。それでも、麻布を漆《うるし》で張り合わせた棺が出土。漆塗りの木棺だった高松塚よりも高貴な人物像が推定された。

漆喰《しっくい》の剥離《はくり》面に塗られた朱は「朱墨」で、石工が石を切り落とす際に引いた目印墨打ちだったとみられる。壁画のキャンバスとみられた漆喰は床も含めて、石槨全面に施されていたが、肝心の絵は見当たらなかった。壁画を描く時間的な余裕がなかったのだろうか。この時代には殯《もがり》という儀式が営まれていた。壁画を描くだけの時間は十分にあったはずだ。やはり、最初から壁画はプランに含まれていなかったのだろう。被葬者については諸説があったが、天武天皇の皇子、草壁《くさかべ》皇子の名も挙がった。

草壁皇子の墓

それから、四年後の一九八四年。今度はマルコ山古墳の南約五三〇メートルの高取《たかとり》町佐田《さだ》の束明神《つかみょうじん》古墳が発掘された。同古墳は草壁皇子の墓説で、研究者の意見がほぼ一致する。『万葉集』の挽歌《ばんか》には草壁皇子

◀マルコ山古墳
（明日香村真弓）

の墓所を「佐田の岡辺」「檀岡《まゆみおか》」とある。佐田にあるこの終末期古墳こそが草壁皇子の墓にふさわしい。

九九年秋、高取町教委と橿原考古学研究所から『束明神古墳の研究』が刊行された。そこには束明神という古墳名の由来が記されている。「束明神古墳の名は古墳の前に高さ一〇九・五センチの小さな石灯籠《いしどうろう》があり、これに『束明神』と記されていることから名付けた」とある。幕末のころ、役人が岡宮《おかのみや》天皇（草壁皇子）の御陵を定めるために、来ることになった。岡宮天皇陵に定められると、古墳の近くの村が強制移転されるという噂が流れた。住民らは立ち退きから逃れるために、この古墳の周辺部を壊し、古墳石材の一部を抜き取ったという。その時、古墳を供養するために石灯籠を建てたのである。そこに刻まれた文字が「束明神」。

通常、古墳は地名にちなんで命名することが多い。本来なら小字《こあざ》名の大平から「ヲヒラ古墳」とすべきだが、発掘担当者の河上邦彦さんは「束明神古墳」の名前で、記者発表し、学会でもこの名で通っている。

この古墳は、終末期古墳を代表する家形の石槨墳《せっかくふん》として有名だ。橿原考古学研究所附属博物館に復元された石槨がある。高松塚やマルコ山古墳のように大きな石材を組み合わせて、造ったものではない。縦横約五十センチ、高さ約三十センチの直方体状の凝灰岩を中心に様々な形をした約五〇〇個の石を組み合わせ、家形に積み

束明神古墳▶
古墳名の由来となった石灯籠が建っている。

上げている。石舞台《いしぶたい》古墳が、巨石古墳として知られているだけに、この構造の違いに驚かされるが、実はこの落差にこそ、大きな歴史的な意味が込められている。

河上さんは次のように考察している。柔らかい凝灰岩《ぎょうかいがん》は、固い花崗岩《かこうがん》に比べると三十分の一から、四十分の一の労力で石材を加工することができる。石一個の重さが平均約二〇〇キロとすると、木そりを馬に引かせて運搬すれば、一回に数個運ぶことができ、四人の石工が石の加工を手がけたとすれば、約二十日間で必要な石が出来上がる。運搬がたやすく、延べ一〇〇〇人の労力で束明神古墳を完成させることができる。一方、花崗岩では、加工に労力を要し、延べ人数で七五〇〇人から一万人の労力がいると推定している。石舞台古墳のような巨石となると、どうか。さらに大きな労力が必要だっただろう。

凝灰岩を使用して、しかも小さな切り石にして、これを組み合わせるという手法は、古墳造営の省力化につながる。主《ぬし》が草壁皇子だとすれば、朝廷のトップクラスでも、古墳に多大な労力を使わなかったことになる。まさに「大化《たいか》の薄葬令《はくそうれい》」を実践した結果、と類推されるのだ。同令の「夫《それ》王以上之墓者、……役一千人」にも一致し、省力化という点では、的を得た見解だ。

小さく切り出した凝灰岩が、古代史の大きな節目である薄葬思想を物語っている。石の塊が古代史のなぞを解き明かしているのである。

◀復元された束明神古墳の石槨（橿原考古学研究所附属博物館前庭）

高取川左岸沿いの古墳

飛鳥地方は飛鳥川、高取川右岸・左岸に沿って三地域に古墳群が形成されている。飛鳥川の支流・細川の右岸に広がるのは「細川谷古墳群」。高取川右岸には天武・持統合葬陵、中尾山古墳、高松塚古墳などがあり、左岸の橿原市から高取町にかけても後期から終末期の古墳が分布する。

高取川左岸の古墳群は北が橿原市南妙法寺《みなみみょうほうじ》や白橿《しらかし》町の橿原ニュータウン辺りで、南は高取町佐田にまたがる。ニュータウン内の小谷《こたに》古墳は終末期を代表する古墳として知られている。小谷古墳は墳丘の盛り土が壊れ、円墳か方墳かも判別しにくいが、南側に横穴式石室の入り口が露出している。天井石は石舞台古墳をしのぐ。中に家形石棺が収められている。石棺の奥や右側に広い空間が残っており、本来は三基の石棺が安置されていたと推測される。聖徳太子墓と同じ「三骨一廟《さんこついちびょう》」式で、南約四十メートルに、ほぼ同規模の小谷南古墳がある。両古墳を蘇我氏の「今来《いまき》の双墓《ならびばか》」とする説は魅力的だ。「藤原京創都一三〇〇年」を記念して、橿原市が小谷古墳を発掘調査するという話も持ち上がったが、準備不足もあって、とん挫した。「今来の双墓」には、桜井市粟原《おおばら》の花山塚《はなやまづか》西・花山塚東古墳、御所《ごせ》市古瀬《こせ》の水泥《みどろ》南・水泥塚穴《つかあな》古墳も候補に上げられるが、水泥南古墳は蓮華文《れんげもん》石棺の年代からその可能性が低くなった。

益田石船《ますだのいわふね》（⇩P.141）や小谷古墳の南側に位置する橿原市川西町から同市一町《かず》にかけ

小谷古墳の横穴式石室と家形石棺（橿原市白橿町）▶

て、貝吹山《かいぶきやま》(標高二一〇メートル)を挟むようにして有名な新沢《にいざわ》千塚古墳群が広がる。この古墳群の南端から少し離れた高取町側の丘陵には与楽《ようらく》鑵子《かんす》塚《づか》古墳、乾城《かんじょう》古墳が連なる。新沢千塚古墳群のほとんどが木棺直葬墓なのに対して、高取町の古墳は巨大な横穴式石室を持っているのが特徴だ。中でも、乾城古墳は玄室は長さ五・三メートル、幅三・五メートルで、高さは五メートル以上にも達する。石舞台古墳よりも高い天井だ。

貝吹山の丘陵では、一九九八年に寺崎白壁塚《てらさきしらかべづか》古墳が発掘調査された。二段築成の方墳で、下段は一辺約三十メートル。盗掘などで、築造年代を確定できる副葬品が失われていたが奥壁と天井石が一石で構成された横口式石槨《よこぐちしきせっかく》が確認され、終末期古墳であることは間違いない。石材の間には漆喰《しっくい》が補てんされ、すき間を埋めている。「白壁塚」という名前から、壁画のキャンバスになる漆喰が壁面に塗られていたのではないかと、話題になったことがある。しかし、発掘を担当した高取町教育委員会の木場《こば》幸弘《ゆきひろ》さんは「壁面には漆喰の痕跡はなかった」と報告している。調査は二〇〇〇年春にも再開される予定だが、高取町内には他にも「壁画古墳ではないか」と噂される終末期古墳が眠っている。

▲白壁塚古墳の横口式石槨　(高取町寺崎、高取町教育委員会提供)

▲乾城古墳(高取町与楽)　階段を上がった南側に石室が開口する。

四　終末期古墳が終わりをつげる時

飛鳥の大看板、石舞台古墳

話を石舞台《いしぶたい》古墳に戻そう。高松塚古墳の壁画が発見されるまでは、石舞台古墳は、古代飛鳥の大看板だった。古墳の封土が削られ、巨大な天井石が水田の中にまるで石の舞台のように露出していたことから、この名が付けられた。

明治時代に喜田貞吉《きたさだきち》氏が蘇我馬子の桃原《ももはら》墓と推定している。昭和七年(一九三二)~十年(一九三五)に橿原考古学研究所の末永雅雄《すえながまさお》さんが発掘し、一辺約五十メートルの方墳とわかった。遺体が安置されていた玄室《げんしつ》は長さ七・五メートル、幅三・四メートル、高さ七・七三メートルの規模で、最大の石材は重さ七十二トンの花崗岩と推定される。二〇〇キロの東明神古墳と比べれば、いかにすごい巨石古墳だったかがわかる。

発掘調査の結果、七世紀前半ごろの築造と判明。馬子が六二六年に没しており、年代的にもほぼ一致する。すぐ西で馬子の「嶋邸《しま》」と推定される遺構も見つかって

石舞台古墳▶
(明日香村島庄)

おり、桃原墓であることはまず、間違いないだろう。石室は今でも、自由に出入りでき、観光の目玉になっている。

飛鳥の古墳の終わり

限られた枚数の中、一気に終末期古墳について書きつづった。欽明陵と考えられる丸山、梅山両古墳の築造を最後に畿内では巨大な前方後円墳が姿を消し、大型方墳、大型円墳の時代を迎える。

大阪府南河内郡太子《たいし》町の磯長谷《しながたに》古墳群に、六世紀後半ごろ、春日向山《かすがむこうやま》古墳（現、用明天皇陵。一辺約六十五メートル）の方墳が現れ、さらに山田高塚古墳（現、推古天皇陵。一辺約六十メートル）の方墳が築かれる。そして桜井市に崇峻《すしゅん》天皇陵とみられる赤坂天王山古墳（一辺約四十五メートル）が築造され、石舞台古墳へとつながっていく。

一方では、敏達《びだつ》天皇の子で、舒明《じょめい》天皇の父に当たる押《おし》坂彦人大兄《さかひこひとおおえ》皇子の成相《なりあい》墓とみられる大型円墳の牧野《ばくや》古墳（奈良県北葛城郡広陵《こうりょう》町）が現れ、蘇我氏と対立関係にあった物部《もののべ》氏の拠点、天理市の石上《いそのかみ》神宮周辺に塚穴山《つかあなやま》古墳が築かれる。蘇我系が方墳、物部系が円墳との説も

◀整美された切石の岩屋山古墳の石室入口（明日香村越《こし》）

あるが、これは定かではない。しかし、異なる二形の古墳が互いに競うように築造されたことに、中央政権の抗争、対立史をみることができるかも知れない。

七世紀中葉ごろになると、畿内の石室は画一的な企画を採用するようになる。明日香村の岩屋山古墳、桜井市のムネサカ一号墳は、整美された切石式の石室となり、自然石をそのまま、組み立てた石舞台古墳とは様相を異にする。大王は八角形墳に変わり、中央豪族の墓とは一線を画する。さらに切石式の石室がもっと、小振りな「石槨」に変化。マルコ山、東明神、キトラ、高松塚古墳へと変遷していくのだ。

一方で、古墳の縮小化に反比例するように大和王権はより強固な一元的な支配体制へと向かう。古墳によって権勢を誇示する時代の終焉《しゅうえん》を意味し、そのことが古代国家の完成を意味するのである。

ちなみに、七世紀代最大の規模の古墳は千葉県印旛《いんば》郡栄《さかえ》町の竜角寺《りゅうかくじ》岩屋《いわや》古墳（一辺八十メートルの方墳）である。飛鳥から消えた巨石古墳はその後、東国へ伝播していったのである。

ムネサカ１号墳の玄室内▶部（桜井市粟原《おおばら》）岩屋山古墳と同一設計図で作られたと考えられている（桜井市教育委員会提供）。

1章 ジャーナリストが見た飛鳥・藤原京

3 なぜ、仏教文化は飛鳥・藤原で華ひらいたか

林　文夫（読売新聞松江支局長）
松村和明（読売新聞大阪本社編成部記者）
関口和哉（読売新聞奈良支局橿原通信部記者）

一　わが国最初の本格寺院・飛鳥寺

飛鳥文化の始まり

　記者として私が初めて飛鳥寺を訪れたのは、一九九四年八月のことだった。境内では何人かの観光客が記念写真を撮ったり、西にそびえる甘《あま》樫丘《がしのおか》を眺めたりしていた。「日本最古の寺院」という栄誉。斉明《さいめい》朝（六五〇年代）の饗宴の場としての華々しさ。何よりも、大半が遺構だけになってしまった飛鳥の諸寺の中で、今も法灯を守り続けている〈潤い〉が人々を引き付けるのだろう。創建当初の堂塔はすべて失われているが、その空間に漂う歴史の重みに少し緊張しながら、住職への面会を申し出た。

　飛鳥寺は、先代の故山本雨宝《うほう》住職が韓国扶余《ふよ》市の郊外にある六世紀創建の修徳寺と、一九八七年姉妹縁組を締結。両寺が協力して飛鳥寺に石造五重塔、修徳寺に博物館を建設することになっていた。

　この日は、その進ちょく状況を取材するのが目的。案内されるまま、現本堂・安《あん》居院《ごいん》の横へ回ると、「どうぞ、こちらへ」と優しい声が響き、応接室に招かれた。

飛鳥寺現本堂の安居院▶
（明日香村飛鳥）

山本宝純《ほうじゅん》さん。温かみのある笑顔と柔らかな物腰。私の妙な緊張感はいっぺんに解けてしまった。「飛鳥は『日本人の心の故郷』とよく言われますが、その飛鳥文化は飛鳥寺から始まったと思うんです。飛鳥寺は、百済《くだら》から渡来した数多くの技術者たちによって建立された。彼らは飛鳥文化の最初の担い手だったんです。その恩を、寺を預かる私どもは忘れてはいけない」。交流事業の意図について、山本住職はソファから身を乗り出しながら一気に語った。

百済の技術で…

飛鳥寺の造立経緯を整理すると、

㈠ 五八七年（用明二）…蘇我馬子《そがのうまこ》が建立を発願。

㈡ 五八八年（崇峻元）…百済から仏舎利《ぶっしゃり》が贈られ、僧六人・寺工二人・露盤《ろばん》博士一人・瓦博士四人・画工が派遣される。

㈢ 五九二年（崇峻五）…金堂、回廊《かいろう》を起工。

㈣ 五九三年（推古元）…仏舎利を塔の心礎に納め、心柱を立つ。

㈤ 六〇九年（推古十七）…銅、繍《しゅう》二体の丈六仏《じょうろくぶつ》が完成。銅像を金堂に安置。主要伽藍《がらん》が整う。

『トラジ』のメロディー流れて

誓い固く握手

1400年ぶりの交流

飛鳥寺と韓国・修徳寺が姉妹に

姉妹寺院の調印を終え握手を交わす田・住持（左）と山本住職

明日香村の飛鳥寺と韓国・修徳寺の姉妹縁組調印式は、十一日朝、飛鳥寺本堂で行われ、両寺の住職がわが国最古の仏像、飛鳥大仏の前で友好を誓い、千四百年ぶりの仏教交流のスタートを祝った。

◀飛鳥寺と韓国・修徳寺の姉妹寺院提携を報じる新聞
「読売新聞」（1987年5月12日）

技術者が渡来してから着工までは、整地や用材の調達などが行われた。しかし、彼らだけでは建築できない。もっと大がかりな人数が必要だ。早稲田大学教授の大橋一章さんは、五七七年(敏達六)渡来の百済の技術者が弟子集団を育て上げていたと推測する。弟子たちは飛鳥寺着工へ向け、百済の最新技術を次々と吸収しただろう。事実、飛鳥寺の創建瓦は扶余《ふよ》出土のものと酷似している。

常識破りの伽藍配置

百済文化に彩られた飛鳥寺——だれもがそう思う。しかし、その常識を覆す出来事が起きた。一九五六年五月、農業用水路の設置工事に先立つ発掘調査が、奈良国立文化財研究所によって始まった。まず、現本堂に安置される飛鳥大仏(釈迦如来《しゃかにょらい》座像、重文)の巨大な花崗岩の台座が、創建当初のまま移動していないことが判明。現本堂の場所が金堂跡とわかり、南側で塔跡がすぐに確認された。ここまでは順調だった。金堂と塔が南北に並ぶ伽藍配置は、他の最古級寺院や百済で確認済みだ。

ところが、塔の西で東西十五・五メートル、南北二十・三メートルの基壇が出土した。これも金堂ではないのか？　調査担当の現・大阪府文化財調査研究センター理事長、坪井《つぼい》清足《きよたり》さんは「今までの学問の常識をこえた調査」だったと回想している。

塔の東でも同規模の基壇が見つかり、一塔三金堂の「飛鳥寺式」伽藍配置と名づ

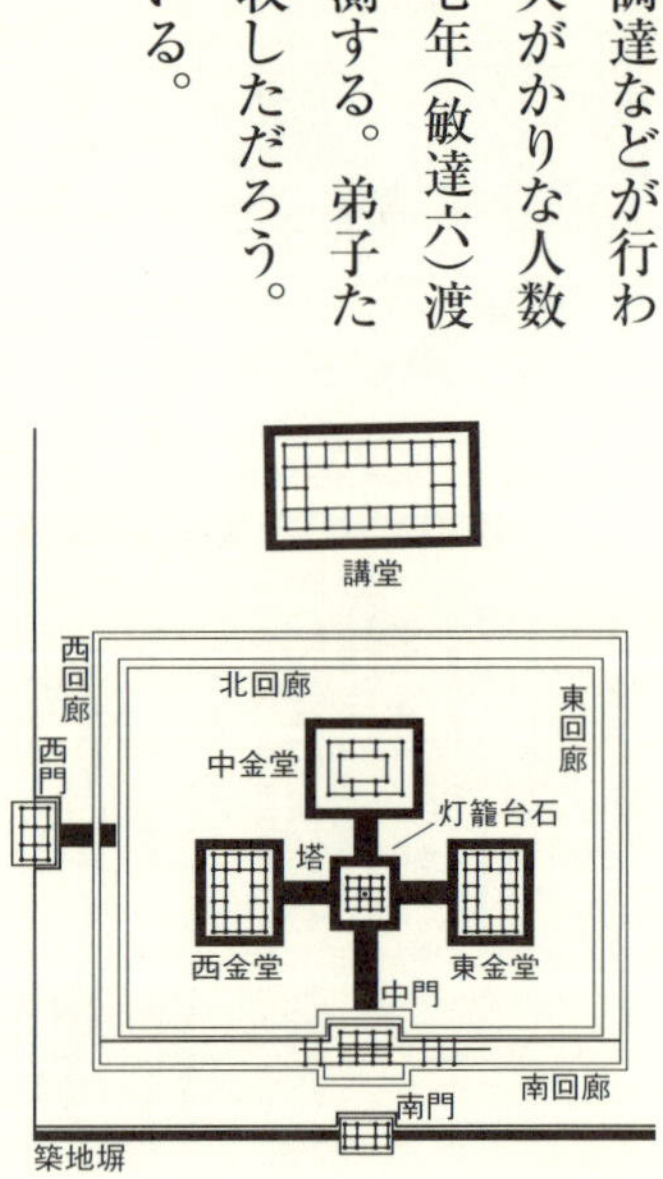

飛鳥寺の伽藍配置▶

けられた。実は、これは百済にはなく、高句麗《こうくり》の清岩里廃寺や上五里廃寺、定陵寺に見られる。飛鳥寺には高句麗文化も影響していたのだ。驚きはそれだけではなかった。もう一つ重要な発見が待ち構えていたのである。

古墳を掘っている

一九五七年七月から塔跡を発掘。その中心部で石櫃《いしびつ》に入った木箱が見つかり、中に卵形の金銅製容器に納められた舎利《しゃり》やガラス玉が散らばっていた。さらに、掘った土がところどころキラキラ輝いている。金銀の小粒、ヒスイの勾玉《まがたま》、緑色の管玉《くだたま》……。その数千七百五十点余り。耳環《じかん》、馬鈴、挂甲《けいこう》、刀子《とうす》などもあった。

坪井さんが「古墳を掘っているのではないか」と錯覚したように、それらは古墳の副葬品とまったくと言っていいほど同じ内容だったのだ。

このことは、権威のシンボルが古墳から伽藍へと移り変わっていく様を端的に物語る。さらに、百済や高句麗の文化を貪欲に取り入れながら、自らの伝統もきちんと継承していく。飛鳥寺には、当時の東アジア世界が凝縮されていた。

「日韓両国の間には悲しい出来事もありましたが、二十一世紀を目前にした今こそ、当時の友好関係を思い返し、今後の国際親善に役立てたい」。山本住職の情熱は衰えを知らない。

（松村）

◀飛鳥寺から出土した舎利容器（奈良国立文化財研究所許可済）

寺名	法号・別名・推定寺院名	所在地	発願者・造営氏族・その他	創建年代
飛鳥寺	法興寺・元興寺・法満寺	高市郡明日香村飛鳥	蘇我馬子・蘇我本宗家	五八八(崇峻元)年
豊浦寺	建興寺・向原寺・豊浦尼寺	〃　豊浦	蘇我毛人・蘇我本宗家	六〇三(推古十一)年？
坂田寺	金剛寺・坂田尼寺	〃　阪田	鞍作鳥・鞍作氏	六〇九(推古十七)年？
和田廃寺	葛木寺・葛城尼寺？	橿原市和田町トンダ	葛城氏？	七世紀第Ⅰ四半期
奥山廃寺	小治田寺	高市郡明日香村奥山	小墾田氏？	〃
立部寺	定林寺	〃　立部	平田氏？	〃
檜隈寺	道興寺	〃　檜前	東漢氏	〃
日向寺	八口寺？	橿原市南浦町	箭口氏？	〃
軽寺	法輪寺・駕龍寺・加留寺	〃　大軽町寺垣内	高向玄理？・軽忌寸	七世紀第Ⅱ四半期
田中廃寺		〃　田中町	田中臣(蘇我氏系)	〃
大窪寺		〃　大久保町寺内	大窪史	〃
吉備池廃寺	百済大寺	桜井市吉備	舒明天皇	六三九(舒明十一)年？
木之本廃寺		橿原市木之本町		七世紀第Ⅱ四半期
呉原寺	竹林寺・栗原寺	高市郡明日香村栗原	呉原氏	〃
山田寺	浄土寺	桜井市山田	蘇我倉山田石川麻呂	六四一(舒明十三)年
阿倍寺	崇敬寺	〃　阿部	阿倍倉梯麻呂？	七世紀中葉
橘寺	菩提寺・橘尼寺	高市郡明日香村橘	？	七世紀第Ⅲ四半期
川原寺	弘福寺	〃　川原	天智天皇	〃
小山廃寺	紀寺？	〃　小山	紀氏？	〃
雷廃寺	火雷寺？	〃　雷	？	〃
浦坊廃寺	石川精舎？・厩坂寺？	橿原市石川町ウラン坊	？	〃
丈六南遺跡		〃　久米町丈六	？	〃
大井寺		桜井市大福	？	〃
膳夫寺		橿原市膳夫瓦釜	膳臣摩漏？	七世紀第Ⅳ四半期
高田廃寺		桜井市高田	高田首新家？	〃
本薬師寺	薬師寺	橿原市城殿町	天武・持統天皇	六八〇(天武九)年
久米寺		〃　久米町	久米氏	七世紀第Ⅳ四半期
香具山寺	興善寺	〃　戒外町	？	〃
大官大寺		高市郡明日香村小山	官寺	〃
八木廃寺		橿原市八木町	八木氏(楊貴氏)	〃
岡寺	龍蓋寺	高市郡明日香村岡	義淵僧正	八世紀第Ⅰ四半期
青木廃寺	青木千坊	桜井市橋本	高階真人(高市皇子末裔)	〃

▲**京内の寺一覧**　飛鳥・藤原の地には数多くの寺が建立された。『日本書紀』天武天皇９年(680)5月条に京内に24か寺があったことがわかる。飛鳥寺〜高田廃寺までが「京内24か寺」の候補。出典は大脇潔「新益京の建設」所収の「倭京・新益京域の寺一覧」(『古代の日本⑥・近畿Ⅱ』角川書店、1991年)から、大脇氏により2000年１月に一部改変。

二　わが国最初の尼寺・坂田寺

渡来人の尼寺・坂田寺

日本最初の尼はだれか。それは渡来系氏族・鞍作村主《くらつくりすぐり》司馬達等《しばたっと》の娘、嶋《しま》である。『日本書紀』に五八四年（敏達十三）、蘇我馬子の勧めにより嶋を十一歳で出家させ、善信尼《ぜんしんに》と名乗ったとある。達等は『扶桑略記《ふそうりゃっき》』に五二六年（継体十六）、飛鳥の坂田原に草堂を造り、本尊を安置したとも記される。仏教公伝（五三八年）を十年以上、さかのぼる。

達等の孫が、飛鳥大仏などを造り、止利仏師《とりぶっし》の名で知られる鞍作鳥《とり》である。鞍作氏はその名の通り、馬具などの製造に携わった朝鮮半島・百済《くだら》系の工人だったとみられる。朝鮮半島から当時最新の文化であった仏教を持ち込んだのである。

坂田寺《さかたでら》（金剛寺）はこうした仏教振興の功労者である鞍作氏の氏寺だった。坂田原の草堂がその前身とも言われる飛鳥最古級の寺院で、七世紀後半になると、坂田寺は大官大寺《たいかんだいじ》、飛鳥寺、川原《かわら》寺、尼寺の豊浦《とゆら》寺と並び、飛鳥の五大寺として隆盛し、

ユニーク伽藍配置の遺構
奈良・最古の尼寺「坂田寺」跡

飛鳥時代前期（六―七世紀）の創建で、わが国最古の尼寺とされる奈良県明日香村の坂田寺跡で、塔か金堂とみられる中心的な建物二棟の基壇（八世紀末）の一部が出土したと、調査した同村教委が三十日、発表した。二棟は回廊で囲まれた内側に斜めに並んでおり、古代寺院では類例のない特異な伽藍《がらん》配置だったことが明らかになった。

下水工事に伴い、寺跡の中心部を試掘調査した。

土を突き固めて盛り上げ、凝灰岩の長さ五十―八十㌢級の切り石で側面を飾った建物基壇の南東角部分を確認。大量の瓦も出土。

坂田寺の建物基壇南東部（明日香村教委提供）

坂田寺の伽藍配置の遺構▶が見つかったことを報じる（「読売新聞」1999年7月1日）

格式の高さを誇った。

『正倉院文書』によると、七三七年(天平九)、坂田寺の信勝《しんしょう》尼《に》が経典を内裏《だいり》に進上したとあり、七四九年(天平勝寶元)、東大寺大仏殿の東脇侍を献納したと記される。その隆盛は奈良時代まで続いた。

一九七二年から奈良国立文化財研究所飛鳥藤原宮跡発掘調査部による明日香村阪田《さかだ》の推定地の調査で、忍草文《にんどうもん》を手彫りした軒平《のきひら》瓦《がわら》や七世紀前半の石組み溝などが見つかった。また、一九九〇年、十世紀後半の土砂崩れで倒壊した回廊や東回廊につながる金堂の建築部材が見つかっている。倒壊した回廊が出土したのは山田寺(桜井市山田)に続き二例目。だが、六世紀代の創建にかかわる遺構は見つかっていない。

奈良時代の伽藍配置が判明

明日香村教委は、一九九八年十一月から下水道工事に伴い、想定される坂田寺伽藍の対角線上を斜めに横切る幅一～二メートルの試掘溝で約百二十平方メートルを発掘した。

その結果、回廊に囲まれた中心部で、凝灰岩の切石による化粧基壇のある礎石建

坂田寺の発掘調査▶(1990年、明日香村阪田) 基壇や建築材などが検出された。奈良国立文化財研究所許可済。

物の南東部分を確認。コーナーの切石は逆L字型に加工しており、丁寧な造りだった。その南西でも、同様の建物跡の東辺の一部が見つかった。二つの建物の間は二十センチ大の河原石が敷き詰められていた。いずれも建物全体の大きさ、形は不明で、塔か金堂とみられる。

また、回廊の北東隅を示す礎石や雨落溝も見つかり、回廊の規模が南北五十五メートル、東西六十三メートルとわかった。

回廊で囲まれた中心に瓦ぶきの基壇建物があり、その南西にも別の基壇建物を配する類例のない伽藍配置が復元でき、寺が隆盛した奈良時代終わり（八世紀末）の姿がほぼ確定した。明日香村教委の相原嘉之《あいはらよしゆき》さんは「南側から山が迫り、北側は低くなる地形的な制約から変則的な形になった可能性が高い」と話す。

土砂崩れに遭うような場所に、格式の高い寺院が窮屈に収まっていたというのは、現代の感覚では不思議だ。飛鳥が隅々まで土地利用が進んでいたから、というのはたやすいが、鞍作氏の営みにつながるそれ以外の理由があるのかもしれない。今後の調査で創建期の伽藍が判明することが待たれている。

（関口）

◀山が迫る坂田寺の伽藍地跡

三　渡来人栄華の跡・檜隈寺

倭漢氏の氏寺

飛鳥文化は渡来人《とらいじん》を抜きにして語れない。思想、宗教、技術、政治、あらゆる面に影響を及ぼした。その拠点となった地域が、飛鳥盆地南部の一帯に広がる。高取川の上流、檜隈《ひのくま》川に沿って、歩くと明日香村檜前《ひのくま》と栗原《くりはら》の集落に突き当たる。どちらも渡来人ゆかりの集落だ。檜前の一角には渡来氏族・倭漢《やまとのあや》一族の祖、阿知使主《あちのおみ》を祭る於美阿志《おみあし》神社がある。

今は平安時代末の十三重石塔（重文）が、ひっそりとたたずんでいるが、その境内地には、寺院の基壇や礎石が残っている。倭漢氏の氏寺で、『日本書紀』の天武天皇の朱鳥《あかみとり》元年（六八六）の条に「三十年に限り、百戸を封ず」と記された檜隈寺の遺構だ。記述から七世紀後半には、すでに建立されていたことが明らかで、発掘調査では七世紀前半の軒丸瓦も出土している。

狭い丘陵に建てられたため、伽藍は西を正面とし、塔を挟み、北に講堂、南に金

倭漢氏の祖、阿知使主を祭神とする於美阿志神社▶
檜隈寺の跡地でもある。

堂が並ぶ、変則的な配置となっている。塔が寺の中心と認識されていたことを示す初期の寺院であったことがうかがえる。また、講堂は明日香では極めて珍しい瓦積基壇で、「呉」の文字が刻まれた瓦も出土している。

『日本書紀』では、五世紀後半の雄略《ゆうりゃく》天皇の時代に朝鮮半島や中国から渡来の技術者が渡り、飛鳥の一角に住み着き、倭漢氏は中国「呉《くれ》」から多くの技術者を招聘《しょうへい》したとある。『書紀』の記述がどれだけ正確かは疑問があるが、飛鳥に都が移る一世紀以上も前から、檜前一帯は渡来文化の窓口になっていた地域に違いない。

倭漢氏の活躍

檜隈寺を建立した倭漢氏だが、数多い渡来氏族のなかでも有数の一族だったことは『書紀』の記述でも明らかだ。歴史の節目となる重大な事件にこの一族の名が登場する。蘇我氏の命を受けて崇峻《すしゅん》天皇を暗殺した「東漢直駒《やまとのあやのあたいこま》」。小野妹子《おののいもこ》率いる遣隋使《けんずいし》のメンバーの一人「倭漢直福因《やまとのあやのあたいふくいん》」。欽明陵の修築で活躍した「倭漢坂上直《やまとのあやのさかのうえのあたい》」。難波宮の造営に参加した「東漢荒田井比羅夫《やまとのあやのあらたいのひらふ》」。

そして、古代史上最大の内戦、壬申《じんしん》の乱では東漢氏一族は大友皇子、大海人皇子《おおあまのおうじ》の両陣営に分かれてついたが、彼らは勝利を収めた大海人(天武天皇)から叱責を受ける。

◀檜隈寺の基壇の跡に建つ平安末期の十三重石塔（重文）

飛鳥の文化が渡来人を抜きにして語れないのと同様に、日本古代史の激動は倭漢氏の存在を抜きにして語れないのかも知れない。そんな歴史のキャスティングボートを握った氏族の栄華の跡が於美阿志神社の境内地に眠っているのだ。

鳥居をくぐった境内右手には、宣化《せんか》天皇が檜隈に宮を置いた伝承から、真偽のほどはともかく「宣化天皇檜隈廬《い》入《ほり》野《の》宮《みや》址」の石碑が建っている。

一方、栗原の集落にも、倭漢氏の氏寺とされる呉原《くれはら》寺があった。今は畑になっており、往事の寺院の様相をうかがい知ることはできないが、栗原寺とも記される(⇩p.96)。

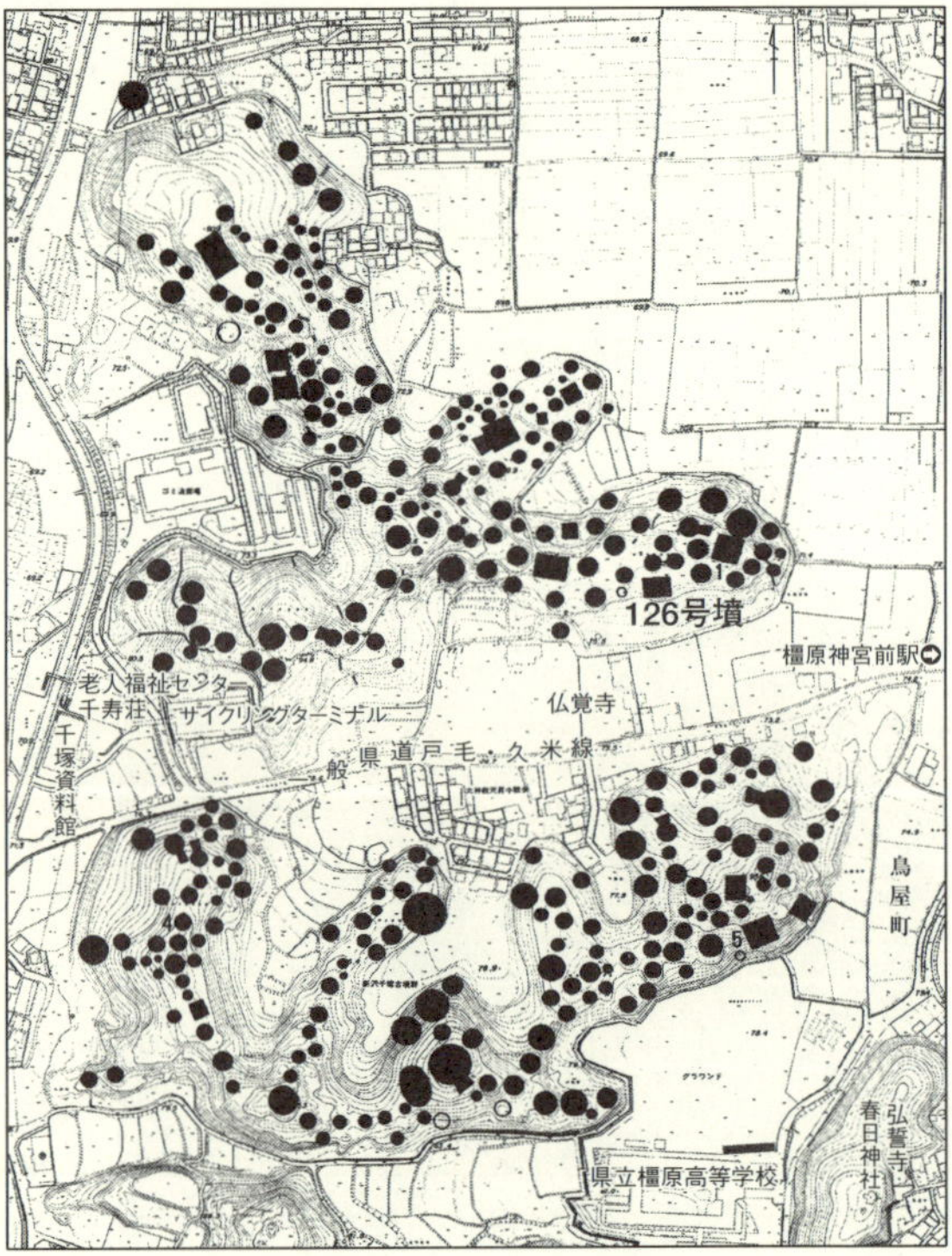

新沢千塚古墳群分布▶図『図録・橿原市の文化財』(1995年)より一部改変。

倭漢氏の墓

倭漢氏の奥津城《おくつき》は、橿原市の新沢千塚《にいざわせんづか》古墳群が有力だ。約六〇〇基の群集墳で形成され、五〇〇号墳など一部は四世紀代にさかのぼるが、主要な古墳は五世紀代に集中する。倭漢氏の祖、阿知使主が活躍する「応神天皇紀」のころの墓が多い。

　五世紀代は前方後円墳が最も巨大化する時期だが、新沢千塚古墳群の大半は小規模な木棺直葬である。にもかかわらず、日本の古墳発掘史上稀にみる豪華な副葬品の出土で知られる墓もある。前方後円墳をメルクマールとした倭《やまと》王権の奥津城とは、明らかに一線を画する造墓思想が読み取れる。

　有名な一二六号墳は東西二十二メートル、南北十六メートルの長方形墳。この時代としては小古墳だが、冠の透かし金具とみられる金製板、金の指輪、耳飾り、髪飾りとされる金のコイル、ガラス器、青銅製のひのし(アイロン)。装身具は新羅《しらぎ》の古墳に類似し、ひのしは百済《くだら》の武寧王《ぶねいおう》陵でも出土している。冠金具は中国遼寧《りょうねい》省の鮮卑《せんぴ》族の墓の副葬品にも通じる。さらに、ガラス器は地中海製ともいわれ、まさに国際色豊かな古墳である。

　こうした出土状況から、被葬者の集団は渡来人とみられる。倭漢氏の源流がおぼろげながら浮かび上がってくるような気がする。


(林)

◀国際色豊かな副葬品が出土した新沢千塚126号墳
(橿原市川西町)

四　飛鳥からのタイムカプセル・山田寺

よみがえった回廊

「現存最古の木造建築といわれる法隆寺・西院伽藍(七世紀後半〜八世紀前半)よりさらに古い寺院建築の一部が、ついに再現されました」。

一九九七年二月二十四日、明日香村奥山にある奈良国立文化財研究所飛鳥資料館の第二展示室で、同館学芸室長の岩本圭輔さんは記者発表に駆けつけた報道陣を前に、少し緊張した面持ちであいさつした。岩本さんの背後には、発見以来十五年の歳月をかけて保存処理され、約四メートルの高さに組み上げられた山田寺の東面回廊がそびえていた。

山田寺は、同資料館の東五百メートル、桜井市山田に位置する。現在は一七〇二年(元禄十五)再建の小さな観音堂があるだけだが、その南側には、かつての金堂や塔が建っていた土壇が残っており、一九二一年(大正十)に史蹟、戦後は特別史跡の指定を受け、保護されてきた。今も、この廃寺を訪れる歴史ファンは少なくない。それは、山田寺が多くのドラマチックな運命に彩られているからだろう。

保存処理された▶山田寺東面回廊(奈良国立文化財研究所許可済)

一線を画して

同寺の造営事情は『上宮聖徳法王帝説《じょうぐうしょうとくほうおうていせつ》』の裏に記された「裏書」と『日本書紀』でたどることができる。それによると、発願は六四一年、蘇我倉山田石川麻呂《そがのくらやまだいしかわまろ》によってなされた。名前からわかる通り、彼は当時、絶大な権力を誇った蘇我一族の一人だった。しかし、蝦夷《えみし》・入鹿《いるか》父子の本宗家とは別の倉山田家を率いる立場で、蝦夷・入鹿父子による上宮王家滅亡事件(六四三年)などの局面では本宗家と一線を画していた。

山田寺発願も、本宗家の飛鳥寺や豊浦《とゆら》寺に対する独自性を強調するためだったと考えられる。寺地を、飛鳥の東玄関に当たる上ツ道《かみつみち》沿いに定めたのも、交通・戦略上の重要ポイントを押さえようという意図からだろう。六四三年(皇極二)、まず金堂が着工した。五年後の六四八年(大化四)には裏書に「始めて僧住む」とあり、このころには金堂と僧房は完成していたとみられる。

この間、重大事件が勃発した。「乙巳《いっし》の変」、俗にいう「大化の改新」である。『日本書紀』によると、六四五年六月十二日、飛鳥板蓋宮《いたぶきのみや》・大極殿で高句麗、百済、新羅からの調《みつき》が納められる儀式の最中、参列した入鹿を中大《なかのおお》兄皇子《えのおうじ》(天智天皇)と中臣鎌子《なかとみのかまこ》(藤原鎌足)らが斬殺。中大兄らは飛鳥寺に入り、飛鳥川を隔てて西にそびえる甘樫丘《あまがしのおか》の蝦夷邸と対峙した。蝦夷側は防備を固めたが、中大兄側の説得工作で援軍が次々と帰順。翌十三日、孤立し

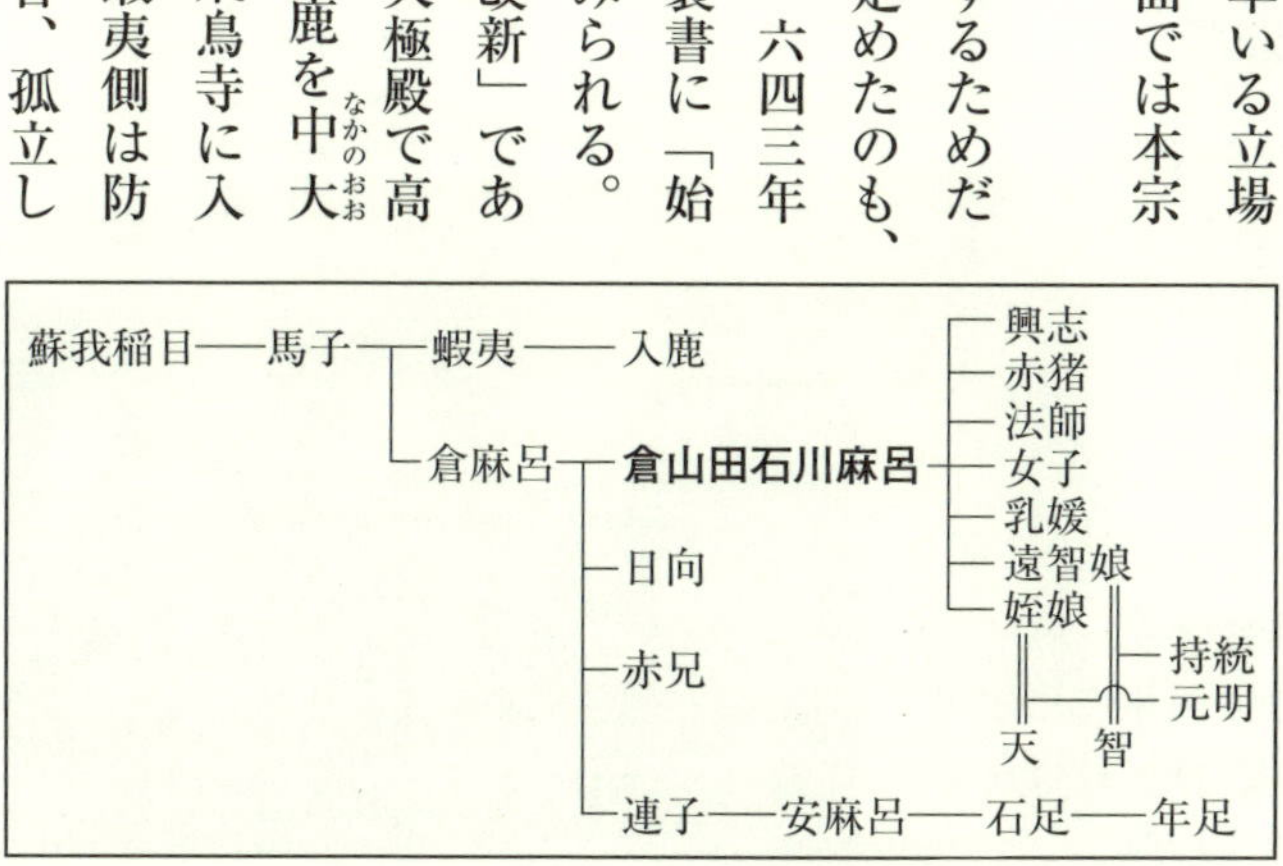

◀蘇我倉山田石川麻呂略系図

た蝦夷は邸宅に火を放ち自害、蘇我本宗家は滅んだのだ。

石川麻呂はクーデタ四日前の八日、中大兄から謀略を打ち明けられた。儀式で上表文が読み上げられるのを入鹿に斬りかかる合図とするが、その朗読役を頼むというのだ。石川麻呂は承諾し、本番を迎えたが、上表文を読み始めても中大兄らは姿を現さない。石川麻呂は全身汗だく、声が震え、手がわななく。不審に思った入鹿に「どうしたのだ」と尋ねられても、「天皇(皇極)の前なので緊張してしまって」とごまかすのがやっと。計画失敗かと思った瞬間、中大兄らが躍り出てきたと『日本書紀』は記している。

十四日、孝徳天皇が即位し、新政府が始動。石川麻呂は右大臣に任じられ、本宗家滅亡後の蘇我氏を代表する地位に上った。山田寺建設の槌音も、誇らしげに響いただろう。『日本書紀』は、造営にあたっていたのは長男の興志《こし》と記す。

引き継がれた造営事業

しかし、栄華は長く続かなかった。金堂などが完成した翌六四九年(大化五)三月、石川麻呂の弟の蘇我日向《ひむか》が、中大兄に「あなたを殺そうと兄が狙っている」と密告したのである。石川麻呂は「天皇の前で申し開きする」と威を保とうとしたが、難波宮(六四五年遷都)にあった邸宅が政府軍に囲まれ、否応なく脱出。逃げ延びた先が、山田寺だった。徹底抗戦を主張する興志を抑えた石川麻呂は、金堂の扉を開い

山田寺観音堂　現在、▶講堂跡の西北に元禄15年(1702)再建の観音堂が建っている。

て仏を仰ぎながら「ここへ来たのは、安らかに終わりの時を迎えたかったからだ。生まれ変わっても君主を怨まない」と言い、静かに自剄した。妻子ら多くが殉死したほか、処刑・流刑は三十八人を数えた。ところが、没収された財産のうち、貴重品にはすべて「中大兄のもの」と記されていた。石川麻呂の無実を知った中大兄は深く後悔、密告者の日向を大宰府《だざいふ》へ左遷したという。

石川麻呂とその一族が亡くなり、山田寺の造営は一時中断した。裏書には、六六三年（天智二）「塔を構える」とあるが、次いで記された「塔の心柱を建つ。舎利《しゃり》を納める」は六七三年（天武二）のこと。この十年間の差が不自然なことから、六六三年は塔建立計画のスタートか、建立地の表示と解釈され、本格的な着工は壬申《じんしん》の乱の翌年の六七三年と考えられている。背景には、石川麻呂の孫にあたる天武の皇后・鸕野讃良皇女《うののささら》（持統天皇）の援助があった。六七六年（天武五）「露盤を上げ」て塔が完成、六八五年（天武十四）の天武行幸をもって山田寺の造営はようやく終了した。

七〇三年（大宝三）の持統天皇二十七日の斎には、飛鳥寺・大官大寺・薬師寺・川原寺の四大寺に次ぐ格式で斎が設けられたことなどが『続日本紀《しょくにほんぎ》』に見えるが、平城遷都（七一〇年）後は次第に衰退、十二世紀後半の火災で廃絶してしまった。

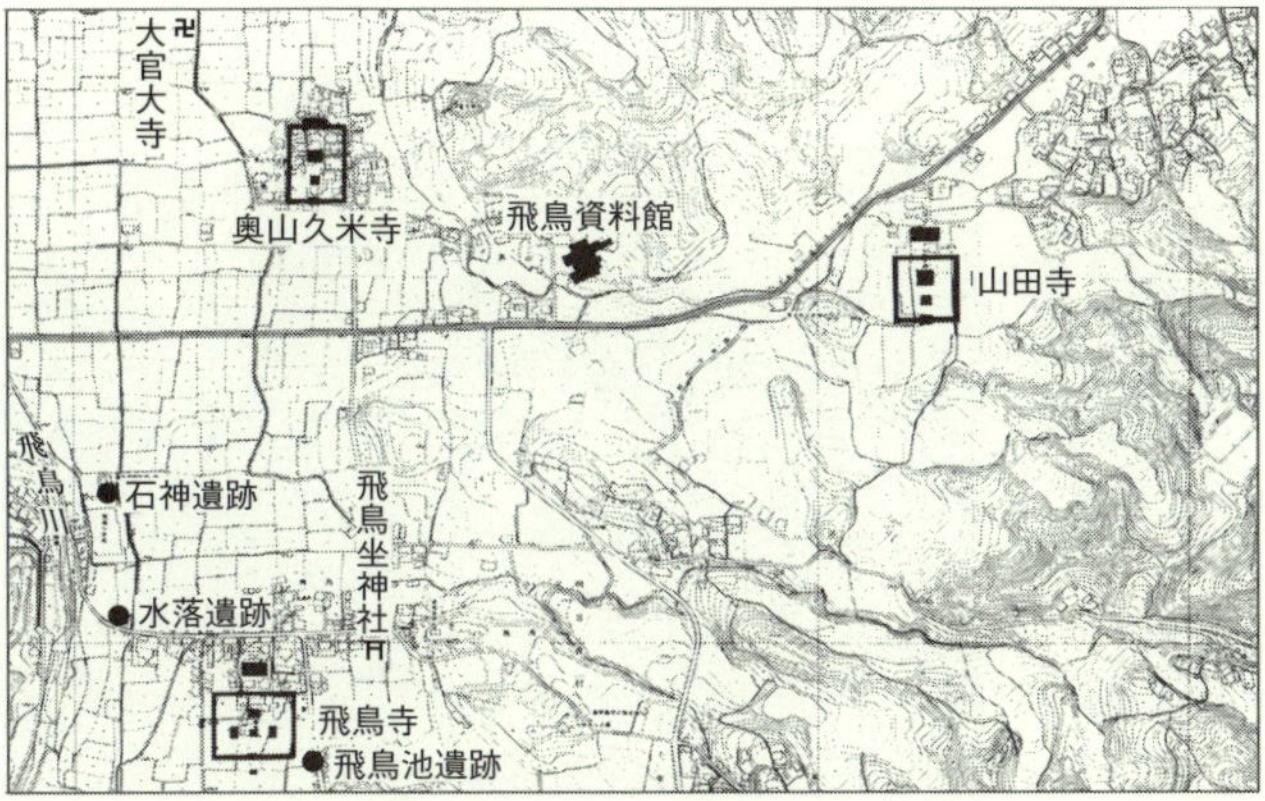

◀山田寺付近図
飛鳥資料館カタログ『山田寺』（1997年）より一部改変。

目覚めた古代建築

この「悲運の寺」が現代になって一躍、世間の耳目をくぎ付けにした。一九八二年十二月、奈良国立文化財研究所の発掘調査で、創建当初の東面回廊が倒壊した状態でそっくりそのまま発見されたのだ。

調査は史跡整備に先立って七六年にスタート。回廊は、七八年調査の金堂と同じく、柱を支える礎石の上部の円柱座側面に十二弁の単弁蓮華文《たんべんれんげもん》を浮き彫りにしており、高麗《こま》尺《じゃく》を基準にしていることなどから、金堂と同じ時期に造営されたとわかった。六七〇年(天智九)の若草伽藍焼失後、和銅年間(七〇八〜七一五年)までに再建された法隆寺・西院伽藍を二十数年さかのぼる。それまで、遺構や遺物から推定しているに過ぎなかった古代建築の実物が目の前によみがえったのである。

まず回廊の屋根瓦が葺かれていた状態のまま大量に見つかった。瓦を取り除くと柱、地覆《じふく》、腰壁束《こしかべづか》、腰長押《こしなげし》、連子窓《れんじまど》、頭貫《かしらぬき》、巻斗《まきと》、壁小舞《かべこまい》といった部材が出土したのだ。表面に白土を塗った壁土も溶けずに残っていた。骨格だけの恐竜の化石に、皮膚や筋肉、血管、内臓が付いた状態で見つかったようなものだ。全体の構造は南北二十三間の八十七メートル、基壇幅六・四メートル、桁《けた》行き・梁《はり》行きとも三・八

山田寺回廊連子窓の▶出土(1982年12月、奈良国立文化財研究所許可済)

メートル。外側の柱筋を壁と連子で閉じた単廊形式で、中央の十二間目に扉口が設けられていた。当時、調査に参加した近畿大助教授の大脇潔さんによると、法隆寺・西院伽藍の回廊と比べ、柱の間隔は同じなのに高さが四十センチほど短くて全体に重厚な感じを与え、連子子《れんじし》が太いことから閉鎖的な雰囲気になるという。

　部材はいずれも西に向かって倒れており、十世紀末から十一世紀前半のころ、東から押し寄せた土砂が回廊をなぎ倒し、そのまま地中に密閉したらしい。

　これが、世紀の大発見に幸いした。長い年月をかけて腐朽した木材に地下水がしみ込み、原形を保っていたのだ。しかし、そのままでは豆腐のように潰れやすく、乾燥すれば縮み、ねじれてしまう。部材は慎重に取り上げられ、水分をＰＥＧ（ポリエチレングリコール）という薬品に置き換えるハイテク処理が施された。失われた強度は鉄製フレームで補われ、数々のドラマに彩られた古代寺院の一角がようやく本来の姿を取り戻したのである。

未来へのメッセージ

　東面回廊発見時の一九八二年、私は大学生だったが、九六年に行われた南面回廊の発掘（第十次調査）現場には記者として何度かお邪魔した。調査担当の佐川正敏さんは、その度に作業の手を休めなければならなかったが、嫌な顔ひとつ見せず状況を説明してくださった。

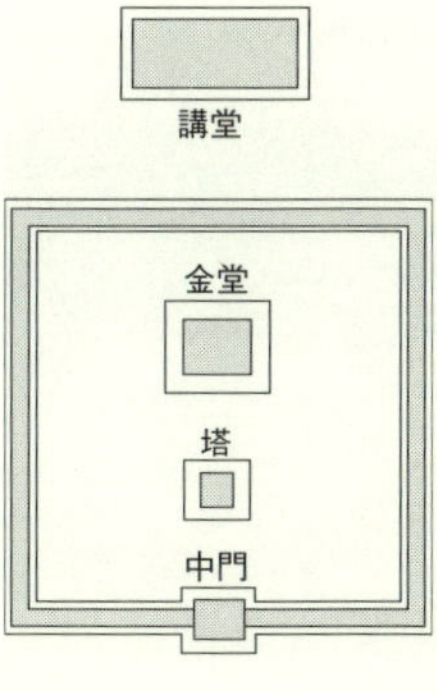

◀山田寺の伽藍配置図

南面回廊の規模や構造は、東面回廊や、北面回廊と変わるところはなかった。部材は連子窓と虹梁《こうりょう》から上の屋根部分を除いて同じように出土した。瓦や柱、頭貫といった黒ずんだ遺物の中で、花崗岩の礎石だけがやけに白くくっきりと浮かび上がり、私の思考を飛鳥時代にタイムトリップさせてくれる特別な装置のように見えた。

私は瓦の落下状況に興味をそそられた。それは南面回廊の北側屋根に葺かれていた瓦群で、大きく上下二層に分かれていた。上層の平瓦は凸面、下層は凹面を上に向けており、ほかの丸瓦などとの関係から上層は軒寄り、下層は棟寄りの瓦群とわかった。つまり、南面回廊の倒壊は棟部分が真下に落ち、その上に、軒寄り部分がのけ反るように裏返って重なり落ちてきたことになる。土砂は南面回廊の北側屋根を瞬時に「V」の字に折り曲げたわけだ。

これが何を示すのか、残念ながら今のところはわからない。しかし、山田寺の発掘がさらに進み、倒壊の状況をより詳しく把握できれば、土砂の押し寄せ方も判明するだろう。そして土砂発生の原因を突き止めることで当時の災害が再現でき、ひいては現代の防災計画に役立つのではないだろうか。山田寺の悲運を単なる歴史ロマンに終わらせず、現在から未来へと活用することにこそ発掘調査の真価があるはずだ。その時、石川麻呂の無念も晴らされるように思う。

（松村）

史跡公園となっている▶
山田寺跡(桜井市山田)

五　幻のおおでら・百済大寺

巨大な金堂跡の出現

桜井市吉備《きび》ののどかな田園地帯にあるため池・吉備池の周囲に、一九九七年二月二十七日、大勢の報道陣が詰めかけた。奈良国立文化財研究所飛鳥藤原宮跡発掘調査部の調査で飛鳥時代（六世紀末～七世紀後半）最大の寺院基壇が出土、吉備池廃寺と名付けられたこの遺跡を「わが国最初の国営寺院、百済大寺《くだらおおでら》の金堂跡」だと発表したからだった。

池の周囲からは飛鳥時代の瓦が採取され、これまで瓦窯《がよう》跡とされてきた。池の護岸工事に伴う発掘で、堤自体が土を厚さ五センチごとに約四十層に突き固める版築《はんちく》と呼ばれる工法で造られた基壇と判明した。東西三十七メートル、南北二十八メートル、高さ二メートルを確認。これまで同時代で最大の川原《かわら》寺中金堂（東西二十四メートル、南北十九・二メートル、高さ一・五メートル）をしのぐ規模で、法隆寺金堂の二・三倍の大きさだった。出土した軒丸瓦は六四一年創建の山田寺より古く、軒平瓦は七世紀初め

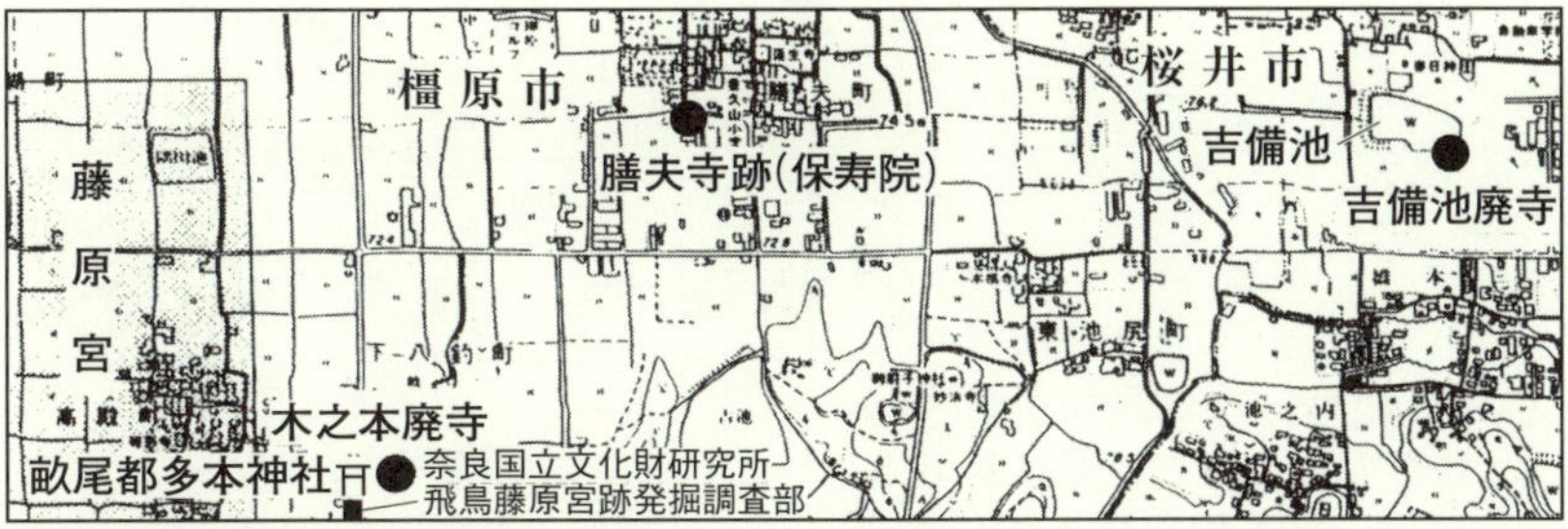

▲吉備池廃寺周辺図　飛鳥資料館カタログ『幻のおおでら』（1999年）より一部改変。

の法隆寺・若草伽藍より新しい形式。瓦はほとんど見つからず、礎石はなく、創建後間もなく、瓦や建築部材とともに移築されたのだろう。

百済大寺は『日本書紀』に六三九年（舒明《じょめい》十一）、「秋七月、詔して曰はく、『今年、大宮及び大寺を造作らしむ』とのたまふ。則ち百済川の側《ほとり》を以て宮処《みやどころ》とす。是を以て、西の民は宮を造り、東の民は寺を作る。（中略）百済川の側に、九重の塔を建つ」と記される。舒明天皇の発願で、宮殿（百済宮）とセットで百済川のほとりに建てられ、九重塔があったことがわかる。所在地は奈良県広陵《こうりょう》町の百済寺付近や「百済」の地名が残る橿原市の天香久山北麓の木之本《きのもと》廃寺説などがあったが、いずれも飛鳥時代の建物跡が確認されず、論争が続いていた。

同調査部は、㈠巨大な基壇は豪族の氏寺にしては大き過ぎる。㈡舒明天皇が百済大寺を建て始めた時期と瓦の年代が一致する。㈢百済大寺は完成後、間もなく移築されたことと一致することなどを挙げ、吉備池廃寺が百済大寺だと結論付けた。

九十メートル級の塔

九八年三月、金堂跡の西約五十メートルにある塔跡と推定される堤に出っ張った方形土壇を同調査部が発掘。版築工法が確認され、約三十メートル四方、残存の高さ二・一メートルの塔基壇ということが判明した。中央には南北八メートル、東西

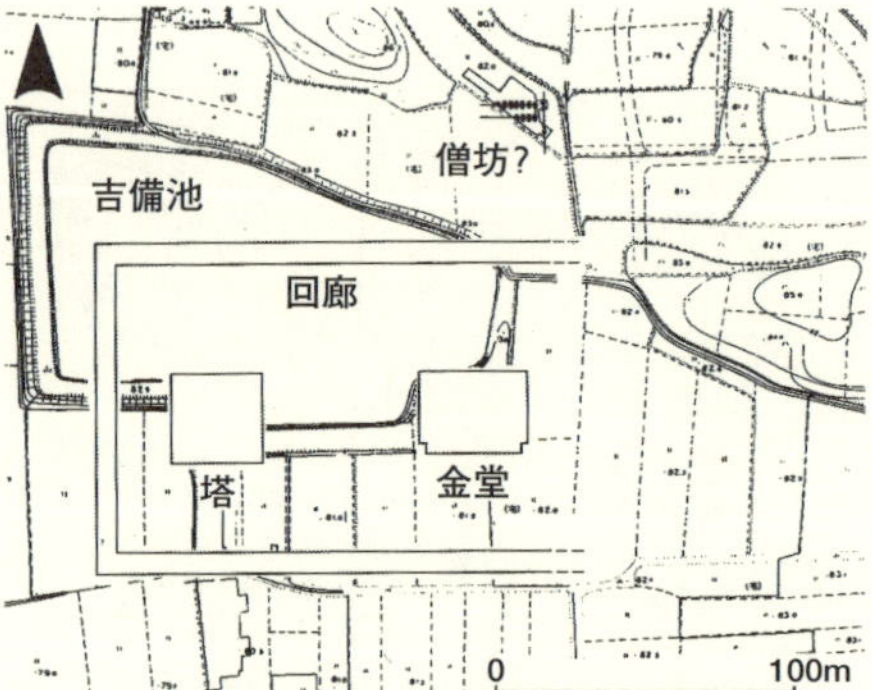

吉備池廃寺の伽藍配置予想図▶
（1999年3月までの成果に基づく。飛鳥資料館カタログ『幻のおおでら』より）

六メートル、深さ〇・四メートルの穴があり、塔心礎を抜き取った跡だった。穴の底には人頭大の根石が残っていた。さらに西側には二十度に傾斜したスロープが見つかり、このスロープを利用して心礎の石をころなどを使って搬入したらしい。塔基壇の大きさから、塔は一辺十五メートル、高さ約九十メートルだったとみられ、百済大寺の九重塔の存在が証明された。

塔の高さは大阪の通天閣《つうてんかく》（百三メートル）に匹敵。塔を支える心柱は直径一メートル以上、長さ二十メートル以上の木材を数本つなぎ合せたと推定される。材料として想定される杉やヒノキは樹齢五、六百年以上の大木だったとみられる。

寺社建築専門の建設会社・金剛組（大阪市）工事部の日吉誠さんの試算によると、工費は安い桧材《ひのきざい》を使っても塔の一層分で約十六億円。「九層で約百五十億円、樹齢五、六百年の桧なら三百億円を超えるだろう。デザイン料、内装などを加えれば途方もない額になる」と舌を巻く。

あまりの巨大さに完成を信じない専門家もいたが、調査担当の佐川正敏さんは「基壇を築き、心礎を据え付け、瓦を運んでいる。完成していたのは間違いない」と言う。

平安時代、わが国の高層建築ベスト3は「雲太、

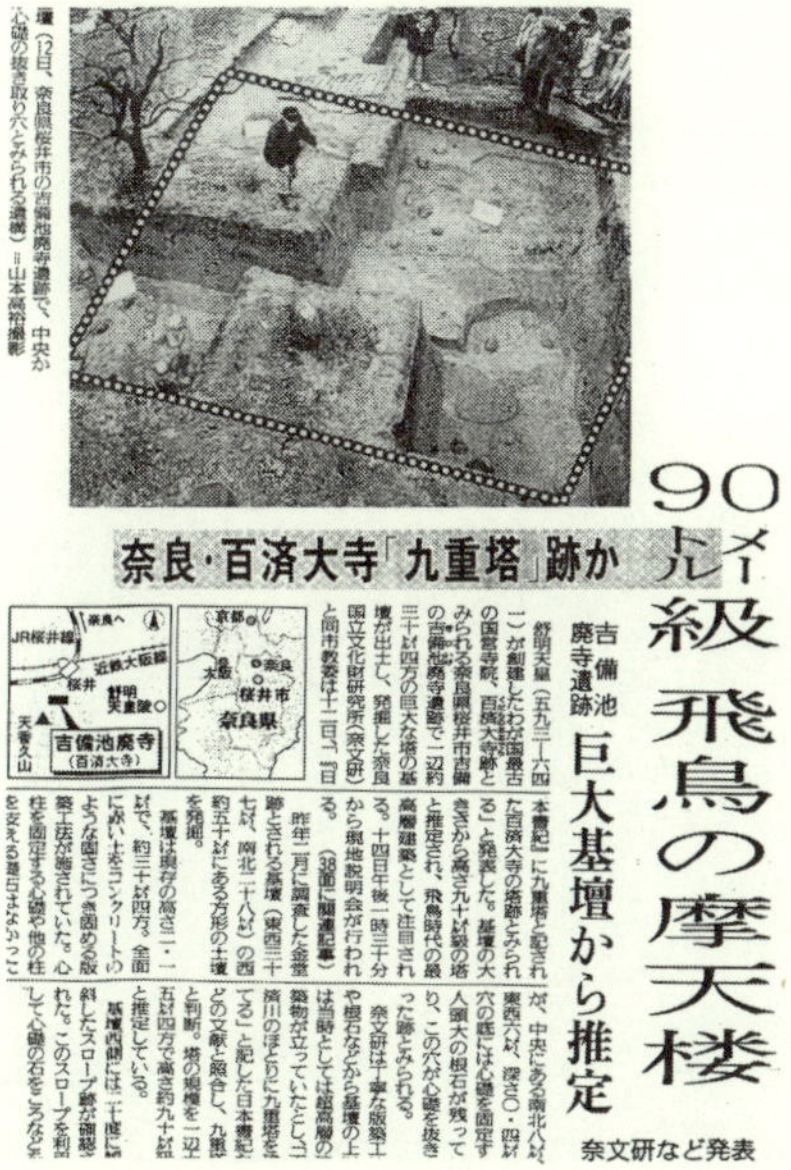
90メートル級 飛鳥の摩天楼
奈良・百済大寺「九重塔」跡か
吉備池廃寺遺跡 巨大基壇から推定
奈文研など発表

舒明天皇（五九三―六四一）が創建したわが国最古の国営寺院、百済大寺跡とみられる奈良県桜井市吉備の吉備池廃寺遺跡で一辺約三十㍍四方の巨大な塔の基壇が出土し、発掘した奈良国立文化財研究所（奈文研）と同市教委は十二日「『日本書紀』に九重塔と記された百済大寺の塔跡とみられる」と発表した。基壇の大きさから高さ九十㍍級の塔と推定され、飛鳥時代の最高層建築として注目される。十四日午後一時三十分から現地説明会が行われる。

（38面に関連記事）

◀90メートル級塔跡の発掘を伝える記事（「読売新聞」（1998年3月13日）

和二、京三」（一位は出雲大社、二位は東大寺大仏殿、三位は平安宮大極殿）とされていたが、当時の出雲大社の高さは約四十八メートル。その倍近い塔に使う巨木はどんな工法で伐採され、どう運搬したのか。クレーンもないのにどう吊り上げたのか。様々ななぞも生まれた。巨大な金堂跡や当時、超高層建物だった九十メートル級の塔から、国家の威信をかけ、多くの財力、労力をつぎ込んだ壮大なスケールの大寺院の姿が浮かんでくる。

調査が進む寺院の構造

九八年十～十二月には、宅地開発に伴い、桜井市文化財協会が金堂跡北九十メートルの約二百四十平方メートルを発掘。一辺が三メートル近い巨大な柱穴を持つ掘立柱建物跡（七世紀中ごろ～後半）が見つかった。柱穴は東西に二列、計十一基あり、東西一・六～一・八メートル、南北二・四～二・八メートル、深さ一・二～一・五メートルと一般的建物の約八倍。柱間は東西二・七メートル、南北五・四メートルあった。

東西六間（十六・四メートル）、南北一間（五・四メートル）の建物に復元でき、調査を担当した市教委の橋本輝彦さんは「場所や大きさ、時期から百済大寺の僧坊と判断した。内部を区切って僧侶が住んだらしい。

「百済大寺の僧坊」と思われる遺構（桜井市教育委員会提供）▶

九九年三月にも、奈良国立文化財研究所飛鳥藤原宮跡発掘調査部が塔と金堂跡の中心南側にあると考えられた中門の位置を発掘。しかし、中門は見つからず、金堂側にあるのではないかと推定された。吉備池廃寺は西に塔、東に金堂が並ぶ法隆寺西院伽藍の源流とみられていたが、典型的な伽藍配置ではないことがわかった。

調査部では中門以外に未発見の講堂や東側回廊などの調査を計画しており、回廊の規模が南北百十二メートル、東西百六十メートルに復元されるみとおしだ。

大官大寺への移転

百済大寺は『日本書紀』や「大安寺《だいあんじ》伽藍縁起并流記《るき》資材帳」によると、六七三年（天武二）、「百済の地から高市《たけち》の地に寺を移す」、六七七年（天武六）、「高市大寺を改めて、大官大寺《たいかんだいじ》と号す」とあり、移転・寺名変更を繰り返していた。最終的には平城遷都で奈良に移り、大安寺として現在に至っている。大官大寺は名称に「大」が二つも付くことでもわかるように、「官」、すなわち国家による仏教施策の中心と位置付けられ、高い格式を誇った。まさに国家の筆頭寺院だった。

大官大寺は天香久山の南麓、橿原市南浦《みなみうら》町と明日香村小山《こやま》の境にあった。「講堂」「大安寺」などの字名が残り、講堂跡と伝えられる土壇があることが古くから知られていた。百済大寺から移された

◀大官大寺の跡
（明日香村小山）

とみられる巨大な礎石も残っていたが、一八八九年(明治二十二)から始まる橿原神宮の建築資材として使われ、現在ではどこに使われたかもわからなくなってしまったという。

奈良国立文化財研究所飛鳥藤原宮跡発掘調査部による発掘調査が一九七三〜八二年、一・七ヘクタールで実施され、中軸線上に南から中門、金堂、講堂が一直線に並び、金堂の南東に塔のある他に例のない伽藍配置が判明した。中門から伸びる回廊は塔を囲んで金堂に両側からつながり、さらに講堂を囲んでいた。

回廊の規模は東西百四十四メートル、南北百九十七メートル。金堂と講堂は平面構造が同じで東西四十五・二メートル、南北二十・七メートルで、百済大寺と同様、九重だった塔跡は十五メートル四方あった。寺域全体は七・二ヘクタールに及ぶ。

しかし、発掘によって奈良時代初め、火災に遭い、未完成だったことも明らかになった。金堂と講堂は完成していたが、塔、中門、回廊は造営中で、塔や中門は建物はできていたが基壇の化粧石を取りつける前に焼け落ちた。屋根が焼け崩れ、等間隔で地面に突き刺さった垂木《たるき》の跡が出土、火災の様子を生々しく物語っている。

この大官大寺は文武天皇の時代に造られたもので、天武天皇の時代にあった大官大寺とは異なっているとされる。高市大寺とともに、天武朝の大官大寺の所在地もなぞとして残されている。

(関口)

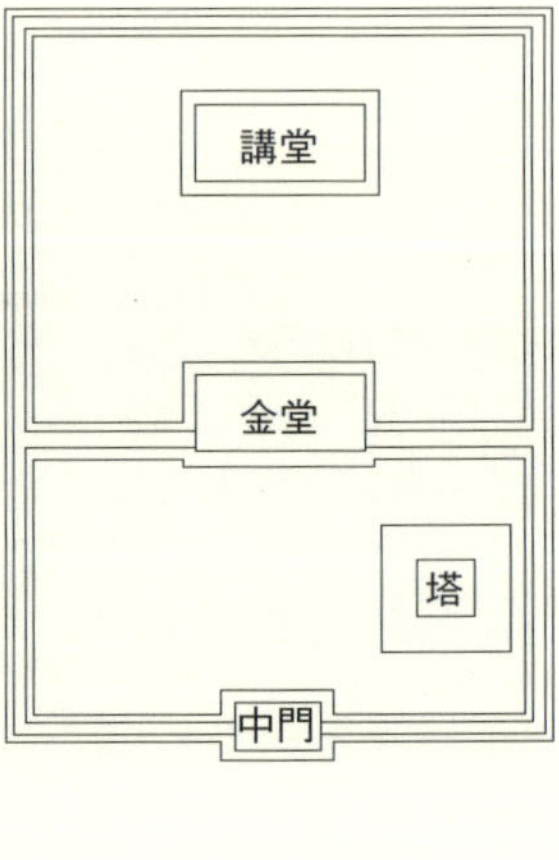

大官大寺の伽藍配置▶

六　皇室寺院の大寺・川原寺

川原寺の発掘調査

百済大寺(大官大寺)の造立後、仏教寺院はしだいに公的な性格を強めていく。百済大寺のあと、皇室寺院として創建されたのが「瑪瑙《めのう》の礎石」で有名な明日香村川原《かわはら》の川原寺《かわらじ》(弘福寺《ぐふくじ》)だ。

　今は、その壮大な伽藍を見ることができないが、高松塚古墳が発見された一九七二年から翌年にかけて、遺構が史跡公園として整備され、礎石が復元された。明日香村役場の西にある史跡公園は、飛鳥巡りの名所の一つになっており、正月過ぎには、ここでたこ揚げを楽しむ親子連れも多い。マイカーで訪れる人も、川原寺前の「堂の前駐車場」に車を置き、名所旧跡のスタートをきる場所でもある。

　川原寺は、天智天皇が母の斉明崩後に、その殯宮《もがりのみや》になった飛鳥川原宮の跡地に建立したとするのが定説だ。かつて創建につい

◀**弘福寺本堂**　川原寺の中金堂跡に建ち、弘福寺と名を変えて法灯を続けている。手前は復元された礎石。

ては、敏達十三年(五八四)説、斉明七年(六六一)説、天智朝説、天武朝説などがあった。しかし、これらの建立史が解明されたのは、発掘調査の成果だ。

天智が建てたとする根拠として、㈠川原寺下層遺構から宮殿用の唐居敷《からいじき》が出土、土器も七世紀前半をさかのぼらない。㈡「一塔二金堂」の川原寺の伽藍配置が、大津市の南滋賀廃寺や崇福寺《すうふくじ》に採用され、同笵《どうはん》の軒丸瓦が出土している。㈢飛鳥寺の高麗尺《こまじゃく》よりも短い尺度の唐尺《とうじゃく》を用いて建設。つまり、隋・唐文化の息吹が読み取れることなどがあげられている。

飛鳥時代にもなると、土器や瓦の編年が一層、ち密になり、具体的な建立年代も六六一年から天智朝の大津京遷都(六六七年)の間にしぼられるという。

『日本書紀』は、川原寺の建立については何も記していない。そのため、『東大寺要録』や『扶桑略記《ふそうりゃっき》』など後世に記された文献なども引用され、様々な創建説が唱えられたが、発掘調査によって論争に終止符が打たれることになったのである。

発掘調査は、大正年間の礎石売却事件が発端。これを契機に国の史跡に指定され、大正十四年(一九二五)に発掘が始まった。昭和三十二年(一九五七)から三十四年(一

川原寺の復元模型▶
(奈良国立文化財研究所許可済)

九五九）の本格的な調査でほぼ概要が確認され、昭和四十年代後半の調査で、動かしがたい資料となった。

平城京に遷されなかった大寺

建立後、川原寺は度々『日本書紀』に登場する。天武天皇が発病した天武十四年（六八五）九月二十四日、天皇の平癒を祈って、川原寺、大官大寺、飛鳥寺の三寺で経が読まれたとある。さらに、天武が亡くなる六八六年九月九日まで、重要な仏事には必ずといっていいほど、川原寺の名が記される。天武の子の文武天皇の仏事にも大安寺（大官大寺）、薬師寺、元興寺（飛鳥寺）と並んで、名を連ねている。これらの記述から皇室、朝廷の重要寺院であったことは疑う余地もないが、他の三寺が平城遷都後、新しい都に移されたのに対して、川原寺だけが、なぜか古京に残された。

これについては、川原寺は斉明天皇の菩提を弔うために建てられ、この地を離れては、意味を失うからだとの見方がある。謎多い大寺だったのである。寺域はたび重なる火災などにより、そのつど縮小されていき、現本堂は川原寺中金堂跡に建てられている。

なお、川原寺裏山遺跡は平安前期の火災に際し、多くの塑像《そぞう》や塼仏《せんぶつ》などを穴を掘ってかたづけた場所である。（林）

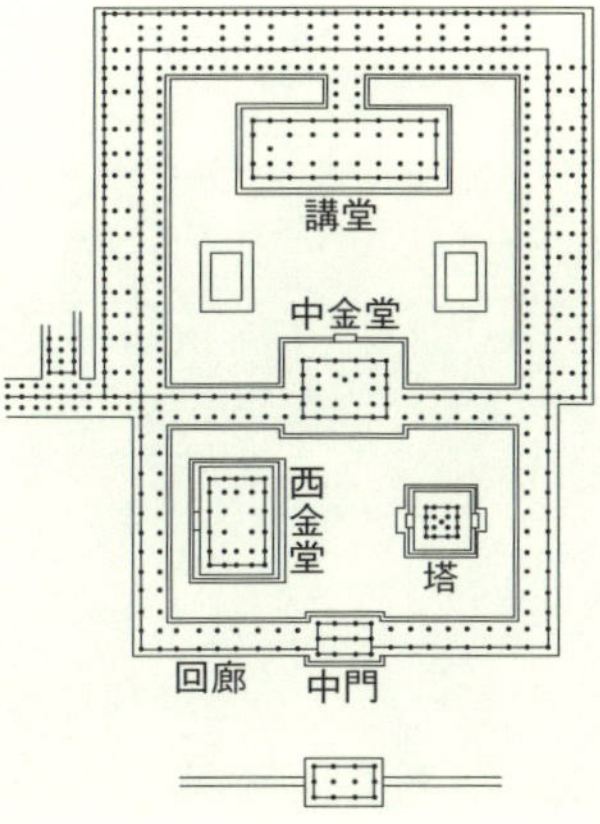

◀川原寺の伽藍配置
（7世紀中ごろ〜後半）

七　聖徳太子ゆかりの地・橘寺

聖徳太子の伝説に彩られる寺

聖徳太子の生誕地という伝承のある明日香村橘の橘寺《たちばなでら》は、現在も多くの飛鳥ファンをひきつけている。川原寺の道を隔てた南側、佛頭山《ぶっとうざん》の北麓に抱かれて建つ寺は、春から夏にかけては木々の緑、秋には門前を深紅の彼岸花が彩り、落ち着いたたたずまいを見せる。

西門をくぐり、本堂（太子殿）を過ぎると、太子の愛馬・黒駒の像、六〇六年（推古十四）、太子が勝鬘《しょうまん》経を講じた際、天から降り積もった蓮の花を埋めたという「蓮華塚《れんげづか》」、太子の冠から輝いた日月星の光をとどめる「三光石」が現れる。

寺伝によると、同地に欽明《きんめい》天皇の別宮・橘宮があり、太子は五七四年、欽明天皇の皇子だった用明《ようめい》天皇と穴穂部間人《あなほべはしひと》皇女の間に生まれたという。橘寺は勝鬘経を講じた際の奇跡に驚いた推古天皇が太子に命じ、橘宮を改築したのが始まりとされる。

これを史実と信じるわけにはいかないが、七四七年（天平十九）の「法隆寺伽藍縁起并《ならびに》流記《るき》資材帳」に推古天皇と聖徳太子が発願した寺院の名が挙げられている。

観光客でにぎわう▶橘寺西門

その中に「橘尼寺」の名前があり、奈良時代には聖徳太子の発願と信じられていた。『日本書紀』には六八〇年(天武九)、「橘寺の尼房に失火して、十房を焚《や》く」という記述があり、それ以前に創建された尼寺だったことがわかる。

一五〇六年(永正三)、多武峰《とうのみね》の衆徒に焼かれて伽藍のすべてを失った。現在の本堂などは、幕末の一八六四年(元治元)以降に再建されたものだ。

創建時の伽藍

現在の鐘楼西側にある土壇には塔の心礎と礎石が残る。心礎には直径一メートルの心柱を立てるための穴の周囲に三か所、半円形の穴があいている。これは心柱を補強する添え木を立てる穴で、法隆寺若草伽藍と類似している。高さ四十メートル近い五重塔が建っていたと考えられている。

一九五三～五七年、日本考古学協会の発掘調査で南北三十八メートル、東西二十一メートルの講堂基壇、南北二十メートル、東西十七メートルの金堂基壇、一辺十三メートルの塔基壇、南北十一メートル、東西九メートルの中門基壇が確認された。東から中門、塔、金堂、講堂が一直線に並ぶ四天王寺式伽藍配置とされた。寺域は東西三百九十メートル、南北百四十メートルと推定されている。南面するのが原則の古代寺院にあって、東面するのは珍しい。地形の制約があったからだろうか。

◀佛頭山にいだかれた橘寺

七九年、八〇年には橿原考古学研究所の調査で回廊(幅二・九メートル)が講堂の両脇にとり付かず、金堂と講堂の間で閉じていることがわかった。四天王寺式ではなく、山田寺式伽藍配置だった。

講堂は現在の本堂となぞの石造物・二面石《にめんせき》(⇩P.140)の置かれた付近、金堂は経堂付近、中門は東門付近にあたる。境内に立つ案内板により、現在の寺と創建時の寺の様子を比較することができる。

堂塔内を飾った塼仏

橘寺からは土を型に押し当てて焼きしめた浮き彫りの仏像・塼仏《せんぶつ》が多数出土している。約二十センチ大の方形三尊塼仏などが知られており、京都国立博物館や東京国立博物館などに収められている。同笵《どうはん》の塼仏が川原《かわら》寺や木之本《きのもと》廃寺、大阪府泉南《せんなん》市の海会《かいえ》寺など飛鳥内外の寺院から出土しており、塼仏としては最古級の七世紀中ごろの制作と考えられている。

塼仏で有名なのは三重県名張《なばり》市夏見《なつみ》の夏見廃寺(七世紀末)である。金堂の内壁は一つひとつ金箔をはった塼仏をびっしりと取り付けた塼仏壁だった。廃寺北側の展示館に金堂奥の塼仏壁(幅三メートル、高さ四メートル)が復元されており、当時の荘厳さを実感することができる。橘寺にも同様の塼仏壁を持った堂塔があった可能性が高く、その様子は夏見廃寺の復元塼仏壁からうかがうことができる。

(関口)

橘寺に残る▶塔の礎石

八　道昭が開いた飛鳥寺東南禅院

道昭の寺

古代の官営総合工房・飛鳥池遺跡（明日香村飛鳥）は北側で飛鳥寺の寺域と接している。寺院に関する木簡《もっかん》も多数出土し、飛鳥寺との密接なかかわりが指摘されている。中でも最も関係が深かったのが、道昭《どうしょう》（六二九〜七〇〇年）が六六二年（天智元）、ないし六八二年（天武十一）に開いたとされる飛鳥寺東南禅院だ。

道昭は百済王族を祖とする船《ふな》氏の出身。父は乙巳《いっし》の変（大化の改新）の際、炎上する蘇我氏邸から『天皇記』『国記』を救い出したという船史恵尺《ふなのふひとえさか》。六五三年（白雉《はくち》四）に入唐《にっとう》し、玄奘三蔵《げんじょうさんぞう》に師事。六六一年（斉明七）ごろ帰国し、法相《ほっそう》宗を伝え、玄奘が漢訳した般若心経をもたらしたとされる。弟子に行基《ぎょうき》がおり、同じく弟子の知調《ちちょう》（智調）の名は飛鳥池遺跡出土木簡にも見える。

飛鳥池遺跡では禅院の瓦を焼いた窯跡が出土している。また、一九九二年の発掘で出土した仏堂とみられる礎石建物の施設は、飛鳥寺の他の堂塔と建てられた方向

飛鳥寺東南禅院の瓦窯▶
（奈良国立文化財研究所許可済）

が異なり、飛鳥池工房に正対する形になっている。工房を意識して建てられたのかもしれない。

東南禅院の発掘

飛鳥池遺跡発見の契機となった万葉ミュージアム建設に伴う調査では禅院の施設も確認されている。一九九九年三月から飛鳥池遺跡の北側三百平方メートルの発掘で、工房のある谷の出入り口から古代の道（幅九・五メートル）を隔てて、東西に延びる塀の基壇（推定幅二・五メートル）の両側にあった石列のうち、北側の二十五メートル分が出土。五、六十センチ大の石が並び、しっかりした造りだった。石列の東端には東西七・三メートル、南北二・八メートルに人頭大の石百数個を敷き詰めてあり、南門に伴うものらしい。

出土した瓦や土器から七世紀末のものとみられ、禅院の創建時期に近い。禅院には道昭が中国から持ち帰った経典を収めた蔵があったとみられ、調査を担当した奈良国立文化財研究所飛鳥藤原京跡発掘調査部史料室長の毛利光俊彦さんは「寺の主要施設として厳重に区画されていたことをうかがわせる」と話す。道昭が中国からもたらしたのは経典だけではなかったはず。当時、最新の工業技術・知識なども持ち帰り、飛鳥池工房の生産に生かされていた可能性があるだろう。

（関口）

飛鳥寺東南禅院に伴う▶石垣（奈良国立文化財研究所許可済）

九　レンゲ畑に彩られる本薬師寺

西ノ京薬師寺の再興

「ゆく秋の大和の国の薬師寺の塔の上なる一ひらの雲」（佐々木信綱）。澄み切った秋空に優美な姿を見せる奈良市西ノ京の薬師寺東塔は大和路の代表的な風景の一つだ。

その薬師寺は、太平洋戦争さなかの一九四四年（昭和十九）十二月七日、地震に見舞われ、北大門、東大門が倒壊。金堂、講堂、東塔も被害を被った。八年後には、吉野地震により、金堂・月光菩薩《がっこうぼさつ》像の頭部も傾いた。

この荒廃した伽藍を再建したのは、一九九八年六月に亡くなった高田好胤《こういん》住職。写経勧進《しゃきょうかんじん》で信者から浄財を募り、新金堂、新西塔、新講堂を次々に再建。南都仏教界の傑物と呼ばれた高田住職の夢は「白鳳《はくほう》伽藍」の再興だった。だが、奈良市の平城京にあった薬師寺東塔が白鳳期の建築か天平期の建築かについては、多くの論議がある。

◀奈良市西ノ京の大池から見た薬師寺　中央に金堂をおき、その南に西塔・東塔が望まれる。

本薬師寺の発掘

平城京薬師寺の前身は、藤原京右京の橿原市城殿《きどの》町の地に創建された天武天皇発願の「薬師寺」。今は「史跡・本《もと》薬師寺」の名で知られる。大和三山に囲まれた史跡には金堂跡、東塔跡の礎石がほぼ完全な形で残り、往時の名残をとどめている。

『日本書紀』の天武九年(六八〇)十一月十二日の条によると、天皇が皇后の鸕野皇女《うののひめみこ》(後の持統《じとう》天皇)の病気平癒を願って発願。「初めて薬師寺を興《た》つ」とある。しかし、薬師寺が藤原京右京八条三坊に位置していることから、天武崩御後の藤原京造営以降の着工という説もあった。

『書紀』の記述を裏付けたのは藤原京右京八条三坊の発掘調査。条坊の大路遺構の下層から薬師寺式の軒丸瓦や軒平瓦が入った溝が確認され、この溝が条坊の地割施行時にはすでに埋められ、整備されていたことが明らかになった。近年の発掘成果では、藤原京の条坊の地割は、天武末年ごろまで、さかのぼる可能性が高く、天武朝に着工、文武朝でほぼ完成したというのが通説になっている。

平安時代の長和四年(一〇一五)の『薬師寺縁起』によると、この藤原京薬師寺が、養老二年(七一八)に平城京に移されたとある。いわゆる「移建」説だ。一方、『扶《ふ》

本薬師寺金堂の礎石▶
(橿原市城殿町) 後方は畝傍山。

桑略記《そうりゃっき》』などでは、東塔は天平二年(七三〇)に建立されたとあり、これに従うと、平城京に新築されたことになる。

長らく「移建・非移建」論争が繰り広げられたが、今は建築史、発掘調査の成果、美術史の研究などから非移建説が優位である。本薬師寺跡からは平安時代の瓦も出土しており、藤原の都に寺が残っていたことは、まず間違いなさそうだ。しかし、平城京の薬師寺からも藤原京と同形の瓦が出土しており、一部の建物が移建された可能性も伺わせている。

史跡を彩るレンゲ畑

一九九九年四月末から五月初めのゴールデンウィーク。本薬師寺跡の東西の塔と金堂のあった地をおおい彩るように一面のレンゲ畑が咲きみだれた。城殿町の農村生活研究会「霜月会」の会員らが一九九八年十一月、休耕田一・四ヘクタールにまいた初めての種が、見事に花を咲かせたのである。

本薬師寺跡を訪れる観光客らも次々に目をうばわれている。農家の人たちも「豊かな環境づくりができてよかった」と笑顔を見せる。今後、コスモスなどの植え付けも行い、「本薬師寺跡を毎年続けて、花の名所にしたい」と夢を膨らませている。(林)

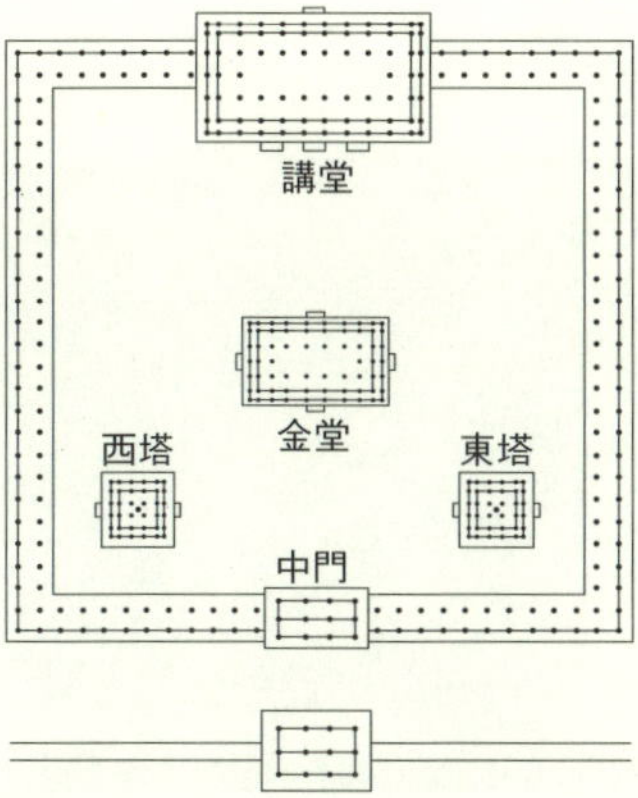

◀本薬師寺の伽藍配置
(7世紀末)

十　天人の住まう寺・岡寺（龍蓋寺）

優美な姿・天人文塼

一枚の塼《せん》がある。ひざまずいた人物が天空を仰ぎ見ている。鳥の翼状の飾りを頭に載せ、目を細め、喜悦の表情に見える。両手をそっともたげ、リボンのような衣が体の周りに踊っている。ひざまずいているというより、フワフワと宙空を漂う浮揚感がある。天人が今まさに地上に降り立とうとしている姿のようだ。

塼とは土を焼いて方形にしたレンガ・タイルのこと。日本では奈良時代に中国から伝わり、浮き彫りを施し、寺院の基壇などを飾った。

この「天人文塼《てんにんもんせん》」（重要文化財、縦横各三十九センチ、厚さ八センチ）は明日香村岡の岡寺《おかでら》から出土したと伝えられる。岡寺は龍蓋寺《りゅうがいじ》ともいう。創建時のものとされ、仏殿の壁か須弥壇《しゅみだん》を飾ったらしい。韓国・奉徳寺《ほうとくじ》の梵鐘に鋳出された天人像と似ていると指摘されているが、それより古いものだという。隣りの高取《たかとり》町壺阪《つぼさか》の壺阪寺（南法華寺《みなみほっけじ》）に同じ大きさの鳳凰文塼《ほうおうもんせん》があり、これも岡寺の出土と伝えられる。

岡寺への参道は急な斜面が続く。一六一二年（慶長十七）建立の仁王門（重文）をく

天人文塼（岡寺蔵）▶

ぐり、さらに階段を上ると本堂に至る。本堂に安置されている如意輪観音《にょいりんかんのん》坐像（重文）は高さ四・五八メートル。奈良時代に制作され、塑像《そぞう》の仏像としては国内最大。右手を挙げ、左手はひざの上に置き、結跏趺坐《けっかふざ》の姿。薄暗い堂内に白く浮かび上がる威容に圧倒される。

天人文塼は観音坐像の裏側の一画に、菩薩半跏思惟《ぼさつはんかしゆい》像（重文、座高三十一・二センチ）など他の宝物と一緒に納められている。そこには白い大理石製の磚（縦三十センチ、横二十九センチ、厚さ七・五センチ）一点もある。伝来は明らかになっていないが、境内からの出土とすれば、天人文塼とともに堂内の荘厳に使われていた可能性がある。

岡寺にはシャクナゲ三千株、ボタン百株が植えられており、例年、五月のゴールデンウィークごろ、境内は花に満ちる。山間に出現した幽玄な世界には優雅な天人がよりふさわしく感じられる。

名僧・義淵の開いた寺

岡寺が創始された時期は明らかではない。『東大寺要録』などの文献によると、天智天皇が岡宮《おかのみや》で草壁《くさかべ》皇子とともに育てた義淵《ぎえん》（?～七二八）が、皇子の没後、天皇の勅願で宮を賜り寺としたとある。だが、研究者により、史実ではない部分もあると説かれている。

◀岡寺仁王門

『続日本紀《しょくにほんぎ》』によると、義淵は六九九年（文武三）、学行を賞せられて稲一万束を贈られ、七〇三年（大宝三）に僧正に任じられている。法相宗《ほっそう》の確立に大きな役割を果たした名僧で、行基《ぎょうき》・道鏡《どうきょう》ら多くの僧を教え導いた。七二七年（神亀四）、「俗姓市往《いちき》氏を改めて岡連《おかのむらじ》を賜い、その兄弟に伝えしむ」とあり、元々、地元の渡来系氏族出身だったらしい。九七〇年（天禄元）の『醍醐寺本諸寺縁起集』にも義淵の建立と記されており、義淵が建立にかかわったのは間違いない。建立時期は天智朝ではなく、文武朝から奈良時代初めと推測されている。

建立時の伽藍位置は現在の境内の西にあたる治田《はるた》神社付近にあったらしい。瓦が出土し、礎石も現存する。寺が所蔵する寛文年間（一六六一～一六七二）の境内絵図に金堂、講堂、塔の跡地が治田神社付近に描かれている。塔跡は現在の拝殿の東寄り、金堂は塔の西北に南向きに建っていたらしい。講堂は金堂の東になる。立地の制約から、こじんまりとしたたたずまいだったと推測されている。

一九八二年、社務所の建て替えに伴い、橿原考古学研究所が発掘調査。凝灰岩の切石が東西に四・五メートル並んでいるのが見つかり、基壇建物の北側にあたるとみられている。しかし、調査地はほんの一部で、伽藍全体を復元するにはいたっていない。（関口）

治田神社　岡寺仁王門▶の西に向かうようにして鎮座している。

十一　華ひらく飛鳥・藤原の諸寺

五三八年の仏教公伝以来、飛鳥・藤原地域には豪族や皇族の建てた多くの寺院が甍《いらか》を輝かせていた(⇩P.58)。しかし、当時の伽藍は失われ、法灯を守っている寺院も多くはない。ある寺は平城遷都に伴い移転し、ある寺は衰退し、忘れ去られた。

日本の仏教の原点は地下に埋もれ、かつての栄華をしのぶのは難しい。しかし、発掘調査で、文献でしかうかがうことのできなかった寺院の実態を垣間見ることも可能になってきた。すでに紹介した寺院以外、創建年代順(推定を含む)にそのいくつかをとり上げたい。

(一)　飛鳥の諸寺

豊浦寺(明日香村豊浦)

蘇我稲目《いなめ》が欽明天皇に下賜された仏像を安置した向原《むくはら》家を転用した寺を前身に、推古天皇が小墾田《おはりだ》宮に遷宮した六〇三年(推古十一)

◀**豊浦寺**　現在、向原寺の名で法灯を続けている。

以降、豊浦宮《とゆら》跡に建立されたとされる。『万葉集』に「故郷の豊浦寺の尼の私房に宴する歌」(巻八・一五五七〜五九)があり、尼寺とわかる。蘇我氏によって営まれた尼寺だった。天武朝には五大寺の一つに数えられ、僧寺の飛鳥寺と一対の繁栄を誇った。

現在、豊浦《とようら》の同地に向原寺《こうげんじ》が建つ。橿原考古学研究所などの発掘調査で、一辺十四メートルの塔跡、東西十九メートル、南北十四メートルの金堂跡、東西三十メートル以上、南北十五メートルの講堂跡などが出土している。金堂は飛鳥寺の三金堂のうち、東西の金堂と同規模で、同じ瓦も使われており、共通性が改めて証明された。

奥山久米寺(明日香村奥山)

飛鳥資料館近くの民家の建ち並ぶ奥山《おくやま》集落の細い道を抜けると久米《くめ》寺がある。境内の十三重石塔の下には、巨大な礎石が並ぶ。一九八七年の奈良国立文化財研究所の調査で、礎石は後世置き直されているものの、石塔の建つ土壇(一辺六・六メートル)が七世紀後半に建てられた塔跡ということが明らかになった。

八九年には庫裏の下で金堂跡(推定で東西十六・八メートル、南北十二メートル)を確認。塔、金堂とも法隆寺に優るとも劣らない規模と推定されている。金堂の北二十五メートルにやや高まった場所があり、講堂跡とみられ、山田寺式の伽藍配置

奥山久米寺　塔跡に鎌倉時代建立の十三重石塔が建つ。本堂は江戸時代の建立。▶

だったと考えられている。寺域は二百メートル四方の広大なものだった。

瓦などから創建は七世紀前半とされている。奈良時代にも回廊で囲まれた伽藍中心部を全面、瓦敷きにするなどの改修が施されていた。同寺で見つかった平安時代に下る墨書《ぼくしょ》土器に「小治田寺《おはりだ》」とあり、寺名のヒントが与えられる。

定林寺（明日香村立部）

橘寺の西南〇・五キロの立部《たちべ》の丘陵上にある。聖徳太子が建立した四十六か寺の一つといい、現在の寺の入口に「聖徳太子仏法弘《ぶっぽうこう》布霊《ふれい》地《ち》定林寺《じょうりんじ》」の石碑が建つ。創建時のものとみられる素弁《そべん》十一弁蓮華《べんれんげ》文軒丸瓦《もんのきまるがわら》は飛鳥時代のもの。飛鳥池遺跡で出土した寺名を列挙した木簡《もっかん》に、定林寺を指すとみられる「立部（寺）」の名が挙げられており、少なくとも七世紀後半には存在した。韓国・扶余《ふよ》に同じ定林寺という名の寺があるので、百済《くだら》系の渡来氏族が建てたのかもしれない。

現寺域に接する丘陵上に残る塔心礎石から塑像《そぞう》の菩薩像の頭部が出土。法隆寺式や法起寺《ほっきじ》式の伽藍配置が推定されている。六六年、国史跡に指定された。七〇年代の調査で、金堂推定地が後世の盛り土である可能性も指摘されている。九九年十一月に訪れた際、雑草が伸び放題に生い茂り、訪れた観光客は足を踏み入れずに引き返していた。

◀定林寺　礎石の残る土壇は確認できるが、雑草が生い茂げる国史跡の定林寺跡。史跡の在り方を考えさせられる。

呉原寺(明日香村栗原)

栗原《くりはら》寺、竹林寺《ちくりんじ》とも呼ばれる。『古事記』に雄略天皇の時代、「渡来した呉人《くれびと》を住まわせたので呉原《くれはら》という」と記される地域。キトラ古墳のある阿部山《あべやま》から東北に谷をへだてた栗原の地で、延喜式内社の呉津孫《くれつひこ》神社も鎮座する。呉原寺は、一一三九年(保延五)の「竹林寺別当某譲状《ゆずりじょう》案」に、「崇峻《すしゅん》天皇の辛亥《しんがい》の年、坂上大直駒子《さかのうえのおおあたえこまこ》が建立した」と記され、飛鳥時代に創建された渡来系氏族・東漢《やまとのあや》氏の氏寺と考えられている。七〇〇年(文武四)、飛鳥寺東南禅院を開いた道昭《どうしょう》が日本で最初に火葬された場所とされている。

現在は、山が迫るが、果樹園や野菜畑が広がるのどかな風景。基壇と思われる高まりがあり、白鳳《はくほう》時代の古瓦などが出土するが、伽藍配置などは明らかでない。

(二) 藤原の諸寺

和田廃寺(橿原市和田町)

和田《わだ》町の新興住宅街の北に広がる田んぼの中に「大《おお》野丘《のおか》」と呼ばれるこんもりとした土壇が残る。和田廃

▲呉原寺跡　栗原の大師堂から寺跡と思われる地を望む(中央の谷間地)。

▲呉津孫神社　呉原寺推定地南側の集落内にある。

寺の名で南北十四メートル、東西九・五メートル、高さ一・七メートルの土壇は一九七四、七五年の奈良国立文化財研究所の調査で一辺十二・二メートルの塔基壇の西半分と判明した。七世紀後半に築造され、八世紀後半まで存続したらしい。土壇南から建物の屋根を飾った大型の鴟尾《しび》（高さ一・二七メートル、幅〇・七六メートル）も出土している。

『日本書紀』に五八五年（敏達十四）、蘇我馬子が大野丘の北に塔を建てたが、物《もの》部《のべ》守屋《もりや》が塔を焼き、焼け残った仏像も捨てるという事件が記されている。その大野丘北塔跡と想定されているが、伽藍配置は明らかでない。

新興住宅地が迫り、現地には案内板は設置されておらず、近くの人でも寺院跡と知る人は少ない。早急な保存対策が必要であろう。

軽寺（橿原市大軽町）

大軽《おおがる》町の法輪寺《ほうりんじ》本堂下にある土壇が金堂跡と推定されている。『日本書紀』に六八六年（朱鳥元）、檜隈寺《ひのくまでら》、大窪寺《おおくぼでら》とともに寄進記事が載っている。一九九七年十一月から九八年三月、橿原市教委が約千六百平方メートルを調査。七世紀中ごろの柱跡十一基が東西に約二十メートル伸びているのを見つけた。寺域の北限の塀跡とみられ、軽《かる》寺に関する遺構が初めて確認された。周辺に投棄された瓦の状況から十世紀

◀**和田廃寺の塔跡の土壇**
左後方の森（馬立伊勢《またていせ》部田中《べたなか》神社）の北側に田中廃寺がある。

前半まで寺が存続していたこともわかった。

寺域は東西六十五メートル、南北百四十メートル以上と推定される。地形の制約から塔、金堂、講堂が南北一直線に並ぶ山田寺式の伽藍配置が想定できる。塀の西約百五十メートルには古代の幹線道路・下ツ道《しもつみち》が通っていた。付近には所在地は不明ながら「軽《かる》市《いち》」と呼ばれる市場もあり、にぎわった場所だった。

田中廃寺(橿原市田中町)

蘇我氏系の田中《たなか》氏の氏寺として建立され、田中町の法満寺《ほうまんじ》がその跡地と推定されてきた。由緒を伝える碑がある。一九九〇年、法満寺の北西で病院建設に伴い橿原市教委が調査、南北方向の総柱建物跡、柱列、ふいごの羽口などの鋳造関係遺物、瓦などが出土し、寺域は法満寺より北西に広がっていた可能性が出てきた。病院は廃院になっているが、玄関近くに調査内容を記した案内板が残っている。また法満寺の西にある「天王藪」や、その近くの「弁天の森」と呼ばれる高まりがあり、伽藍との関連性が指摘されている。

しかし、田中廃寺建立当時の伽藍についてはなぞのままだ。

▲田中宮・田中廃寺の案内板が建つ法満寺　跡地はこの北西の「天王藪」「弁天の森」の地か。

▲軽寺金堂跡に建つ法輪寺　寺の裏手の春日神社境内に「応神天皇軽島《かるしまの》明宮《あきらのみや》」碑が建つ。

大窪寺（橿原市大久保町）

大久保町公民館に隣接する国源寺《こくげんじ》が大窪寺《おおくぼでら》跡とされる。江戸時代後期の『卯花日記《うのはなにっき》』に礎石と土壇が残っているとあるが、現在は民家が密集しており、よくわからない。心柱を支えた円形の穴のある塔心礎と伝えられる礎石が公民館横に残っている。一九九〇年、橿原市教委がこの礎石の南側を発掘調査。心礎の据え付け穴とみられる穴とそれを囲む掘立柱穴を検出したが、創建当時のものと確定していない。

『日本書紀』の朱鳥元年の記事から、天武朝以前の創建と推定される。出土した瓦から六五〇年以前に建てられた可能性もある。

木之本廃寺（橿原市木之本町）

木之本町の奈良国立文化財研究所飛鳥藤原宮跡発掘調査部の北に隣接する畝尾都多本《うねびつたもと》神社が推定地。一九八五～八六年、同部の庁舎建設に伴う調査で出土した軒瓦が山田寺より古く、桜井市吉備《きび》の吉備池瓦《が》窯《よう》や大阪市の四天王寺、泉南《せんなん》市の海会寺《かいえじ》と同笵《どうはん》だったことから百済大寺の有力候補地に挙げられた。しかし、吉備池瓦窯が瓦窯ではなく、吉備池廃寺と判明、百済大寺の可能性が高いとされたことで、木之本廃寺は、百済大寺が移転した高市《たけち》大寺説か瓦窯説が浮上している。

▲大窪寺跡に建つ国源寺と塔心礎

▲木之本廃寺跡に建つ畝尾都多本神社

紀寺（明日香村小山）

橿原市と明日香村の境にあり、一九七三年、橿原公苑明日香庭球場建設に伴い奈良国立文化財研究所と橿原考古学研究所が発掘。九三年まで七次の調査が重ねられ、金堂、講堂、中門、回廊、南大門などが見つかった。塔は想定位置になく、伽藍配置は大官大寺式が想定される。創建は天武朝とみられる。寺の造営に先行して条坊道路の存在が確認されており、藤原宮の先行条坊道路との関連が指摘されている。

庭球場の北に案内板が立っており、礎石の残る金堂など伽藍の西半分が芝をはった土壇として整備されている。テニスに汗を流す人は多いが、寺跡に興味を示す人は少ない。

所在地の小字が「キデラ」のため、有力豪族・紀《き》氏の氏寺とされてきたが根拠は薄く、地名の小山《こやま》をとって小山廃寺と呼ぶ研究者も少なくない。藤原京左京八条二坊にあり、藤原宮に対して右京の本薬師寺《もとやくしじ》とほぼ対称位置にある。重要な位置を占める寺院だったのだろう。

石川精舎・廐坂寺（橿原市石川町）

石川精舎《いしかわしょうじゃ》は五八四年（敏達十三）、蘇我馬子が石川の邸宅に建てた寺。石川町にある本明寺《ほんみょうじ》がその跡地とされ、案内板が建つ。しかし、

▲石川精舎跡と伝える本明寺

▲金堂や回廊が整備されている紀寺跡

本明寺一帯で遺構・遺物は見つかっておらず、異説がある。

　厩坂寺《うまやさかでら》は六七二年（天武元）、藤原鎌足《かまたり》の妻、鏡《かがみ》女王（?〜六八三）の建てた京都・山科の山階《やましな》寺を飛鳥に移建したのが厩坂寺とされる。山階寺・厩坂寺は藤原氏の氏寺・興福寺の旧名である。一九一八年、礎石や瓦などの見つかった石川町のウラン坊（浦坊）廃寺がその推定地とされた。また、一九四〇年に多数の掘立柱穴の見つかった橿原市久《く》米《め》町の丈六《じょうろく》北遺跡、五六年に礎石などが見つかった丈六南遺跡を厩坂寺とする説もある（⇩P.184）。

久米寺（橿原市久米町）

『今昔《こんじゃく》物語集』などの女性のすねをみて飛行の神通力を失ったユーモラスな逸話で知られる久米仙人《くめせんにん》が建てたという伝説がある。また推古天皇の勅願で聖徳太子の弟、来目《くめ》皇子（?〜六〇三）が建立したとも伝えられる。しかし、実際にはこの地域を根拠とした久米氏の氏寺として創建されたと考えられる。久米氏は大伴《おおとも》氏配下の軍事氏族。宮廷儀礼・久米舞にその繁栄ぶりがしのばれる。

　現在の寺は江戸時代の再建。一六五九年（万治二）、京都・仁和寺《にんなじ》から移建した多宝塔（重文）がある。多宝塔の前に一辺十・七五メートル

▲久米寺に残る塔の礎石　後方は多宝塔。

▲聖徳太子十三番札場の日向寺

の巨大な塔跡が残っており、礎石が並ぶ。薬師寺式の伽藍配置が想定され、現在の寺の西側の集落内に金堂などがあると考えられている。

日向寺（橿原市南浦町）・興善寺（橿原市戒外町）・膳夫寺（橿原市膳夫町）

天香久山の南麓やや東寄りの南浦町に日向寺《にっこうじ》がある。聖徳太子建立と伝え、近くから七世紀後半から八世紀後半の瓦が出土している。

また、日向寺の東北近くの戒外《かいげ》町に興善寺があり、江戸時代の本堂と庫裏に興善寺《こうぜんじ》があり、江戸時代の本堂と庫裏が建つ。創建時期は白鳳時代にさかのぼるという説と八世紀前半に大安寺の僧・道滋《どうじ》が開いたという説がある。「香山寺」「香子山寺」「香久山寺」などの名が文献に残り、「こうざん」の読みが「こうぜん」に転じ、現在の寺名になったと考えられている。橿原市教委が一九九一、九二年に発掘調査。中世の墓や現本堂の東側で大型掘立柱建物跡とそれを囲む塀などが見つかっているが、創建当時の伽藍は見つかっていない。

一方、天香久山の北麓の膳夫《かしわで》の集落、香久山小学校の西側には保寿院《ほうじゅいん》があり、円形柱座のある礎石が二つ残っている。周辺からは七世紀後半の藤原宮と同じ瓦や大官大寺式の瓦が出土している。膳臣《かしわでのおみ》建立の膳夫寺《かしわででら》と考えられている。（関口）

▲膳夫寺跡に建つ保寿院

▲香山寺を受けつぐと思われる興善寺

1章 ジャーナリストが見た飛鳥・藤原京

4 宮・工房・苑池の発掘が謎から謎をよぶ

関口和哉（読売新聞奈良支局橿原通信部記者）

はじめに

「地下に博物館がそっくり埋まっている」「『日本書紀』のテーマパーク」。飛鳥時代の埋蔵文化財の宝庫・飛鳥はこう表現される。

大化の改新（乙巳《いっし》の変）や壬申《じんしん》の乱など日本史上に残る大事件から、知られざる都の営みまで、奈良国立文化財研究所飛鳥藤原宮跡発掘調査部、奈良県立橿原考古学研究所、明日香村教委の発掘調査により、飛鳥京跡苑池遺構や飛鳥池工房など文献ではほとんどわからなかった毎年のように大きな発見が続く。後世の社会制度につながる律令国家体制が発生・発展しながら、わずかな文献にしかその実態をうかがうすべのなかった、謎に満ちた飛鳥の都は、しだいにその真の姿を現してきた。

一般的に発掘調査の成果は、三角縁神獣鏡《さんかくぶちしんじゅうきょう》が大量出土した黒塚《くろづか》古墳（天理市）の現地説明会の見学者が二日間で二万人を超えたように、「光もの」と呼ばれる鏡や宝飾類などの出土品に人気が集まる傾向がある。しかし、飛鳥で見つかるのは建物跡の柱穴や土器など、一見、地味な遺構や遺物が多い。それでも飛鳥の発掘の話題は新聞紙上を度々にぎわせ、現地説明会には東京や九州から駆けつける人も少なくない。それは単なる歴史ロマンにとどまらない、事実の持つ重みと迫力が我々をひきつけるからだろう。ここでは、発掘された宮殿とその周辺を紹介していきたい。

▲飛鳥池遺跡工房跡を見学する人々（1999年６月）

一　相つぐ発掘された宮

（一）　小墾田と小治田

「小治田宮」と墨書された土器

赤茶けた土師器の椀や皿の裏に黒々と墨書された「小治田宮《おはりだのみや》」の文字。一九八七年七月、明日香村雷《いかつち》の雷丘南東にある雷丘東方遺跡を調査した同村教委の北村憲彦《のりひこ》さんは、九世紀の井戸跡から「小治田宮」と書かれた土器十一点を見つけた。一帯が「小治田宮」とよばれた地で、そこで使われ投棄されたものだと推定された。地名の共通性から推古天皇が六〇三年（推古十一）、豊浦《とゆら》宮から遷った小墾田《おはりだ》宮が同じ場所にあった可能性が高まった。

これまで小墾田推定地とされてきた古宮土壇《ふるみやどだん》と近く、わが国最古の説話集『日本霊異記《りょういき》』（八二二年）にある雷丘は「古京小治田宮の北にあり」という記述と合う。不明だった小墾田宮の所在地が一気に確定に向けて動き出した。

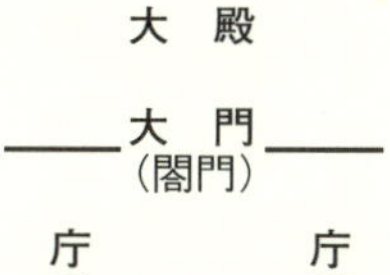

▲小墾田宮模式図
（603〜655年）

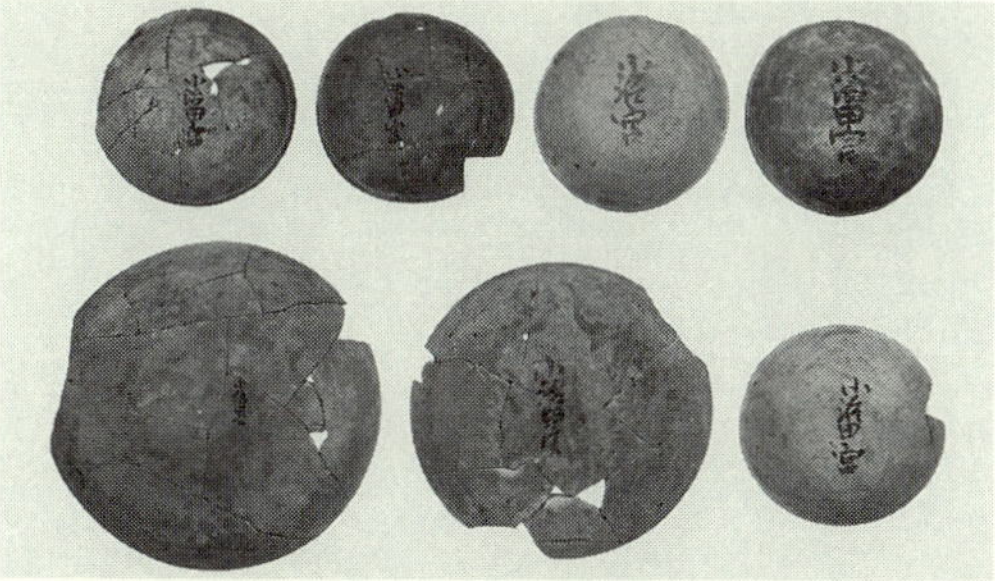
◀「小治田宮」と墨書された平安時代初期の土器類
（明日香村教育委員会提供）

憲法十七条が発布された宮殿

小墾田宮の構造は、六一〇年(推古十八)、新羅《しらぎ》・百済《くだら》の使者を迎えた際の『日本書紀』の記述から、およそわかっている。南門(宮門)を入ると庭(朝廷)で、そこに左右対称に庁舎(朝堂)があり、さらに大門(閤門)をくぐると、天皇のいる大殿があった。ここで、有名な冠位十二階の制定(六〇三年)、憲法十七条の発布(六〇四年)、遣隋使の派遣(六〇七年)などが次々に行われていった。こうした古代史上の大きな転換点となる数々の出来事の舞台となったのが小墾田宮だ。

『日本書紀』は「小墾田宮」、『古事記』や『続日本紀《しょくにほんぎ》』は「小治田宮」と表記に違いがある。土器にも「小治田宮」と書かれていた。この違いがどこからくるかは不明だが、いずれも同じ宮を指していることは間違いない。宮は、推古天皇没後も存続し、奈良時代の淳仁《じゅんにん》天皇も滞在している。雷丘東方遺跡から出土した土器は、その時代以降のものだ。

相次ぐ発掘成果

一九九三年十二月、雷丘東方遺跡を調査した奈良国立文化財研究所飛鳥藤原宮跡発掘調査部は、奈良時代後半の土器とともに、直径一メートル以上の礎石を並べた総柱建物二棟、掘立柱建物五棟、幅三メートルの土塀遺構を確認した。

古宮土壇の発掘▶
(明日香村豊浦)
古宮土壇には、ケヤキの古木が目印のように立っている（奈良国立文化財研究所許可済）。

総柱建物は、一棟が東西三間（六メートル）以上、南北三間（七・五メートル）、別の一棟は、東西二間（四・五メートル）以上、南北三間（八・四メートル）。二棟とも巨大な礎石の周りを小石で囲むなど、基礎工事を施してあった。『続日本紀』の七六〇年（天平宝字四）、「小治田宮に播磨《はりま》、備前《びぜん》、備中《びっちゅう》、讃岐《さぬき》から糒《ほしいい》（非常食用の干した米）三千斛《こく》を運び貯えた」という記述があり、小治田宮の倉庫群とみられる。

九五年三月、雷丘の南側ふもとを明日香村教委が調査。十～五十センチメートル大の花崗岩を組んだ池や広場、溝などの庭の遺構が見つかった。出土した土器から皇極期（七世紀中ごろ）の小墾田宮に伴うものとされた。

ここに、雷丘周辺に小墾田宮（小治田宮）が営まれていたことは確実になった。しかし、まだ周辺部分しかわからず、聖徳太子や推古天皇が執務した宮の中心が確定されるまで、しばらく待つ必要がありそうだ。

（二） 嶋宮

島庄遺跡の発掘

石舞台古墳の北西約百五十メートル、明日香村島庄《しましょう》の水田。一九八七年九月、橿原考古学研究所の亀田博

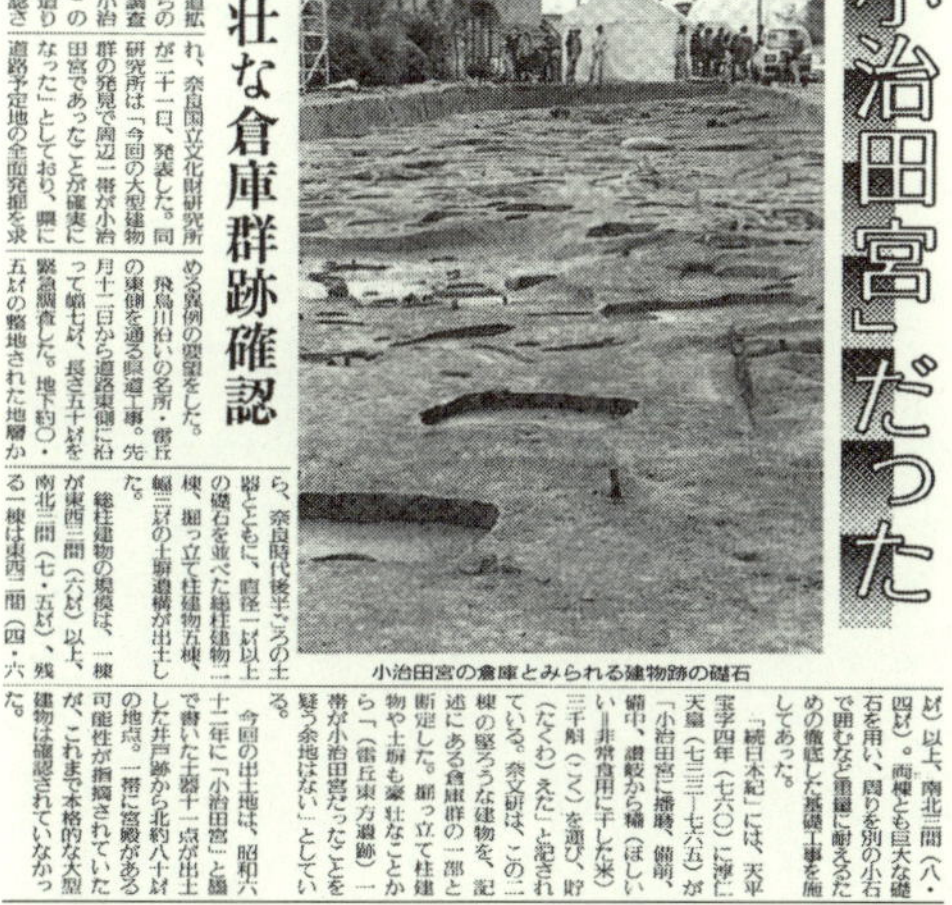

「小治田宮」だった

明日香村の雷丘東方遺跡

豪壮な倉庫群跡確認

奈良県明日香村の県道拡幅に伴う雷丘（いかずちのおか）東方遺跡の発掘調査で、奈良時代の離宮・小治田宮（おはりだのみや）の倉庫群とみられる総柱造りの豪壮な建物遺構が確認され、奈良国立文化財研究所が二十一日、発表した。同研究所は「今回の大型建物群の発見で周辺一帯が小治田宮であったことが確実になった」としており、県に道路予定地の全面発掘を求める異例の要望をした。

飛鳥川沿いの名所・雷丘の東側を通る県道工事。先月十二日から道路東側に沿って幅七㍍、長さ五十㍍を緊急調査した。地下約〇・五㍍の整地された地層から、奈良時代後半ごろの土器とともに、直径一㍍以上の礎石を並べた総柱建物二棟、掘っ立て柱建物五棟、幅三㍍の土塀遺構が出土した。

総柱建物の規模は、一棟が東西三間（六㍍）以上、南北三間（七・五㍍）、残る一棟は東西二間（四・六㍍）以上、南北三間（八・四㍍）。両棟とも巨大な礎石を用い、周りを別の小石で囲むなど重量に耐えるための徹底した基礎工事を施してあった。

「続日本紀」には、天平宝字四年（七六〇）に淳仁天皇（七三三―七六五）が「小治田宮に播磨、備前、備中、讃岐から糒（ほしいい＝非常食用に干した米）三千斛（こく）を運び、貯（たくわ）えた」と記されている。奈文研は、この二棟の堅ろうな建物を、記述にある倉庫群の一部と断定した。掘っ立て柱建物や土塀も豪壮なことから「（雷丘東方遺跡）一帯が小治田宮だったことを疑う余地はない」としている。

今回の出土地は、昭和六十二年に「小治田宮」と墨で書いた土器十一点が出土した井戸跡から北約八十㍍の地点。一帯に宮殿がある可能性が指摘されていたが、これまで本格的な大型建物は確認されていなかった。

小治田宮の倉庫とみられる建物跡の礎石

◀小治田宮と思われる雷丘東方遺跡の発掘を報道する記事（「読売新聞」1995年12月22日）

さんは、七世紀前半の宮殿クラスの建物跡と庭園遺構を見つけた。一・三メートル四方の巨大な掘立柱の穴が並び、北西から南東に長さ十二・八メートル、幅四・八メートルの規模。その北と東側に庭園遺構があった。

北側は幅五メートル、長さ十二・八メートルの川状で、東側が緩い傾斜の滝のようになっており、直径二十~百センチメートルの自然石数百個を積み上げて護岸や川底を形作っていた。東側は、長辺二・五メートル、短辺〇・七メートル、深さ〇・六メートルの長方形の水槽状のくぼみで、周辺に飛鳥川の支流の冬野《ふゆの》川から水を引く素掘りの溝を巡らし、くぼみから溢れた水が循環し、西側に流れ出す構造になっていた。

一九七二・七四年、同研究所の秋山日出雄さん（現・神戸女子大学名誉教授）は、西側から六世紀末~七世紀初めに造られた大規模な方形池（四十二メートル四方）を見つけている。池の護岸は、五十センチメートル大の川原石をほぼ垂直に積み上げ、高いところでは高さ二メートルにもなる。池の周囲に幅十メートルの堤を巡らし、暗渠《あんきょ》や木樋《もくひ》などもあった。堤の石積みは七世紀末には埋もれており、藤原京遷都以降、荒れていったらしい。

まとまった建物群はまだ見つかっていないが、亀田さんは、この島庄遺跡が「蘇我馬子の飛鳥河《あすかがわ》の傍《ほとり》の家の一部であり、嶋宮《しまのみや》にひきつがれた」と推定している。

島庄遺跡の現状（明日香村島庄）▶ 右手の民家の建っているあたりを中心に遺構が見つかった。

蘇我馬子の邸宅から離宮へ

嶋宮は、『日本書紀』に九回、『万葉集』にも十四回登場する。『万葉集』の草壁《くさかべ》皇子への舎人《とねり》の挽歌《ばんか》に、「高光るわが日の皇子の万代《よろづよ》に国知らさまし嶋の宮はも」（巻二—一七一）と詠まれている。嶋宮が最初に文献に見えるのは、近江朝廷を辞して吉《よし》野《の》に向かった大海人皇子（天武天皇）が、六七一年（天智十）に嶋宮に立ち寄っている時だ。少なくともこの時期には存在していた。天武天皇の離宮となり、皇太子の草壁皇子の東宮としても使われた。『日本書紀』の天武十年九月に「周芳《すほう》国、赤亀を貢《たてまつ》れり、乃《すなわ》ち嶋宮の池に放つ」とあり、池があったことがわかる。

前身は、馬子の飛鳥河の傍《ほとり》の家とされる。『日本書紀』の推古三十四年（六二六）五月の条には、馬子の異名である「嶋大臣《しまのおおきみ》」の由来として、「飛鳥河の傍に家せり。乃ち庭の中に小なる池を開れり。仍りて小なる嶋を池の中に興《つ》く。故《かれ》、時の人、嶋大臣と曰《い》ふ」とある。

池のある庭園は、蘇我氏の時代から続いたものだろう。島庄遺跡で見つかった人工の池遺構は、一辺五十メートル四方もあり、天皇家をしのぐほどの蘇我氏の権勢がうかがえる。

同遺跡の掘立柱建物跡は、蘇我馬子の邸宅跡とされる。大化の改新（六四五年）以降に取り壊されて整地されていた。蘇我本宗家が滅亡したクーデタにより、天皇家が邸宅を接収し、離宮

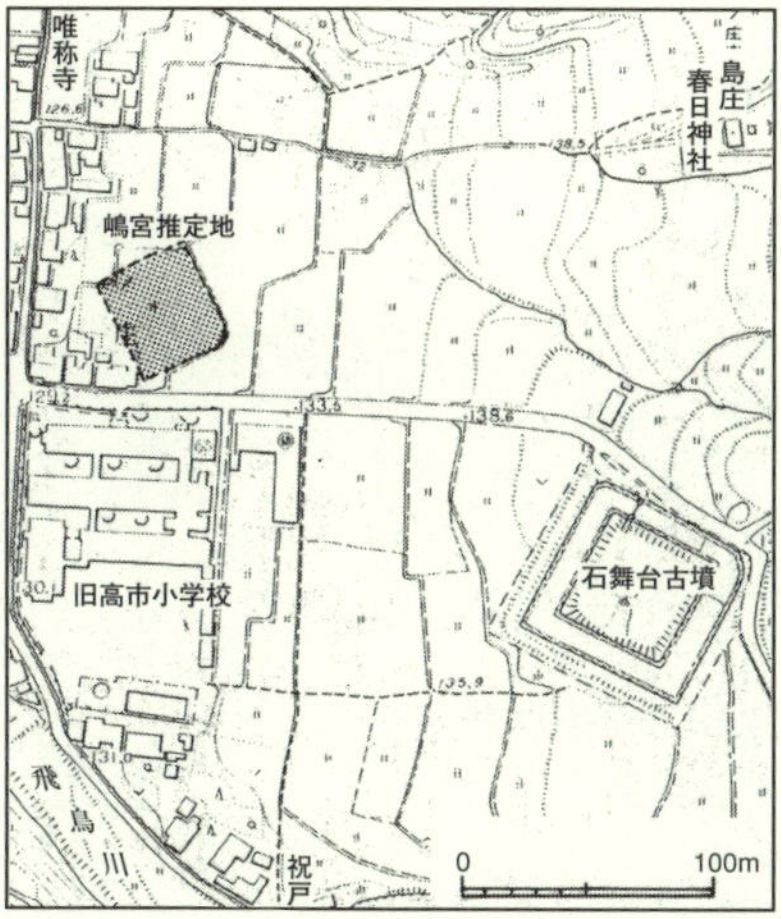

◀嶋宮と石舞台古墳付近図

として造り直した跡と推定される。表土がはぎ取られ、巨大な石室がむき出しになっている石舞台古墳とともに、蘇我氏の繁栄と没落の様子が象徴的に表れている。

(三) 飛鳥板蓋宮と飛鳥浄御原宮

史跡・伝飛鳥板蓋宮跡は飛鳥浄御原宮か

飛鳥板蓋宮《いたぶきのみや》(六四三〜六五五年)は大化の改新の舞台となった宮だ。権勢を誇った蘇我本宗家は滅亡し、大きな時代の転換点となった。大正時代以降、あまり根拠のないまま明日香村役場の北側に広がる水田一帯が推定地とされ、史跡・伝飛鳥板蓋宮跡に指定された。

まず、奈良国立文化財研究所が調査し、北端の回廊を発見。これをうけて、一九六〇年から網干善教《あぼしよしのり》さん(現・関西大学名誉教授)を最初として、橿原考古学研究所が一帯を百数十次にわたり発掘調査。複雑に重なる宮殿遺構が出土し、その全容が明らかになってきた。その結果、皇極・斉明朝の板蓋宮とは年代が異なることが判明、飛鳥京跡の名前で呼ばれるようになった。飛鳥京跡とは、宮の名前が特定できないことからの苦肉の策だが、亀田博さんの調査の時、上層にある遺構から「辛巳《しんみ》年」(天武十年・六八一年)と書かれた木簡《もっかん》などが出土したことから、同地は天武天

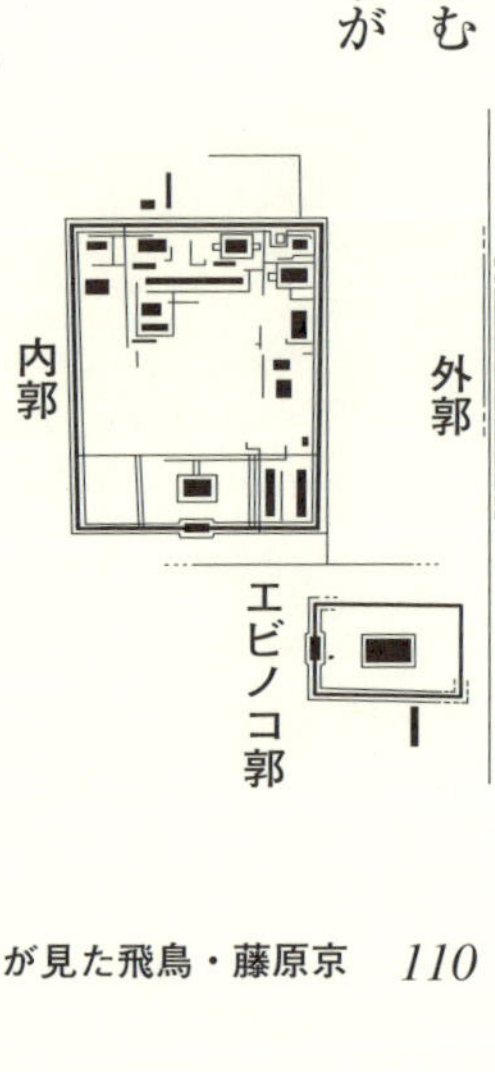

飛鳥浄御原宮と思われる飛鳥京上層遺構▶
(7世紀後半)

皇の飛鳥浄御原宮《きよみはら》(六七二〜六九四年)とほぼ確定した。

飛鳥浄御原宮に即位した天武天皇は、絶対的な君主号として「天皇」称号の採用、新しい身分秩序の「八色《やくさ》の姓」の制定(六八四年)、中国の貨幣制度を真似たわが国最古の貨幣・富本銭《ふほんせん》の発行など、矢継ぎ早に様々な制度を整え、古代律令国家の完成を目指した。その中心となったのが飛鳥浄御原宮だった。

上層遺構は、内郭と呼ばれる南北百九十七メートル、東西百五十八メートルの一本柱の塀で囲まれた長方形の区画と、東南にあるエビノコ郭と呼ばれる区画、この二つを囲む外郭からなる。内郭の中には多数の掘立柱建物が立ち並んでいた。エビノコ郭には東西二十九・二メートル、南北十五・三メートルのエビノコ大殿と呼ばれる巨大な建物があった。天皇が執務、起居した後の大極殿にあたる建物らしい。

もっとも、建物の配置が小墾田宮の時期にすでに確立していたとみられる正殿、脇殿などの建物がコの字型に並ぶ構造とは異なることや前期難波宮などと比べ、敷地の規模が小さいことなどが残された問題点となってきた。

このエビノコ大殿とエビノコ郭は、明日香村役場の東側にあたる。いまは駐車場になっているが、この大切な遺構を示す説明板すらない。保存整備の重要性を訴えたい。

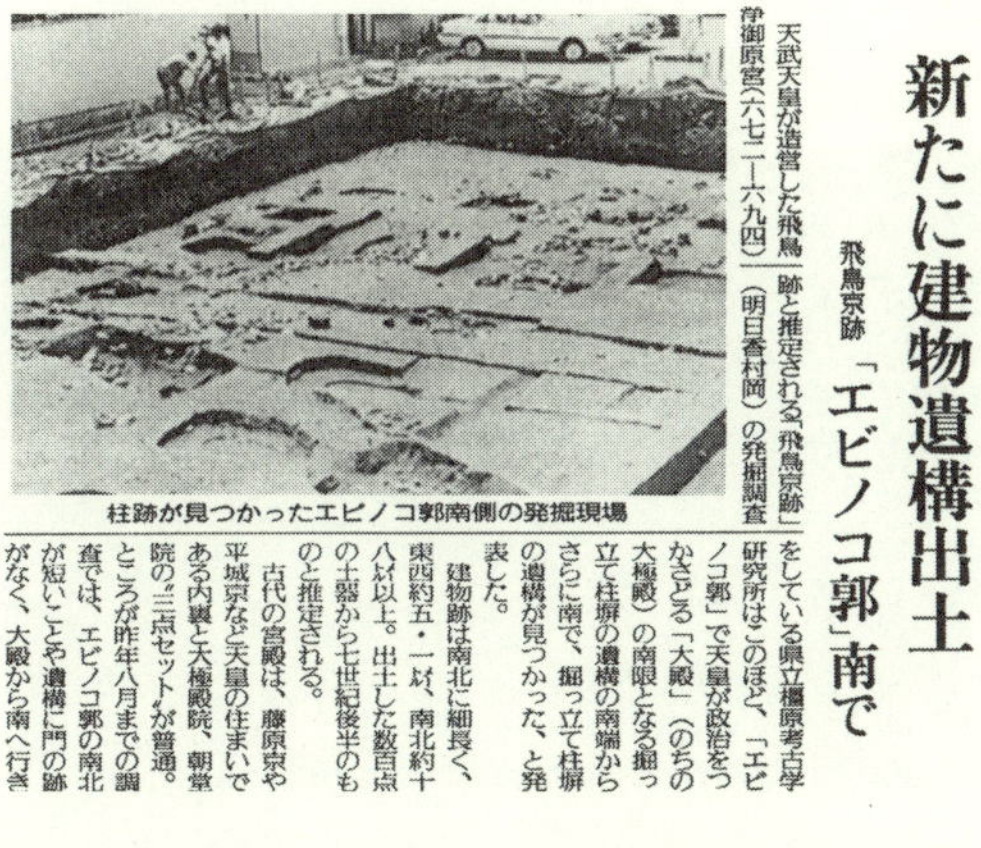

新たに建物遺構出土

飛鳥京跡「エビノコ郭」南で

柱跡が見つかったエビノコ郭南側の発掘現場

天武天皇が造営した飛鳥浄御原宮(六七二―六九四)跡と推定される「飛鳥京跡」(明日香村岡)の発掘調査をしている県立橿原考古学研究所はこのほど、「エビノコ郭」で天皇が政治をつかさどる「大殿」(のちの大極殿)の南限となる掘っ立て柱塀の遺構の南端からさらに南で、掘っ立て柱塀の遺構が見つかった、と発表した。

建物跡は南北に細長く、東西約五・一㍍、南北約十八㍍以上。出土した数百点の土器から七世紀後半のものと推定される。

古代の宮殿は、藤原京や平城京など天皇の住まいである内裏と大極殿院、朝堂院の〝三点セット〟が普通。ところが昨年八月までの調査では、エビノコ郭の南北が短いことや遺構に門の跡がなく、大殿から南へ行き

◀柱跡が見つかったエビノコ郭南側の報道(「読売新聞」1990年8月7日)

飛鳥浄御原宮の全容解明へ

一九九〇年八月、橿原考古学研究所の菅谷文則《すがやふみのり》さん（現・滋賀県立大学教授）の調査でエビノコ郭の南限となる掘立柱塀跡の南から、七世紀後半の南北に細長い掘立柱建物跡（南北十八メートル以上、東西五・一メートル）が出土。臣下が執務する朝堂院《ちょうどういん》とみられ、エビノコ郭の南側には官庁街が広がっている可能性が出てきた。

一九九七年七月には、エビノコ郭の北東約二百メートルの酒船石《さかふねいし》遺跡を明日香村教委の相原嘉之《あいはらよしゆき》さんが発掘調査、大規模な石敷き溝などを備えた七世紀後半から八世紀前半の広場が見つかった。飛鳥浄御原宮造営に伴う周辺整備した遺構とされている。

こうした調査で見つかる新事実により、飛鳥浄御原宮の存在が裏付けられようとしている。

また、天武天皇の賛歌で、飛鳥浄御原宮の造営を描写したとされてきた「大君《おほきみ》は神にし坐《ま》せば水鳥のすだく水沼《みぬま》を都となしつ」（巻十九―四二六一）という万葉歌が広大なイメージを持たせていたが、持統天皇が遷した藤原京の造営計画はすでに天武天皇の時代にあり、この歌は藤原宮の造営を詠んだという考え方が強まっている。飛鳥池遺跡の総合工房に見られるように、山や谷の隅々まで開発の手が及んだ飛鳥の地に、それほど広大な土地は余っていないという見方もある。

飛鳥浄御原宮跡（明日香村岡）▶　飛鳥を訪れる人々は、復元された遺構に往時をしのぶ。

飛鳥板蓋宮はどこに

　こうして飛鳥浄御原宮の所在地は特定されようとしているが、伝承地が否定されて今度は飛鳥板蓋宮が所在不明となった。ところが、この伝承地の下層遺構から掘立柱建物跡などが見つかっている。

　こうしたことから、同地に飛鳥岡本宮《おかもとのみや》、後《のち》飛鳥岡本宮、飛鳥板蓋宮、飛鳥浄御原宮と連続して同じ場所に営まれた、という説が出てきた。飛鳥浄御原宮以外の三つの宮ともいずれも火災で焼失しており、七世紀半ばの柱列には火災の痕跡が残り、それを裏付けるという。しかし、下層遺構は上層遺構を破壊しないように調査されているため、詳細はまだわかっていない。

　隅々まで土地利用の進んだ狭い飛鳥地方で、その中心部で、宮が営めるような土地を確保するのは難しかったであろう。

▲飛鳥宮（浄御原宮）の復元模型　上の左が内郭、右が外郭、手前がエビノコ郭（橿原考古学研究所附属博物館提供）。

（四） 両槻宮

土木事業好きの女帝の宮

『日本書紀』斉明《さいめい》天皇二年（六五六年）是歳条に、「田身嶺《たふのみね》に、冠《かうぶ》らしむる周《めぐ》れる垣を以てす。復《また》、嶺《みね》の上の両《ふた》つの槻《つき》の樹《き》の辺に、観《たかどの》を起《た》つ。号《なず》けて両槻宮《ふたつきのみや》とす。または天宮《あまつみや》とす」とある。

「田身嶺」は、桜井市の南端にある多武峰《とうのみね》とされる。山頂から飛鳥地方中心部は東に約三キロメートル。従来の宮殿のある地域からはややはずれるが、斉明天皇（五九四〜六六一年）の築いた両槻宮もその一帯にあると考えられてきた。槻はケヤキのこと。宮の名前になるほど、巨大な木がそびえ立っていたのだろう。

『日本書紀』に斉明天皇は土木事業好きの女帝として描かれる。後飛鳥岡本宮、両槻宮、吉野宮といった宮殿ばかりではない。数々の国家的事業を展開したが、「狂《たぶれ》心《こころ》の渠《みぞ》」はその代表的なものだろう。

三万人を使って掘った大溝に二百隻の船を浮かべ、七万人を使って石を運んで石の山を造った。人々は「狂心の渠」と悪口を言ったという。「造ったそばから石垣が崩れた」と書かれており、完成したかどうかは不明のままだ。長崎県・諫早《いさはや》湾の

なぞの石造物の「酒船石」▶
（明日香村岡）

干拓や三重県・長良川《ながら》の河口堰《かこうぜき》など、無駄な大型公共工事が続いた現代とどこか通じるところがある。

飛鳥板蓋宮近くの人工的な山

一九九二年五月、飛鳥時代のなぞの石造物「酒船石《さかふねいし》」のある明日香村岡の丘陵西北部から、同村教委・納谷守幸《なやもりゆき》さんの発掘調査でブロック状の精巧な切石などを積んで築いた大規模な石垣が見つかった。

石垣は、一辺〇・八～一メートルの花崗岩を一列に並べて基礎にし、その上に幅三十センチメートル、奥行二十センチメートル、高さ六十センチメートルの砂岩の切石を斜面に沿って四段以上に積み上げた構造。十メートル以上を確認し、丘陵を取り巻くように巡っていたと考えられていた。砂岩は、天理市の石上《いそのかみ》・豊田山の凝灰岩質砂岩(天理砂岩)と判明、石材の種類から斉明朝の時代のものとわかった。

一九九五年六月に新たに延長部分約五十メートルが出土。石垣は丘陵のすそや、すそから二・二メートル上、八・四メートル上、十三・二メートル上の四層に設けられていた。また、地震の断層跡や石垣が崩れた

◀保存された両槻宮の石列と思われる遺構
明日香村教育委員会は酒船石遺跡と命名している。

部分も見つかり、六八四年(天武十三)十一月二十九日の白鳳《はくほう》南海地震の被害に遭っていたらしい。一九九五年の阪神淡路大震災に匹敵するマグニチュード8級の大地震だ。通産省地質調査所地域地質研究官の寒川旭《さんがわあきら》さんが提唱した「地震考古学」の成果からわかったのである。

同村教委の相原嘉之《あいはらよしゆき》さんはこの一帯もかつては多武峰と考えられていたのでは」とみる。庭園や山城説もあるが、これらの発掘成果は『日本書紀』の記述と符合し、この丘陵に両槻宮があったことが説かれている。

「狂心の渠」

とすると、「狂心《たぶれごころ》の渠《みぞ》」も近くにあるに違いない。案の定、一九九八年十一月、奈良国立文化財研究所飛鳥藤原宮跡発掘調査部の調査で、丘陵北東から幅二十四メートル、深さ一・一メートルの溝が二百メートル以上にわたり見つかった。底から出土した土器から七世紀半ばには存在したとみられる。両槻宮推定地との位置関係から、運河と呼べるこの溝が、「狂心の渠」であることは間違いなさそうだ。

九九年十一月には、明日香村飛鳥の飛鳥東垣内《ひがしがいと》遺跡から七世紀中ごろから八世紀初めの人工の溝(幅十～六メートル)が見つかり、同村教委は、時期、規模、位置関係からこれも「狂心の渠」の可能性が強いと発表した。

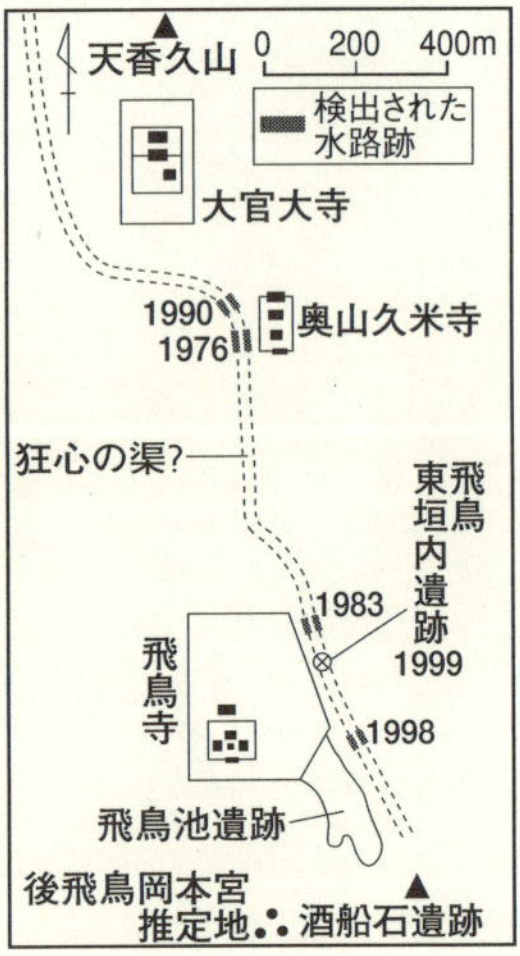

「狂心の渠」と考えられる▶
水路跡の遺構　数字は検出された年。

（五） 飛鳥の諸宮

百年間営まれ続けた宮

推古天皇が五九三年、豊浦《とゆら》宮に即位してから、六九四年に持統《じとう》天皇が藤原京に遷都し、本格的な都城ができるまでの約百年間、難波宮《なにわのみや》や近江の大津宮などの例外を除き、飛鳥には次々と天皇の宮殿が営まれた。飛鳥川両岸のほんのわずかな土地が、日本の政治、文化、外交の中心地として機能し続けたのだ。

宮殿というと、豪華絢爛《けんらん》なイメージがある。ただし、飛鳥に営まれた宮殿は、飛鳥板蓋宮で初めて板ぶきになったことでわかるように、質素なものだった。こうした宮の所在地は長らくわからなかった。しかし、近年の発掘調査で、少しずつその姿を現しつつある。

豊浦宮

豊浦宮は、六〇三年（推古十一）、推古天皇が小墾田《おはりだ》宮に遷った際、蘇我氏に与えられ、豊浦寺になったとされる。もともとは推古天皇の祖父にあたる蘇我稲目《いなめ》の「向原家《むくはら》」があったところ。蘇我氏が自分の本拠地に宮を持ってきたのだ。「与

◀向原寺境内にある豊浦宮の石敷遺構（明日香村豊浦）

えた」というより、「戻した」というほうが近いのだろう。

現在は向原寺《こうげんじ》という小さな寺がある。豊浦寺は豊浦という字名とともに、以前からこの地にあると目されていた。

一九八五年、奈良国立文化財研究所飛鳥藤原宮跡発掘調査部が向原寺を発掘したところ、豊浦寺の講堂とみられる七世紀前半の礎石建物跡を確認、その下層から周囲に石敷きを巡らせた掘立柱建物跡が見つかった。高床式で直径三十センチメートルの柱が並んでいた。現在、向原寺は遺跡の一部を保存、公開しており、その石敷きを見ることができる。

飛鳥川原宮

飛鳥板蓋宮が六五五年（斉明元）に焼失し、翌年、飛鳥岡本宮が完成するまで、斉明天皇は飛鳥川原宮《かわらのみや》に住んだ。一九七九年の奈良国立文化財研究所の調査などで、明日香村川原《かわはら》の川原寺の下層から、大規模に沼地を埋め立てて整地し、石組みの溝や石敷きなどを設けた大規模な遺構が見つかっている。これらが飛鳥川原宮に伴う遺構と推定されている。

飛鳥岡本宮・後飛鳥岡本宮

六三〇年（舒明《じょめい》二）、舒明天皇が遷ったのが岡本宮。その後、六五六年（斉明二）、

飛鳥川原宮跡▶
後方は川原寺。

斉明天皇が住んだのが後飛鳥岡本宮という。同じ場所にあったと考えられる。

岡寺への参道沿いに岡本寺（明日香村岡）という寺があり、岡本宮跡の看板が建つが、根拠は薄い。大きく分けて、明日香村岡付近と、橿原市と明日香村の境にあった大官大寺《たいかんだいじ》付近の二説がある。後岡本宮は酒船石遺跡で見つかった石垣が「宮の東の山の石垣」にあたることが確実となったことから、同遺跡の西に広がるとわかった。岡本宮は六三六年（舒明八）に焼失している。こうしたことが手掛かりとなって、所在地が特定されるかもしれない。

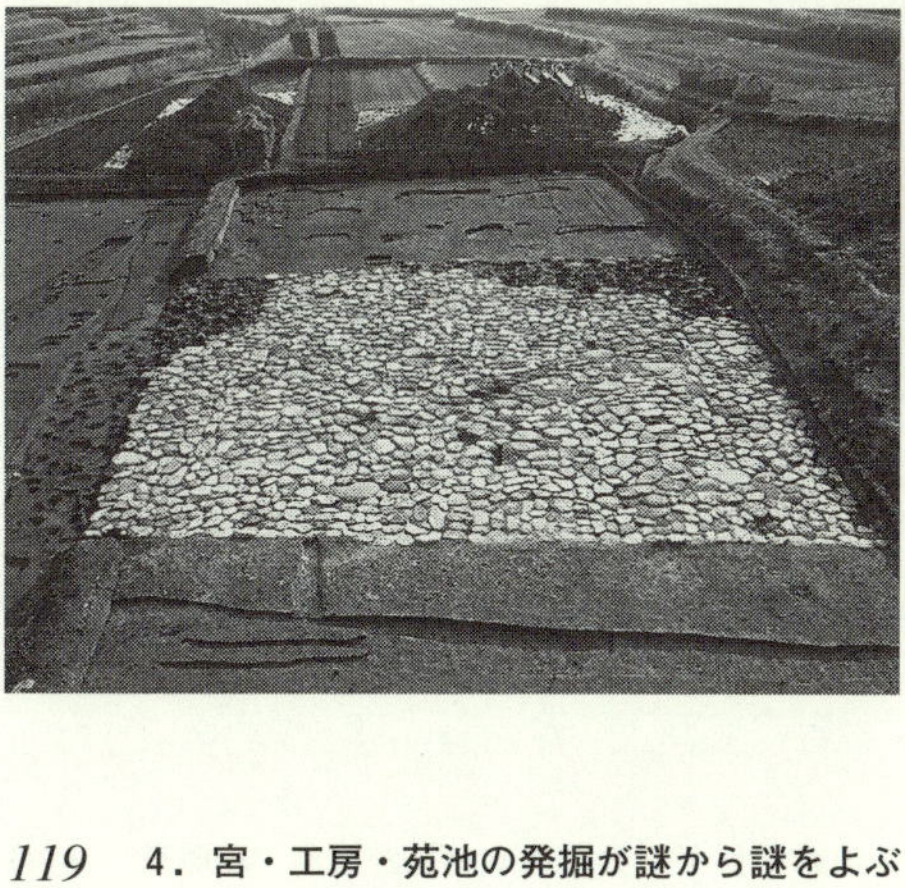

▲飛鳥稲渕宮の石敷きとその跡に建つ石碑（明日香村稲渕）　石敷きは奈良国立文化財研究所許可済。

飛鳥河辺行宮（飛鳥稲渕宮殿遺跡）

一九七六、七七年、奈良国立文化財研究所の調査で、飛鳥川の支流の稲渕《いなぶち》川のほとりから、七世紀中ごろから末の東西に長い掘立柱建物跡と南北に長い建物跡が各二棟、石敷きが出土した。規格性を持った整然とした配置で、四面廂《ひさし》付きの大規模な東西棟と主殿に、後殿、東西脇殿をコの字型に配した宮殿跡とみられている。飛鳥稲渕宮殿跡遺跡として国史跡に指定されているが、こういう名前の宮が文献にあるわけではない。

六五三年（白雉《はくち》四）、中大兄皇子らが難波長柄豊碕《ながらとよさき》宮から遷った飛鳥河《かわ》辺宮《べのみや》を候補とする説が有力だ。ただし、宮の名前に「飛鳥」が付いているが、この地が当時、飛鳥とよばれる地域に属していたかは異論がある。

田中宮・厩坂宮・百済宮

いずれも舒明天皇が営んだ宮。飛鳥岡本宮の焼失後、田中宮（六三六年）、厩坂《うまやさか》宮（六四〇年）、百済《くだら》宮（六三九〜六四一年）と短期間のうちに転々としている。

田中宮は、舒明が百済宮に遷るまでの仮の宮。推定地は橿原市田中町の法満寺《ほうまんじ》の西の弁天《べんてん》の森とよばれる地や橿原市和田町、田中町境の馬立伊勢《またていせ》部田中《べたなか》神社付近があげられている。蘇我氏系の田中氏が建てた田中廃寺の跡地につくられたとも考えられる。民家新築に伴う事前調査で、上層の寺院遺構の下層に邸宅と考えられる掘立柱建物跡などが出土している。

厩坂宮になるとわからないことが多いが、橿原市大軽《おおがる》町付近にあったともされる。

百済宮は舒明が亡くなった宮だが、百済大寺とセットで建設された。これまで広陵《こうりょう》町百済が有力地とされてきた。しかし、奈良国立文化財研究所飛鳥藤原宮跡発掘調査部の調査で、吉備池《きびいけ》廃寺（桜井市吉備）が百済大寺と考えられるようになった。

これらの宮は飛鳥地方からはずれ、その周縁部にあたる。時代は飛鳥を本拠とする蘇我氏の全盛期。舒明天皇は蘇我氏の影響力から遠ざかろうとしたのだろうか。

稲渕の棚田《たなだ》　稲渕宮跡の所在する▶稲渕は棚田のある地域としても有名。明日香村は、棚田を生かした農業振興にもつとめている（⇨P.21）。

二　飛鳥池遺跡の大発見

(一)　古代の総合工房

一九九八年の三大発見

一九九八年(平成十)は、考古学や古代史に少しでも関心のある人にとって、特別な年になるだろう。「数十年に一度」の大発見が三つも重なったからだ。卑弥呼《ひみこ》の鏡説もある三角縁神獣鏡《さんかくぶちしんじゅうきょう》が三十三枚も出土した黒塚《くろづか》古墳(三世紀末、天理市)、精巧な天文図などの壁画があったキトラ古墳(七世紀末~八世紀初め、明日香村)、そして古代の官営総合工房である飛鳥池遺跡(七世紀後半~八世紀初め、明日香村)の発掘調査だ。

その中で飛鳥池遺跡は、ほとんど文字資料のない天武・持統朝の様子を伝える大量の木簡《もっかん》群、正倉院御物《しょうそういんぎょぶつ》につながる古代の宝飾品製作、和同開珎《わどうかいちん》をさかのぼる最古の貨幣「富本銭《ふほんせん》」の鋳造など、これまで知られていなかった貴重な成果があがり、ひときわ輝きを放っている。飛鳥寺に隣接する飛鳥池遺跡から、律令国家体制が整え

飛鳥池遺跡の発掘▶調査(1998年12月)

られた天武・持統朝を支えた技術・工業力の実像が見えてきた。

古代の産業廃棄物

飛鳥池遺跡の発掘は、県が計画する『万葉集』の研究施設兼美術館「万葉ミュージアム」の建設に伴う事前調査として、一九九七年一月から奈良国立文化財研究所飛鳥藤原宮跡発掘調査部が実施した。飛鳥寺の寺域南東部から南にY字型に延びる谷約一万二千平方メートルを発掘。谷の両岸には、金・銀・銅・鉄・ガラス・玉類や漆《うるし》製品を生産した工房群があった。ガラスや銅などの炉跡は数百基を数え、大量生産していた様子がうかがえる。

谷底には、これらの工房から捨てられた炭を主とした廃棄物層が厚さ一メートル以上に堆積していた。同調査部は、土嚢《どのう》袋十万袋に入れてすべて持ち帰り、二ミリメッシュの電動ふるい機三基を使って水洗作業を続けた。大量の炭や土に作業の途中、使いすぎてふるい機が壊れ、二台を新調するほどだった。

その結果、めのう、琥珀《こはく》、水晶、ガラス、珊瑚《さんご》、鼈甲《べっこう》、金、銀などの完成品や失敗品、破片、原料などが大量に見つかった。

当時の産業廃棄物は、まさに「宝の山」だった。立地や出土木簡などから、同調査部は「官営の総合工房」と推定している。

飛鳥池遺跡の位置図▶
奈良国立文化財研究所「飛鳥池工房」より。

古墳時代では、こうした加工技術は各豪族がそれぞれ工人を抱え、持っていたらしい。それが中央集権化が進むにつれ、集約されていった。その後、奈良時代になると、工房は業種ごとに分散し、こうした総合工房は見られなくなる。まさに、この時代、飛鳥だからこそ存在しえた工房であり、瞬間のきらめきだった。

出土品のうち、銅製ベルト金具は正倉院御物と似ている。ここでつくられた製品は伝世品として正倉院に納められている可能性が高い。今後、正倉院御物の科学的分析などが進めば、こうしたことも判明するかもしれない。

寺院や宮殿を彩った輝き

ガラス玉は、るつぼや鋳型《いがた》などの出土で当時の制作技法も解明できた。原料の鉛や石英をるつぼで溶かし、コバルトを混ぜて紺色に着色。黄色に仕上げる時は鉄を入れる。小玉は、色ガラスを細かく砕き、たこ焼きの鉄板のような小さなくぼみが並んだ鋳型に入れて再び溶かし、表面張力で丸く仕上げる。

るつぼや鋳型の量から、工房では百万個単位で生産できたと推測されている。しかし、不純

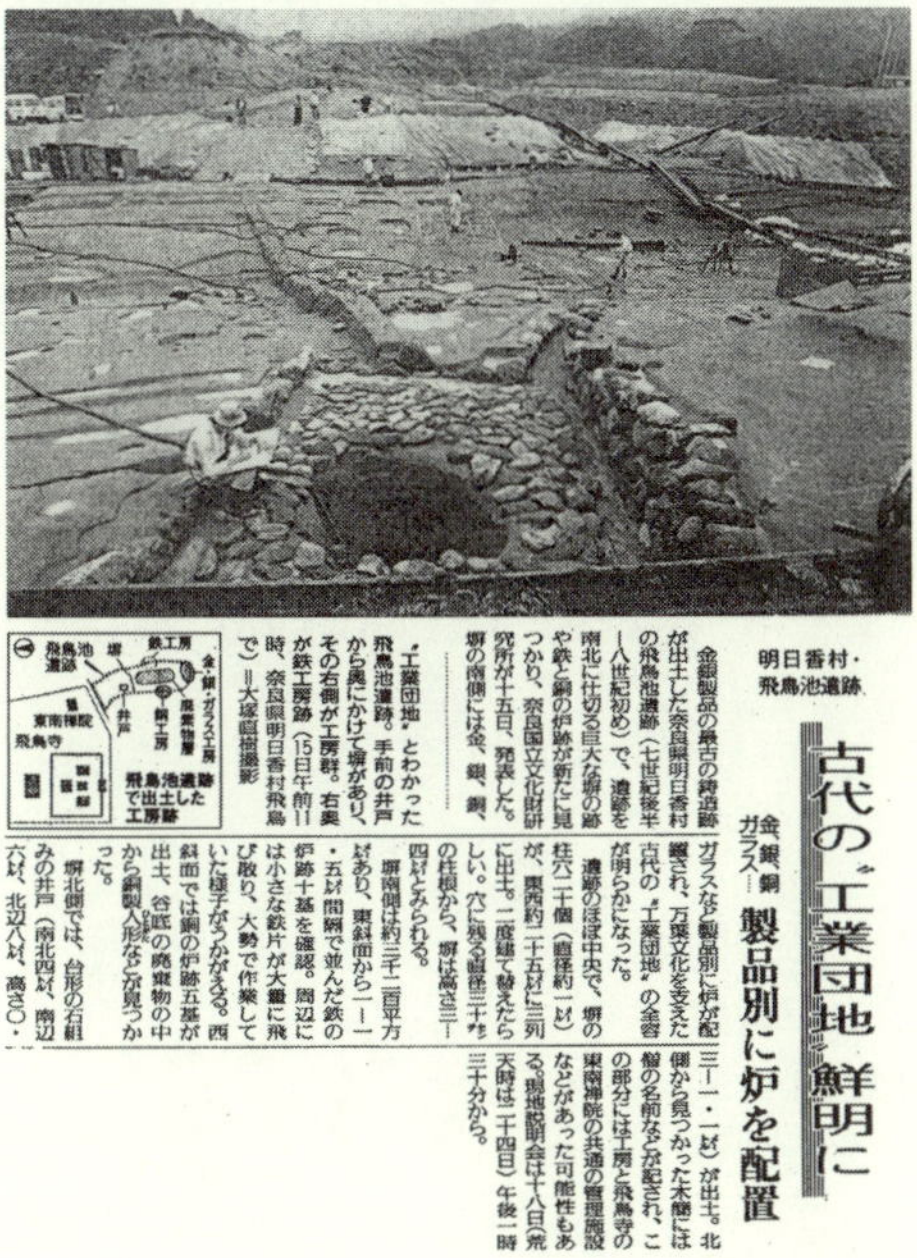

明日香村・飛鳥池遺跡

古代の"工業団地"鮮明に

金、銀、銅、ガラス…製品別に炉を配置

金銀製品の最古の鋳造跡が出土した奈良県明日香村の飛鳥池遺跡（七世紀後半―八世紀初め）で、遺跡を南北に仕切る巨大な塀の跡や鉄と銅の炉跡が新たに見つかり、奈良国立文化財研究所が十五日、発表した。塀の南側には金、銀、銅、ガラスなど製品別に炉が配置され、万葉文化を支えた古代の"工業団地"の全容が明らかになった。

遺跡のほぼ中央で、塀の柱穴二十個（直径約一㍍）が、東西約二十五㍍に三列に出土。二度建て替えたらしい。穴に残る直径三十㌢の柱根から、塀は高さ三―四㍍とみられる。

塀南側は約三千二百平方㍍あり、東斜面から一・一―一・五㍍間隔で並んだ鉄の炉跡十基を確認。周辺には小さな鉄片が大量に飛び散り、大勢で作業していた様子がうかがえる。西斜面では銅の炉跡五基が出土、谷底の廃棄物の中から銅製人形などが見つかった。

塀北側では、台形の石組みの井戸（南北四㍍、南辺六㍍、北辺八㍍、高さ〇・三―一・一㍍）が出土。北側から見つかった木簡には船の名前などが記され、この部分には工房と飛鳥寺の東南禅院の共通の管理施設などがあった可能性もある。現地説明会は十八日（雨天時は二十四日）午後一時三十分から。

"工業団地"とわかった飛鳥池遺跡。手前の井戸から奥にかけて塀があり、その右側が工房群。右奥が鉄工房跡（15日午前11時、奈良県明日香村飛鳥で）＝大塚直樹撮影

◀飛鳥池遺跡の「官営の総合工房」を報じる新聞（「読売新聞」1998年10月16日）

物を取り除く技術がなかったためか、透明なガラスはなく、水晶で代用した。赤色はめのうを用いていた。るつぼの形が韓国・扶余《ふよ》の出土品と似ており、百済から伝わった技術との説が有力だ。こうしてつくられた玉類は、女性の身を飾ったわけではなく、仏像や寺院、宮殿の装飾品となったようだ。

また、金銀製品は金箔や銀製ひも留めなど約五十点が出土。切り屑《くず》などが再利用されずに捨てられており、材料がふんだんにあるぜいたくな制作ぶりがうかがえる。銀製品の材料として使うため、裁断された無文銀銭《むもんぎんせん》の破片もあった。同時に、「軽銀」と墨書された木簡も出土している。

出土したるつぼとガラス玉の鋳型（奈良国立文化財研究所許可済）

注文に応じてあらゆるものを——銅・鉄製品

鎌、刀子《とうす》などの木製ひな型や、「堅釘《くぎ》百六十」などと記された木簡もあった。工房でつくる釘の注文伝票とみられ、鉄や銅製品が注文生産されていた。

「飛鳥寺の改修に使うんで、一か月後に釘を二百本頼むよ」

「あいよ。伝票、そこ置いといてよ」

槌音《つち》が響く工房の一角で、こんなやりとりをしたであろう工人の息づかいが聞こえてきそうだ。

一方、罪や穢《けが》れを移す呪《まじな》い用の銅製人形《ひとがた》（最大のものは長さ二十センチメートル）

もあった。銅製人形は天皇クラスの高貴な人物しか使えず、一般庶民は木製を使っていた。釘《くぎ》から貴人の身の回り品まで、あらゆるものをつくる技術者集団の姿が浮かび上がってくる。

小さな製品は多いが、製造する技術は十分だったと考えられるのに、不思議と大きな製品を製造した痕跡は出土していない。奈良国立文化財研究所では、当初、「飛鳥寺の飛鳥大仏の鋳造跡が出れば」と期待していたが、見つからなかった。しかし、大きなるつぼや羽口《はぐち》が出土しているので、調査範囲が広がれば、見つかる可能性がある。

(二) 天武・持統朝を照らす大量の木簡群

藤原宮跡二十年の調査に匹敵する量

驚くべきことに、飛鳥池遺跡から、約八千点の木簡が出土した。この量は、奈良国立文化財研究所飛鳥藤原宮跡発掘調査部がこの二十年間、藤原宮跡で掘り出した総量に匹敵し、一か所からの出土としては奈良市の長屋王《ながやおう》木簡に次ぐ。天武・持統朝の木簡がまとまって出土したのは初めてだ。

出土木簡の大部分は、一字しか書いていなかったり、判読できな

◀古代のガラス作りの想像図　奈良国立文化財研究所飛鳥資料館の図録より。

かったりして、文意の通るものは約百点にすぎない。しかし、文字史料がほとんどない天武・持統朝のものだけに、一点一点が貴重な情報に溢れている。内容は、寺院に関わるものが八割、その他、宮殿や工房に関わるものが若干あり、道昭《どうしょう》が開いた飛鳥寺東南禅院ゆかりの施設という工房の性格を裏付けている。古代史だけでなく、仏教史、国語学などにも新しい情報をもたらし、大きな影響を与えそうだ。

最古の「天皇」称号

幅六メートルの大溝から出土した木簡には、「天皇」という衝撃的な二文字があった(⇩P.296)。途中で折れたこの木簡(長さ十一・八センチメートル、幅一・九センチメートル)には、「天皇聚□(露)弘□□……」(天皇〝露?〟を集めて広く□□する……)と墨書されていた。

この木簡には、年号を示す干支《かんし》は書かれていなかった。しかし、同時に発見され、新穀の収穫を感謝する新嘗祭《にいなめさい》に神に捧げる米「次米(すきの米)」と書かれた木簡(⇩P.296)に、六七七年(天武六年)を示す「丁丑《ていちゅう》年」と書かれていたことや、出土遺構から、七世紀後半の天武朝のものと判読された。これまで最古とされていた平城京出土のものを半世紀さかのぼる。天皇称号がいつからあったかは、長らく論議されてきたところであるが、少なくとも、この時代には成立していたことを明らかにし

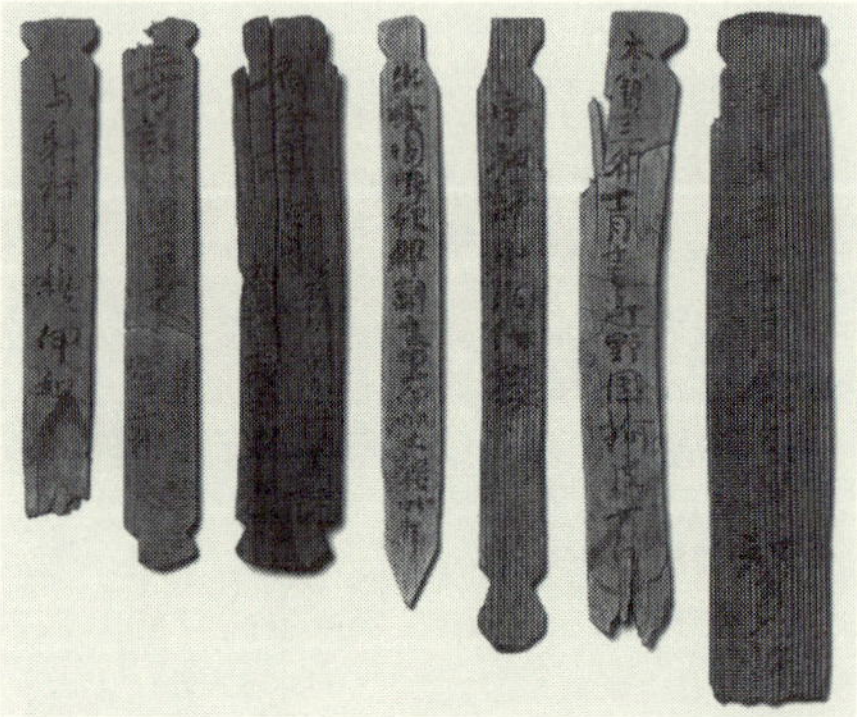

飛鳥池遺跡から出土した木簡▶群　(奈良国立文化財研究所許可済)

た超一級の史料である。

天武天皇を最初に天皇を名乗ったとみる研究者は多い。壬申《じんしん》の乱（六七二年）に勝利した天武天皇は、律令国家の完成を目指し、国史の編纂、八色《やくさ》の姓《かばね》の制定、藤原京造営の計画など、諸制度の整備を着々と進めた。一方で、一時的に、六六三年の白村江《はくすきのえ》の敗戦によって遣唐使を中止。激動の東アジアの中で、当時の超大国・中国の影響を受けながらも、独自の国家形成に力を注いだ。その過程で、中国や周辺諸国とは異なる君主号を定める発想が生まれ、「大王」から「天皇」へと改めることにつながったともみられる。

字書木簡と薬の知識

漢字の読み方などを書いた「字書《じしょ》木簡」（八世紀初め）も初めて見つかった。『日本書紀』には、天武天皇の時代に「字書」が作られたとされるが現存せず、この木簡が「字書」の最古の例といえる。長さ十八・七センチメートル、幅一・五センチメートルで、表に「熊　吾・汙　羆……」、裏に「蜚　皮・伊……」など二十五文字が記されており、「熊」や「蜚」など九文字の読み方を記していた。

▲字書木簡の文字　熊は古くは「ぐう」とも読まれ、熊の字の下に吾（ぐ）、汙（う）を併記し、「ぐう」と、蜚の下に皮（ひ）と伊（い）を併記し、「ひい」と読むよう示している。また、読みとともに、熟語も列記する形で、古代中国で災いを持って家に現れる鬼を示す「蜚尸」、勇猛を意味する「熊羆」などと書かれていた。

また、出土木簡には「甘草」「桑根白皮」といった咳止《せきど》めなどの原料となる薬草の名前が見え、効能は不明ながら、「万病膏《こう》」「神明膏」など薬の名前もある。飛鳥池工房では漢方、和方の薬を製造していた可能性もある。

(三) 最古の貨幣「富本銭」

最古の貨幣の出土

一九九八年八月、飛鳥池遺跡を調査していた奈良国立文化財研究所飛鳥藤原宮跡発掘調査部考古第二調査室長の松村恵司さんに、作業員が何かのかけらを差し出した。「大」と「十」を組み合わせた特徴的な「本」の字が見えた。すぐに富本銭とわかった。「ふっほーん」。松村さんは思わず、ガッツポーズをしながら同僚を大声で呼び集めていた。

その後、富本銭が遺跡中央部の炭の体積層から次々に見つかり、合計でほぼ完全な形のもの十三枚を含む二百点以上になった。円形で平均直径二・四四センチ、厚さ一・五ミリ、重さ四・二五～四・五九グラム。中央に六ミリ四方の穴が開いている。表には穴の上に「富」、下に「本」の字があり、左右に亀甲型に七つの点がある。裏には字や文様はない。

出土した富本銭▶
(奈良国立文化財研究所許可済)
その後の調査で銅銭を磨くための砥石《といし》が見つかった。これらから、富本銭は「寛永通宝《かんえいつうほう》」など江戸時代の銅銭と同じ生産工程で造られたことがわかった(「読売新聞」2000年1月20日)。

富本銭はすべて文字が二重になったり、外縁から銅がはみ出したりしており、不良品で投棄されたものらしい。枝状に連なって鋳上がった銭貨を切り離したあとの「鋳棹《いざお》」十八点や鋳棹から銭を切り離した際にできる「堰《せき》」約五十点、原料も出土、同遺跡で鋳造されていたことがわかった。

「丁亥《ていがい》年（六八七年）」を刻んだ木簡や七世紀後半に道昭《どうしょう》が開いたとされる飛鳥寺東南禅院の瓦を焼いた窯跡の下の層から出土していることから、天武・持統朝に鋳造されていたことが確実だ。これまで最古の貨幣とされてきた和同開珎《わどうかいちん》を四半世紀さかのぼり、貨幣史の常識を覆すビッグニュースとなった。

富本銭には銅のほか、微量のアンチモン、銀、ビスマスが含まれ、初期の和同開珎と成分が酷似している。富本銭が和同開珎の直接のモデルだった可能性もある。

鋳型の出土と一万枚単位の鋳造量

一九九九年七月、さらに重要な調査成果を奈良国立文化財研究所飛鳥藤原宮跡発掘調査部が記者発表した。飛鳥池遺跡南部で大量の鋳型片などの鋳造に関する遺物が一括して投棄されていたのだ。

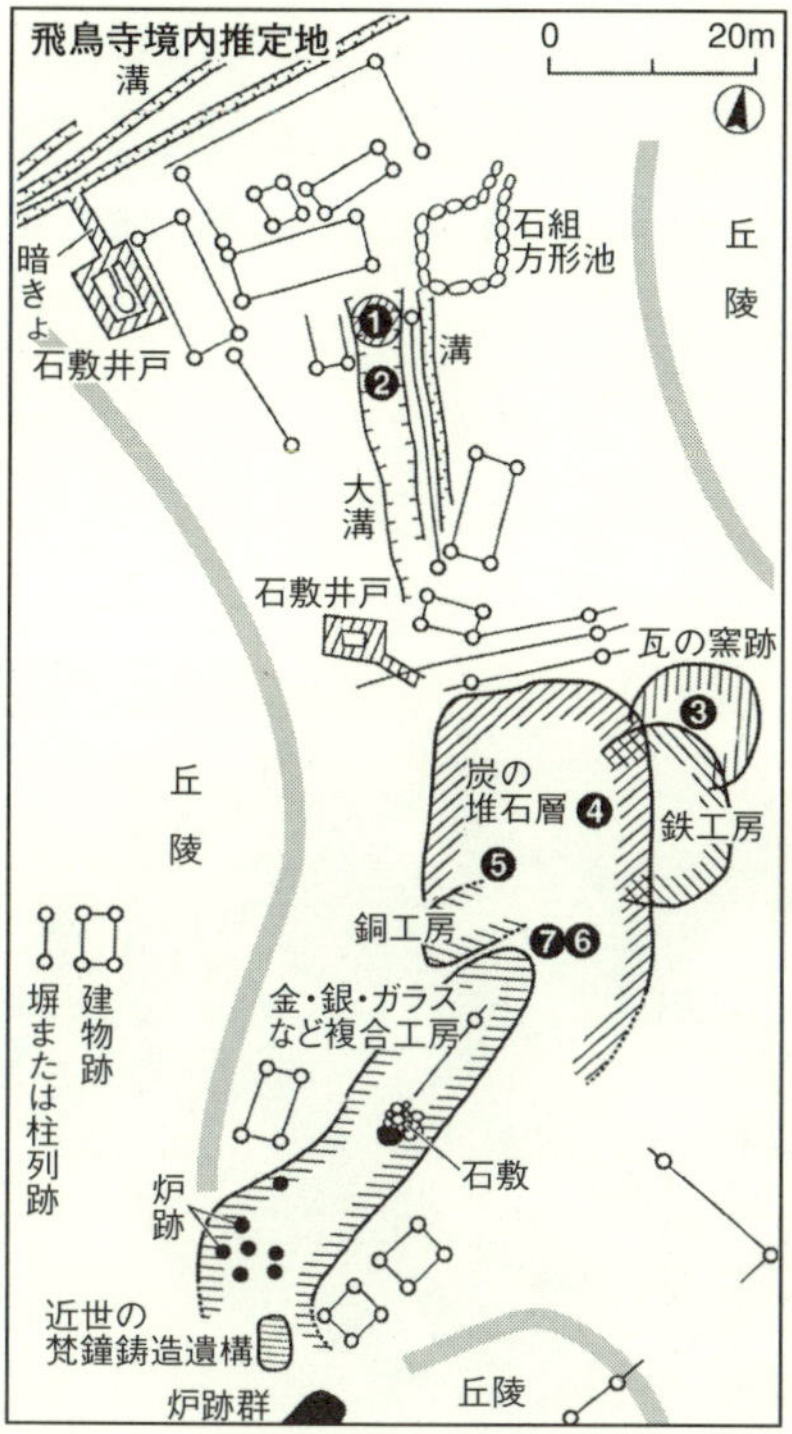

◀**飛鳥池遺跡遺構概略図**　数字は白ヌキの発掘地点。❶字書木簡、❷天皇木簡、❸瓦、❹富本銭、❺鉄銅製品、❻金銀製品、❼ガラス・玉類

鋳型片は「富」や「本」など文字が確認できる百五十五点を含め、計三千二百八十九点に達した。平均すると一センチ四方の大きさ。溶けた銅などを流し込んで貨幣を成型した後、鋳型を割って取り出したため、細かな破片になったらしい（⇩P.133）。

鋳造時にこぼれ落ちた溶銅も見つかり、合計で五キロ以上になった。正倉院文書によれば、鋳造時に原料の一割がこぼれ落ちるなどしてむだになることから、同調査部は五十キロ以上の原料が使われたと推定。富本銭一枚の重さは四・五グラムで、計算上、一万枚以上が生産されたことになる。

これだけの大量生産がされていたということは、通貨として用いられることを目的としていたといってよい。

まじないの銭貨から通貨へ

富本銭は、以前から古銭研究家や収集家の間では、江戸時代に流行した「絵銭《えぜに》」（玩《がん》具《ぐ》や護符《ごふ》となったまじないの銅円板）の一種として知られていた。しかし、一九八六年九月、奈良国立文化財研究所の調査で平城京の井戸から一点が出土。奈良時代以前に存在したことが証明された。松村さんはこの時の調査にもかかわり、八九年に発行した調査報告書のなかで、厭勝銭《ようしょうせん》（まじないの銭貨）説を提唱し、それが通

富本銭の鋳棹▶（奈良国立文化財研究所許可済）

説となっていた。その後、藤原京などでも見つかり、奈良県や大阪府内の発掘調査で出土したもの計五点。和同開珎と同時代かややさかのぼるが、貨幣(通貨)ではないとされてきたのだ。

一方で、『日本書紀』の天武十二年(六八三)の記事に、「今より以後、必ず銅銭を用いよ。銀銭を用いることなかれ」とあり、持統八年(六九四)に「鋳銭司《じゅせんし》(銭貨を鋳造する役所・役職)に拝す」と見られるなど、和銅元年(七〇八)の和同開珎発行以前に銭貨が存在したことをうかがわせる記録があり、大きななぞとされていた。

松村さんは、藤原京で出土したこと、重さが和同開珎のモデルとなったとされる中国の銅銭「開元通宝《かいげんつうほう》」と同じことなどから、富本銭と『日本書紀』の記述を結びつけ、富本銭こそ「天武の銅銭」だという仮説を立てて、「ひょっとしたら見つかるかもしれない」という期待を抱きながら飛鳥池遺跡の調査に臨んだ。

出土後、奈文研内部でも意見は分かれた。「本当に貨幣と言えるのか」「時代は天武朝でよいのか」。松村さんは「すでに通説となったものを撤回するのはいかに大変かを知った」と振り返る。「論理的に間違いなく世間に問うにはどうしたらよいか」。連日深夜まで文献にあたり、出土遺物の総点検や蛍光エックス線などの科学分析を続けた。最初の発見から四か月以上が経って、確信を得た松村さんは厭勝銭説を撤回、富本銭を巡る通説が覆されることになった。

◀唐の「開元通宝」
7世紀のもの。

「富本」の意味と発行の意図

富本銭の「富本」はこれまで、文字通り、「富の本」の意味だとされてきた。これを持っていれば豊かになるという呪《まじな》いだ。しかし、奈文研では飛鳥池遺跡での発見後、『続日本紀《しょくにほんぎ》』霊亀《れいき》元年(七一五)の元正天皇の詔に「富民之本、務従貨食」(民を富ましめるもとは、務めて貨幣と食に従う)とあるのに着目した。

同種の文言が中国の古典『藝文類従《げいもんるいじゅう》』にある。馬援《ばえん》が後漢(一世紀)の光武帝《こうぶてい》に五銖銭《ごしゅせん》の再鋳造を上申した際、「富民之本、在於食貨」(民を富ましめるもとは、食べ物と貨幣である)と説いたとある。これが日本に伝わり、元正天皇の記事にもつながったというのだ。七つの点は北斗七星を象徴したというのが従来の説だったが、これは五行《ごぎょう》思想の陰陽《おんみょう》と木・火・土・金・水の七曜《しちよう》を表し、天地の調和を示したとみた方がよさそうだ。

貨幣には地金《じがね》の価値以上の付加価値がつけられ、額面との差額が政府の発行収入になる。現在の百円銀貨に百円の地金価値はない。和同開珎はその発行収入が平城京建設の資金になったというのが通説。同様に、富本銭の発行は藤原京の建設資金を得るためだったと考えることができる。しかし、実際の流通範囲は都周辺に限られ、手にした人々も高級官僚らに限られていたとみられ、建設に十分な資金が集め

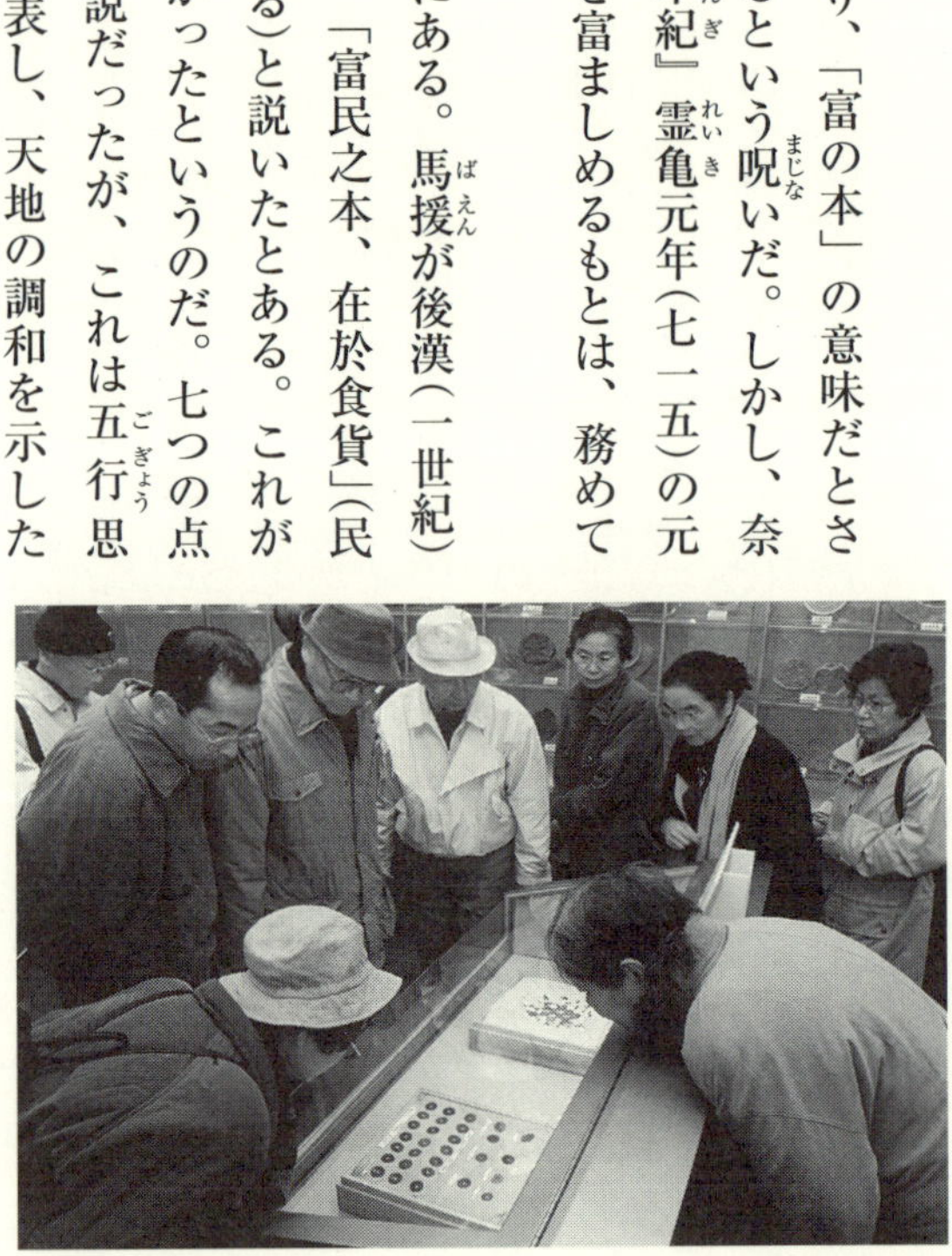

富本銭の一般公開▶
奈良国立文化財研究所飛鳥藤原京跡発掘調査部で。1999年1月。

られたとは考えにくい。

独自に発行された貨幣は、国内的にも国際的にも国家の象徴となる。当時の超大国・中国にならって、銅銭を中心とした経済体制を作ろうとしたというのが、発行の真の意図だったのだろう。中国やその他の東アジア諸国に、「日本は貨幣を持った一人前の国である」と宣言し、国際社会に出ていこうとしたのだ。京都橘女子大学長の門脇禎二《かどわきていじ》さん（日本古代史）は「実際に流通したかどうか以上に、そうしようとした国家の意図が重要」と説く。


「富本」の二文字から、「富国」にかける天武天皇の意気込みが伝わってくる。

一万枚単位の鋳造量は完璧な量産体制をしいて通貨として流通させせようとしていたことがうかがえる。しかし、国家の意図とは別に、富本銭は社会的に受け入れられなかった可能性もある。和同開珎発行時に富本銭を集めて溶かしたので少ない、という解釈も成り立つが証明は困難だ。


一般庶民は物々交換のレベル。銭貨という初めて見る金属の円盤が何にでも交換できるということをすぐには理解できなかっただろう。流通は貴族や官僚ら都周辺の一部階層に限られ、本格的な貨幣経済に突入するのは、やはり和同開珎の登場まで待たねばならなかったのではないか。

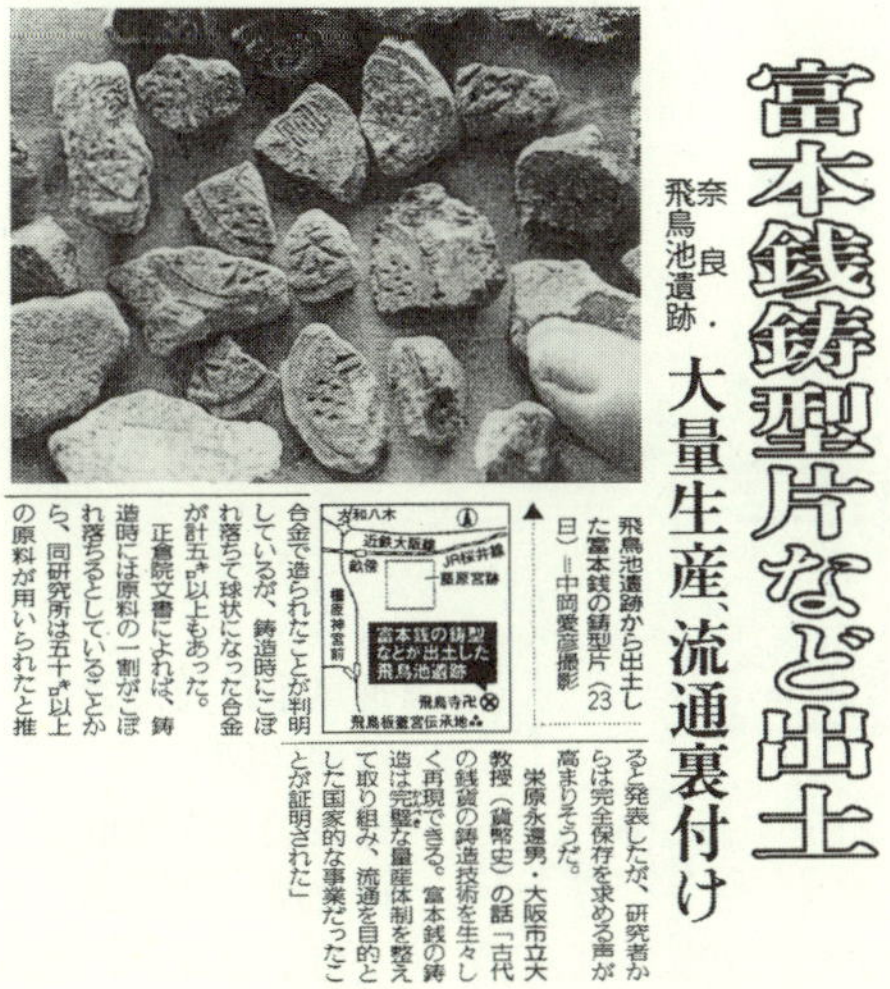
富本銭鋳型片など出土
奈良・飛鳥池遺跡 大量生産、流通裏付け

▲飛鳥池遺跡から出土した富本銭の鋳型片（23日）＝中岡愛彦撮影

ると発表したが、研究者からは完全保存を求める声が高まりそうだ。

栄原永遠男・大阪市立大教授（貨幣史）の話「古代の銭貨の鋳造技術を生々しく再現できる。富本銭の鋳造は完璧な量産体制を整えて取り組み、流通を目的とした国家的な事業だったことが証明された」


合金で造られたことが判明しているが、鋳造時にこぼれ落ちて球状になった合金が計五キロ以上もあった。

正倉院文書によれば、鋳造時には原料の一割がこぼれ落ちるとしていることから、同研究所は五十キロ以上の原料が用いられたと推

◀「富本銭」鋳型片の出土を報道する（「読売新聞」1999年7月24日）　富本銭の出土後、1999年7月にはその鋳型片も見つかった。

三　石の都・飛鳥

飛鳥は「石の都」「石の文化」と呼ばれる。各地に散らばる石敷きや石組みの暗渠《あんきょ》、使途不明の石造物。石仏や道祖神《どうそしん》の系譜につながらない「なぞの石造物」は様々な想像を呼び、飛鳥の魅力を深める大きな役割を担っている。しかし、その内容は千差万別だ。「鬼の雪隠《せっちん》」「鬼の俎《まないた》」のように、古墳の石室だと判るものから、甘樫坐《あまがしにいます》神社の境内にある「立石《たていし》」のように、いつの時代に何のために設けられたのか、見当のつかないものまである。こうした石造物のなぞは、近年の調査で、そのベールを脱ぎつつある。

（一）　出水の酒船石と飛鳥京跡苑池遺構

出水の酒船石

一九一六年（大正五）、明日香村岡の字「出水《でみず》」の水田から二つの石造物が見つかった。平らな形のもの（長さ二・二メートル、幅一・七メートル）と、滑り台のよう

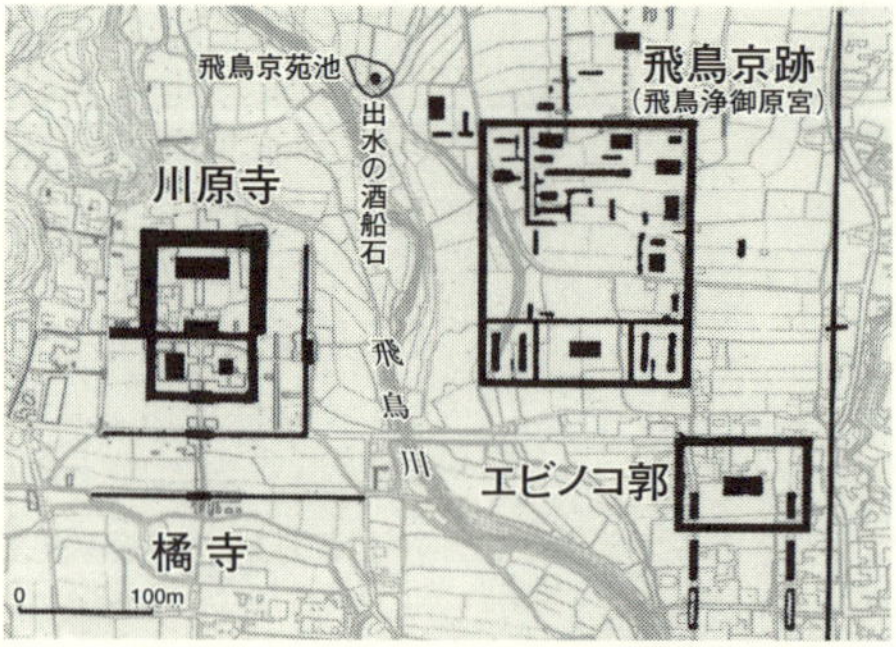

◀飛鳥京跡苑池遺構周辺図
奈良国立文化財研究所「飛鳥池工房」より。

なもの（長さ三メートル、幅〇・三メートル）。二つの石を組みあわせ、水などの液体を流したらしいことはわかった。「出水《でみず》の酒船石《さかふねいし》」と名付けられ、現在は京都市東山の野村別邸・碧雲荘《へきうんそう》にある。

飛鳥京跡苑池遺構の発掘

橿原考古学研究所は、一九九九年一～七月、飛鳥浄御原宮推定地の北西百メートルの飛鳥川東岸にあたる出水の酒船石が出土した一帯約千平方メートルを学術調査した。担当は卜部《うらべ》行弘《ゆきひろ》さん。「何か出てくるだろう」。そんな確信めいた予感があったという。

その結果、出水の酒船石と一連の噴水や浴槽のような形をした花崗岩製の石造物二基を伴う苑池《えんち》遺構（七世紀中頃～後半）が出土。苑池はさらに北に広がり、古代最大の数千平方メートル規模と推定された。構造などから朝鮮半島・新羅の影響を受けて造られたとみられる。飛鳥時代の宮殿に伴う苑池が確認されたのは初めて。六八五年、天武天皇が行幸したと記される「白錦《しらにしきの》後苑《みその》」の一部の可能性がある。飛鳥の宮殿構造を解明し、庭園史、日韓の文化交流史などにも幅広い意義を持つ発見となったが、卜部さんは「先人の偉業があったからこそ」と謙虚だ。

◀**出水の酒船石**（レプリカ）
奈良国立文化財研究所飛鳥資料館入口の野外展示場にある。

苑池西辺の護岸は長さ三十五メートルにわたり確認。護岸（残存高八十センチ）は五、六十センチ大の石を斜めに積み上げ、南端で東に曲がっていた。南、東辺は見つかっていないが、河岸段丘の段差から位置を推定でき、緩やかなカーブを描いていた。

北側には南に舌状に張り出す、石を垂直に積み上げた護岸（残存高百十センチ）があった。石の積み上げ方が西辺と異なることなどから、池に浮かぶ人工の島の南辺だったらしい。池の水深は推定六十センチだった。

平たんな池底には、十〜三十センチ大の石がびっしり敷き詰められており、西端の敷き石はベルト状に補修し、一段高くなっていた。池内には石を積み上げた島状の高まり（南北十メートル、東西六メートル、高さ〇・六メートル）があった。西辺の護岸には等間隔に五つの柱穴が並び、うち一つには直径二十一センチの柱根が残っていた。護岸から池に張り出す納涼床状の施設があったとみられる。

噴水状の石像物▶
流水施設の一部と見られ、苑池遺構の南側で見つかった。

出水の酒船石に続く石造物

池の南端中央から「出水の酒船石」が掘り出された痕跡が見つかり、その北一メートルに、断面が三角で側面がT字型をした噴水状の石造物（高さ一・四メートル、幅〇・七メートル）があった。上部に直径九センチの穴が貫通、水の出口に木製のといを取り付け、池に水を注いだ。噴水と酒船石の間はパイプ状のものでつないだらしい。また、掘り出し跡の東側の南壁に接して、浴槽状の石造物（高さ二・七メートル、幅二メートル、厚さ〇・六メートル）があり、底に穴が開いていて水を貯めて流す施設だった。石造物群の周囲にはくい跡が方形に巡り、桟橋状の構造物があって、南の高台から引いた水が石造物を流れ、池に注ぐ様子が鑑賞できたらしい。

石造物は風化が進んでいたが、橿原考古学研究所が池跡にたまった水をポンプアップしてホースで流すと、噴水状石造物から勢いよく水が吹き出し、当時の様子が再現できた。八十年間、使途がわからなかった出水の酒船石も、池に水を注ぐ施設だと判明した。飛鳥地方は散在する石造物や石敷きにより、「石の都」と呼ばれてきた。しかし、飛鳥は広大な池やユニークな流水施設を持つ、水の都でもあったのだ。

朝鮮半島・新羅の影響

直線と曲線を組み合わせた護岸を持つ「曲池《きょくち》」は、新羅《しらぎ》の首都、韓国・慶州《けいしゅう》にある雁鴨池《がんもうち》（七世紀半ば～八世紀）、龍江洞《りゅうこうどう》園池遺跡（八世紀）に類似する。百済や高句麗は四角い「方形池」が主流で、飛鳥でも島庄遺跡、飛鳥池遺跡などで方形池が見つかっていた。新羅様式の苑池

◀島状の石積み　一部しか検出されていないが、半島状の張り出しも持っている。

の出土は初めてだ。新羅と日本に宮殿の池を造る際に共通の考え方があったことがわかる。『日本書紀』に活発な交流が記される新羅との深い関係を裏付ける。

曲池は海の中に蓬莱山《ほうらいさん》など三神山が浮かぶ神仙《しんせん》世界を模したとされる。こうした池のルーツは中国にあった。神仙思想に造詣《ぞうけい》が深く、中国を手本に国造りを進めた天武天皇の庭園としてふさわしいものだ。

堅い花崗岩を加工して石造物を作る技術も朝鮮半島から伝わった。『日本書紀』に推古天皇の時代、百済の技術者「路子工《みちのこのたくみ》」が庭《おおば》に須《しゅ》弥山《みせん》を造ったと記す。雁鴨池には池に水を注ぐ石製の導水施設がある。噴水状の石造物は大陸では見つかっていないが、百済の技術を背景に新羅の加工技術が加わって造られた庭園の庭石のようなものだろう。

（二）酒船石となぞの石造物

酒船石・車石

岡の酒船石《さかふねいし》は飛鳥寺の南東の丘陵上に竹林に囲まれてある。東西五・五メートル、南北二・三メートル、厚さ一メートル。表面に円形の窪みと溝を組み合わせ、何らかの液体を流したことがうかがえる（⇩P.114）。

飛鳥京跡の苑池遺構▶
のイメージ図（橿原考古学研究所提供）

江戸時代の国学者、本居宣長《もとおりのりなが》も『菅笠《すげがさ》日記』で紹介したなぞの石造物の代表格だ。現代でも松本清張《せいちょう》の小説『火の路』、手塚治虫《てづかおさむ》の漫画『三つ目がとおる』などに登場する。㈠濁り酒を清酒にする酒造りの施設、㈡朱の顔料となる辰砂の精製施設、㈢ゾロアスター教の麻薬酒・ハオマを造る施設、㈣宮殿内部で流水を鑑賞する施設など、様々な解釈がされてきた。

車石《くるまいし》は酒船石の南十メートルで、十六個発見された。表面に刻みがあり、酒船石から流れ出た水が通ったらしい。現在、飛鳥資料館の庭でレプリカに水が流れるようすを見ることができる。

一九九九年六月の飛鳥京跡苑池遺構の発掘で、同様の用途とみられていた「出水の酒船石」が、宮殿に伴う苑池の流水施設と判明した。岡の酒船石も斉明朝の宮殿に伴う苑池に置かれた流水の鑑賞や祭祀施設の可能性が高まった。

須弥山石・石人像

須弥山《しゅみせん》石（⇩P.251）は一九〇二年（明治三十五）、飛鳥寺の北から見つかった。高さ二・三メートルで、石を円錐型に三段に積んでいる。表面に文様が刻まれ、仏教世界の中心となる須弥山を表しているとされる。石人像（⇩P.252）は翌一九〇三年、須弥山石の横から出土。老人の男女が一体になった姿と

◀**車石**
奈良国立文化財研究所飛鳥資料館に復元されている。

も見られている。いずれも内部に穴がうがたれ、噴水になる。出土地は斉明朝の饗宴場とみられる石神《いしがみ》遺跡。遠来の客をもてなす鑑賞用だった。

弥勒石

弥勒石《みろくいし》は、飛鳥寺の南西の飛鳥川のほとりに建つ小さな祠《ほこら》の中に立つ。高さ二メートルで、目、口などが後世に刻まれ、地蔵のように見える。仏像に見立てて付いた名前だが、元々は条里《じょうり》の境界を示す標識や堰《せき》の石材などとされている。

二面石

二面石《にめんせき》は橘寺の太子殿の南に置かれているが、元々どこにあったのかわからない。善悪二つの顔を表したという。庭園を飾る置き物だった可能性がある。

弥勒石（右上）▶
二面石（左上）
亀　石（右下）
猿　石（左下）

亀石

明日香村川原の小道に、長辺四・五メートル、短辺二・七メートル、高さ二メートルの巨大な亀を模した石が鎮座する。平安時代にはすでに亀石《かめいし》と呼ばれていたが、使途は不明。条里の境界、川原寺の寺域を示すなどの説がある。

猿石

明日香村平田《ひらた》の吉備姫王《きびひめおう》墓内に「女」「山王権現」「僧」「男」と呼ばれる猿石《さるいし》が四体ある。平田梅山古墳(欽明天皇陵)の南の田から掘り出され、移されたという。高取城《たかとり》(高市郡高取町)にももう一体ある。怪獣のような奇怪な表情を持つものもあり、力士や楽人などを表したと解釈されている。朝鮮半島・百済の弥勒寺《みろく》に同じような石造があり、百済にルーツがある可能性が高い。橿原考古学研究所の亀田博さんは一九九九年、猿石を伎楽《ぎがく》と関連付ける説を唱えた。伎楽は大きな仮面をかぶり、きらびやかな衣装を身に着けた演者が演劇のようなものを行ったという。

立石

長方形で高さ二メートル前後の平らな花崗岩(立石《たていし》)が、村内の上居《じょうご》・川原・甘樫坐《あまがしにいます》神社などに点在する。寺域などの境界を示す標識とされているが、実態は不明だ。

益田岩船

益田岩船《ますだのいわふね》は、橿原市白橿《しらかし》町の貝吹《かいぶき》山の頂上近くにある。

◀甘樫坐神社の立石
(明日香村豊浦)

東西幅十一メートル、南北奥行き八メートル、高さ五メートル。上面に二つの四角い穴がある。空海《くうかい》が灌漑用に造った益田《ますだ》池の造池記念碑の台という伝承をもつ。しかし、古墳の墓室に加工中、亀裂が入ったため断念、放置されたという説が有力だ。

益田岩船(上)▶
鬼の雪隠(中)
鬼の俎(下)

鬼の雪隠・鬼の俎

鬼が使ったトイレとまな板という、のどかな昔話的な名前。明日香村野口にあり、欽明天皇陵の陪塚《ばいちょう》に指定されている。「雪隠《せっちん》」は古墳石室の天井・側壁になる蓋石《ふたいし》、「俎《まないた》」は床にあたる。飛鳥の石棺石室で最も古い形式。俎は元の位置を動いておらず、表土をはぎとられたうえ、蓋石をがけ下に落とされたらしい。天武・持統陵の真西にあり、天武の死後、持統が藤原京の南西に貴人の葬送地を設ける時に、天武陵の真西にある(天皇の位置と同じ)ことを不快に思い破壊させたとする見方もある。

(三) 水時計と石神遺跡

中大兄皇子の水時計

『日本書紀』に六六〇年(斉明六)五月、「皇太子、初めて漏剋《ろうこく》を造る。民をして時を知らしむ」と記されている。中大兄皇子《なかのおおえのおうじ》(後の天智天皇)が日本で初めて「漏剋」を作ったという記述だ。漏剋(漏刻)とは、容器から「漏」れた水位の変化によって、時「刻」を知る仕掛け、すなわち水時計のこと。中国には紀元前から存在したとされ、改良が重ねられてきた。渡来人らが大陸から伝えた最新の知識、技術だったのだろう。

しかし、その実態は中国に残る設計図などから想像するしかなく、どこにあったのかすらわかっていなかった。

水落遺跡の発見

一九七二年、飛鳥浄御原宮跡と推定されていた明日香村飛鳥で、店舗兼住宅建築に伴い、奈良国立文化財研究所飛鳥藤原宮跡発掘調査部と奈

◀復元整備された水落遺跡(明日香村飛鳥)

良県立橿原考古学研究所が合同で発掘調査を実施した。

その結果、一メートル大の石をはった溝を巡らせ、台形に傾斜した基壇のある正方形の建物跡（二十二・五メートル四方）が見つかった。当時、飛鳥浄御原宮に伴う楼閣《ろうかく》を想定、類例のない形状に保存が決まり、「飛鳥水落《みずおち》遺跡」として七六年、史跡指定されることになった。

一九八一年十二月、建物の性格を知るため、奈良国立文化財研究所が再度調査。地下に木樋《もくひ》の暗渠《あんきょ》があり、建物の中心には長方形の黒漆《うるし》塗《ぬ》りの木箱が大石の上に据え付けられていた。埋め込み式の礎石を持つ柱から堅牢な造りがうかがえ、さらに水の流れた痕跡のある細長い銅管なども出土した。

同研究所はこうした成果を総合し、この遺跡こそが中大兄皇子の造った日本最古の水時計が置かれ、時を知らせる鐘楼《しょうろう》なども備えていた場所、と判断した。木樋は給水、排水の施設であり、黒漆塗りの木箱は最後に水を受ける最下層の水槽だった。同研究所などは水時計の容積などから四段の階段状になった水槽に次々に水が落ちて時を知らせる水時計を復元、八二年、公開した。

精緻《せいち》な構造をした水落遺跡からは度量衡、時刻、歴史書の編集、宮都の建設などの時をも支配しようとした中大兄皇子の意気込みが伝わってくる。遺跡は整備され、

復元された水時計▶
（奈良国立文化財研究所許可済）

構造物の復元も計画されているが、実際の姿がどのようなものだったか問題点も残り、まだ水時計そのものを据え付けるまでには至っていない。

石神遺跡の異様な建物群

水落遺跡の北につながる石神《いしがみ》遺跡の発掘も一九八一年に始まった。一九〇二年、なぞの石造物、「須弥山石《しゅみせん》」と「石人像」が偶然掘り出され、石敷きなども見つかって飛鳥浄御原宮の推定地とされてきた場所だ。

十数次にわたる発掘調査で、異様な遺跡の全容がわかってきた。斉明朝に何度も建物が建て替えられ、建物は天武朝、藤原宮期にも存続していた。水落遺跡との間には大規模な塀があって区画されている。

遺跡は南北八十二メートル以上の廊下状の建物で大きく東西に分けられる。東側の中心には周囲が石敷きになった大井戸があり、複数の建物があった。生活用水ではなく、宮廷儀礼などの特別な用途に使われたらしい。その北には長大な四棟の建物が回廊のように立ち並んでいた。

石神遺跡

石敷きの広場確認

奈文研

中枢施設の柱穴も

石神遺跡から見つかった広場とみられる石敷き

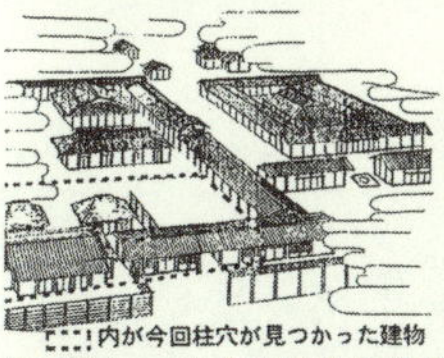

内が今回柱穴が見つかった建物

飛鳥時代の女帝、斉明天皇（在位六五五―六六一）が外国人使節らをもてなした古代の迎賓館跡とされる明日香村の石神遺跡で、中心的な建物の遺構や立派な石敷きの広場などが見つかり、奈良国立文化財研究所が発表した。近くの飛鳥川から運んだ花コウ岩の大きな河原石を整然と敷きつめた広場は、日本書紀に「土木工事を好んだ」と記された天皇の一端を伝えている。

飛鳥寺の北約三百㍍にある同遺跡の西南部約七百六十五平方㍍を発掘。掘っ立て柱建物四棟の柱穴や、石敷き三か所などが見つかった。

建物のうち中心的な一棟は、東西五柱間（十一・五㍍）、南北三柱間（六・

がついた格の高い建物。これを取り囲むように倉庫とみられる二棟など計三棟の建物跡があった。

石敷きはこの建物の外や掘っ立ての塀に沿って直径二十―八十㌢の花コウ岩などを並べてあった。最も広い場所で東西九・六㍍以上、南北十五・六㍍以上もあり、使節をもてなす広場と見られる。石はかなり抜き取られているが、元は建物の外側はすべて石敷きだったらしい。

このほか、すぐ南側にある古代の漏刻（ろうこく＝水時計）・水落遺跡から延びた木の樋（とい）を抜き取った跡の溝が三か所見つかった。溝は北に向かってからさらに西の飛鳥川の方に曲がっており、遺跡はさらに西側に広がっていると見られる。

山本忠尚・同研究所飛鳥藤原宮跡調査部遺構調査室長の話「建物の外を石敷きにしているのは飛鳥の宮殿の特徴で、今回見つかった

◀石神遺跡の石敷きの広場を発見したときの報道（「読売新聞」1992年11月19日）

また、西側は四面にひさしのある大規模な建物があり、北側には倉庫群があった。

各建物の周囲にはびっしりと石が敷き詰められ、石敷きの方形池（六メートル四方、深さ〇・八メートル）なども見つかっている。

蝦夷の土器

石神遺跡では、内側がいぶし焼きになった黒い土器が出土することも特徴的だ。通常の土器は赤茶けた色だけに目立つ。石敷き井戸を中心とする東側から約六十点の破片が見つかった。こうした土器は、古墳時代の終わりごろから東日本で盛んに作られており、形の特徴などから、同研究所は陸奥《むつ》（東北地方）で作られたものに近いとしている。

蝦夷《えみし》と呼ばれた北方の民が飛鳥周辺に定着して作ったというよりは、蝦夷の民が石神遺跡に持ち込み、使用したものだと推定される。ここに石神遺跡の性格が次第に明らかになってきた。

石神遺跡から見つ▶
かった石敷き井戸
（奈良国立文化財
研究所許可済）

古代の宴会場

庭園に置かれていたとみられる須弥山石、大規模な建物、遠国から運ばれた土器。

これらが一つになった答えが『日本書紀』にある。

六五七年（斉明三）七月、「須弥山の像を飛鳥寺の西に作る。また、盂蘭盆会《うらぼんえ》設く。暮に覩貨邏《とから》人に饗《あえ》たまふ」とみえる。六七七年（天武六）二月には「多禰島《たねがしま》人等に飛鳥寺の西の槻《つき》の下に饗たまふ」とある。飛鳥寺の西にある槻（ケヤキ）の下広場は、斉明朝に三度、天武朝に五度、持統朝に二度登場する。ほとんどが覩貨邏人（タイのドヴァラヴァティ王国？）、多禰島人（鹿児島県種子島？）、蝦夷、隼人《はやと》らを饗宴したという記述だ。

この槻の下は、六四四年、中大兄皇子と中臣鎌足が初めて出会い、大化の改新（乙巳《いっし》の変）の陰謀を巡らせることになった打鞠《けまり》が開かれた場所。斉明朝になって次第に施設を整え、辺境の民をもてなし、朝廷の威光を示す場所になっていったと考えられる。

須弥山や大きな建物、石できれいに舗装された広場は、蝦夷らを驚かせ、服属を誓わせるもってこいの舞台装置になっていただろう。

ここで目をさらに南に向かわせると、飛鳥寺の南西には朝鮮半島・新羅の影響を受けたとされる飛鳥京跡苑池遺構が広がる。天武天皇の「白錦《しらにしきの》後苑《みその》」とされるこの庭園も、饗宴施設だった可能性が強い。こちらは同等の文化があるということを誇示するため、朝鮮半島や中国の使節らをもてなし、石神遺跡とはもてなす対象が違っていたと指摘する研究者もいる。

◀石神遺跡の現況
（明日香村飛鳥）
今では説明板が建っているのみである。

四　都に続く道

古代の幹線道路

奈良市から車で明日香村に向かう最も一般的なルートは、橿原市から国道１６９号線に変わる国道24号線をまっすぐ南下するものだ。近鉄橿原神宮前駅から真東に行けば、甘樫丘《あまがしのおか》の北側に至り、岡寺駅からなら、橘寺、川原寺などが並ぶ飛鳥中心部に行ける。飛鳥駅から東に向かえば、高松塚古墳まですぐだ。この南北の道は、古代の幹線道路、下ツ道《しもつみち》にほぼ沿っている。

大和盆地には南北に縦断する幹線道路があった。西から下ツ道、中ツ道《なかつみち》、上ツ道《かみつみち》とよばれる。下ツ道は、最大で幅約二十三メートル、両側に側溝を備えており、アスファルト舗装がしていないだけで、現代の四車線道路に比べてもそん色ないものだった。飛鳥より南は和歌山に抜け、紀路《きじ》とよばれた。六七二年の壬申《じんしん》の乱の際、将軍の大伴《おおともの》吹負《ふけい》が「即《すなわ》ち軍を分《くば》りて、各《おのおの》上中下の道に当てて屯《いわ》む」（『日本書紀』天武元年七月）とあるから、七世紀にはすでにあったらしい。

エビノコ郭《かく》に続く川原寺▶と橘寺の間の道　天武朝の幹線道路は、今も観光客の歩くメイン道路。右手に橘寺の伽藍が見える。左手に川原寺がある。

飛鳥への玄関口

では、古代の飛鳥の玄関口はどこだったのだろうか。橿原神宮前駅から東に伸びる東西の道は、古代において「山田道」とよばれた。下ツ道の交差点付近は「軽《かる》」(現在の橿原市大軽《おおがる》町か)という地名で、市《いち》が立ち、にぎわったらしい。東に進むと道沿いに、豊浦寺、小墾田《おはりだ》宮、山田寺などの寺院、宮殿が並ぶ。

山田道が飛鳥に至り、南に入ったところに飛鳥寺があった。道と寺の間が石神遺跡だ。石神遺跡は、斉明朝から持統朝にかけて、蝦夷《えみし》や隼人《はやと》らをもてなす宴会場、庭園だったらしい。こうしたことから、古代の飛鳥のメーンの出入り口は北方にあると考えられてきた。

いっぽう、南(西)からの出入り口も想定されている。平田梅山《ひらたうめやま》古墳(欽明陵)近くの平田キタガワ遺跡では、大規模な池や石敷きの広場の存在が確認されている。これも石神遺跡と同様の機能を持っていたと考えられる。

幻の都大路

一九九六年十月、明日香村教育委員会は、同村川原下《しも》

平らな石を並べて舗装した飛鳥時代の交差点跡（点線部分）＝奈良県明日香村川原で

飛鳥宮臨む 舗装交差点
——石を敷き土で固める

奈良県明日香村の川原下ノ茶屋遺跡で、石を敷いて舗装した七世紀後半（飛鳥時代）の道路交差点跡が出土した。飛鳥宮跡の約一㌔西側にあり、発掘調査した同村教委は十四日、「宮殿に通じるメーンストリートの交差点。当時の都市計画や道路を知る上で極めて貴重」と発表した。

農地造成に伴う事前調査で、十月から東西十㍍、南北三十㍍にわたって発掘。路面幅十一㍍の東西道と同二・七㍍の南北道が見つかった。道路が交わる部分は、約十五㌔離れた同県榛原町産の火山岩を厚さ三―五㌢、長さ十―十五㌢の不規則形の石に割って敷き詰められており、その上に粘土質の土をかぶせて硬い路面に舗装、低湿地の路盤を強化したことがわかった。

東西道の北側には、花こう岩を用いた石組み側溝（幅一㍍、深さ〇・四㍍）、南側にも素掘り溝（幅〇・六㍍、深さ〇・三㍍）があった。南北道の両側にも素掘り溝跡があり、交差部分

◀「飛鳥時代の交差点」の記事（「読売新聞」1996年11月15日）

原で、農地造成に伴い発掘調査を実施した。川原下

ノ茶屋《のちゃや》遺跡と名づけられたこの遺跡からは、東西に伸びる七世紀中ごろから後半につくられた道路（延長八メートル）が出土した。幅十二メートルで、当時の都大路に匹敵する。東に延長すると、橘寺と川原寺の間を通って、飛鳥浄御原宮の中心建物とみられるエビノコ郭《かく》の西門に至り、西では下ツ道に直交する。

村教委の相原嘉之《あいはらよしゆき》さんは、「当時のメーン道路で、下ツ道との交差点が飛鳥京の西の玄関口。下ツ道は、その交差点から紀路《きじ》に変わった」という説を唱える。

しかし、それほど重要な道だったにしては、文献には登場しない。下ツ道や山田道が現代も道路としての機能を失っていないのに、この道は現代の道路には一部しか重ならず、肝心の下ツ道との交差点は地形的にも確認できない。

藤原京、平城京と遷都が続き、飛鳥古京は都としての機能はなくなる。この道も役割が失われ、そうした中で、いつしか忘れ去られてしまったのだろう。

川原下ノ茶屋遺跡の交差点（明日香村教育委員会提供）▶

五　大化の改新（乙巳の変）と蘇我氏

甘樫丘で出土した焼け跡

飛鳥の展望台として知られる甘樫丘《あまがしのおか》（標高一四五・六メートル）。山頂に登れば、眼下に飛鳥川が流れ、大和三山をはじめ、飛鳥盆地、遠くは二上山《にじょうさん》も望める。この一帯が、天皇家をしのぐほどの権勢を誇った蘇我氏（本《ほん》宗家《そうけ》）から天皇家が実権を奪い返すクーデタ、六四五年（皇極四）の大化の改新（乙巳《いっし》の変）の舞台の一つとなった。

一九九四年一月、登山道整備に伴い、甘樫丘の東側山麓三百六十平方メートルを、奈良国立文化財研究所飛鳥藤原宮跡発掘調査部が発掘調査した。その結果、谷の出口にあたる斜面に七世紀中ごろの焼土層があり、炭化した建築材、焼けた壁土、大量の土師器《はじき》や須恵器《すえき》が出土した。調査地区の北側の尾根上に建物があり、火災に遭った後、流れ込んだものとみられた。

七世紀代の甘樫丘の記録は乏しいが、『日本書紀』の六四四年（皇極三）十一月、「蘇

蘇我氏の館跡か

奈文研発掘

甘樫丘に焼けた建材

日本書紀と合致

奈良県明日香村の甘樫丘（あまかしのおか＝標高一四八㍍）南東ふもとで、七世紀中ごろの焼け焦げた建築部材や土器の破片が出土したと二十六日、奈良国立文化財研究所飛鳥藤原宮跡発掘調査部が発表した。大化の改新（六四五）のクーデターの折、蘇我蝦夷（えみし）が甘樫丘の館で自害する際に記録類や宝物を焼いた、と記した日本書紀の記述が裏付けられる可能性もあり、同調査部は「クーデターを考古学的に検証する貴重な資料になる」としている。

駐車場整備に伴い、五月に国営飛鳥歴史公園・甘樫丘地区の一部、約三百六十平方㍍を発掘した。

斜面のすそにたい積していた焼土（厚さ二十㌢）から、加工した長さ十五㌢と七十五㌢の建築部材二点（五㌢角）や、土師（はじ）器、須恵（すえ）器の皿、

蘇我蝦夷館跡とみられる建築部材㊦が出土した発掘現場（手前の駐車場）＝後方は甘樫丘

「甘樫丘に焼けた建材」を報道する記事（「読売新聞」（1994年12月27日）▶

我大臣蝦夷《えみし》・兒入鹿臣《こいるかのおみ》、家を甘檮岡《うまかしのおか》に雙《なら》べ起《た》つ。大臣の家を呼びて、上《うへ》の宮門《みかど》と曰《い》ふ。入鹿が家をば、谷《はさま》の宮門と曰ふ。男女を呼びて王子《みこ》と曰ふ。家の外に城柵《きかき》を作り、門の傍《ほとり》に兵庫《つはものぐら》（武器庫）を作る」とある。また、六四五年の乙巳の変に際し、「蘇我臣《おみ》蝦夷等《ら》、誅《ころ》されむとして、悉《ふつく》に天皇記・国記・珍寶《たからもの》を焼く」とある。同調査部は、こうした記述と関連づけ、建物跡は確認されていないが、焼土層は乙巳の変で焼けた蘇我父子の邸宅に関係するものと結論付けている。

蘇我父子の最後

乙巳の変は、日本史上の一大事件であり、誰もが知っている事実だが、簡単にたどってみたい。

中大兄皇子、中臣鎌足らが蘇我入鹿を殺害しようと共謀。六四五年六月十二日、飛鳥板蓋《いたぶき》宮の大極殿《だいごくでん》で、皇極天皇の前で高句麗・百済・新羅からの上表文が読み上げられる際、入鹿の剣をだまして取り上げたうえで、十二の門を固めた。佐伯《さえき》連《のむらじ》子麻呂《こまろ》、葛城《かつらぎ》稚犬養《のわかいぬかい》連《のむらじ》網田《あみた》に剣を渡し、「早く斬れ」とそそのかした。しかし、二人が躊躇《ちゅうちょ》したため、中大兄皇子自らが剣で頭から肩にかけて斬りつけ、他の者も続いてめった斬りにして殺した。

蘇我氏館跡と見られる焼けた建築部材が発見された甘樫丘東麓　登山道や駐車場が設備されている。▶

入鹿は、天皇に「何の罪があるのか」と助命を願ったが、中大兄が「皇子たちをことごとく滅ぼして帝位を傾けようとしている」とさえぎったため、無視された。続いて、中大兄らは蘇我氏の氏寺だった飛鳥寺に陣をしき、皇子や諸臣ら多くの者が従った。わが子入鹿の死体を送りつけられた蝦夷の甘樫丘の邸宅には、東漢《やまとのあや》氏ら一族が武器を持って集まったが、中大兄側の説得で四散する。翌十三日、蝦夷は邸宅に火をつけて貴重な宝を焼き、その中で自殺する。

皇極天皇は譲位し、異母弟の軽《かるの》皇子《みこ》が即位して孝徳《こうとく》天皇となり、中大兄が皇太子となって政治の主導権を握った。

一九九六年十月、飛鳥藤原宮跡発掘調査部の調査で、飛鳥寺の西門跡が出土した。『日本書紀』皇極天皇三年正月に門の西側にある「槻樹《つきのき》之《の》下《もと》」の広場で開かれた蹴鞠《けまり》の際、中大兄と中臣鎌足が出会い、クーデタ計画を謀議したとされる。ここからすべてが始まった。

『日本書紀』に記された物語のようなリアルさは、かえって不自然なように思える。が、中大兄側にとって不利と思われるだまし討ちの様子まで描写されており、入鹿がこうして殺されたのは事実なのであろう。

蘇我氏の功罪

一方、隆盛をきわめた蘇我氏三代のうち、蝦夷はその父と子に比べ、

◀「多武峰《とうのみね》縁起絵巻」に描かれた中大兄皇子らが入鹿を殺す場面（江戸時代、桜井市・談山《だんざん》神社蔵）

なぜか影が薄い印象がある。皇位決定で敵対した叔父の境部摩理勢《さかいべのまりせ》を暗殺したり、大臣の位を表す紫冠《しかん》を勝手に入鹿に与えたりして片鱗は見せているが、無抵抗のまま死んだ最後がそう感じさせるのだろう。天皇家が危機感を抱くほどの権力があったなら、残党を集めて一戦交えれば何とかなったかもしれない。事実、東漢氏ら一族の中にはそうした声もあったようだ。ところが、そうはならなかった。

入鹿が死んで守るべきものがなくなったからだなど、様々な説があるが、いずれも推測の域を出ない。今後、甘樫丘周辺が発掘調査され、蝦夷の邸宅などが見つかったら、こうした謎を解く鍵も見つかるかもしれない。

蘇我氏は、崇峻《すしゅん》天皇を暗殺した馬子、聖徳太子の子の山背大兄《やましろのおおえ》皇子一族を滅ぼした入鹿から、暴虐な極悪人のイメージが浮かぶ。しかし、『日本書紀』は蘇我氏を討った側、すなわち勝者がつづった歴史であり、実際のところどうだったのかは行間からうかがうしかない。

そう見れば、蘇我氏は、わが国初の本格寺院である飛鳥寺を建立して仏教導入の基礎をつくり、総合工房の飛鳥池遺跡につながる優秀な技術も大陸からもたらした、時代の変革者と評価する見方もできる。少なくとも日本の文化に大きな足跡を残したのは疑いようがない。乙巳の変は、そうした大きな功労者が歴史から抹殺された出来事ともとれるのだ。

入鹿の首塚（明日香村▶飛鳥）　飛鳥寺の西方に、入鹿を供養するために鎌倉時代、五輪塔が建てられた。

六　壬申の乱と高安城の石垣

古代史最大の戦乱

壬申《じんしん》の乱（六七二年）は、天智天皇の弟・大海人皇子《おおあまのみこ》（後の天武天皇）と天智天皇の息子・大友皇子の王位継承を巡る争いで、国を二つに割った古代史最大の合戦だった。叔父、甥の骨肉相食む悲劇性だけではなく、裏切りあり、内紛ありの波瀾万丈のドラマが我々をひきつける。

大海人皇子は隠棲《いんせい》していた吉野を脱出して東国から攻め上り、大友皇子を敗死させ、大王位に就く。この経過は『日本書紀』に詳しく描かれている。大叙事詩と呼べる壬申の乱により具体性を持たせるには、やはり考古学に期待するところが大きい。

ところが、古代の戦いに関する遺跡が見つかることはほとんどない。多数の人骨や鏃《ぞく》や剣などの武器が見つかる古戦場は検出されず、わずかに終末期古墳に副葬された武器や防具類から当時の将軍たちのたたずまいを想像するしかない。

大和朝廷最後のとりで
高安城
幻の城壁
大阪・奈良府県境で発見
古代朝鮮半島・百済の白村江《はくすきのえ》の戦い（六六三）で敗れた大和朝廷が中国・唐の侵攻に備え、都を守る〈最後のとりで〉として築いた高安城の城壁とみられる石垣の一部が、大阪・奈良府県境の高安山（四八八㍍）の七か所で発見され、調査した奈良県立橿原考古学研究所の奥田尚・共同研究員らが十九日、大阪市で開かれた研究会で発表した。城域は南北二・一㌔、東西一・二㌔に復元できる。高安城はこれまで輪郭すらわかっておらず、幻の城壁の発見で、当時の緊迫した軍事情勢が浮き彫りになった。（30面に関連記事）

高安城の石垣発見を報▶じる新聞（「読売新聞」1999年6月20日）同社のスクープとなった。

しかし、戦場となった地名は現代に残り、乱の様子をしのぶよすがとなる。たとえば、大海人軍の将軍・大伴吹負《おおとものふけい》の進軍の道筋には、弥生時代の大規模環濠集落のあった「稗田《ひえだ》」(奈良県大和郡山市《やまとこおりやま》)、「乃楽山《ならやま》」(奈良市北部の丘陵地帯)、邪馬台国の女王・卑弥呼の墓説もある箸墓《はしはか》古墳(奈良県桜井市)を指す「箸陵」などの地名が見られる。「倭古京《やまとのみやこ》」、すなわち飛鳥も攻防戦が繰り広げられた。さらに大海人・大友両軍の最後の決戦場となった瀬田《せた》橋(滋賀県大津市)などがある。

国防の拠点・高安城争奪戦

大阪、奈良の府県境に広がる高安山《たかやすやま》(標高四八八メートル)。ここには朝鮮半島南部の白村江《はくすきのえ》の戦い(六六三年)で唐・新羅連合軍に大敗を喫し、侵略の危機に脅えた大和朝廷が六六七年(天智六)に国土防衛の最終拠点として築いた高安城があった。

唐の侵略は杞憂《きゆう》に終わったが、壬申の乱では争奪戦が繰り広げられた。大海人皇子側の将軍・坂本臣財《さかもとのおみたから》らは高安城に近江軍がいると聞き、進軍する。近江軍は敵の接近を知り、倉庫を焼き払い撤退した。明け方、西側の二つの道から近江側の壱《い》岐史韓国《きのふひとからくに》の大軍が押し寄せてくるのが見えたので、坂本軍は城を下りて対峙《たいじ》。しかし、多勢に無勢で坂本軍は退却する。近江軍は優勢に戦いを進めていった。

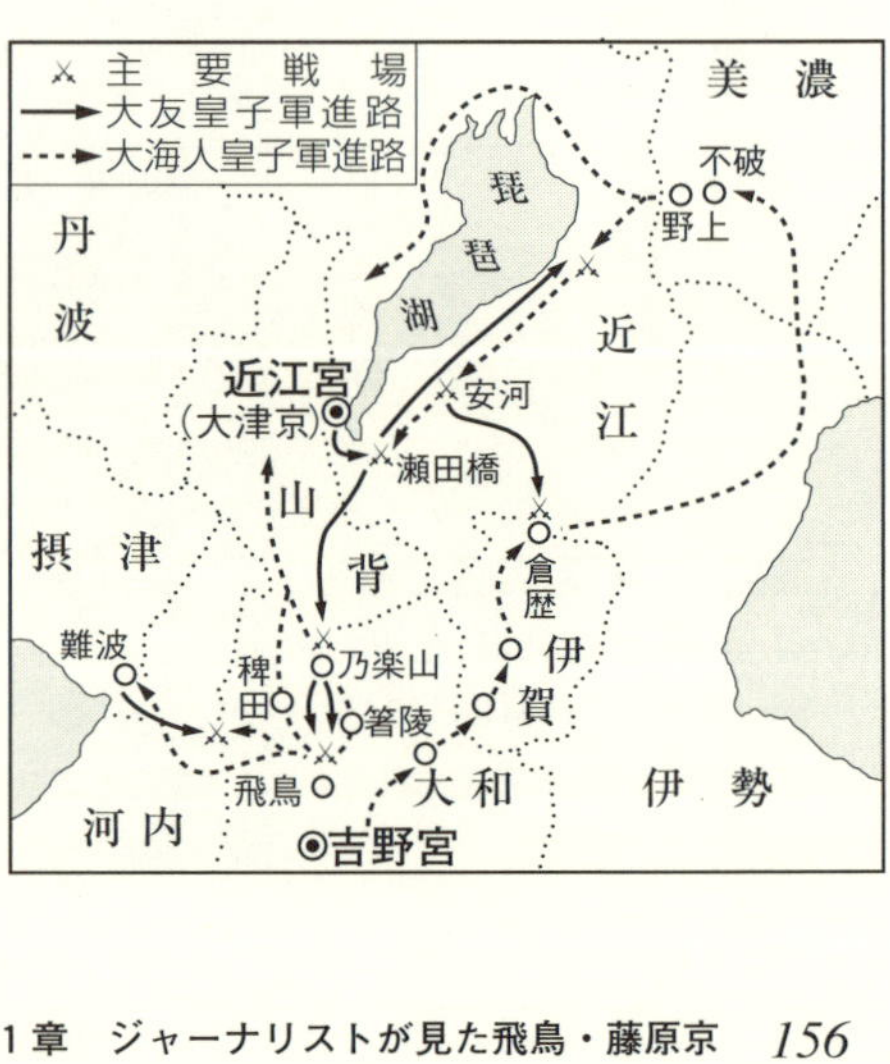

壬申の乱要図▶

幻の城の発見

高安城は、その具体的な所在地が長らくわからない幻の城だった。

一九七八年、棚橋利光《たなはしとしみつ》さんらを中心とする大阪府八尾《やお》市の住民団体「高安城を探る会」が奈良県生駒《いこま》郡平群《へぐり》町久安寺《きゅうあんじ》で倉庫跡を発見、八二年から九六年まで橿原考古学研究所などが調査委員会をつくり、十七回、周辺を発掘したが、所在地の特定にいたらなかった。

「なぜ、坂本財は城から近江軍が見えたのだろう」。八尾市教委文化財係長の米田敏幸さんは不思議に思っていた。山頂からは木々に視界が遮られ、近くから遠くまで見渡すことができない。

そんな疑問を氷解させたのが、地元八尾で研究を続ける橿原考古学研究所共同研究員の奥田尚《ひさし》さんとの調査だった。一九九九年三月、山頂の北西約三百メートル（標高約三八〇メートル付近）で一辺が一―三メートルの方形の花崗岩を二段積みにした石垣が約百メートル続いているのを発見。石垣は主稜線から西側に突き出た尾根の先端を造成したとみられる平坦地を巡っていた。

その後、さらに約三百メートル間隔で五か所にわたり石垣を確認。いずれも同じ標高にあり、五段の石垣が残っているところもあった。大阪平野側から攻めにくいよう、西側の城壁は稜線上ではなく、や

◀西の河内《かわち》側から見た高安山（八尾市）米田敏幸氏提供。

や下の斜面にあった。本来の高さは十メートル以上と推定された。

山頂の東約一キロの奈良県平群町久安寺でも幅十五メートル、高さ八メートルの土塁状の土手に石垣を加えた施設を長さ二十メートルに渡り確認。城壁は南北二・一キロ、東西一・二キロに復元できた。幻の城はついにベールを脱いだ。

尾根先端の平坦地には楼閣《ろうかく》状の建物が建っていたと推定される。平坦地からも山すそから大阪湾まで一望に見渡せる。「大海人軍は楼閣から近江軍を見たに違いない」。米田さんはそう確信している。

『日本書紀』の高安城築城の記述は「築倭国高安城（大和の国の高安城を築く）」のたった六文字。しかし、その壮大なスケールは、日本の中近世の城郭よりは、中国などの城塞都市を思わせる。東海、近畿の各地を転戦した壬申の乱も、『日本書紀』のわずかな記述を超える壮大なドラマが繰り広げられていたに違いない。

発見された高安城石垣▶
（八尾市服部川）
奥田尚さん（写真）や米田敏幸さんの地道な踏査が実を結んだ。

1章 ジャーナリストが見た飛鳥・藤原京

5 藤原京発掘で何がわかったか

関口和哉（読売新聞奈良支局橿原通信部記者）

一　大藤原京の範囲

遺跡分布地図への掲載

橿原市は一九九九年十月から、初めて作成した遺跡分布地図に、藤原京（六九四〜七一〇年）の京域が従来の推定範囲より広いとする「大藤原京」（南北四・八キロ、東西五・三キロ）を「周知の遺跡」として掲載した。京域で土木工事をする際は文化財保護法で届け出が義務付けられることとなった。遺跡を壊す恐れがある時は発掘調査をしなければならず、届け出を怠ると罰金などが科せられる。

遺跡地名表には「藤原宮」「藤原京」「大藤原京」と三つの遺跡が載ることになり、重複気味だが、市教委文化財課は「藤原京なら中心部分、大藤原京なら周縁部分と分けられ、工事の統計がとりやすいから」と説明する。

これまで同県の遺跡分布地図に載っていた藤原京の京域は、畝傍《うねび》山など大和三山に囲まれた地域（南北三・二キロ、東西二・一キロ）だった。大藤原京は、南北の京

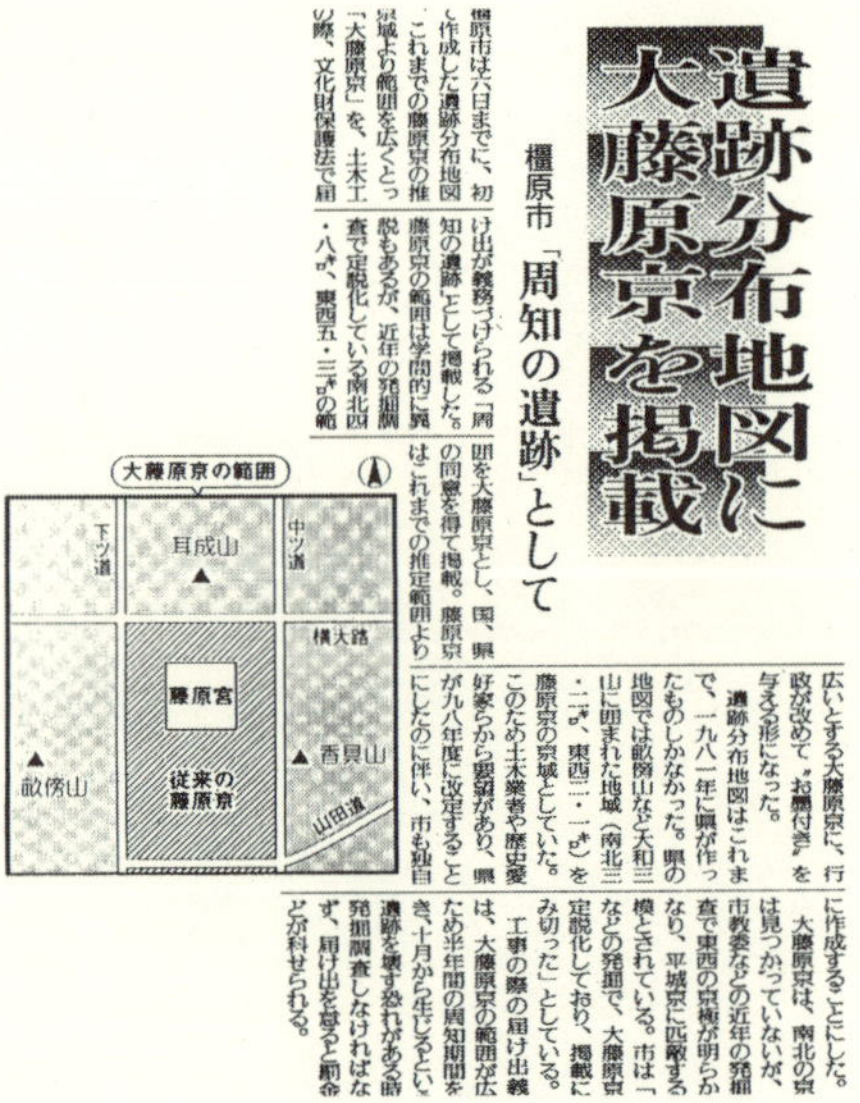
遺跡分布地図に大藤原京を掲載

橿原市「周知の遺跡」として

橿原市は六日までに、初めて作成した遺跡分布地図に、これまでの藤原京の推定京域より範囲を広くとった「大藤原京」を、土木工事の際、文化財保護法で届け出が義務づけられる「周知の遺跡」として掲載した。藤原京の範囲は学問的に異説もあるが、近年の発掘調査で定説化している南北四・八キロ、東西五・三キロの範囲を大藤原京とし、国、県の同意を得て掲載。藤原京はこれまでの推定範囲より広いとする大藤原京に、行政が改めて"お墨付き"を与える形になった。

遺跡分布地図はこれまで、一九八一年に県が作ったものしかなかった。県の地図では畝傍山など大和三山に囲まれた地域（南北三・二キロ、東西二・一キロ）を藤原京の京域としていた。このため土木業者や歴史愛好家らから要望があり、県が九八年度に改定することにしたのに伴い、市も独自に作成することにした。

大藤原京は、南北の京は見つかっていないが、市教委などの近年の発掘査で東西の京極が明らかなり、平城京に匹敵する模とされている。市は「などの発掘で、大藤原京定説化しており、掲載にみ切った」としている。

工事の際の届け出義は、大藤原京の範囲が広ため半年間の周知期間をき、十月から生じるとい遺跡を壊す恐れがある時発掘調査しなければなず、届け出を怠ると罰金どが科せられる。

「遺跡分布地図に大藤原京を掲載」を報じる記事▶
（「読売新聞」1999年４月７日）

極は見つかっていないが、同市教委などの近年の発掘調査で東西の京極が明らかになり、大和三山を含み、平城京をしのぐ規模とされている。定説化した大藤原京に行政が改めてお墨付きを与えたのだ。

大藤原京とは

一九九六年五月十五日、橿原市土橋《つちはし》町で京域の西端を区切る「西京極」とみられる道路遺構が出土したと調査した同市教委が発表した。都の規模は二十五・四平方キロ。京域は平城京(七一〇〜七八四年)や平安京(七九四〜一一九二年)をしのぎ、藤原京が手狭になったから平城京に遷都したという定説を覆し、古代国家のイメージを変える画期的な発見と意義付けられた。

調査は土地区画整理事業に伴い、一九九五年十二月から約八千平方メートルで実施。幅十七メートルの東西道路(北四条大路)二十五メートル分とそれに直交する同じ幅の南北道路(西十坊大路)二十九メートル分が出土。二つの道路の側溝から出土した土器から藤原京時代の「西京極」交差点とわかった。担当した市教委技師の竹田政敬さんは「こんなところでまさかと思わず目を疑った」といい、測量図を描く手が震えたという。交差点から北東百メートルには、坊間路、条間路という小路と溝に挟まれた四分の一町宅地跡(五十七メートル四方)も見つかった。

◀藤原宮朱雀門跡から南方をのぞむ　住宅地のあたりが日高山《ひだかやま》であったが、いまでは宅地化されている(⇨P.170)。

藤原京は都の中央部に位置する藤原宮の大極殿を中心に左右対称とされることから市教委は京の東西を五・三キロ、南北を四・八キロと断定。京域の総面積は興福寺などのある突き出し部分・外京を含めた平城京（約二十四平方キロ）、平安京（約二十三平方キロ）を超え、京のはずれまで宅地が立ち並んでいたと考えられることから、都市の推定人口も従来の三万人を大幅に上回ることが確実となった。

平城遷都後、忘れ去られた藤原宮の位置は、江戸時代の国学者、賀茂《かもの》真淵《まぶち》が大極殿跡の通称「大宮土壇」一帯にあると指摘。発掘は一九六六年、バイパスに伴う調査で本格的にスタートしたが、京域は不明のままだった。故・岸俊男さん（京都大教授）が大和三山に囲まれた京域を提唱、これが教科書などで紹介される藤原京の姿として定着してきた。

しかし、その範囲外から見つかる条坊道路から従来の京域を上回る「大藤原京」の存在が以前から説かれてきたが、この西京極の発見で決定付けられることになった。

藤原宮の大極殿跡▶
（橿原市高殿《たかどの》町）

宮の位置と京の名称

これまでの藤原京や平城京、平安京では天皇が執務・居住する宮は京の北寄りにあるが、大藤原京の宮は中央となる。中央にある宮の位置は北魏《ほくぎ》・洛陽《らくよう》城（四九三〜五三四年）や隋、唐の長安《ちょうあん》城（五八二〜九〇三年）など京を築く際に手本にしたとされる中国の都城とも異なる。漢代の儒教経典「周礼《しゅらい》」には中央に宮を置くのが理想とされている。しかし、その理想の都市は現実には中国でも未確認だ。

このため、道教や儒教の影響を受け、理想の都を追求したという考えが提示される一方、七〇一年に遣唐使が三十二年ぶりに派遣され、長安を見て、理想の都を捨てて現実の中国を模倣したと平城遷都の理由を説く考えも生まれた。

ところで、「大藤原京」という名称が古代からあったわけではない。大藤原京は遺跡名に過ぎない。「藤原宮」はあっても「藤原京」という名前すら『日本書紀』『万葉集』などの当時の様子を記す文献に一例あるのみ。それも後世に付け加えられた可能性が高いという。藤原京とは、現代の研究者が仮につけた名前なのだ。

では何と呼ばれていたか。『日本書紀』などに載っているのは一般名詞の「京師《みやこ》」「京《みやこ》」か「新益京《あらましのみやこ》」だった。固有名詞が何だったかはわからないのだ。

都といえば藤原京一つしかなく、他の都と区別するための名前は必要なかったとする研究者もいる。切手発祥の地、イギリスの切手には国名が入っていない。それは切手はイギリスのものと決まっていたからだ、というエピソードと共通する話だ。しかし、名前がないというのはいかにも不自然だ。今後、出土木簡《もっかん》などから藤原京の「真の名前」が明らかになる日が来るかもしれない。

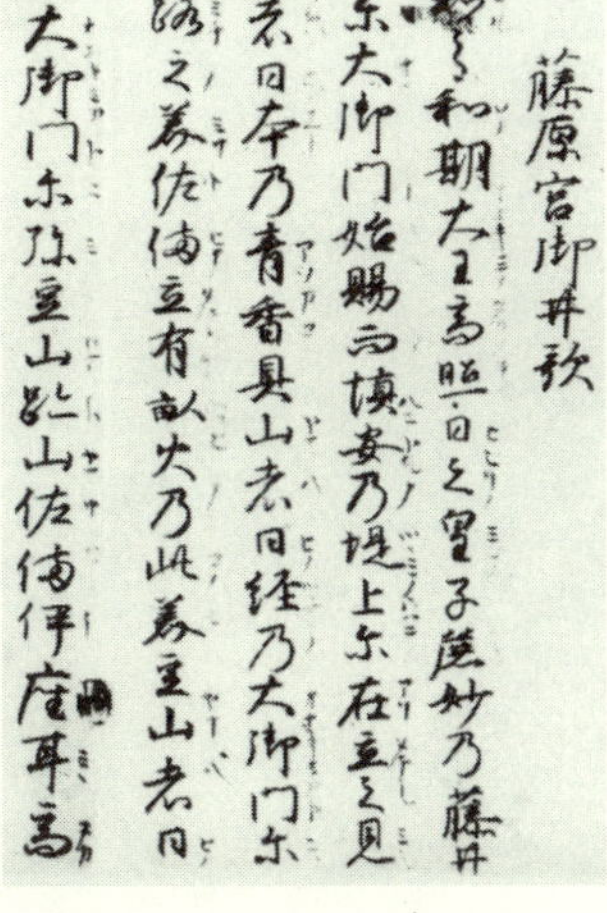

◀「藤原宮」の表記　『万葉集』巻1―52の「藤原宮の御井《みい》の歌」より。

二　藤原宮の先行条坊道路

造り直されていた条坊道路

照り付ける強い日差しに作業員たちの影が揺らめいていた。ベルトコンベアが動き、うずたかく土の山を築いている。礎石が点々と散らばる奥に、縦横に走る複数の溝が見えた。私は一瞬、何の遺構なのか戸惑いを感じた。「ここ、大極殿の隣だったよなあ」。案内書などに載っている藤原京の地図では、藤原宮域に大極殿や朝堂院《ちょうどういん》などの建物群は記されていても、こうした溝を見ることはできない。「屋根から落ちる雨水を受ける雨落溝だろうか?」。

橿原市高殿町《たかどの》の大極殿東側で、奈良国立文化財研究所飛鳥藤原宮跡発掘調査部が一九九九年七月上旬から始めた調査地を初めて訪れた時のことだった。

一九六九年以降、飛鳥・藤原京の百次目の調査として、二千七十平方メートルを発掘し、東西方向の四条大路(幅十八メートル)の両側側溝(幅一・五～一・八メー

藤原宮大極殿下層運河の発掘▶
(橿原市高殿町)　藤原宮中心部を貫通する運河で、ここから天武10年(680)代の木簡などが見つかり、宮造営前の先行事業として注目される(奈良国立文化財研究所提供)。

トル、深さ〇・四〜〇・六メートル）と東一坊々間路（幅五〜五・五メートル）の両側の側溝（幅一メートル、深さ〇・二〜〇・三メートル）を確認した。さらにこの道路を埋めて側溝を掘り直し、新たに四条大路（幅十四メートル）と東一坊々間路（幅七メートル）を造り直していることがわかった。複数の溝は、造り直された道路の側溝だったのだ。

新旧の道路の存続期間は不明だが、重複関係から朝堂院回廊など宮に伴う遺構より古く、藤原遷都（六九四年）以前の七世紀後半のものだった。

宮に先行する碁盤の目状の条坊道路は、約一キロ四方の宮内の十数か所で見つかっている。宮域外の京にある条坊道路の延長線上にあり、交差点も見つかっている。しかし、一般人が通行する道路が、一般人の入れない宮内にあるのは不自然で、最初に藤原京全体を碁盤の目状に区切った後に宮を造営、その後、宮域の道路を廃したことがわかっている。道路を造った理由は、側溝による湿気の多い土地の排水や資材運搬、全体的な都市計画プランを優先させたことなどが挙げられている。

その道路が造り直されていたことは、藤原京の造営が中断をはさんで長期間に渡った可能性を示している。同調査部長の黒崎《くろさき》直《ただし》さんは「道路の付け替えは、工事が中断したり再開したりしたことをうかがわせる『日本書紀』の記述を反映しているのでは」と推測する。

◀保存された藤原宮の築地塀跡に設けられた土塁（橿原市縄手町の鴨公《かもきみ》小学校北西側）

天武天皇の「新城」と「京師」

藤原京造営の資材運搬などに使われたとみられる運河から出土した天武朝の墨画や六八〇年に天武天皇が建立を発願した本薬師寺《もとやくしじ》の中門基壇下から出土した条坊道路などから、従来、持統天皇が計画、造営したとされてきた藤原京の建設計画が天武朝に始まることは、すでに定説化している。

『日本書紀』に初めて藤原宮の名が見えるのは六九〇年（持統四）の「高市《たけち》皇子、藤原の宮地を観《みそなわ》す」という記述。これ以前に藤原京の造営は進んでいたと言える。

一方、六七六年（天武五）に「新城《にいき》に都つくらむとす。限《かぎり》の内《うち》の田園《たはたけ》は公私を問わず皆耕《みなたかへ》さず、悉《ことごと》く荒れぬ。然《しか》れども、ついに都つくらず」、六八二年（天武十一）に「新城に幸す」とあり、「新城」と呼ばれる天武天皇の都があったことがわかる。さらに六八三年（天武十二）、六八四年（天武十三）には「天皇、京師《みやこ》を巡行す」の記述があり、「京師」と呼ばれる都もあった。藤原宮の造営に先駆けて見える「新城」や「京師」はどこか。「新城」を大和《やまと》郡山《こおりやま》市新木《にき》町と結び付ける説や飛鳥浄御原宮と同一視する考え、遺構の見つかっていない都など諸説があり、結論は出ていない。

それが、宮に先行する条坊道路が造り直されていたことで、改めて藤原京との関連性がクローズアップされてきた。藤原京の造営は天武朝に始まっていた。ならば、「新城」と「京師」のいずれか、もしくはいずれもが藤原京を指す可能性がある。

藤原京下層の運河から見つかった墨画（680年代）▶　奈良国立文化財研究所提供

先行条坊道路の付け替えが意味するもの

藤原京造営が天武朝に始まったという前提でみると、天武五年の記述や天武天皇の死（六八六年）などで工事は度々中断していたことが推測できる。藤原京の造営は一気に進んだのではなく、中断や再開を繰り返していた。百次調査の成果は、そうした事実を裏付けているのではないか。

黒崎さんは「これまで条坊道路は一時期としか考えてこなかった。そういう目で見ると、他にも造り直した道路がありそうだ」という。京域を見渡しても、橿原市醍醐《だいご》町の二条大路など三か所で条坊道路が造り直されたことが分かっており、これが宮の造営に先行するものか、今後検討されるだろう。

今回見つかった古い四条大路の幅は約十八メートル、新しい道路は約十四メートル。一九八七年、橿原考古学研究所が調査したその延長線と考えられる四条大路（橿原市四条町）の幅は約十六メートル。一定の規格により造られたはずの中心的な道路の幅がこれほど変動することも、完成までに大規模な都市計画の見直しがあったことをうかがわせる。

藤原京全体で道路が造り直されていたのか、新旧の道路の存続期間はどのぐらいだったのかなど課題は少なくない。だが、一キロ四方の藤原宮の発掘ですら全体の一割しか済んでいない。今後、調査が進むことによって「新城」「京師」と藤原京との整合性も解明されるだろう。

◀藤原宮朱雀門の東から北方の朝集殿・朝堂院・大極殿跡をのぞむ　宮域は整備されているが、調査はなかなか進まない。後方は耳成山。

三　古墳を壊した大土木工事

古墳を削って造った条坊道路

「ばんばん古墳壊してますわ」。一九九九年四月、橿原考古学研究所から附属博物館に異動が決まった後も、橿原市四条町の四条遺跡の発掘を続けていた鈴木裕明さんは白い歯を見せた。国道１６５号線バイパス建設に伴う約千六百平方メートルの事前調査。九八年十二月から続けられた発掘で、墳丘が削られ、平らになった古墳が二基、確認された。周濠や埴輪《はにわ》などの遺物から古墳とわかった。

四条七号墳は二重の周濠を持つ五世紀後半の円墳か、前方後円墳の後円部。内側の濠から埴輪片とサシバ形や笠形の木製品が出土した。外側の濠からは人物、馬、鹿などの形象埴輪片が見つかった。四条八号墳は直径十二メートルの円墳だった。

藤原京の南北方向の条坊道路である西六坊大路の路面と西側側溝、東西道路の四条々間路（幅六・八メートル）も見つかった。西六坊大路の確認は初めてで、交差点

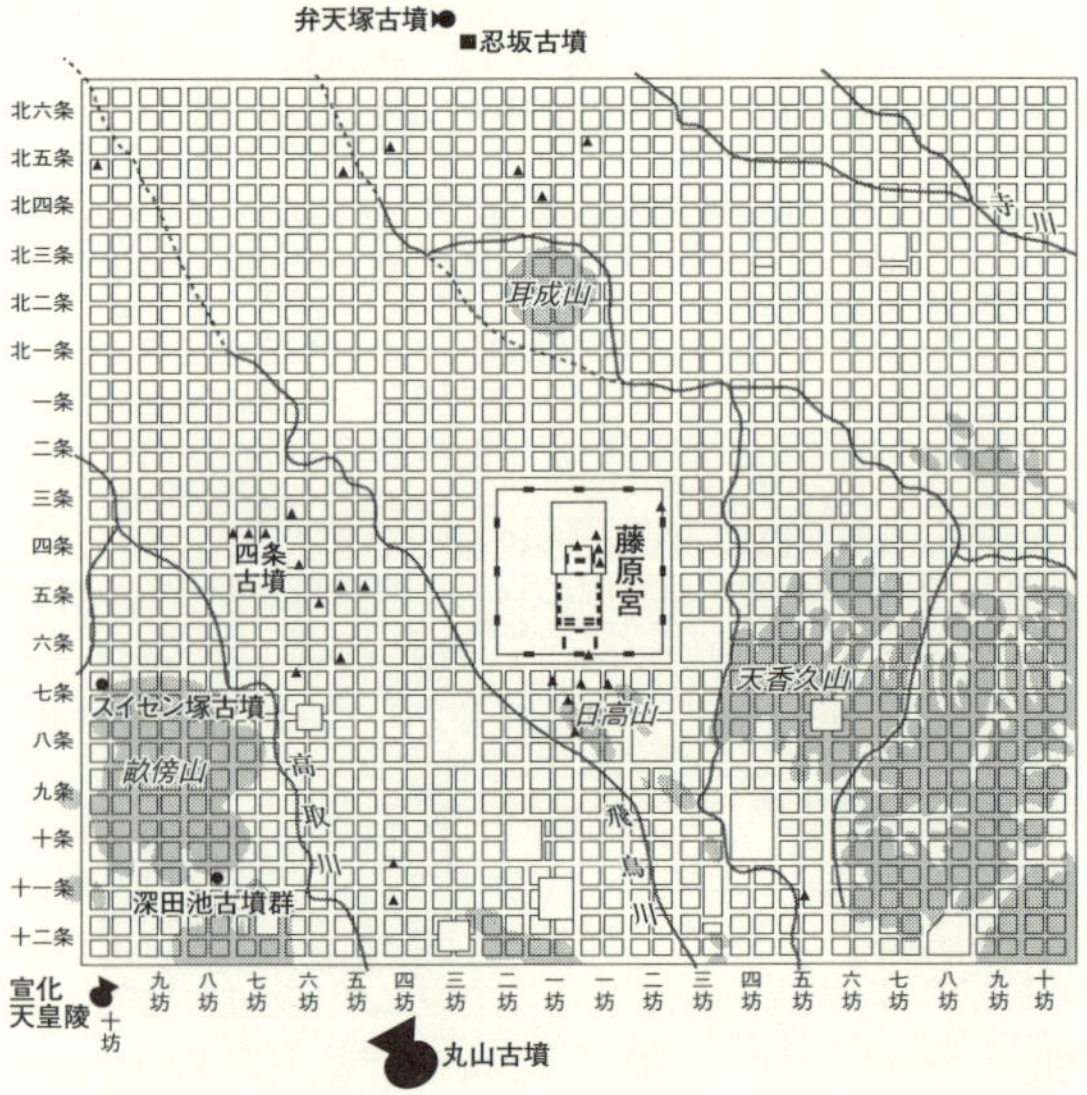

藤原京造営で壊された古墳と埴輪出土地（▲印）●印は現存古墳。

には橋脚の痕跡もあった。西六坊大路の側溝からは七世紀末の土器とともに銅銭の破片二点が見つかった。時代から富本銭《ふほんせん》と考えられるが、エックス線撮影でも銭文が確認できず、種類の確定はできなかった。

古墳は、こうした藤原京に碁盤の目のように張り巡らされた条坊道路の建設によって壊されていたのだった。

被葬者がわかっている墓もつぶした?

四条遺跡は、飛鳥川と桜川に挟まれたやや小高い場所に形成された広範囲の複合的な遺跡群だ。一九八七年の第一次調査で、造り出しのある一辺二十九メートルの方墳、四条古墳(五世紀末)から古墳を飾った木製葬具や埴輪が大量に出土、有名になった。その際、藤原京の右京五坊々間路と四条大路の交差点付近にあたる一帯からは建物十五棟以上、井戸などが見つかり、古墳築造から約二百年後に、古墳の墳丘を削り、その土で周濠を埋めて宅地化していたことがわかった。

これまでに四条遺跡で確認された削平された古墳は八基。ほぼ接して造られており、五世紀後半から六世紀初めという短期間に集中的に造られていた。周辺には、まだまだ藤原京造営によって壊された古墳が埋もれていそうだ。

◀**見つかった四条古墳**(橿原市四条町) 西側(写真の下側)の造り出しもよくわかる(橿原考古学研究所提供)。

藤原京造営に先立つ、百数十年前に造られた墓も含む古墳群を丸ごとつぶしていたのだ。被葬者のわからなくなってしまった現代と違い、当時は誰が葬られていたか、わかっていたかもしれない。『日本書紀』に六九三年(持統七)、「造京司衣縫王《きぬぬいおう》等に詔《みことのり》して、掘せる尸《しかばね》を収めしむ」とある。掘り出された遺骨は、再び丁寧に埋葬されたのだろうか。四条遺跡にその痕跡はない。

改葬された墓

一方、藤原京の大極殿南八百メートルにある高さ八メートルの丘陵、日高山《ひだかやま》では一九八四年から奈良国立文化財研究所飛鳥藤原宮跡発掘調査部が発掘調査。藤原京のメーン道路である朱雀大路《すざくおおじ》建設に伴って谷を埋め立てる際、七世紀初めから中ごろの横穴墓群四基の遺骨と副葬品を取り出し、墓室内を掃除したうえで丁寧に埋め戻してあるのが見つかった。同調査部は遺骨と副葬品は別の場所に改葬されたとみている。こちらは持統七年の詔を反映していると言えそうだ。

古墳を壊す行為は平城京造営でもみられる。奈良市佐紀《さき》町にある市庭《いちにわ》古墳(平城《へいぜい》天皇陵)は一九六〇年代まで円墳と考えられてきたが、平城宮の建設で後円部の一部を残して削平された全長二百五十メートルの大型前方後円墳とわかった。前方部

四条古墳から出土した動物埴輪▶ (橿原考古学研究所提供) ウマ・イヌ・ニワトリ・シカ・イノシシが見られる。

は内裏の関連施設に変わった。また、その南にある長さ百メートルの前方後円墳、神明野《しめの》古墳も同様に姿を消した。天皇の陵墓クラスの大規模古墳であっても都造営という大事業の〝犠牲〟になったのだ。

空前の大土木工事

『万葉集』には、天武天皇を称えた著名な歌が二首残る。

大君《おおきみ》は神にし坐《ま》せば赤駒の匍匐《はらば》ふ田井《たい》を都となしつ（巻十九—四二六〇）

大君は神にし坐せば水鳥の多集《すだ》く水沼《みぬま》を都となしつ（巻十九—四二六一）

田んぼや沼地だった場所を都にした、ということだ。前の歌は七〇一年（大宝元）に没した右大臣・大伴《おおとも》御行《みゆき》が詠んだという注が付いている。都がどこを指すかが問題だが、広大な風景は、狭く土地利用の進んだ飛鳥は当てはまらず、藤原京だと説かれる。運河・水路で水はけをよくしたとみられる藤原京造営の前段階も、湿地が広がっていただろうことを裏付ける。

古墳を削り、沼地を埋め立てて進められた日本史上、空前の大土木工事の様子が浮かび上がってくる。遺跡をつぶし、自然を大幅に改変して顧みない現代の公共工事の原点がここにある。

◀都づくりで壊された日高山1号墳（奈良国立文化財研究所許可済）

四　宮殿と建物の発掘

持統・文武・元明天皇三代の宮殿

飛鳥《あすか》浄御《きよみ》原宮《はらのみや》から藤原宮に持統《じとう》天皇が移り住んだのは六九四年。七一〇年の平城遷都まで文武《もんむ》・元明《げんめい》と三代の天皇が住み続けた。それまで天皇の宮殿は一代ごとに移転を繰り返していたため、恒久的な宮殿の出現は画期的だった。

藤原京はわずか十六年間の短命の都だったが、その間、大宝律令の制定（七〇一年）、度量（長さと容積）の統一（七〇二年）、遣唐使の再開（七〇二年）、富本銭《ふほんせん》の後を受けた和同開珎《わどうかいちん》の発行（七〇八年）など矢継ぎ早の政策が打ち出され、日本は律令国家体制を発展させていく。天武天皇がまいた種は見事、花を咲かせ、実を結んだ。藤原京は碁盤目状の条坊道路を持つ日本初の本格的な都だった。その形態はそれまで都だった飛鳥とは一線を画し、後の平城京、平安京に受け継がれていく。京の中心、藤原宮もそれにふさわしいたたずまいをしていた。

『続日本紀《しょくにほんぎ》』などから、藤原宮には大極殿《だいごくでん》（政治・儀式の中心建物）、内裏《だいり》（皇居）、

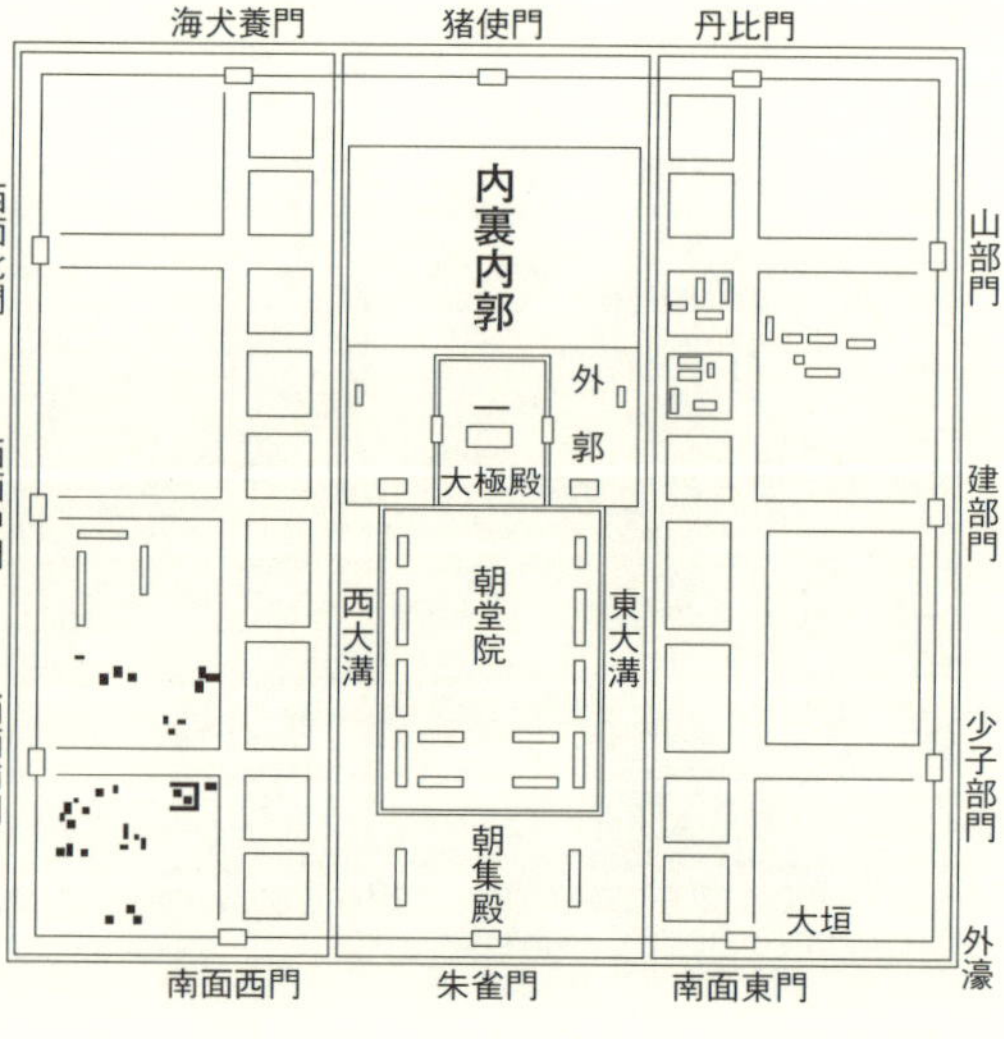

藤原宮　藤原宮は約1キロ▶四方、面積約100ヘクタール。甲子園球場の約25倍の広さをもつ。

朝堂《ちょうどう》(役所)などの建物が建ち並んでいたことがわかる。そこには大蔵省、宮内省、民部省など現代の役所の名称にもつながる八省の役所などが置かれていた。

しかし、平城遷都後、藤原宮はしだいに忘れ去られていく。藤原宮が再び姿を現すのは、昭和になってからだった。

再び姿を現した藤原宮

一九三四年(昭和九)、民間団体・日本古文化研究所が藤原宮の発掘調査を始めた。橿原市高殿《たかどの》町の通称「大宮土壇」と呼ばれる土の高まりの周辺で、耳成《みみなし》、畝傍《うねび》、天香久《あまのかぐ》の大和三山に囲まれた中心に位置し、藤原宮の最有力候補地とされていた場所だった。

九年間に及ぶ調査の結果、大極殿(東西四十五メートル、南北二十一メートル、推定高二十五メートル)やそれを巡る回廊、大極殿の南側に広がる朝堂院などが次々に確認された。朝堂院には広場を囲んで十二棟の朝堂が建ち並び、回廊で囲まれていた。朝堂院の南には左右の朝集殿《ちょうしゅうでん》(役人の待機所)があった。

こうした成果を受け、藤原宮跡は一九四六年に史跡指定され、一九五二年に特別史跡に昇格する。

一九六六年に再開された調査で藤原宮はその全体像を現した。

◀藤原宮大極殿跡と宮造営前の道路遺構(奈良国立文化財研究所提供)

宮は約一キロ四方。周囲を推定の高さ五・五メートルの掘立柱塀(大垣)と幅五・三〜七メートルの外堀、二〜三メートルの内堀が巡り、大垣には東西南北それぞれ三つ、計十二の門があった。南側中央が正面玄関の朱雀門《すざくもん》で、それ以外に北側西の「海犬養門《あまいぬかいもん》」、東側南の「少子部門《ちいさこべもん》」など六つの門が文献や木簡からわかっている。朱雀門からメイン道路の朱雀大路(両側側溝を入れた幅二十四・八メートル)が真南に伸びていた。

様々な役所

一九六九年に始まった奈良国立文化財研究所の飛鳥・藤原地域の発掘調査は九九年七月からの大極殿東側の調査で第百次を数えた。この場所は三九〜四〇年に日本古文化研究所、七〇年に奈文研が調査した場所と一部重なり、過去の調査を新しい知識・技術で再検討することにもなった。

その結果、朝堂院回廊の東西幅が従来の二百三十メートルから二百三十五メートルに広がり、内裏外郭の規模も南北三百七十八メートル、東西三百五メートルと確定した。宮造営に先行する条坊道路も見つかった。その他に大極殿東側にある巨大な礎石建物の存在も明らかになった。

この建物は西側が確認できていないが、東西は三十二・二メートルか四十一・四メートル、南北は十八・四メートルと、宮内では大極殿に次ぐ大きさだ。四面にひ

復元された朱雀大路跡（橿原市別所町）藤原宮朱雀門の南、日高山で検出された。芝部分が道路で、左右のレンガ幅は側溝である。南から北をのぞむ。

さしが付き、礎石は重さ一トン以上と堂々とした建物で、何らかの役所と考えられるが、名称や機能は不明だ。左右対称を考えるなら、未発掘の大極殿の西側にも同様の建物がある可能性はある。

大極殿や朝堂院など中枢施設の外側には官庁街が広がっていた。「東方官衙《かんが》」と呼ばれる大極殿東側の官庁街には東西六十六メートル、南北七十二メートルに区画されたブロックと通路が見つかり、「西方官衙」と呼ばれる大極殿南西の官庁街では長大な掘立柱建物群が見つかっている。

しかしこれらの建物もどのような名称でどういった役割を果たしていたのかはわからない。木簡などの出土で確定することが期待される。また、大極殿北にある内裏は、現在はため池（醍醐池《だいごいけ》）となっているため、ほとんど内容がわかっていない。さらに飛鳥京跡苑池遺構の発見や平城京の例から、宮の北側には広大な庭園が存在すると推測されるが、今のところ、藤原宮の庭園は確認されていない。

貴族と庶民の家

藤原宮の周囲には貴族や庶民の宅地が広がっていた。『日本書紀』に六九一年（持統五）、「右大臣に賜ふ宅地四町。直廣貳《じきこうに》より以上には二町。大参《だいさん》より以

◀馬寮《めりょう》跡とされる西方官衙跡
（奈良国立文化財研究所許可済）　後方は耳成山。

下には一町。勤《ごん》より以下、無位に至るまでは、其の戸口《へひと》に随はむ。其の上戸《かみつへ》には一町。中戸《なかつへ》には半町。下戸《しもつへ》には四分之一。王等も此《これ》に准《なぞら》へよ」と宅地分譲の基準が記されている。大臣が四町、貴族が一、二町、中・下級役人や庶民は家族の人数などにより一町から四分の一町だった。

一町は、現代の尺度に換算すると約百二十メートル四方。約四千四百坪だ。最少単位の四分の一町でも約六十メートル四方、千坪を超えるのだから、広大な敷地になる。しかし、右京八条四坊西南坪での橿原市教委の発掘で、二十メートル分の塀と門が見つかり、八分の一か十六分の一町に区切った三十メートル四方の宅地の一部と推測されている。より細分化された宅地利用がされていたと想定されている。

右京七条一坊を一九八六年六～十月、奈良国立文化財研究所飛鳥藤原宮跡発掘調査部が調査。一町を占める貴族の邸宅跡が見つかった。南と西は幅十五メートルの大路、東と北は六・五メートルの小路に囲まれた一画に、正殿（幅十八・四メートル、奥行き六・三メートル）、後殿、脇殿などの掘立柱建物が建ち並んでいた。朱雀門南西の一等地にあり、高位の貴族の邸宅とみられる。

一九九五年四月には橿原市教委の調査で、左京七条一坊東南坪のごみ捨て穴遺構から「皇子宮」「帳内」（舎人《とねり》）と墨書された木簡が出土。天武・持統天皇の皇子の邸宅があった可能性が高く、宮周辺に皇族が住んでいたことを裏付けた。

内裏跡の醍醐《だいご》池（橿原市醍▶醐町） 内裏跡は現在、ため池となっている。後方は耳成山。

五　新都造営に調達された資材

はげ山になった田上山

一九九五年二月、大津市南部、信楽《しがらき》山地の西部に連なる笹間ヶ岳《ささまがだけ》（四三三メートル）で建設省などが開いた植樹祭に、藤原宮跡近くにある橿原市立鴨公《かもきみ》小の児童ら約七十人が参加し、黒松の苗木約四千六百本を植えた。植樹隊の派遣は橿原市が創都千三百年記念祭として三月に開催した「ロマントピア藤原京'95」のプレイベント。植樹場所には「藤原京創都１３００年　植樹記念碑」と刻まれた石碑も建てられた。

笹間ヶ岳は古来、田上山《たなかみやま》（太神山）と呼ばれた山々の一つ。藤原宮造営には直線距離で五十四キロ離れた田上山から大量に切り出されたヒノキなどが使われた。橿原市の植樹はそのささやかな恩返しだった。

『万葉集』の長歌「藤原宮の役民の作る歌」（巻一―五〇）に、田上山から資材を調達する様子が「近江の田上山のヒノキの丸太を宇治川に浮かべて流す」「筏《いかだ》にして川をのぼらせる」などと描写されている。田上山から切り出された木材は、瀬田

笹間ヶ岳の藤原京創▶
都1300年植樹記念碑
（大津市田上里町）
鴨公小学校提供。

川や宇治川を下り、巨椋《おぐら》池から木津川をさかのぼり、陸揚げされて奈良山を陸路で越えた。奈良盆地に入ると再び水路を使い、佐保《さほ》川や寺川、運河を利用して藤原宮の建設地へと運ばれたと推定されている。

藤原宮全体で数万本の太い柱が必要だった。それに対応して大量の板材も必要となった。藤原京全体で使われた木材は膨大な量に上る。

田上山は奈良時代以降も乱伐が続き、主峰・太神山（五九九メートル）は土が流れ、花崗岩が露出したはげ山になってしまった。明治時代以降、続けられてきた植林でもなかなか緑は復活しない。田上山は、日本が初めて経験する大規模な建築ラッシュとそれによる乱伐の象徴と言えるだろう。

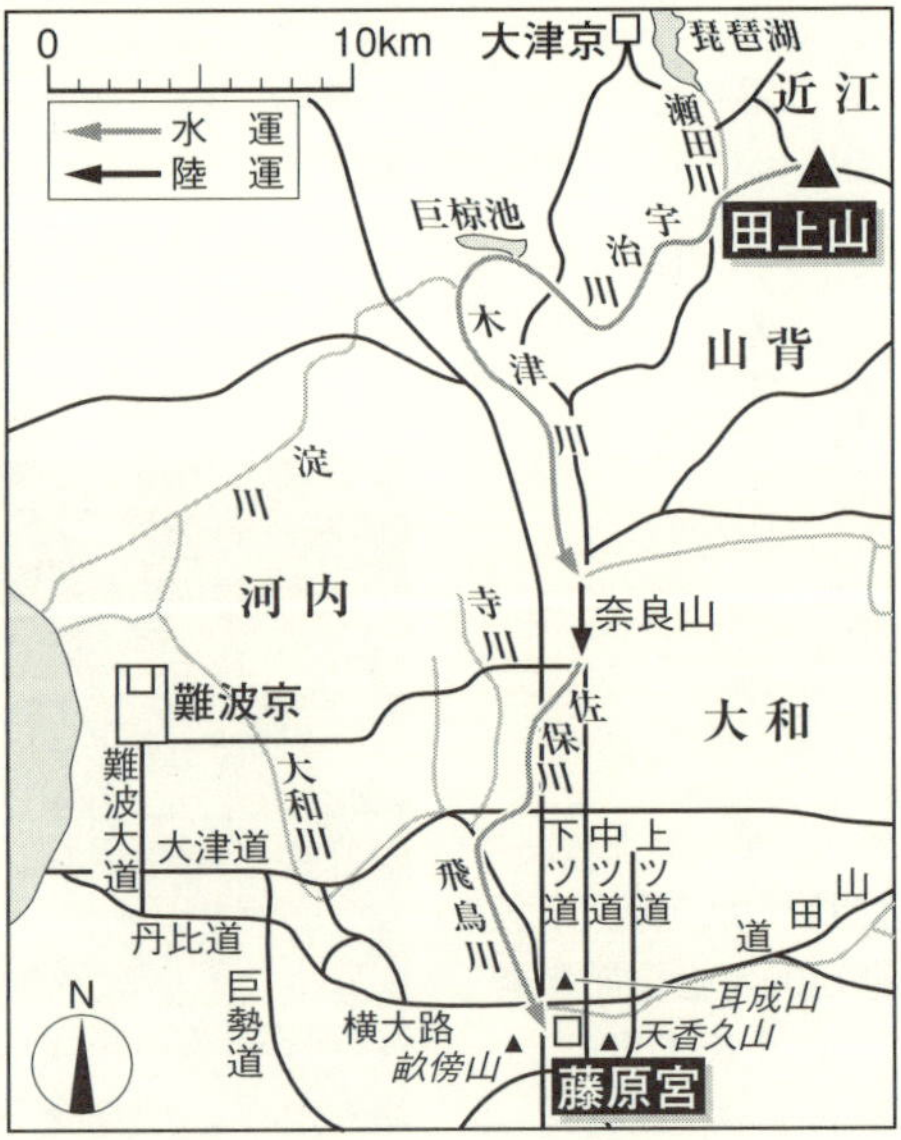

田上山から藤原宮への木材運搬ルート

初めての瓦ぶきの宮殿

日本で初めて造られた瓦ぶきの建物は寺院だった。五八八年に創建された飛鳥寺造営には百済《くだら》の瓦博士（瓦作りの技術者）がかかわったと『日本書紀』に記される。軒先を飾る軒丸瓦には仏教ゆかりの蓮華文《れんげもん》が施され、瓦ぶきは寺院の代名詞となる。

一方、瓦が飛鳥時代の宮殿に使われることはなかった。斉明天皇の時代、飛鳥の宮でも瓦をふく計画はあったが実現しなかった。大量の瓦を一度に調達する態勢が整っていなかったとも、瓦ぶきで礎石を使った建物は中国風であり、板や桧皮ぶきで掘立柱の和風建物への愛着が強かったからとも説明される。

藤原宮は日本で初めての瓦ぶきの宮殿だった。中国にならった初の本格的な都として中国風の瓦ぶきの宮殿は必須だったのかもしれない。これまで宮跡からは寺院と同様、蓮華文のある軒丸瓦や忍冬唐草文《にんどうからくさもん》の軒平瓦が多数出土している。

藤原宮で使われた瓦は推定二百万枚以上。このような大量の瓦は宮の南にある日《ひ》高山《だかやま》をはじめ、奈良盆地各地や滋賀県から香川県までの十か所以上の瓦窯で焼かれた。くすんだ灰色の瓦は重さ十キロ前後。その運搬も容易ではなかったであろう。

この時に開発されたとみられる大量生産の技法は国選定保存技術保持者の山本清一さん(奈良県生駒《いこま》市)らによって現代に復元されている。平瓦はまず、板状にした粘土を麻布を巻いた木桶(直径四十センチ、高さ六十センチ)に幾重にも巻き付けて形を整えた後、四つに割る。それを乾かして窯で焼けば出来上がりだ。

こうした技法で作られた瓦は、法隆寺の修復や復元された平城京朱雀門《すざくもん》にも使われている。

◀さまざまな瓦と瓦造りの道具
(道具は山本瓦工業株式会社蔵、
奈良国立文化財研究所許可済)

六　古代のトイレの発見

トイレの発見

「トイレが最初にできたのはいつだろう?」

排泄行為は、食べることと同じく人間の営みに欠くべからざるものだ。出しっぱなしで大自然に処理してもらう時代が長く続いたのだろうが、いつしか人はトイレが必要になった。それはいつからか。衛生的な水洗トイレになじみ、汲み取り式のトイレを知らない子供も多くなった現代からは想像もつかない事実が隠されているのではないか。素朴な疑問から導き出される答えは、単なるキワモノにとどまらないおもしろさが潜んでいる。

考古学的なトイレの研究は一九九〇年代に始まった。しかし、当初は遺跡にあるウリの種などが入った穴や溝がトイレかどうか判断する決め手がなかった。土壌に含まれる脂肪酸分析(脂肪を構成する脂肪酸、ステロール、糖脂質の組成から動植物の種類などを特定する方法)で判断する方法はあったが、結果が出るまで半年か

藤原京右京七条一坊で▶
検出されたトイレ遺構
(奈良国立文化財研究所許可済)

ら一年かかるのが難点だった。

一九九二年四月二十二日、奈良国立文化財研究所飛鳥藤原宮跡発掘調査部は、橿原市高殿町の藤原京右京七条一坊で七世紀末の最古のトイレ遺構が見つかったと発表した。宅地造成に伴い藤原宮の南三百五十平方メートルを発掘、トイレは土に穴を掘った簡単なもので、長さ一・六メートル、幅〇・五メートル、深さ一メートル。穴の四方に直径二センチ前後の杭が残っており、板などを渡して穴にまたがり、用を足したらしい。

穴からはトイレットペーパー代わりに使われた長さ二十センチ、幅一センチの木片(ちゅう木)が百点以上出土。中には木簡を転用したものもあった。ちゅう木の存在でもトイレだということはわかりそうなものだが、決め手となったのは意外なものの存在だった。

寄生虫に悩まされた都人

藤原京で見つかった穴の内部には厚さ四十センチに粒子の細かいつやのある黒土が体積していた。この土を分析すると、マクワウリ、キュウリ、クワ、麻などの種やカタクチイワシの骨などがあった。その他に人間に寄生する寄生虫の卵が大量にあった。ハエのさなぎも見つかり、黒土はまさに大便そのもので、未消化の食物などが含まれていたのだった。決め手とは寄生虫卵だった。

藤原京のトイレの想像図▶
遺構からA、B、Cの3パターンのトイレが想定できる。

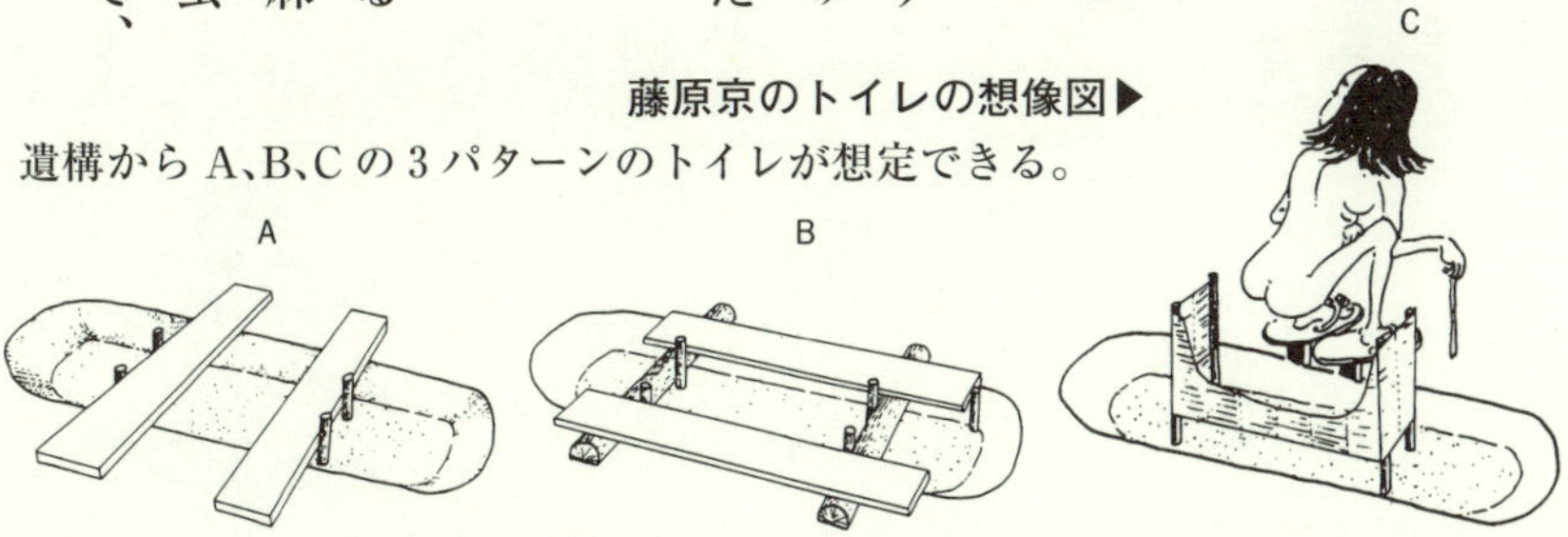

回虫や肝吸虫などの寄生虫卵は、黒土一立方センチあたり千個以上も含まれていた。回虫は野菜、肝吸虫は川魚、横川吸虫はサワガニを生か半生で食べた際に寄生する。コイのあらいやフナの造り、生野菜が食卓に載っていたことが想像できる。

これを機に土壌に含まれる寄生虫卵の量を観察することにより、遺跡にある穴がトイレかどうか、一日程度でわかる簡単な手法が確立されることになった。

その後、平城京長屋王《ながやおう》邸宅跡近くで見つかったトイレの下水施設とみられる溝などから大量のベニバナの花粉が見つかった。ベニバナは紅の染料で、『万葉集』にも度々登場する。しかし、ベニバナには染料以外の効能があったことが平安時代の医学書に載っている。それは虫下しである。ベニバナ以外にもアカザやヒユなど解熱や痛み止めの効果があるとされる植物も見つかっている。

グルメを楽しみながら、一方で寄生虫のまん延により、下痢や腹痛、貧血などに苦しんだ都人の姿が浮かんでくる。

水洗トイレと都市問題

一九九三年十二月には橿原市教委の調査で、藤原京右京九条四坊から初めて水洗式のトイレが見つかった。西四坊坊間路の側溝(幅〇・二一〜二一メートル)の東わきにあり、側溝から半円形に溝(径四・六メートル、幅〇・三メートル、深さ〇・五メートル)を掘り込んで流水を取り入れて流すような仕組みになっていた。この溝に

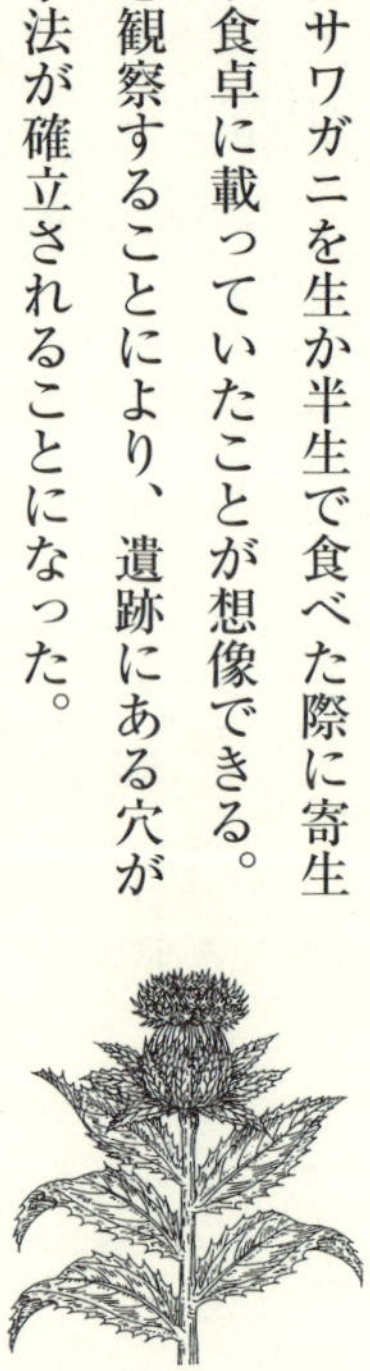

ベニバナ▶

堆積した土からも寄生虫卵が一立方センチあたり三百個見つかった。溝に板を渡し、周囲は芝垣などで囲んでいたらしい。こうした水洗トイレは一九九五年四月、橿原考古学研究所の調査で右京一条三坊でも見つかっている。

水洗トイレというと、衛生的なイメージがあるが、汚物は次々に側溝に流れ込んでいた。汲み取り式のトイレにたまったものも捨てられただろう。バキューム・カーや無臭の処理システムなどない当時、川につながる側溝だけが頼りだった。水が少なかったり、溝が詰まったりしたらアウトだ。トラブルがなくてもたまった汚物の悪臭が都に漂っていたに違いない。

『続日本紀《しょくにほんぎ》』の七〇六年(慶雲三)三月十四日に「京内外にけがれた悪臭が多くある。担当の役所が取り締まりを行わないからだ」とある。トラブルは現実であった。この汚物処理の破たんを藤原京が短命に終わった原因に挙げる研究者もいるぐらいだ。まさに都市問題の発生である。

奈良国立文化財研究所飛鳥藤原宮跡発掘調査部長の黒崎直さんは「トイレの始まりは三、四万人が住み、初めて人口が集中した都市、藤原京。都市では一定のルールが必要になったから」と説き、「トイレには食生活、衛生、医薬、環境など生活全般にわたる無限の面白い情報が詰まっている」という。これからも、ちょっと臭うが、都人の暮らしを生々しく再現する情報が提供されるだろう。

◀藤原京右京七条一坊で見つかったトイレットペーパー代わりのちゅう木（奈良国立文化財研究所提供）

七　まつりと信仰を探る

「いもあらい地蔵」のナゾ

　橿原市石川町の国道169号線沿いにはスーパーや本屋が立ち並ぶ。その一角の三差路の奥に、木立に囲まれた小さな祠が建つ。石碑には「いもあらい地蔵尊」の文字。石碑や祠は、まだ一帯が水田だった一九五八年、同市久米《くめ》町、農業深田庄治郎さんら三人の世話人が建てた。女性の白いすねを見て飛行術の神通力を失ったという久米仙人。この女性はイモを洗っていた、という地元の言い伝えがある。祠の横にあるコンクリート護岸の側溝が、女性がイモを洗った「芋洗川《いもあらい》」というのだ。

　藤原京の時代からあったわけではないだろうが、由来を知る人は少なくなり、「いもあらい地蔵」の名がいつからあるのかわからない。『橿原市史』（一九九〇年）に「いも」は「忌《い》む」、「あらう」は「祓《はら》う」の意味で、疱瘡《ほうそう》（天然痘）を古くは「いも」といい、「疱瘡除けの地蔵信仰から起こった名」との推測がある。

　交差点（四辻）に立つ地蔵には意味がある。古代の精神生活に詳しい奈良国立文化財研究所埋蔵文化財センター研究指導部長の金子裕之さんは「疱瘡は疱瘡神がまき

「いもあらい地蔵尊」（橿原市石川町）▶
いもあらい地蔵堂境内に残る礎石を厩《うまや》坂寺《さかでら》（⇨p. 101）のものとする説もある。

散らすと信じられた。こうした流行病や災害をもたらす道は、この世とあの世の境の恐ろしい場所だった。その中でも四辻はより恐ろしい場所。それをその境界で封じようとした」と説明する。小さな地蔵尊に込められた、疫病や災いを避けたいという願いに通じる精神的な営みは、藤原京の時代にもあった。

銅製人形は何に使われたか

一九九二年七月、橿原市教委が同市小房《おうさ》町のかしはら万葉ホール建設に伴う藤原京跡の発掘調査で、奈良盆地を縦断する古代の幹線道路の一つ、下ツ道《しもつみち》の遺構を確認。その東側の溝(幅九メートル)に架かっていた橋脚の付近から銅板を切り抜いた人形(高さ四・五センチ、幅一センチ、厚さ〇・一センチ)一点、木製人形十点、馬形の土製品など約八百点の遺物が出土した。麻や絹布を漆で張り合わせた夾紵《きょうちょ》箱の断片(縦五十センチ、幅二十五センチ、厚さ〇・七センチ)、銅製鈴(直径二センチ)、海獣《かいじゅう》葡萄《ぶどう》鏡《きょう》など小型銅鏡二点など、高級なものも含まれていた。天皇や皇族らが穢《けが》れをはらう国家的な祭祀、大祓《おおはらい》に用いた可能性があると考えられている。

大祓は日本の民俗的な信仰と中国から伝来した道教の影響が交じり合ったものとされ、文献上、天武天皇が六七六年(天武五)に行ったのが初めての例らしい。宮中や社寺で今も年中行事として伝わっており、そのルーツとなった。

人形は息を吹き掛け、体をなでて身中の災いや穢れを移した後、やはり疫病除けの呪い用か水神の祭りの道具とみられる馬の土製品などとともに道路の側溝に流したとみられる。まさに「水に流した」のだ。溝(川)もまた、道路の四辻と同様、マジカルな働きがあると信じられていた場所だった。

人形は一般には木製で、金属製は貴人が用いたものとされる。古代の官営工房で、天皇家とも密接に結びついていたとみられる明日香村の飛鳥池遺跡でも、そこで製造されたとみられる銅製人形が出土しているのが象徴的だ。

占いと呪いの木簡

同じ調査で、道教《どうきょう》の代表的な呪文の「急々如律令《きゅうきゅうにょりつりょう》」と記した木簡《もっかん》(長さ二十四センチ、幅四・五センチ、厚さ〇・四センチ)も出土した。元々、中国・漢の公文書の最後に書く言葉で、「律令にあるように速やかに厳しく行え」という意味。それが呪いの効果が早く現れることを祈る決まり文句になった。この呪文を記した木簡としては最古の例。現代でも修験道《しゅげんどう》で用いられ、民家の屋根瓦や魔除けの御札に書かれる。そのルーツと言えそうだ。

また、藤原京右京九条四坊の道路側溝では一九九四年三月、宮仕えの吉日などを八卦《はっけ》占いした木簡や易学を用いて呪いをした呪符《じゅふ》木簡が出土した。この時代すでに易学が定着していたことを裏付け、現代の八卦占いにつながる。

八卦木簡は長さ二十センチ、幅三センチで、表・裏に「三十五歳の男性が占った

下ツ道東側溝▶から出土した土馬・人形・鏡(橿原市教育委員会提供)

ところ、南は絶命、南東は災害があって避けるべき。西は吉で、全体としてみれば吉。宮仕えをする良い日は三月十一日に庚寅《こういん》が当たる七〇五年（慶雲二）のこの日の午前二時ごろが吉という」ことが書かれていた。

この他、呪符木簡には表に易学に基づいて「大神龍王」の文字と水害を鎮めることを願った呪文が記され、裏に女性二人の絵姿、名前、生年が書かれていた。水神に捧げる「人柱」の代用だったのかもしれない。

木簡の字句は中国の易学書『五行大義』に記された字句と同じで、現代の易学占いの原形。朝鮮半島からの渡来僧や遣唐使らが伝え、広まったらしい。

当時はふだんの暮らしのすべてを占い・呪いが律していたと言っても過言ではない。不老長寿や現世利益を願う神仙思想・道教などに基づく呪いは災厄を除けるものだけでなく、逆に他人を呪い災厄をもたらすことにもつながった。古代国家は一般に広まるのを禁じ、統制しようと試みた。が、それは広く流布し、人々に受け入れられていったらしい。マジカルな世界は良きにつけ悪しきにつけ、都人の暮らしに密着していた。

これを昔の人は科学的な知識がなかった、迷信深かったからだと笑えない。星座占いや血液型占いは今日でも盛んだ。新聞の占いコーナーは休載するとお叱りの電話が来るほどだ。呪い・占いは気休め以上の価値を現代でも持ち続けている。日本人の占い・呪い好きは千三百年前からの筋金入りなのだ。

◀下ツ道東側溝出土の八卦木簡（右が表、左が裏）（橿原市教育委員会提供）

八　都人の暮らし―食と遊―

海の幸を満喫したグルメな貴族

　奈良国立文化財研究所飛鳥藤原宮跡発掘調査部の展示室には、木簡に書かれた内容などから復元した藤原京時代の食卓が再現されている。貴族のものは、白米にわかめ汁、おかずはアユの煮付け、タイの和え物、アワビのウニ和え、古代のチーズ・蘇《そ》、枝豆に清酒と、現代でもごちそうに見える。下級役人になると、玄米、青菜の汁、イワシの煮付け、キュウリの塩漬けとぐっと落ちる。健康食と言えなくもないが、現代の感覚では粗食の部類に入るのではないか。

　藤原京から出土した木簡には、クロダイ、スズキ、カマス、イカ、モズク、ホヤ、サメ、カキなど、海の幸の名前が多く見られる。塩漬けや干物にして運ばれたらしいが、海のない奈良盆地にいた都人の海産物に対する、あこがれともとれる飽くなき欲求がうかがえ、驚きを覚える。

　一方、同調査部には、庶民の食卓も再現されている。それによると、玄米、アラ

展示された藤原▶京時代の貴族の食事（奈良国立文化財研究所許可済）

メ（海藻）の汁、ゆでたノビル（山菜）、塩だけ。動物性たん白質はない。これでは粗食を通り越して栄養失調になってしまう。

庶民は「貧窮問答歌」の世界

中央集権化が進むなかで海産物など、各地の特産品が都に集められた。しかし、それを口にできるのは、一部の特権階級だけだった。それでは、そうした特産品を送り出す地方はどうだったか。

一九九四年一月、鳥取県倉吉《くらよし》市の不入岡《ふにおか》遺跡（八世紀後半）から幅六メートル、奥行き二十四メートルの長大な建物跡が十棟、出土した。調査した同市教委は、伯耆《ほうき》国庁の関連施設で中央に納める米以外の税を一時的に保管した倉庫とみる。人口が少なく、生産性も高くない時代、これだけの倉庫を満たすのは大変だ。厳しい徴税があったに違いない。

当時の伯耆国司は「貧窮問答歌《ひんきゅうもんどうか》」で知られる万葉歌人、山上憶良《やまのうえのおくら》。「貧窮問答歌」の情景は漢詩を下敷きにし、事実を歌ったものではないとも言われてきた。しかし、不入岡遺跡の倉庫群から、庶民の窮乏ぶりを憶良が実際に目にし、歌に反映させた可能性も出てきた。藤原京の時代より百年近く後の話だが、多種多様の物資を集積できた背景には同様の状況があったに違いない。

◀展示された藤原京時代の庶民の食事（奈良国立文化財研究所許可済）

都の貴族がグルメを満喫しているころ、人口の大部分を占める庶民は粗食にあまんじ、飢えに耐えていたのである。

一方で、藤原京には後の平城京にも見られるように東西に市《いち》があった。その場所は見つかっていないが、繊維製品や金属製品などの工業製品だけでなく、様々な食料品も並んでいたであろう。

富本銭《ふほんせん》の流通は始まっていたと考えられるが、庶民の段階ではまだまだ物々交換が主流だったとみられる。交換する物さえあれば、そうした食料品を手に入れる機会もあったであろう。しかし、都市の中で、そうした交換用の品々を用意するのは困難だったのではないだろうか。庶民の食卓の貧しさは、交換する「物」が手持ちにない都市生活者の悲劇だったかもしれない。

最古の碁石の出土

橿原市縄手《なわて》町の藤原京跡を調査した同市教委は一九九七年七月二日、藤原京時代の建物の柱穴（直径十センチ、深さ二十センチ）から日本最古の碁石が出土したと発表した。チャートを使った白石が十八個、頁《へき》岩・砂岩を使った黒石が十九個で、いずれも直径一センチ、厚さ〇・五センチ。現代の碁盤に並べてみても、そろった形やつややかな色は何ら不自然ではなかった。

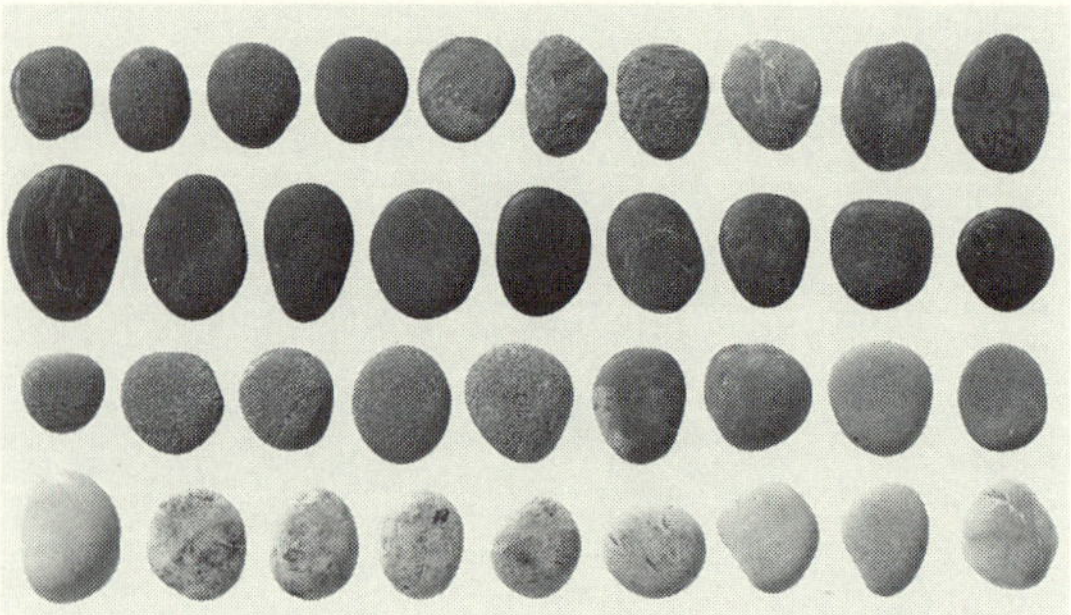

藤原京時代の碁石（橿原市教育委員会提供）▶
藤原京跡から出土。日本最古といわれている。

囲碁は、中国で春秋戦国時代（紀元前六世紀ごろ）に始まった。中国の史書『隋書』倭国伝には、飛鳥時代（七世紀中ごろ）に日本に伝来していたと記されている。だが、これまでは正倉院に収められ、『国家珍宝帳』（七五六年）に記載されている象牙で作った高級品が最古の例だった。

これまでにも碁石とみられる自然石は藤原京内で見つかっていたが単体だったため、碁石とは確認できなかった。自然石を使った碁石は庶民が遊んだものと考えられ、藤原京の時代に庶民にまで囲碁が広がっていたことを裏付けたのだ。つつましい暮らしの中にも、遊び心を失わなかった庶民のたくましさがうかがえる。

将棋・双六のルーツは？

囲碁と同様、この時期、インドをルーツに中国から伝わった遊びに将棋と双六《すごろく》がある。これらは遣唐使や入唐僧《にっとうそう》が持ち帰ったとされる。碁石が藤原京で見つかっている以上、将棋や双六も藤原京の都人が知っていた可能性は高い。

しかし、将棋は現在のところ、奈良市・興福寺境内で一〇五八年（天喜六年）の題簽軸《だいせんじく》とともに出土した駒が最古級。橿原考古学研究所附属博物館に常設展示してある駒には五角形の小さい板に「王将」や「歩兵」の墨書がはっきり見える。現代では本家の中国とは違ってしまった将棋の駒が、この時代にはほぼ今の姿に固まっていたことがわかる。

◀興福寺から出土した奈良時代の将棋の駒　中央：王将、右下：金将、左下：歩兵（橿原考古学研究所提供）

双六は現代でいうバックギャモンのようなもの。奈良時代には貴族から庶民まで大流行し、『続日本紀』に七五四年(天平勝宝六)十月、「(双六によって)悪の道に迷い込み、子は父に従うことがなくなっている。これでは家業を失い、孝道がなくなる」として厳しい禁令が出されるほどだった。こちらも藤原京での発見はないが、京内で出土した「碁石」を双六の駒とする見方もある。

538		仏教が伝わる
584	敏達13	蘇我馬子が石川精舎を造る
585	14	蘇我馬子が大野丘の北に塔を建てる
588	崇峻元	飛鳥寺を造り始める
592	5	推古天皇が豊浦宮に即位する
603	推古11	小墾田宮に移る
606	14	鞍作止利が坂田寺を造る
607	15	小野妹子を隋へ派遣する
626	34	蘇我馬子がなくなる
630	舒明2	飛鳥岡本宮に移る
639	11	百済宮と百済大寺(後の大官大寺)を造り始める
640	12	百済宮に移る
641	13	山田寺を造り始める
643	皇極2	飛鳥板蓋宮に移る
644	3	蘇我蝦夷・入鹿父子，甘樫丘に家を建てる
645	大化元	蘇我入鹿が暗殺される 難波に都を移す
649	5	山田寺で蘇我倉山田石川麻呂が自害
653	白雉4	中大兄皇子，皇極らと飛鳥河辺行宮に移る
655	斉明元	飛鳥板蓋宮の火災。飛鳥川原宮に移る
656	2	狂心の渠を作る。後飛鳥岡本宮に移る
660	6	中大兄皇子が水時計を作る
663	天智2	白村江の戦い
667	6	近江の大津宮に移る
672	天武元	壬申の乱 飛鳥浄御原宮に移る
680	9	薬師寺を造り始める 橘寺が火災
684	13	藤原宮の地を定める
689	持統3	飛鳥浄御原令の発布
694	8	藤原宮に移る
700	文武4	僧道昭を栗原に火葬する
701	大宝元	大宝律令の完成
708	和銅元	和同開珎を鋳造する
710	3	平城京へ都を移す

◀**飛鳥・藤原京関係略年表**

2章 飛鳥・藤原京の謎を解く

1 仏教の受容と飛鳥前史

千田　稔（国際日本文化研究センター教授）

一　継体・欽明朝をめぐる謎

磐余と忍坂

飛鳥がいわゆる日本の政治的中心地となるのが、『日本書紀』にしたがって、五九二年の推古《すいこ》天皇の豊浦宮《とゆらのみや》における即位以降とすれば、それより前の時代は、今日の奈良県桜井《さくらい》市の市街地南西方の磐余《いわれ》およびその周辺が権力の集中した地域であった。

飛鳥の政権につながるのは、磐余玉穂宮《いわれたまほのみや》を宮居とした継体《けいたい》天皇である。継体天皇については、出身家系と即位までの経緯が記・紀の記述では複雑で理解しにくく、以前から多くの問題点が指摘されてきた。記・紀ともに、継体天皇は応神《おうじん》天皇の五世の孫と記し、その父母は直接皇統に結びつかない。このことは、継体の前代の天皇とされている武烈《ぶれつ》天皇によって大王家に連なる血統は絶え、系譜をさかのぼれば、応神天皇のところで皇統譜に接続するという解釈である（次ページ系図）。

このような状況を前提とすることによって、継体天皇によって新しい王朝が始まったとする説がある。『日本書紀』の継体即位までの記述を追ってみよう。

（一）　父は彦主人《ひこうし》王《のおおきみ》、母は振媛《ふるひめ》。彦主人王は、近江国高島郡の三尾《みお》（滋賀県高島郡高島町）の別邸から使いをだして、越前の三国《みくに》（福井県坂井郡三国町）にいた振媛を迎えいれた。

（二）継体天皇が生まれたが、幼いときに父が亡くなったので、振媛は郷里で子供を養育した。

（三）大伴金村大連《おおとものかなむらおおむらじ》らが三国にいた男大迹王《おほどのおおきみ》（継体天皇）を天皇として迎えることになり、天皇は樟《くず》

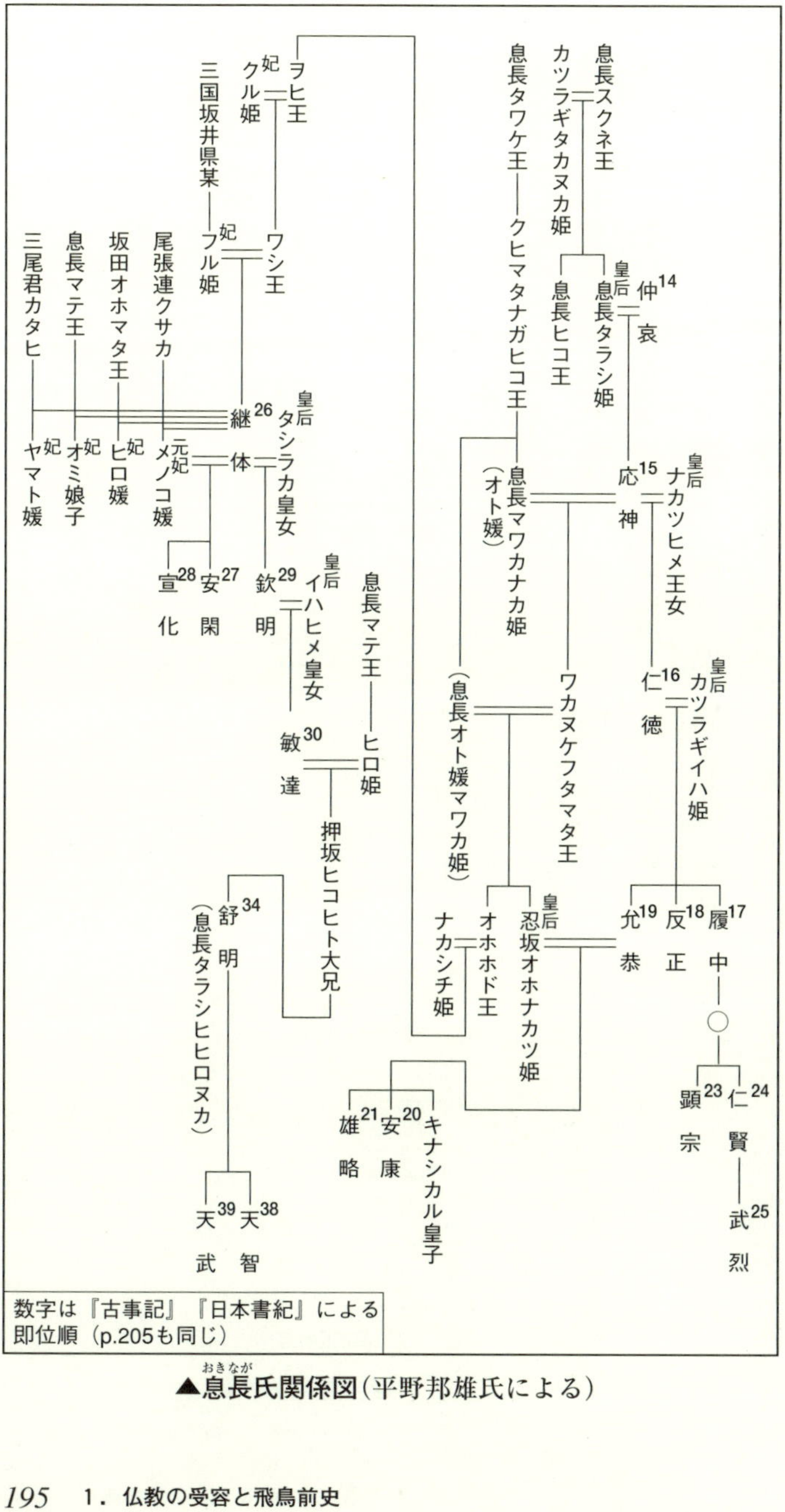

▲息長《おきなが》氏関係図（平野邦雄氏による）

葉宮《はのみや》（大阪府枚方市《ひらかた》楠葉《くずは》）に至り、即位した。

（四）　その後、山背《やましろ》の筒城《つつき》（京都府綴喜《つづき》郡）、弟国《おとくに》（京都府乙訓《おとくに》郡）と宮を遷し、最後に磐《いわ》余《れ》玉穂《たまほ》を宮とした。

継体天皇の即位について注意されてきたのは、磐余に宮を定めるまで、楠葉・筒城・弟国を転々と移動していることで、これは大和に継体即位に反対する勢力の強い抵抗があって、大和に進出できなかったというのが、今日に至るまでの定説といってよい。

だが、継体が磐余に宮を定める前に、大和以外の地で宮を遷していたとすれば、五世紀後半の雄略《ゆうりやく》朝以降、大和に宮地が継続してあったとすることと対照すると、きわめて不安定な王権の状況を想定しなければならない。

遷宮の事実については確認できないが、継体の即位が順調に実現したのではないことは遷宮の記事が示唆《しさ》している。継体即位に問題があったのはその出自である。前ページの系譜を継体からさかのぼると息長《おきなが》氏と結びつく。継体（ヲホド王）の曽祖父が意富々杼《おほほど》王であり、允恭《いんぎょう》天皇の皇后忍坂大中姫命《おしさかのおおなかつひめのみこと》が意富々杼王の姉か妹にあたる。その妹の衣通郎姫《そとほしのいらつめ》とともに、母の息長弟比売真若《おきながおとひめまわか》の住む近江の坂田《さかた》

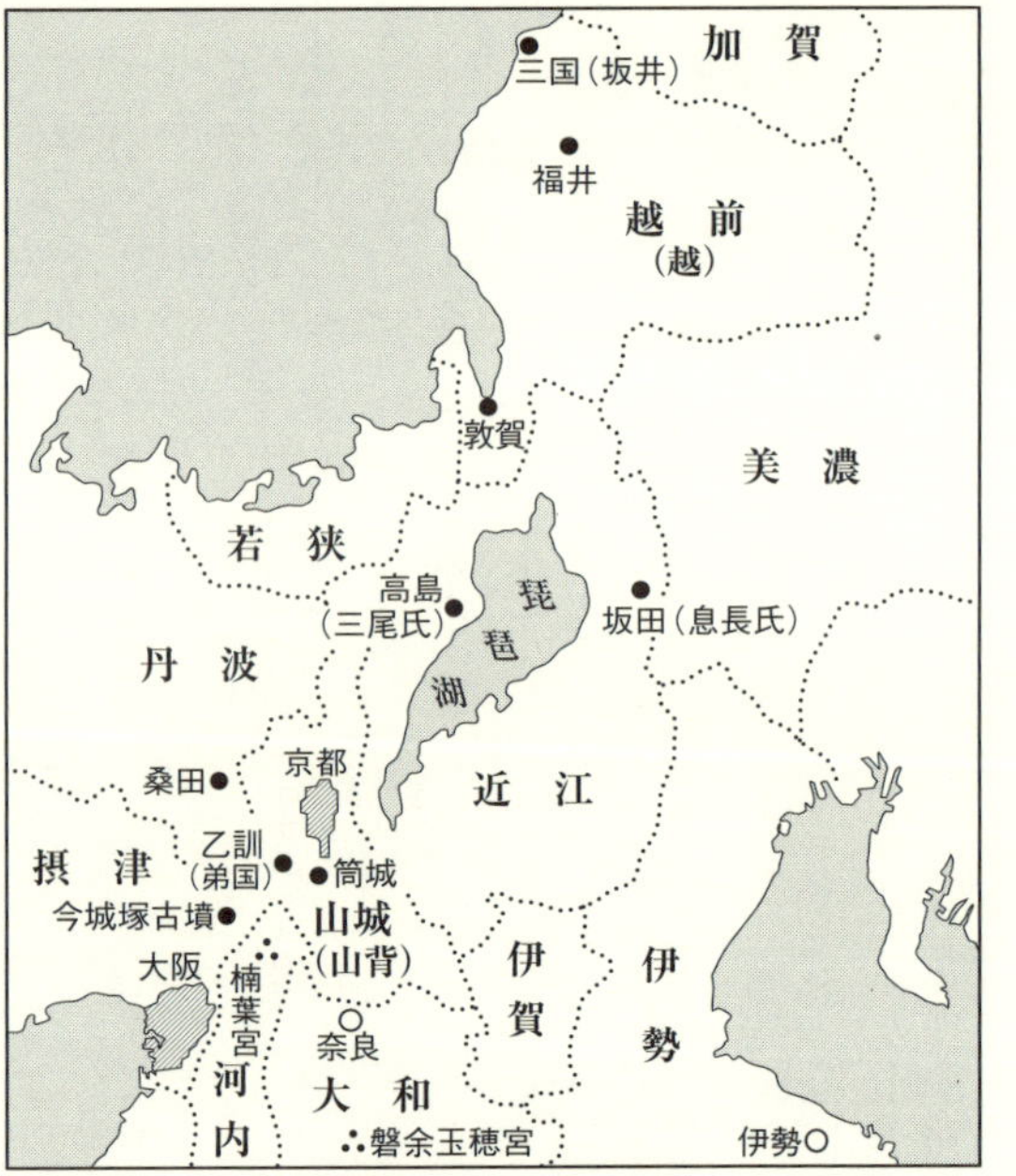

▲継体天皇関係要図

（滋賀県坂田郡）にいたという。近江の坂田は息長氏の本拠地であり、忍坂大中姫命の忍坂は大和における息長氏の拠点であったことも系譜をたどれば認めてよいであろう。

忍坂の地は桜井市の市街地東南東、外鎌《とがま》山という山の付近である。外鎌山は万葉歌によまれた忍坂山である。

意柴沙加宮《おしさかのみや》

息長氏と忍坂の結びつきを想定させる史料として、和歌山県橋本市の隅田八幡《すだはちまん》神社に所蔵されてきた（現在、東京国立博物館寄託）人物画像鏡の銘文が考証されてきた。銘文の読みについては諸説があるが、「癸未《みずのとひつじ》年八月、日十大王《ひそのおおきみ》の世、男弟王《おおとのきみ》が意柴沙加宮《おしさかのみや》にいたとき、斯麻《しま》が長く奉仕することを念じ、開中費直《かわちのあたえ》と穢人今州利《あやひといますり》の二人を遣わして、白上銅《しろのじょうどう》二百旱《かん》を用いてこの鏡を作った」というのがおおよその内容である。

▲人物画像鏡

（和歌山県隅田八幡神社蔵）

ここにいう意柴沙加宮というのは、忍坂宮のこととしてよい。「日十大王」については、天皇名と思われるが、適当な解釈はない。「男弟王」について、天皇の弟とみるか、「ヲホド」と読むこともできるという説がある。問題は、「癸未」を西暦の何年にあてるかである。諸説があり、詳細に紹介できないが、四四三年説と五〇三年説が有力である。

四四三年説をとり、「男弟王」を允恭《いんぎょう》天皇の皇后忍坂《おしさか》オホナカツ姫の兄、または弟のオホホド王（継体天皇の曽祖父）とみる和田萃《あつむ》氏の想定がある。この場合、「斯麻《しま》」を摂津の三島《みしま》地方（大阪府）の出身者と解し、「男弟王」に長く仕えることをちかう目的で鏡を献上したとする。

▲足羽山《あすわやま》公園に建つ継体天皇像（福井市）

いっぽう、五〇三年の論者である平野邦雄氏は「開中費直」は「カワチノアタヒ」とよむが、「費直」という一種のカバネが成立するのは四四三年では無理であるとする。そこで「男弟王」を「ヲホド王」とよみうるとして、その人物を継体天皇とする。

「癸未」についての年代論は、鏡の製作時期とも関係してなお検討を要する問題であるが、私は「斯麻」を摂津の三島地方に関係する人物とみた場合、いずれの年代説をとろうとも、息長氏に三島の豪族とのつながりを考えることができ、同時に継体陵が三島藍野陵《あいの》（具体的には大阪府高槻《たかつき》市の今城塚《いましろづか》古墳をあてることが有力視されている）であると伝えることが理解しやすい。

継体天皇について解明できていない多くの問題があるが、その一つには磐余《いわれ》玉穂宮《たまほのみや》の比定地についても全く不明である。継体朝は、『日本書紀』によると、朝鮮半島では、いわゆる「任那《みまな》四県」の百済《くだら》への割譲や、筑紫国造《つくしのくにのみやつこ》磐井《いわい》の反乱など、内外とも困難な状況にあった。

欽明朝をめぐる問題

継体天皇の後の王権の行方も議論が多い。喜田貞吉《きたさだきち》氏や林屋辰三郎《はやしやたつさぶろう》氏によって提起された欽明《きんめい》と安閑《あんかん》・宣化《せんか》の「二朝対立論」は、継体天皇の没後、二つの王朝が並列したというもので、不安定な政治的・社会的状況を反映したことによるとする。要約すると、次のような史料の解釈から導かれたものである。

（一）『日本書紀』本文では、継体天皇は継体二十五年（五三一）に亡くなったとする。しかし、「或本に云はく」として、天皇は継体二十八年（五三四）に没とあるが、本文に二十五年としたのは『百済本記《くだらほんぎ》』の次の記事によるものである。「辛亥《しんがい》（五三一年）の年の三月に、軍隊は安羅《あら》（慶尚南道咸安《けいしょうなんどうかんあん》）に進軍し、乞乇城《こっとく》を営む。是《こ》の月に、高句麗《こうくり》の王、安《あん》が殺される。また聞くところによれば、日本の天皇および太子・皇子ともに亡くなったという」。

つまり、継体の没年は『日本書紀』において、統一されていないが、『百済本記』の伝聞記事を重くみて、『日本書紀』の本文に採用したのである。しかし、「太子・皇子」がともに没したという箇所が明確ではなく、この年の継体の太子勾大兄《まがりのおおえの》皇子《みこ》（安閑天皇）の死亡についても『日本書紀』には

▲継体の墓と考えられる今城塚古墳（大阪府高槻市）

記述がない。なお、この記事を「太子・皇子」ではなく、「太子の皇子」とよむ一説もある。

(二)『日本書紀』によると、継体天皇の次の天皇と位置づけられている安閑《あんかん》天皇(勾大兄皇子《まがりのおおえのみこ》)は、継体天皇二十五年(五三一)に譲位によって即位し、その日に継体は没したとある。この記事は、継体紀本文と整合性があるが、『百済本記』のよみ方で「太子」が亡くなったとすれば、全くの架空的な記載となる。ところが、安閑紀元年の末尾に「是年」は「甲寅《こういん》」、すなわち五三四年とある。明らかに『日本書紀』の記述に混乱がある。「甲寅」年は継体紀の「或本」の継体の死亡年である。ということは『百済本記』によって完全な整合性をはかるべきところ、それを果たさなかったことによる。

その後、『日本書紀』では、安閑天皇の次の宣化《せんか》天皇は五三六年、続いて欽明《きんめい》天皇は五四〇年に即位したとする。

(三)ところが、『上宮《じょうぐう》聖徳《しょうとく》法王《ほうおう》帝説《ていせつ》』という史料には、欽明天皇の即位を五三一年として、五七一年までの四一年間在位し、仏教の公伝は欽明戊午《ぼご》年(五三八)とする。『日本書紀』の仏教伝来記事は五五二年である。また、『元興寺《がんごうじ》伽藍《がらん》縁起《えんぎ》 并《ならびに》 流記《るき》資財帳《しざいちょう》』には、辛亥《しんがい》年(五三一)の翌年をもって欽明元年として、五七一年までを欽明朝とする。ここでも、仏教は五三八年に伝わったと記す。

以上の(一)、(二)、(三)の史料を比較してみると、五三一年が一つの画期であることに示唆される。

(二)の『日本書紀』の本文と(三)の史料とを中心に考えると、欽明天皇は継体崩御と同年の五三一年に即位したことになる。ところが、(二)の『日本書紀』では欽明の即位は五四〇年であるから、九年ばかりの年代差が生じる。また、(三)には安閑・宣化については触れられていない。

以上にみたような史料上の不整合性に合理的な解釈を与えようとしたのが、いわゆる「二朝対立論」である。すなわち、継体没後、欽明朝がはじまり、三年後の五三四年に安閑、そして五三六年に宣化が即位することによって、欽明朝と安閑・宣化朝が平行し、五四〇年からは欽明朝に統一され、五七二年に敏達《びだつ》朝となるとする仮説である。

この「二朝対立論」を支持する研究者が多く、「継体・欽明朝の内乱」を想定する。もともと、継体の即位は、先にみたようにむずかしい王権内部の事情をくぐりぬけたものであった。そのため、継体没後に反継体勢力の支持をえて即位したのが欽明天皇であり、継体の継承者として擁立されたのが安閑天皇であったという経緯を想定させる説である。また、六世紀前半に動乱の時代を想定するなど、「二朝対立論」は興味深い問題を提起する。

ここでも細部にわたる内容については省略することにして、天皇の宮の位置に焦点をあててみよう。

安閑天皇は勾金橋《まかりのかなはし》宮、宣化天皇は檜隈廬入野《ひのくまのいほりの》宮、欽明天皇は磯城嶋金刺《しきしまのかなさし》宮を営んだ。安閑の勾金橋は今日の橿原市曲《まかり》川《かわ》(旧金橋村)あたり、宣化の檜隈廬入野は明日香村檜前《ひのくま》付近、欽明の磯城嶋金刺宮は現在の桜井市慈恩寺《じおんじ》に字「式嶋《しきしま》」があるので有力な候補地とみられる。前二者が磐余《いわれ》の土地からかなり

▲欽明天皇の磯城嶋金刺宮伝承地(桜井市外山《とび》)
現在、桜井市水道局敷地内に石碑が建っている。この地は旧の磯城郡式島《しきしま》村である。

▲宣化天皇の檜隈盧入野宮伝承地（明日香村檜前）　檜隈の於美《おみ》阿志《あし》神社境内に石碑が建っている。

離れたところにその比定が想定されるのに対して、欽明の宮は磐余に近い。宮の地理的位置からみる限り、安閑と宣化は宮地としては周縁部に追いやられたという印象を与える。そのことに注意すると、欽明朝と安閑・宣化朝の異質性がうかびあがる。

ところが、それだけでは理解できない点がある。安閑の勾金橋宮想定地の東に橿原市曽我《そが》町があり、その地は、蘇我氏の本来の拠点とされているところである。また、宣化の宮の地とされる檜前は、蘇我氏の傘下にあった東《やまとの》漢《あや》氏の本拠とするところである。後に述べるように、蘇我氏と近い関係を結ぶのは欽明である。とすると『日本書紀』の天皇の即位の順序にしたがって安閑・宣化・欽明の連続性を読みとることもできよう。

右のようにみると、「二朝対立論」をそのまま受け入れがたいとしても、欽明朝は内政面において屯倉《みやけ》や田部《たべ》（屯倉の耕作民）の設置などによって支配機構の確立を着実に進めていったが、外交においては朝鮮半島への影響力がしだいに減退していくなど、さまざまな変化をもたらした時代で、仏教の公伝など、後の時代へ大きな影響をもたらしたのである。

二　仏教受容と蘇我氏の台頭

仏教公伝

仏教の日本への伝来は、日本に体系的な思想がもたらされたことを意味するもので、日本文化の根底に大きな影響を与えるものとなっていった。仏教は渡来系の人々によって六世紀には日本に伝わっていたと思われるが、いわゆる仏教公伝については、『日本書紀』と『上宮聖徳法王帝説《じょうぐうしょうとくほうおうていせつ》』・『元興寺《がんごうじ》伽藍《がらん》縁起《えんぎ》并《ならびに》流記《るき》資財帳《しざいちょう》』ではその年代が異なる。前者は五五二年、後者は五三八年とするが、いずれも欽明即位年の相違があるとしても、欽明朝の出来事として記している。この年代上のちがいについての議論もあるが、「二朝対立論」を認める立場とそうでない場合によっても結論はくいちがうので、断定的な結論をだすことはむずかしい。

『日本書紀』の欽明十三年十月条に、百済《くだら》の聖明王《せいめいおう》が使節を日本に派遣して釈迦仏《しゃかぶつ》の金銅像一体、幡《ばん》や蓋《きぬがさ》若干、経論《きょうろん》若干巻をもたらしたときに、欽明天皇は礼拝すべきかどうかを臣下にたずねた様子が記されている。蘇我稲目《そがのいなめ》は「西蕃の諸国(西方の国々)はすべて拝んでいる。日本だけが背《そむ》くことができ

▲宗我坐宗我都比古《そがにますそがつひこ》神社(橿原市曽我町)
蘇我氏は５世紀末、橿原市曽我町付近に本拠をおき、今も近鉄大阪線真菅《ますが》駅前に宗我坐宗我都比古神社がある。

ませんｊといったが、物部尾輿《もののべのおこし》と中臣鎌子《なかとみのかまこ》は「我々の国家の大王はつねに天地社稷《しゃしょく》の百八十神《やおよろずのかみ》を春夏秋冬お祭りしている。今それを改めて蕃神《ばんしん》(外国の神)を拝みなさると、国つ神《くにつかみ》の怒りをかうでありましょう」といった。そこで天皇は蘇我稲目に試しに礼拝するようにという。稲目は小墾田《おはりだ》の家に安置し、向原《むくはら》(明日香村豊浦《とようら》)の家を浄めて寺とした。ところが後に疫病がはやり、多くの人々の死を招き、病気を治療することができない状態になった。物部尾輿と中臣鎌子は「かつて私共が申し上げたことをなされなかったために、このような病死の人々がでました。すぐにでも元の状態、つまり神を祈ることにもどれば、きっと慶事があるでしょう。早く仏像を投げすてて、後の福を求めて下さい」と天皇に申し上げた。そこで役人は仏像を難波《なにわ》の堀江《ほりえ》(大阪市)に流し捨て、伽藍に火をつけ、焼きつくしたところが風雲もないのに天皇の大殿に燃えうつり、火災がおこった。

この記事は、仏教と古来からの神信仰の対立と仏教の霊験について物語風に作為されたもので、事実とはいいがたい。しかし、欽明朝以降、仏教が蘇我氏によって積極的に受容されていく発端を説明するものである。仏像を蕃神と表現しているのは、あくまでも外国の「神」ではあるが、伝統的な「神」信仰の中で理解しようとする態度をうかがうことができる。

当時の東アジア状勢は百済が新羅・高句麗と対立関係にあり、仏教は、日本の軍事的支援を望んだ百済の外交政策の一つであった。島国日本にとって、世界性をもつ仏教の受容は、国際社会に処していくために、国家政策としても必須のものであった。蘇我稲目が寺とした向原の家は、後に推古天皇が豊浦《とゆら》宮を営む場所でもあり、飛鳥という土地で仏教が国家宗教として成長していく。

蘇我氏の戦略

蘇我氏が欽明天皇に接近していくのは、仏教受容という点での見解の一致とともに、欽明の妃に蘇我稲目の二人の娘をいれることに成功することが大きな契機となる。すなわち、欽明と堅塩媛《きたしひめ》の間に、後の用明《ようめい》天皇・推古天皇が、また小姉君《おあねのきみ》との間に後の崇峻《すしゅん》天皇が生まれている。

欽明の次に即位する敏達《びたつ》天皇の皇后に額田部《ぬかたべ》皇女(後の推古天皇)を立て、推古女帝実現への道筋がつけられる。敏達の宮は訳語田幸玉宮《おさだのさきたまのみや》で、桜井市戒重《かいじゅう》付近に想定できる。そして五八六年の用明天皇の即位によって蘇我氏の血をうけつぐ天皇が誕生する。用明の宮は磐余池辺双槻宮《いけのへのなみつきのみや》とよばれる。「池辺」とは池のほとりという意味であるが、この池は「磐余《いわれ》池」とみてまちがいないであろう。磐余池の比定地としては、通説として桜井市の西部にある池之《いけの》内《うち》町あたりとされてきた。もしそうならば、用明の宮は桜井市の市街地より西方に求めなければならない。しかし『枕草子《まくらのそうし》』に清少納言が長谷詣《はせもうで》をしたときに、磐余池で水鳥がひまなく鳴きさわいでいるのを興味深く見ると書かれていることに注意したい。平安時代の長谷詣の一般的なルートは、奈良盆地の東側を南北に走る上ツ道《かみつみち》をとる。このルートは、通説の磐余池想定地の池之内町よ

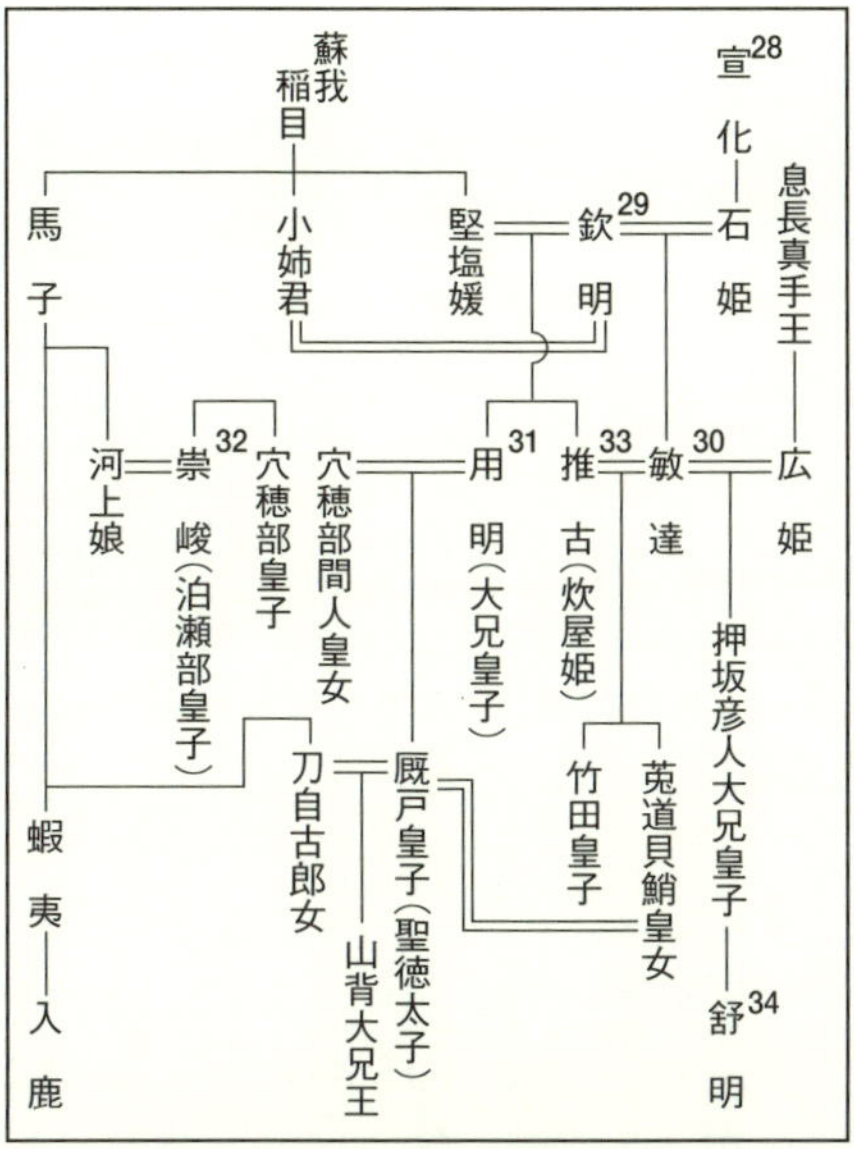

▲蘇我氏と天皇の関係系図

▲**吉備池**（桜井市吉備）　吉備池廃寺が見つかった吉備池付近に磐余池があった。

りかなり東である。とすれば、上ツ道沿いにあったと想定される磐余池は桜井市吉備《きび》あたりに比定するのが自然である。

このように磐余池の場所を考えると、用明天皇の宮も桜井市の市街地の西付近に想定できる。用明天皇と穴穂部《あなほべ》間人《はしひと》皇女の間に生まれるのが聖徳太子である。穴穂部間人の父は欽明天皇、母は蘇我稲目の娘、小姉君である。したがって、聖徳太子は父母双方から蘇我氏の血をつぐことになった。その聖徳太子が斑鳩宮《いかるが》に遷《うつ》る前に居住していたのが、用明の宮の南にあったという上宮《かみつみや》である。桜井市上之宮《うえのみや》の上之宮遺跡から高殿風の建築址や苑池が出土し、ここを上宮とすることはほぼ問題はない。

用明はわずか二年たらずの在位であり、その後をうけ崇峻《すしゅん》天皇が即位し、倉梯《くらはし》宮を今日の桜井市倉橋付近に営む。崇峻朝に蘇我氏の氏寺《うじでら》の法興寺《ほうこうじ》（飛鳥寺）の建立がはじまるが、天皇と蘇我馬子の間に亀裂が入り、東漢駒《やまとのあやのこま》によって崇峻は殺される。

継体天皇即位から崇峻天皇の死に至るまで、王統の歴史は動揺し続け、その間隙をぬうように息長《おきなが》氏や蘇我氏が天皇家に接近していく。飛鳥前史の展開を直接物語る遺跡の考古学的発見はほとんどない。聖徳太子の上宮と想定される上之宮遺跡だけである。この上之宮遺跡が本格的に保存されないまま、宅地になった経緯を思うと、保存運動がいかに恣意《しい》的な面をもっているかを問わねばならない。

2 飛鳥という土地とそのいわれ

千田 稔（国際日本文化研究センター教授）

一　「アスカ」とは

アスカという地名

「アスカ」とはどういう意味か。まだ定説をみない。楠原佑介《くすはらゆうすけ》ほか編著の『古代地名語源辞典』（東京堂出版、一九八一年）には「アスカ」について次のように解説する。

〝アスカの語源としては古朝鮮語アンスク（安宿）とする説があるが、同類の地名の分布から見て承服しがたい。アスカはア（発語）・スカの形か。スカ（州処＝砂州、自然堤防、砂地）という地名は、集落名としても小地名としても全国的に数多い。もう一つの考え方は、アス（崖、自然堤防）・カ（処）で、「急崖」とか「崩れやすい自然堤防」を表した地名かもしれない。〟

右の解釈の中で「ア＋スカ」の方が最もわかりやすい。古代、河内《かわち》国安宿郡《あすかべ》（大阪府）の「安宿」の表記から朝鮮音の「アンスク」を導き、そこから「アスカ」という音ができたとする説は、渡来系の人たちが住んだ河内や大和の「アスカ」の場合はわかりやすいが、全国に分布する「アスカ」という地名に

▲藤原宮内裏跡の醍醐《だいご》池堤から南東の天香久山をのぞむ（橿原市醍醐町）　持統天皇の「春過ぎて　夏来るらし　白妙《しろたえ》の衣《ころも》乾《ほ》したり　天の香来山（『万葉集』巻１—28）の万葉歌碑が立つ。

ついて同様の説明が可能ではないと門脇禎二《かどわきていじ》氏は述べる。

私も「アスカ」は自然地形に由来する地名であると考える。例えば、「アスカダ」(飛鳥田)という地名があるが、これは「アンスク」説、つまり安住の地という意味では解釈がむずかしく、やはり「砂州状の田」ということであろう。

しかし、個々の「アスカ」地名について検討をすることによって、その語源を解明する必要があることはいうまでもなく、「スカ」を「州処」に限定して理解してよいかどうかは容易に判断できない。

▲阿須賀神社(和歌山県新宮市阿須賀)

『古代地名語源辞典』で「すか」の項を参照すると、やはり「州処」として「池田末則《すえのり》はこうした土地は神聖な場所であり『すがすがしいところ』であるためという説を立てているが、かりにそうだとしても二次的な意義であろう」とする。

かりに二次的な意義であるとしても、「スカ」=聖地説は魅力的である。事例にすぎないが、和歌山県新宮《しんぐう》市の阿須賀《あすか》神社は熊野川の河畔に鎮座《ちんざ》し、「アスカ」の地名が「州処」と関連しながらも、聖地として特別視されたことが想定できる。このように「アスカ」に聖地の意味も付加するならば、大和の「アスカ」についても新しい解釈が可能となる。

飛鳥の「アスカ」

「アスカ」にかかる枕詞《まくらことば》は「飛鳥《とぶとり》の」で、「飛鳥の明日香の里を…」（『万葉集』巻一―七八）のようにうたわれる。なぜ「アスカ」に「飛鳥」がかかるのか、今のところよくわからない。ただ、枕詞というのは、それがかかることばとの間に意味的連関をもっていたことは想像される。今、そのことが忘れ去られたというのであろう。

「飛鳥」という表記からみて、鳥と「アスカ」が結びついたはずである。鳥という観点から古代の地名に思いをめぐらすと、「斑鳩《いかるが》」や「百舌鳥《もず》」のことが頭にうかぶ。

「斑鳩」はいうまでもなく奈良県生駒《いこま》郡斑鳩町の法隆寺が建立されたところであり、「百舌鳥」は大阪府堺市の仁徳《にんとく》天皇陵（大仙陵《だいせんりょう》古墳）などからなる百舌鳥古墳群で知られている。いずれもおそらく「聖地」であったと思われる。だからこそ、寺院・宮や墳墓が営まれたのであろうと、私は想像する。

とすれば、鳥は土地に聖性を与えるものであったのではないか。神武《じんむ》伝承に登場する八咫烏《やたがらす》は、熊

▲**鳥形の木製品**（大阪府立弥生文化博物館蔵）　弥生集落の池上曽根《いけがみそね》遺跡（和泉市・泉大津市）から出土した鳥形木製品。弥生文化以降、鳥は土地に聖性を与えるものと考えられていた。

野（和歌山県南部）から大和へと天皇軍を先導したというが、この八咫烏は鴨建角身命《かもたけぬみのみこと》の化身と伝える。同じく神武伝承であるが、天皇軍が大和に入ろうとして長髄彦《ながすねびこ》を討とうとしたさい、神武が手にする弓の弭《はず》に金鵄《きんし》（黄金色のトビ）がとまり、その輝きによって長髄彦を眩惑《げんわく》させたという。ここでもトビは聖性をおびた鳥として描かれている。

▲甘樫丘《あまがしのおか》から真神原をのぞむ（奈良県明日香村）　中央の森は飛鳥坐《あすかいます》神社。

鳥と聖性の結びつきを語る説話・伝承は少なくない。ヤマトタケルの白鳥伝承もその一つであろう。あるいは銅鐸《どうたく》に描かれた水鳥（ツル？）や弥生《やよい》土器に描かれた鳥装の司祭などもとりあげてよい。

右のような事例を頭にうかべながら、「アスカ」の表記である「飛鳥」についての意味をあらためて探ると、飛鳥の地は聖地としてみられていたのではないかという思いにかられる。

飛鳥の聖性を示唆《しさ》するのは、『日本書紀』や『万葉集』に、飛鳥寺一帯を真神原《まがみはら》と称していることである。真神とは狼《おおかみ》の古名で、狼は山の神の使者といわれていた。

「アスカ」に「飛鳥」という文字をもって表記した理由をとりあえずこのように考えておきたい。

二　飛鳥の地理的骨格

飛鳥になぜ宮がおかれたか

飛鳥が推古《すいこ》天皇から持統《じとう》天皇の藤原京遷都までおよそ一世紀の間、天皇の諸宮がおかれた理由について考えようとする試みは多くの人によってなされた。その理由は、宮の地にふさわしいとするいくつかの要素からなっていると考えられる。

その一つは、蘇我《そが》氏が飛鳥を重要な拠点としていたことである。蘇我稲目《いなめ》やその息子である馬子《うまこ》が今日の明日香村豊浦《とようら》や島庄《しましょう》付近に居住していたので、みずからの氏族の血を継ぐ推古天皇の宮を飛鳥にもってきたことは当然ありうるであろう。

二番目としては、先にふれたように宮を営むのにふさわしい聖性を宿した土地であった。

三番目の理由は飛鳥の南に吉野《よしの》があるという地理的構図である。吉野は南山《なんざん》とよばれたが、宮あるいは都城の南に聖なる山をおくのは、中国長安《ちょうあん》と終南山、あるいは新羅《しらぎ》の王京慶州《けいしゅう》と南山に共通する。

なぜ南に聖なる山をおくかということに対する答えは、吉野が『万葉集』や『懐風藻《かいふうそう》』に神仙郷、すな

▲入鹿《いるか》神社（橿原市小綱《しょうこう》町）　蘇我氏は、もともと橿原市曽我《そが》町付近を本拠としていたので（⇨P.203）、曽我の東の同地にも蘇我入鹿を祀る社がある。

わち仙人の住む土地に擬せられていることからおおよそ見当がつく。仙人とは、中国に起源をもつ道教という宗教の中にくみこまれた不老長寿を願う神仙《しんせん》思想の神である。飛鳥の南山にあたる吉野は、仙人がすまう天としてみなされた。したがって、地は北である。宮地の南に天を配するという地理的条件が飛鳥におよそ一世紀の間、諸宮が営まれた理由と考えることができる。

さらに四つ目の理由をあげるとすれば、飛鳥の盆地の東、南、西が山あるいは丘陵であって、わずか北には香具山《かぐやま》があって外部に通じているのみで、全体的な地形の構造は要害の地であったとみられる。

飛鳥の範囲

ごく一般的に飛鳥とよぶ場合は、香具山の南から橘寺《たちばなでら》、石舞台《いしぶたい》古墳あたりまで含んでいて、時には藤原京までの地域をひっくるめていることもある。私もここまでの記述は一般的に使用されるやや広域の飛鳥を念頭においてきた。しかし、古代において実際に飛鳥と称された範囲はかなり限定される。

飛鳥寺（法興寺《ほうこうじ》）はもちろん、飛鳥にあった宮の名称は、飛鳥岡本宮《おかもとのみや》、飛鳥浄御原宮《きよみはらのみや》、飛鳥板蓋宮《いたぶきのみや》と、飛鳥を冠するので飛鳥におかれた宮である。これらの宮の位置は、伝飛鳥板蓋宮遺跡の重層遺構と

▲発掘された伝飛鳥板蓋宮の井戸跡（明日香村岡）

▲豊浦宮推定地の建物・石敷き跡(奈良国立文化財研究所許可済)、豊浦宮跡を示す石碑(明日香村豊浦)

その周辺に比定してまちがいがないであろう。

ところが、推古天皇の豊浦宮《とゆらのみや》や小墾田宮《おはりだのみや》には、飛鳥という文字と組み合わされないので、厳密には飛鳥にあった宮といえない。とすると、何とよばれた地域であったのかといえば、天武紀に「小墾田豊浦寺」とあるので、現在の明日香村豊浦のあたりは小墾田であったと推定できる。かつて豊浦の近くで検出された推定小墾田宮遺跡を、小墾田宮と関連しうるかどうか検討課題となっているが、むしろ近年、明日香村雷《いかつち》の雷丘東方遺跡で平安時代初期の井戸から「小治田宮」と墨書した土器(⇩P.105ページ)が出土したので、小墾田とよばれた地域は豊浦から雷丘付近まで想定できる。さらに、それより以北をも小墾田であった可能性もある。つまり、飛鳥の北が小墾田であった。

いっぽう、飛鳥の南は橘《たちばな》とよばれたらしい。橘寺はよく知られているが、『万葉集』に「橘の島《しま》の宮《みや》には飽《あ》かぬかも佐田《さだ》の岡辺《おかべ》に侍宿《とのい》しに行く」(巻二―一七九)とうたわれているように、島の宮は橘の地域であった。島の宮の名は今日、明日香村島庄《しましょう》として遺称され、近くに石舞台《いしぶたい》古墳がある。

橘は常世《とこよ》(神仙郷)に生育するものとされ、「常世物」とよばれた。常世が神仙郷とすれば、南にあるのがふさわしく、飛鳥の南が橘とよばれたか、あるいは作為的に命名されたことの意味を理解できる。

右にみたように、広く飛鳥とみなされる地域も、厳密には北から小墾田、飛鳥、橘という三つの小地域から構成されていた。

▲ミハ山　明日香村祝戸《いわいど》の飛鳥研修宿泊所裏山のフグリ山から見る(左側)。

飛鳥のカムナビ

先に都城(あるいは宮都)と南山の関係について述べた。飛鳥の南山は吉野であると記した。この場合の南山は、飛鳥と吉野という地理的位置をマクロでとらえた場合である。吉野には斉明《さいめい》天皇によって作られた吉野宮があり、天武や持統天皇、とりわけ持統天皇がしばしば行幸したのは、南山である吉野、あるいは神仙郷としての吉野に特別の思いがあったと想像してよいであろう。

ところが、飛鳥という限定した空間に限った場合も、そこには南山に相当する山があった。それが『万葉集』によまれている飛鳥の「神奈備《かむなび》山」、「神岳」である。この飛鳥のカムナビを通説では雷丘にあてていたが、岸俊男氏が橘寺の背後にある「ミハ山」ではないかと指摘した。私もおそらくそれでまちがいがないと思う。次の万葉歌は飛鳥の地理的骨格を暗示している。

幣帛《みてぐら》を　奈良より出でて　水蓼《みずたで》　穂積《ほづみ》に至り　鳥網《となみ》張る　坂手《さかて》を過ぎ　石走る《いわばし》　神名火山《かむなびやま》に　朝宮《あさみや》に
仕《つか》へ奉《まつ》りて　吉野へと　入《い》り坐《ま》すれば　古《いにし》へ思ほゆ（巻十三—三二三〇）

この歌は一種の道行きで、奈良から吉野に至るものである。穂積（山辺《やまべ》郡穂積郷、天理市前栽《せんざい》付近）、坂手（磯城《しき》郡田原本《たわらもと》町）の地名は、奈良盆地を南北に走る古代の三幹線道路、上ツ道《かみつみち》・中ツ道《なかつみち》・下ツ道《しもつみち》のうち中ツ道に沿うものとすれば、右の歌は中ツ道を飛鳥に至り、さらに吉野に向かう道筋をおりこんでいる。

試みに中ツ道の復原ルートを南に延長すると、「ミハ山」の場所に正確に達する。ということは、三幹線道の基準は中ツ道であり、その基点は飛鳥のカムナビである「ミハ山」であったと考えられる。中ツ道が飛鳥の中軸線（実際に飛鳥の中をこの道が走っていたかどうかは明らかではないが）といってよい。そして、中ツ道を基準として東と西に等間隔（四里）に上ツ道と下ツ道が作られた。下ツ道が見瀬丸山《みせまるやま》古墳（橿原市）の削平された前方部先端の中央にくるというのは偶然とみなすべきであろう。

飛鳥の骨格といってよい中ツ道（その延長線）に東西に交叉する道路は、亀石《かめいし》（明日香村川原《かわはら》）から東に向かい、橘寺と川原寺の間を走る道路であると思われる。飛鳥に後の宮都のような方格地割が実際にあったことは確認できないが、計画性を志向する都市であったと想定できる。

2章 飛鳥・藤原京の謎を解く

3 飛鳥の古墳の被葬者を探る
―ふたつの欽明大王陵―

今尾文昭
（奈良県立橿原考古学研究所主任研究員）

一　ふたつの欽明大王陵

丸山古墳と梅山古墳——はじめで最後の前方後円墳——

七世紀に大王や皇子の宮殿がつくられた飛鳥の小盆地には、前期古墳や中期古墳はみあたらない。目下のところ飛鳥地域ではじめてつくられた大形古墳となると、橿原市五条野《ごじょうの》町ほかの墳長三一八メートルの丸山《まるやま》古墳か、明日香村平田《ひらた》の墳長一四〇メートルの梅山《うめやま》古墳か。ともに前方後円墳、先につくられた古墳がなく突然の出現である。しかも、二五〇基以上ある奈良盆地の前方後円墳のなかで、もっとも遅くつくられたとみられる。とくに丸山古墳が示す規模は、奈良盆地東南部の大和《おおやまと》・柳本《やなぎもと》・箸中《はしなか》（纒向《まきむく》）古墳群のなかの西殿塚《にしとのづか》古墳（墳長二三四メートル）、行燈山《あんどんやま》古墳（墳長二四二メートル）、渋谷向山《しぶたにむかいやま》古墳（三一〇メートル）、箸墓《はしはか》（箸中山）古墳（墳長二八〇メートル）といった前期の大形前方後円墳をも凌駕《りょうが》する。奈良盆地最大の前方後円墳であり、日本列島においても第六位に位置している。

▲丸山古墳の前方部　奥は畝傍山。

▲南側から見た梅山古墳

はじめにして最大で、最終末とはすこぶる奇妙だが、ここにこの二基の古墳を解く鍵がある。

立地・墳形・周濠

直線距離にして七百メートルほどにあるふたつの古墳だが、実際の営みは対照的だ。

丸山古墳は平らで広い前方部に対してひときわ小高い後円部をもっている。冬枯れの季節に南側の後円部を迂回して前方部側に立つと、北方の畝傍《うねび》山に対峙して眼前に拡がる前方部はまるで巨大タンカーの甲板のようである。それにまわりには盾《たて》形の周濠がめぐる。ことに東側では水田の畦畔にもとの形状がよく引きつがれている。もっとも地形は東側から西側に、北側から南側にかけて落差があるからかりに水を満々と貯えようとすると、低い方には嵩のある外堤をつくらなければならない。大がかりな堤の痕跡はみられず、水を溜める機能を念頭に置いたものではなく、ほとんど空濠の状態であったと思われる。また埴輪《はにわ》が使われているという報告もないし、葺石《ふきいし》についても用いられていない可能性が高い。

一方、梅山古墳では前方部と後円部の高さがほぼ同じである。それに北側の尾根を大きく切り込んで、まるで屏風で囲ったなかにすっぽりと古墳をはめ込んだようである。側面観、すなわち古墳を真横(梅山古墳の場合は南側)から見た場合に、丸山古墳とは随分と違った印象をもつことになる。南に開いた一方に対して、東・北・西の三方を山囲みするようにつくられている。桜井市忍阪《おつさか》にある段ノ塚《だんのつか》古墳は、六四三年の改葬が『日本書紀』に記された舒明《じょめい》の「押坂陵《おしさかのみささぎ》」に相当する可能性が高いが、墳丘(上壇)は八角墳で前面にエプロンを広げたような下段(下壇)をもっている。周辺は、梅山古墳と同じように三方山囲みで南に開いた地形がつくられている。

つまり、七世紀代の終末期古墳の立地や周辺整備と同様のことを梅山古墳で行っているし、ことによると梅山古墳はこの先駆けになるかもしれない。関川尚功《せきかわひさよし》氏の示すところでは、梅山古墳はその造営にあたって尾根の背から比高差二十メートルをこえて切り下げられており、ほかの終末期古墳（墳形はおもに円墳や方墳）が、比高差十数メートル以下の切土でとどまっているのに比べても、膨大な土量を切り下げたようである（関川尚功「見瀬丸山古墳と欽明陵古墳」『橿原考古学研究所論集 第一三』一九九八年）。墳丘全長の規模では丸山古墳の半分にも満たないが、古墳造営に費やされた総労働量という点からみると、梅山古墳の方が少ないと言い切ることはできない。

▲梅山古墳「御陵の田」（もとの周濠）と小字「ツクエ」（もとの外堤）

また周濠は、よく開いた盾《たて》形である。ただし、これは幕末から明治初年にかけての修陵事業にともない整えられたもので、当初の形状と思い込んではいけない。梅山古墳の南西隅のいまの外堤あたりに立ってよく外回りを観察すると、幅六メートル程度の小さな水田が東の方へとつづいていくことに気づく。地元の人は「御陵の田」と呼んでいる。さらによく見ると田を隔てた南側は緩やかな高まりになっていることがわかる。ここの部分は「ツクエ」という小字名がついていて、いまは畑となり、なかを飛鳥散策の遊歩道が通っている。幅二十五メートル、東西に長く百メートルほどつづく。これが梅山古墳の本来の外堤であろう。そうすると周濠の幅は、墳丘の裾からここまでということで、くびれ部南側では五十メートルと広く、対する北側は三十メートルと狭い。これは異例である。ふつうは周濠の中央に墳丘が位置するから、どちらか一方の濠の幅が広くなるということはない。

さて、小字「ツクエ」のさらに南側は、四メートルばかり落ち込んで小字池田とよばれる水田(一九八〇年代前半までは、広い一枚分の水田をよく観察できたが、いまは民家が立ちならぶ)になる。池田は、元禄十五年(一七〇二)十月五日を皮切りに数回にわたって引き上げられることになる猿石《さるいし》が出土した場所で、その名のとおり周辺での発掘調査成果をまとめると、鎌倉時代ごろまで大きな沼地であった(今尾文昭「古記録に見る飛鳥猿石の遍歴」『末永雅雄先生米寿記念献呈論文集』一九八五年)。東方の野《の》口《ぐち》王墓《おうのはか》古墳(現天武・持統陵)の下あたりからはじまり、鬼《おに》の爼《まないた》・雪隠《せっちん》古墳、平《ひら》田《た》金塚《かなづか》(岩屋)古墳、梅山古墳の前から高取《たかとり》川までつづいていた。そして、沼の南側では平田川との間に敷石舗装と石列による護岸、底石を備えた人工の水路ないしは池の施設をもった平田キタガワ遺跡がみつかっている。国土座標を用いた正確な計測ではなく、また計測部分による誤差もあろうが、梅山古墳の主軸線から約百メートルで外堤「ツクエ」があり、さらに約百メートルで平田キタガワ遺跡の敷石舗装が存在する(一〇〇〇分の一の地形測量図を使用し、後円部中心で主軸に直交する軸線を設けて計測した数値)。

つまり梅山古墳の主軸線の振れとは少し異なるが、周辺の整備にあたっては梅山古墳—外堤「ツクエ」—平田キタガワ遺跡をほぼ等間隔に配置することを意図したものとみられる(⇩P.222図参照)。

梅山古墳の主軸線についても注意しておきたい。一九九八年の冬、宮内庁による墳丘裾の護岸工事に

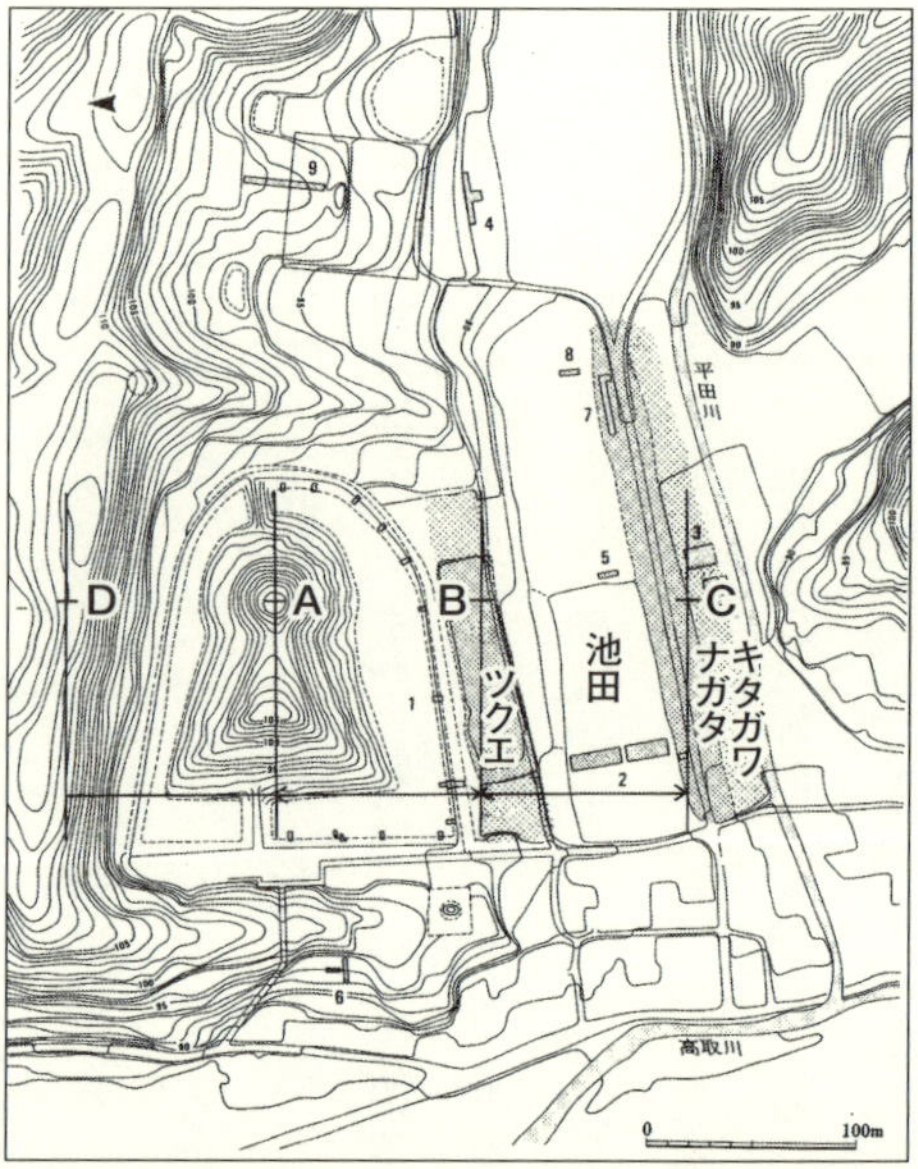

▲梅山古墳と周辺地形（関川、前掲書をもとに作成）　A～Dは各100メートル等間をはかる。Dはカットの上端。

ともなう事前調査があった。前方部前面に設けられた幾つかの調査区で墳丘の裾がうまくあらわれたが、それらをつないだ直線はほぼ正確に南北方向を指し示す。従って古墳の主軸線は、東西の方位にほぼ即したものとみてよいだろう。丸山古墳では主軸線は北西―南東方向にあるから、方位に合わすことよりも地形に即するようつくられたとみられる。

飛鳥地域の古墳のなかで、正方位から墳丘や埋葬施設がどの程度の振幅を示すか正確に計測されている例はまだまだ少ないが、方位に即するように墳丘の側辺や主軸線、また石室を設けるようになるのは、やはり終末期古墳の特徴のひとつである。

丘陵の南斜面を利用した山寄せの立地を示す梅山古墳であるが、「三方山囲み」で南に開き、しかも南側は池沼であった点や墳丘をつくるうえで、正方位を意識したとみられる点から考えると、多くの人が指摘するように風水《ふうすい》思想や四神《ししん》思想にもとづいて葬地の占地や周辺地形の造成がなされたことは間違いないだろう（今尾文昭「高松塚古墳四神をめぐる動静」『高句麗の都城遺跡と古墳』一九九二年）。梅山古墳はこの中国や朝鮮に起源する風水、四神思想の実践例としては、とくにはやい例であると考えられる。

丸山古墳の石室と石棺

丸山古墳は後円部に長大な横穴式石室をもち、玄室《げんしつ》には奥壁ぞいにおかれた奥棺と直交する形で側壁にそうようにおかれた前棺の二基の家形石棺が納められている。このことは江戸時代の山陵絵図や紀行文にしばしば記録があって広く知られていた。出入りすることが可能であったのだろう。しかしながら、一九〇五年(明治三十八)には羨道《せんどう》の開口部分が閉じられ、以降は誰もなかに入ることができず、そういった情報を確かめる方法がないまま百年近くを費やしてしまった。

ところが、一九九一年(平成三)の暮れも押しつまった十二月二十六日、偶然にもなかに入った市民がいて、その人が、その年の春に撮影した写真がテレビニュースとして全国に流れたものだから大騒ぎになった。聞くところによると、いつのころからか石室の口が再び開くことがあり、近所の子供たちのかっこうの遊び場になっていたという。事態はまったくのハプニングであったが、報道ののち、翌九二年の夏に行われた宮内庁の石室、石棺の現状調査は、丸山古墳についての未知の多くの情報をもたらしたのである。残念なことに、石室はごく一部の学界代表者が、開口部分からなかを垣間見た程度で、時間をかけた現地検討がなされることなく再び、闇の中に封印されてしまった。いまでは後円部頂上から南西側に細長く下にむかってのびる宮内庁設置の棚が、石室の所在位置を知らせているばかりで、史跡としての活用の機会がうばわれてしまっているのは、不幸なことである。

宮内庁報告では、横穴式石室の全長は二八・四メートルというから従来から推定されてきたとおり、日本列島で最長の石室である。飛鳥散策の人で賑わう明日香村島庄《しましょう》の石舞台《いしぶたい》古墳の石室が現長十九・

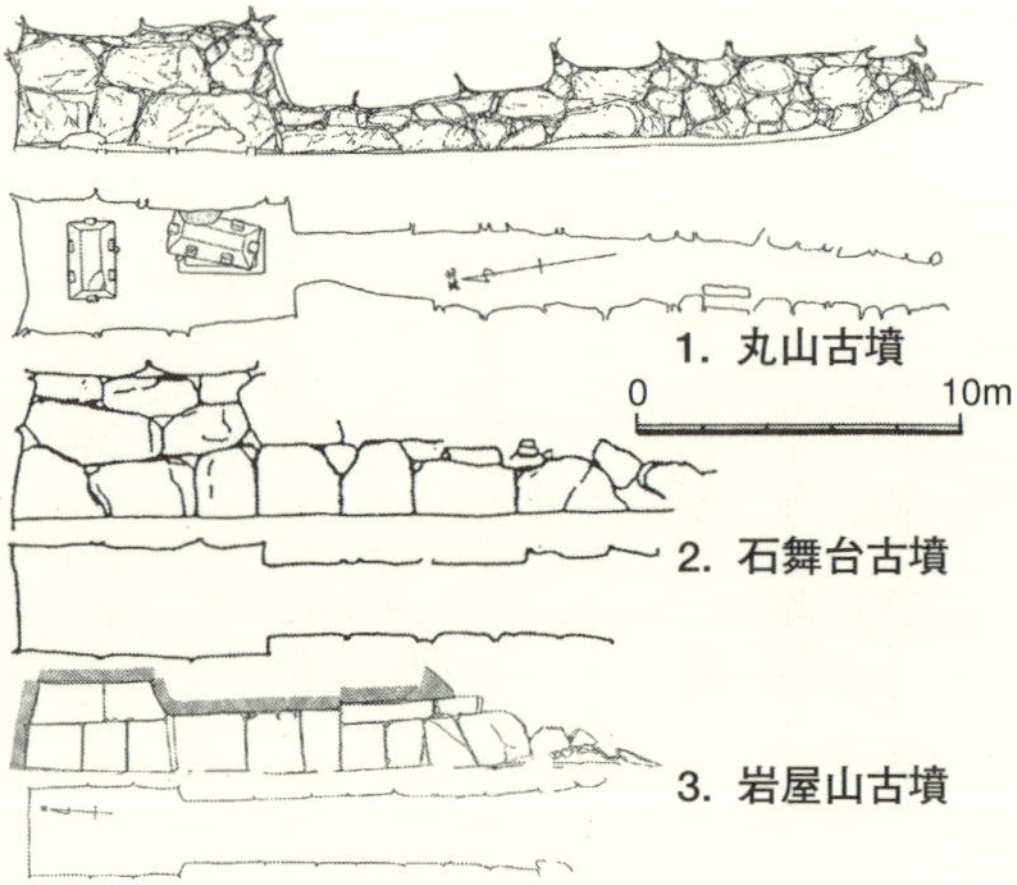

▲飛鳥の大型横穴式石室の変遷

二メートルであるから、丸山古墳の方がはるかに大きい。石室の壁をつくる石材は巨大な花崗岩《かこうがん》である。ただし四辺を直線に仕上げて大きさを整えたり、表面をノミなどで丹念に仕上げて平らな面にしたいわゆる切石加工は施されていない。玄室《げんしつ》側壁の構成は三石、三段積み、奥壁は二段積みである。羨道《せんどう》部では玄門《げんもん》近くの三石が低くなる。

横穴式石室はふつう石材が小形のものから大形へ、壁をつくる上での石材の組み合わせは、数多く複雑なものから大振りで単純な構成へと変化する。規模は石舞台古墳のつくられた頃を発達のピークとして以降、縮小化が進むとみられてきた。これは単に玄室の平面的な大きさばかりでなく、高さも低くなる。その結果、羨道部の天井の高さと玄室の高さの差がなくなってくる。また羨道の長さも短くなっていく。宮内庁報告の図面をみると、羨道部の前半分の石材が小振りな点が、後半分や玄室の石材の巨大さに比べた時に特徴的であるが、玄室構成石材の数は石舞台古墳よりは一石分、多いようである。構成は桜井市赤坂天王山《あかさかてんのうざん》古墳に同じだが、石材ははるかに巨石でまた石室も大きい。

結局のところ、六世紀末葉から七世紀初葉にあって近畿の横穴式石室の巨大化の頂点に位置すると評価するのが適当であろう。玄室側壁の構成や羨道の様子を加味するならば、石舞台古墳よりは、はやくにつくられたとみられる。また、わずかだが須恵器《すえき》も採集され、六世紀後葉から末葉の年代観が与えられる高蔵《たかくら》（ＴＫ）四十三型式にあたると報告された。石室の編年観と大きくはなれるものではない。

示された時期についてわかりやすい古墳で比べると、豪華な馬具をもち未盗掘の刳抜式《くりぬきしき》家形石棺を備えていた斑鳩《いかるが》・藤ノ木《ふじのき》古墳の築造された頃と同じか、少し遅れるかということである。藤ノ木古墳に葬られた人は、丸山古墳の被葬者を知っていたかもしれない。藤ノ木古墳は直径四十五メートルの円墳であり、全長十四・三メートルの横穴式石室を内部にもつ。いかに丸山古墳が大きいかわかるだろう。

不時の開口のおかげで明らかにされた点で、もうひとつ忘れてはならないのは、石棺のことである。前棺も奥棺も納められたのち、少なくとも一度は蓋があけられた様子がある。二基ともに刳抜式家形石棺で、棺蓋《かんぶた》はよく露われていたものの石室内に流入した土砂のために、棺身の方はほとんどがかくれていた。そのため基本データがそろったわけではないが、奥からみて左側壁に即しておかれた南側の前棺の方は棺蓋全長二・八九メートル、幅一・四一メートル、奥壁に即しておかれた北側の奥棺の方は棺蓋全長二・六四メートル、幅一・四四メートルを測る。ともに六ヶ所の縄掛《なわかけ》突起を持っている。

奥棺の方は蓋の高さが四十二センチで前棺の蓋の高さ六十三センチに比べるとかなり薄い。それに縄掛突起の突出もみられない。報道がなされた当時は、奥棺が示す特徴を、既往の刳抜式家形石棺の型式編年にあわせて考えられたために、さきに納められたはずの奥棺が追葬の棺とみられる前棺よりも新しい特徴を示しているということで様々な憶測を呼ぶことになった。しかし、最近ではふたつの石棺は別系統の製作に拠るもので、直ちに比較するのはむずかしいという意見が出されている。関川氏は前掲書のなかで、前棺を赤坂天王山古墳や広陵町牧野《ばくや》古墳の石棺よりも新しいとみた。五九〇年代以降にこの二つの古墳を位置づける見解もあるから、もしかすると、丸山古墳は七世紀の前方後円墳ということになるかもしれない。

もちろん横穴式石室や石棺に、実際の年代観を与える作業はとても困難で、現時点の成果を絶対視することは避けなければならない。しかし、かつて六世紀中葉から後葉とみられていた丸山古墳の築造時期については紀元六〇〇年に近づけて考えられるようになってきた。丸山古墳の二基の石棺に眠る二人の人物は誰だろう。もっとも藤ノ木古墳の石棺の例のように、ひとつの棺に合葬された二体が納められた場合もあるから、慎重に述べると二人とは限らないのだが。

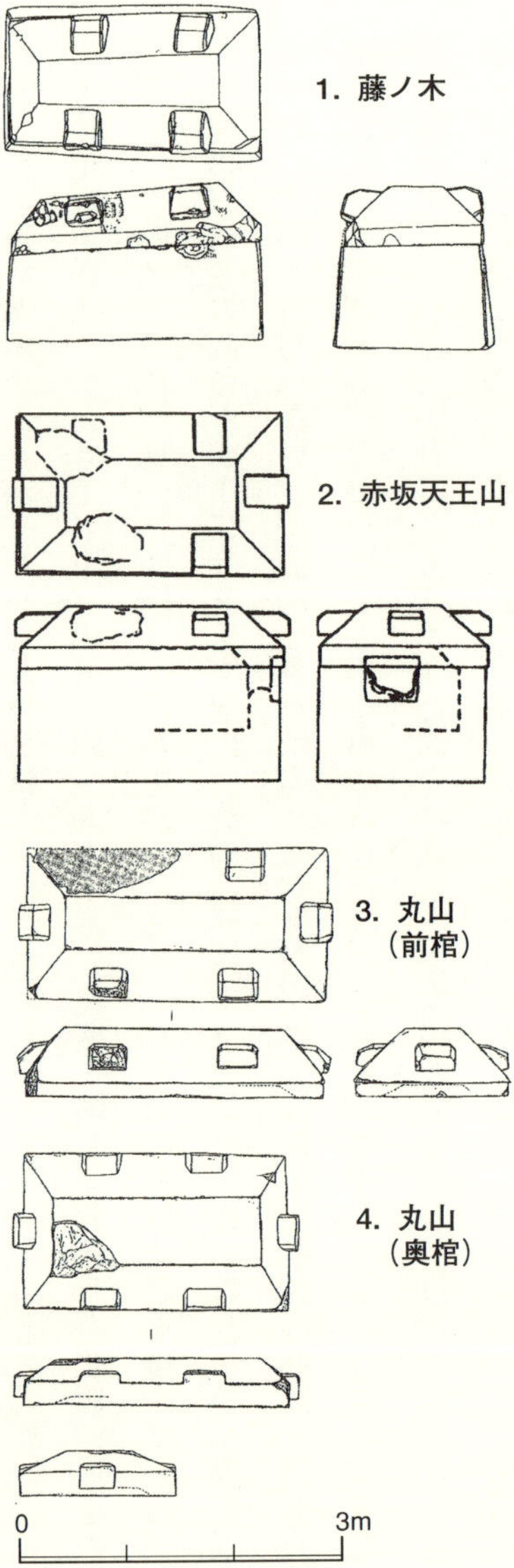

▲藤ノ木・赤坂天王山・丸山古墳の家形石棺の比較

丸山古墳の「山陵田」

ところで律令国家にとっては、王陵の管理は一大関心事であった。古墳そのもののデータからは少し離れるが、ふたつの古墳は、のちのちどのように扱かわれたかを次にみておきたい。七〇一年に制定された大宝令《たいほうりょう》やそれ以前の飛鳥浄御原令《あすかきよみはらりょう》には、陵墓を日常的に管理して清掃する役目をもつ陵守《みささぎもり》(戸)や借陵守(戸)を配置するきまりが定められていたと見られる。ついては陵守(戸)、借陵守(戸)の居住地や陵墓を管理するための施設も、実際に陵墓の近くにおかれたものと私は考えている。

丸山古墳の近くには、「山陵田」と呼ばれた場所が十一世紀に存在した。延久二年(一〇七〇)につくられた『興福寺大和国雑役免田等坪付帳《ぞうえきめんでんとうつぼつけちょう》』がそれで、この史料は当時、大和一国を支配する勢いであった興福寺の土地台帳ともいえるものである。高市《たかいち》郡梨子庄《なしのみのしょう》のうちの「三十一条一里三坪五反、四坪四反」にあたる。

近鉄吉野線の岡寺駅から西側の橿原ニュータウンの方へ向かって歩くと、すぐに森が目に入る。ここには現在、牟佐坐《むさにます》神社が鎮座するが、その参道登り口にいたる南北一帯にあたる。丸山古墳の西南方向の高取川をはさんだ両岸で、一見するにもともと農耕に適した場所とは思われない。どうしてこの場所が「山陵田」という陵墓にちなんだ坪固有名を残したのであろうか。

▲現在の牟佐坐神社参道(橿原市見瀬町) 東側から撮影。

同様の例は渋谷向山古墳《しぶたにむかいやま》（宮内庁の現景行陵《けいこう》）や五社神古墳《ごさし》（現神功陵《じんぐう》）、佐紀石塚古墳《さきいしづか》（現成務陵《せいむ》）にも指摘できる（今尾文昭「新益京の借陵守」『考古学に学ぶ』一九九九年）。つまり、巨大前方後円墳の近くにのこる「陵」地名は、律令国家がその古墳を陵墓とみなし、管理していた証拠といえるものではないだろうか。「山陵田」には丸山古墳を陵墓として管理するための施設や住居が存在したのではないだろうか。

『今昔物語集』と梅山古墳

平安時代末期の十二世紀前半から鎌倉時代前期の十三世紀初葉の間に成立したといわれる『今昔物語集《こんじゃく》』巻三十一に、梅山古墳の情景に接して書かれたと見られる次のような記述がある。

元明天皇《ノ》陵《ヲ》點《ゼシ》定恵和尚《ノ》語《コト》　第三十五

今昔《ハ》、元明天皇ノ失《ウシ》給ヘリケル時、陵取ラムガ為ニ、大織冠《ダイショクカン》ノ御一男定恵和尚ト申ケル人ヲ差シテ、大和国へ遣シケリ。（中略）

然《サ》テ其ノ麓ニ戌亥ノ方ニ廣キ所有リ。其ヲ取ツ、軽寺ノ南也。此レ、元明天皇ノ檜前ノ陵也。石ノ鬼形共ヲ廻□池邊陵《イケノベノミササギ》ノ墓様ニ立テ、微妙《メデタ》シ。造レル石ナド外ニハ勝《スグ》レタリ。（後略）

すなわち藤原鎌足《ふじわらのかまたり》の子息の定恵和尚《じょうえわじょう》が、「元明」陵（欽明を元明と誤述か。なぜ、このようなことが起きたのか、検討しなければならないが今回は触れない）の選定のために大和国へ遣わされ、蔵橋山《くらはしやま》や多武峰《とうのみね》、飛鳥にやってくる話しである。ひとつの候補地はどうやら狭くて不採用、その麓の戌亥《いぬい》の方角、すなわち西北に広い所があり、それを選定したというのである。軽寺《かるでら》の南で檜前《ひのくま》の陵とでてくる。

つづいて石ノ鬼形が池辺陵《いけのべのみささぎ》に廻っているとある。幕末の山陵考定作業に大きな足跡を残した谷森善《たにもりよし》臣《おみ》の指摘を嚆矢《こうし》とするが、この「石ノ鬼形」については、猿石と呼んでいる石造物にあてはめることが定説となっている。猿石が梅山古墳南側の小字池田に出土したことはすでに記したが、ここの記述は梅山古墳のことを述べたものとみられるのである。南面が池沼となっていたことも「池辺陵」という表現にふさわしい。しかし、軽寺の南という場所がなぜ記されるのか、かねて気がかりなところであった。

今回、改めて読むと定恵が欽明（原文は元明）天皇の檜前ノ陵として選定したのは、軽寺の南の戌亥《いぬい》ノ方（西北方向）の広い所であり、石ノ鬼形共（猿石）が廻っている梅山古墳に内容的にそのままつなげてよいか、問題である。梅山古墳とみられる方に「池辺陵」とでてくる点も気にかかる。つまり梅山古墳も軽寺の南には違いないが、「檜前ノ陵」と「池辺陵」はこの話しのなかでは区別された存在で、「檜前ノ陵」とは丸山古墳を指してのことと読めるのではないだろうか。選定理由となった「戌亥ノ方ニ廣キ所」とは、西北に広く平らな前方部を向けた丸山古墳のことであるというのは強弁にすぎるだろうか。

弘安《こうあん》八年（一二八五）三月二十三日の「某起請文落書」には南《みなみ》喜殿《きどの》の浄賢《じょうけん》播磨房《はりまぼう》子息の尾張房《おわりぼう》と姉聟の則継《のりつぐ》衛門《えもん》入道《にゅうどう》の両人が「梅陵《うめのみささぎ》」を壊し

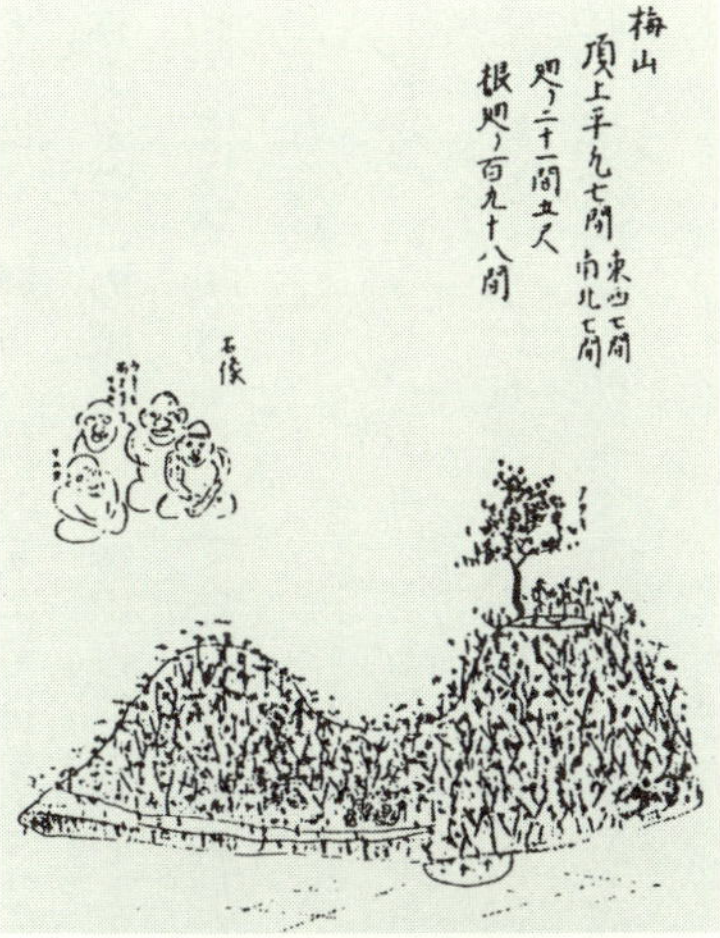

▲**江戸時代の『大和国帝陵図』に描かれた欽明天皇陵**　梅山古墳が欽明陵とされ、くびれ部には猿石（石像）も見られる。

たとある。陵墓へ侵入を計り開掘したのであろう。「梅山」は江戸時代の呼び名だが、「梅」に因んだ名称をもつこの陵墓は、梅山古墳のことを示したとみてよいだろう。江戸時代の山陵絵図には、後円部墳頂がまるく大きく窪んでいる様子が描かれている（⇩P.231）。もしかすると、この二人の悪党の仕業のあとかも知れない。

厳密にいうと、国家による管理システム化におかれていたことと、「陵」と後世の人々が意識したことは峻別しなければならないが、梅山古墳は「池辺陵」、「梅陵」とよばれ、こちらの方も丸山古墳と同じく律令国家の陵墓であった可能性が高いのである。

江戸幕府の山陵取調べ

江戸時代の元禄十年（一六九七）九月、幕府（京都所司代）は奈良奉行所を通じて、各村々に山陵（陵墓）の探索を命じた。幕府による修築事業の開始である。各村々から回答のあった山陵の可否を検討するため十二月九日に奈良を発ち、十二月十二・十三日には、奈良奉行所の与力玉井《たまい》与左衛門《よざえもん》定時《さだとき》の一行が飛鳥にやってきた。幕府は『延喜式《えんぎしき》』の記載にもとづき陵墓を探索するわけだが、必ずしも芳しいものではなかった。元禄の頃はもとより、さきほどの中世に遡ってみても個人の名を特定された陵墓として、地元の人々にしっかりと記憶された例は皆無といってもよい。

たとえば弘安八年（一二八五）、大和・西大寺《さいだいじ》に寄進された土地の台帳『西大寺田園目録』には「高市郡卅一条二（里）坪内御廟東辺二反字青木《あおき》」とある。該当の場所は野口王墓《のぐちおうのはか》古墳、ご存じのように、この古墳は天武・持統の「檜隈大内陵《ひのくまおおうちのみささぎ》」に史料上からも、考古学上からもほぼ確定される。右の記述の「青木」は例の「阿不幾乃山陵記《あおきのさんりょうき》」の「阿不幾」のことである。この文書は文暦《ぶんりゃく》二年（一二三五）の「阿不幾乃山陵」の開掘の一件をとりまとめたものであるが、陵内への侵入はこの一度きりではなかった。『帝《てい》王編年記《おうへんねんき》』には、十三世紀末葉にも陵内への侵入があり、頭骨を持ち出して南都や京中の人々が「御骨」を拝したとある。単なる盗掘行為というよりもその基層には舎利《しゃり》信仰があり、それにもとづいた行為であったと私は最近、考えるようになった。だから、盗掘といわず「開掘」行為と呼んでおきたい。あらかじめ天武陵であることを侵入者は認識しており、遺骨を聖遺物視し、積極的に陵墓の聖地化を計ろうとする集団（律宗《りっしゅう》系の宗教集団が中心となったとみている）が背景にいたのではないか。

▲水木要太郎コレクションの江戸時代の梅山古墳
（奈良県立橿原考古学研究所附属博物館提供）
後円部に大きな窪みがある（⇨p. 229）。

　前提が長くなったが、この野口王墓古墳ですら、元禄年間の山陵取調に際しては、天武・持統陵としての管理はもとより、その所在すらあやふやになっていたのである。

　実際、元禄十年九月、各奉行所廻状に対する回答では、高市郡野口村庄屋弥右衛門《やえもん》、年寄佐次兵衛《さじべえ》は「字《あざ》皇之墓」（野口王墓古墳）を村人は以前から武烈《ぶれつ》陵だと申し伝えているところであるとし、つづけて「檜隈大内と申所字又ハ近在ニ茂《も》不承候哉と御吟味被為成候得共、毛頭不奉存候（以下略）」とする。

さらに、文武陵の「檜隈安古ノ岡《ひのくまあこのおか》」、欽明陵の「檜隈坂合《ひのくまさかあい》」もわからないとする。隣村の平田村の庄屋と年寄も同様の回答をしている。大和国内三十三陵の所在確認をしたなかで、半分以上の十九陵が不分明であった。そこで、奈良奉行所では村人の口伝する武烈陵は葛下《かつげ》郡片岡山《かたおかやま》にあるから場所が異なっており、結局、陵名は残っていないながら「天武・持統合葬の御陵山」と推測したのである。さきほどあげた玉井与左衛門らの飛鳥行はこれを検分、吟味するためのものであった。ようやく野口王墓古墳は、天武・持統陵に考定され、翌年四月十八・十九日に周りに垣根をめぐらす普請《ふしん》がなされるのである（秋山日出雄・廣吉寿彦『元禄年間山陵記録』一九九六年）。

ところが、幕末の文久年間の修築では丸山古墳が天武・持統陵とされ、野口王墓古墳は文武陵となる。『阿不幾乃山陵記』の発見による治定の変更はよく知られているが、これは一八八一年（明治十四）のこと。野口王墓古墳は再び天武・持統陵となり、丸山古墳の方は陵墓参考地となる。また、梅山古墳がそれまで未考定陵であった欽明陵にあてられるのは、史料的にみると享保年間以降のことであった。それも、享保二十一年（一七三六）に著された民間研究者の並河誠所《なみかわせいしょ》の『大和志』の記述などにあらわれる。

このようにみてくると、近代はもとより近世時点の被葬者に対する伝承が記録に採録されている場合でも、本当の被葬者を知る手がかりとするに足るものであるかどうかは慎重に検討する必要がある。短絡してはいけない。誤解のないように付け加えておくと、伝承はその時々の考証にもとづく場合もあるし、それが起きてくる気運もある。もちろんこれを解くのも歴史課題として尊重されなければならない。

では、いよいよ丸山古墳と梅山古墳の被葬者について考えてみることにしよう。

二　丸山古墳と梅山古墳に誰が眠るか

丸山古墳の被葬者の候補

飛鳥時代ともなると『古事記』、『日本書紀』、『続日本紀《しょくにほんぎ》』といった文献史料の信頼性も増すと一般的に考えられるから、飛鳥時代の古墳被葬者を考える時にまず求められるのは、史料の記述内容と考古学資料が示すデータが整合するかどうかである。この手続きを経て、丸山古墳や梅山古墳の被葬者についても言及されてきた。

ただ改めて言うまでもないことだが、丸山古墳や梅山古墳がつくられた時期から『記・紀』の成立するまでには、一世紀をこえる時間経過を見積もっておかなければならない。その間には難波長柄豊碕《なにわながらとよさきの》宮《みや》、近江大津宮への遷宮や壬申《じんしん》の乱を経ている。対外的には唐や新羅との軍事的緊張があったことを忘れてはならない。とくに壬申の乱では、飛鳥宮を含んだ一帯の倭京《わきょう》そのものが戦場となっている。このような状況のなかで、人々の記憶はもとより歴代の王陵の記録といえども正確に伝えられたものかどうか、事項の遺漏はないものか、注意して史料にあたらなければならない。

当代随一の規模をもって築かれた丸山古墳、四神《ししん》、風水《ふうすい》思想にもとづいてつくられた梅山古墳であるが、考古学資料の操作で割り出された年代観は六世紀末葉から七世紀初葉ということで、都合が良いものか悪いものか、該当の時期に亡くなり飛鳥に葬られた大王は史料による限り見当たらない。従来、あげられていたふたつの古墳に対する被葬者の候補は、次のようである。

丸山古墳については、①欽明《きんめい》大王（『紀』によれば五七一年四月に「檜隈坂合陵《ひのくまさかあいのみささぎ》」に葬送―森浩一氏の提唱）、②宣化《せんか》大王（同じく五三七年二月に「身狭桃花鳥坂上陵《むさのつきさかのへのみささぎ》」に葬送―和田萃《あつむ》氏の提唱）、③蘇我《そがの》稲目《いなめ》ほか（同じく五七〇年三月に死亡、葬地を示す記事はなし―斎藤忠氏の提唱）。

梅山古墳についても、宮内庁の治定どおり欽明大王を被葬者とする説（網干善教氏、また右の②、③説の論者）がある。争点は、(イ)大王家と六世紀後半から七世紀前半まで最大の豪族である蘇我氏の勢力関係をどのように評価するのか、(ロ)史料に記された陵名にある地名「檜隈」、「身狭」に該当するか、(ハ)史料に記された記事内容に古墳の現状や周辺環境が適当かといった点に集約される。

争点についてもう少し解説すると、(イ)は在位期間が長期に及び、継体大王以来の「内乱」（継体〜欽明期には政治的動揺があったとみなす説がある）の勝利者ともいえる欽明大王の事績の歴史的評価に深く関わるし、また畝傍山《うねびやま》から軽《かる》、檜隈に勢力基盤をおく蘇我氏の勢力圏の真只中に選地されたことの歴史的意味を問うものといえる。(ロ)は古代地名の範囲をどのように考えるかという問題だが、今日でも広域地名とより狭い一帯をあらわす地名があるように、檜隈と身狭を同じレベルで比較できるかという問題もある。(ハ)は『紀』によれば欽明大王は五七一年四月になくなり、五月に河内古市《ふるいち》で殯《もがり》に付されたのち、九月に檜隈坂合陵に葬られるが、欽明陵の記事がただ一度きりでない点に端を発するものである。『紀』はこのあとの推古二十年（六一二）二月二十日条に、「皇太夫人堅塩媛《きたしひめ》を檜隈大陵に改葬するとあり、軽《かるの》街《ちまた》では阿倍内臣鳥《あべのうちのおみのとり》、諸皇子、中臣宮地連《なかとみのみやどころのむらじ》烏摩侶《おまろ》、境部臣《さかいべのおみ》摩理勢《まりせ》による誄《しのびこと》儀礼がとり行われた。鳥は娘である推古の言葉を、烏摩侶は蘇我馬子の言葉を、四番目の摩理勢は馬子に命じられて蘇我氏の氏姓の由来について誄をのべた」とでてくる。

推古二十八年（六二〇）冬十月条には「砂礫《さざれし》を檜隈陵の上に葺《し》き、陵域外に土を積み上げて山となし、氏ごとに命じて大柱《おおはしら》を山の上に建てさせたところ、倭漢坂上《やまとのあやのさかのうえの》直《あたい》の建てた柱が、ひときわ高いものであった。そこで時の人は名付けて大柱直といった」と記す。とくに「砂礫葺檜隈陵上」という記事は、葺石《ふきいし》の施工が確実な梅山古墳―欽明陵説に有利だ。いよいよわからなくなってきた。

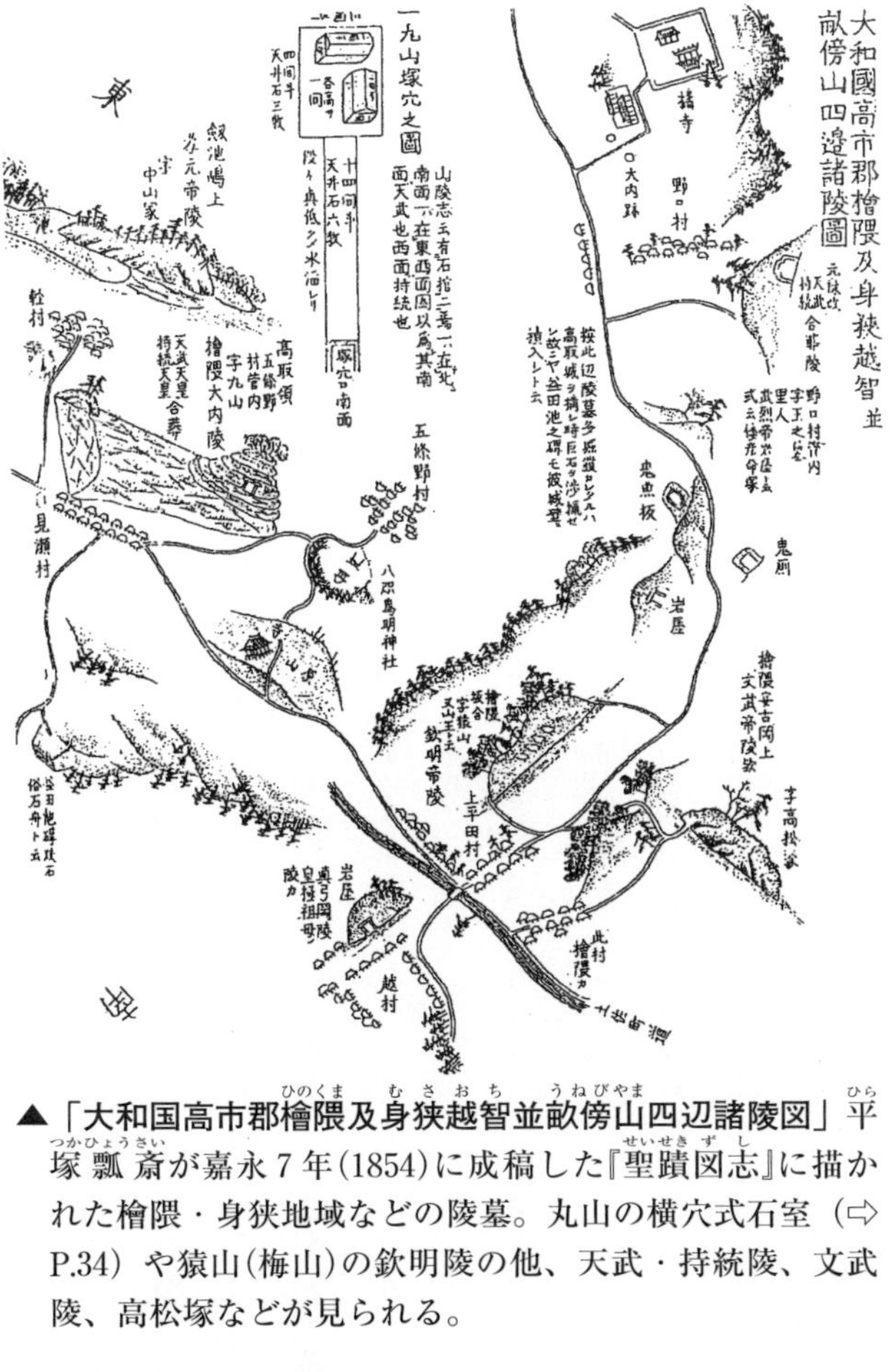

▲「大和国高市郡檜隈《ひのくま》及身狭越智《むさおち》並畝傍山《うねびやま》四辺諸陵図」平《ひら》塚瓢斎《つかひょうさい》が嘉永7年（1854）に成稿した『聖蹟図志《せいせきずし》』に描かれた檜隈・身狭地域などの陵墓。丸山の横穴式石室（⇨P.34）や猿山（梅山）の欽明陵の他、天武・持統陵、文武陵、高松塚などが見られる。

丸山古墳の石室報道以前の研究史で、異彩を放ったのは増田《ますだ》一裕《かずひろ》氏の研究である。増田氏は山陵絵図の検討から、それまで現代人が見たこともなかった丸山古墳の横穴式石室や家形石棺を推定復元して、それに型式編年と規模にもとづく階層性を視点に加えることで丸山古墳の被葬者を明らかにしようとした。この過程で増田氏は従来はひとつの古墳を示したものとみられたさきほどの「檜隈大陵」と「檜隈陵」は区別されるものとみなし、結論として推古二十年の「大陵」は欽明大王陵で丸山古墳に、推古二十八年のただ「陵」とされた方は皇后堅塩媛《きたしひめ》（蘇我稲目の子）の墓で梅山古墳にそれぞれあてられたのである（増田一裕「見瀬丸山古墳の被葬者」『古代学研究』一二四・一二五号、一九九一年）。

そして丸山古墳は、石室開口の報道の日を迎えた。丸山古墳の内部構造について発掘調査を経たわけではないが、多少の幅を認めるとしても六世紀後半以降にそれがつくられたことは確実である。従って被葬者を宣化《せんか》とその皇后 橘 仲皇女《たちばなのなかつひめみこ》との合葬墓である「身狭桃花鳥坂上陵《むさのつきさかのへのみささぎ》」とみなすことはもはやできないだろう。しかし、その所属時期について欽明大王の葬送の年より、ことによると三十年以上も遅くなる可能性まででてきたことは問題を一層、複雑にしているのである（和田萃「見瀬丸山古墳をめぐる課題」『日本古代の儀礼と祭祀』上巻所収。一九九五年）。

丸山古墳と下ツ道

ところで、関川尚功氏は前掲書のなかで丸山古墳と下ツ道《しもつみち》との関係について言及し、下ツ道の設置と同じ時か、それ以降に丸山古墳がつくられたものと結論づけられた。下ツ道と丸山古墳については、かつて岸俊男氏が、丸山古墳の正面中央を起点として北に直進するよう下ツ道は計画されたものと推測され、また上ツ道《かみつみち》・中ツ道《なかつみち》・下ツ道の三道は四里ごとに設けられていることを明らかにされた（岸俊男「大和の古道」『日本古代宮都の研究』所収。一九八八年）。しかし、設置の時期や契機については未解決である。

関川説の根拠は箸墓《はしはか》古墳から正しく八里（約四二五〇メートル）に丸山古墳があるとみたことによるが、そもそも二つの古墳が奈良盆地のなかで真東西にならんでいるわけではない。それにもう少しみると、箸墓古墳に対する上ツ道のとりつき推定線は、後円部の中心からやや東よりに通るのであって、墳丘そのものの存在と道路の関係が、具体的に生じている丸山古墳の場合——厳密にいうと、前方部前面中央に下ツ道が発するかは、いまのところ不明。ただ南方へも道はつづくが、直線道路としての下ツ道はここでとぎれる。上ツ道の通過点にある箸墓古墳とはちがう。——と同一に扱うことはできない。

箸墓古墳は壬申《じんしん》の乱を記した「天武即位前紀」に、「箸陵《はしのはか》」とでてくるから陵墓として意識されていた（「崇神《すじん》紀」では倭迹迹日百襲姫命《やまとととひももそひめのみこと》の大市《おおいち》墓とする）可能性が高い。そうであるならば陵域を官道の上ツ道といえども侵すことはないだろう。上ツ道は周濠ないしは墳丘裾に即して東か西かに迂回していたことになる。ただ、くびれ部付近を南北に横断する道があって、近世には里道として使われていたらしい。いまも、その痕跡が残っている。

上ツ道の行方は確かに問題だが、下ツ道の方は、結局のところ岸氏の指摘のとおり、さきに丸山古墳が営まれており、下ツ道は丸山古墳を起点として設定されたとみるのが穏当なところと考える。つまり、下ツ道の設定時期が丸山古墳築造時期の下限ということである。

改葬された欽明大王陵

被葬者を考えるのに不可欠の学史について長くふれることになったが、それというのも被葬者の特定はとても困難な課題であることを言わんがためである。なんといっても、丸山古墳は内部の様子がある程度、判明しているが、それに対して梅山古墳の方は、後円部の規模（直径七十二メートル）から判断して、全長二十五メートル前後の長大な横穴式石室を持つらしいと想像はついても実際のところはわからない。逆に、梅山古墳の方は葺石《ふきいし》あるいは貼石《はりいし》の様子、直線的な前方部、周辺施設の状況が段々と明らかになってきたが、丸山古墳の方は表面観察による情報しかなく確度が低い。

つまり、ふたつの古墳について互いに同じ要素で比較できる考古学情報に事欠いている。それに両方とも宮内庁管下の天皇陵古墳であり、何人も立ち入ることさえ禁じられている。とにかく悲嘆していても仕方がない。このあたりで私なりのひとつの提案と留意点を示しておきたい。

結論をさきに述べると、欽明大王陵については、タイトルどおり丸山古墳・梅山古墳のふたつをあげておきたい。従来の議論のどちらにも向いた都合のよい言い方であるかも知れないが、少し説明すると、欽明大王は少なくとも一度は、改葬されたのではないかということである。つまり、丸山古墳に葬送されたのち梅山古墳へ。

どうしてこのようなことを言うかというと、『紀』には欽明大王以降に大王位についたとみられる飛鳥時代の大王のうち、「用明」・「推古」・「舒明」に改葬記事がみられる。「皇極（斉明）」については近親者との合葬記事がある。つまり、ふたつの古墳がつくられた時代には、大王・王族を含めて改葬や合葬が頻発しているのである。皇后堅塩媛《きたしひめ》の欽明大王陵への改葬については、さきにふれたが、欽明本人の改葬記事がないからといって、それがなかったとはいえない。大王自身が改葬されることは特別なことではなく、どちらかというと改葬があったと考える方が自然なのである。

『紀』の記事をもう一度、思い出してみよう。堅塩媛の改葬に際して誄《しのびこと》が催された軽《かる》の地は、阿倍《あべ》山田《やまだ》道と下ツ道が交差点となってチマタが形成された場所とみられる。参列者からは、丸山古墳が間近にのぞまれたに違いない。丸山古墳の被葬者に対する誄を催行するならば軽のチマタは、最適の場所といえる。しかしながら、つづく推古二十八年の「檜隈陵」の記事はやはり梅山古墳を指したものと見ておきたい。つけ加えると、猿石の存在も大柱の事績に関係づいたものと評価されるのである。和田萃氏が述べるように、

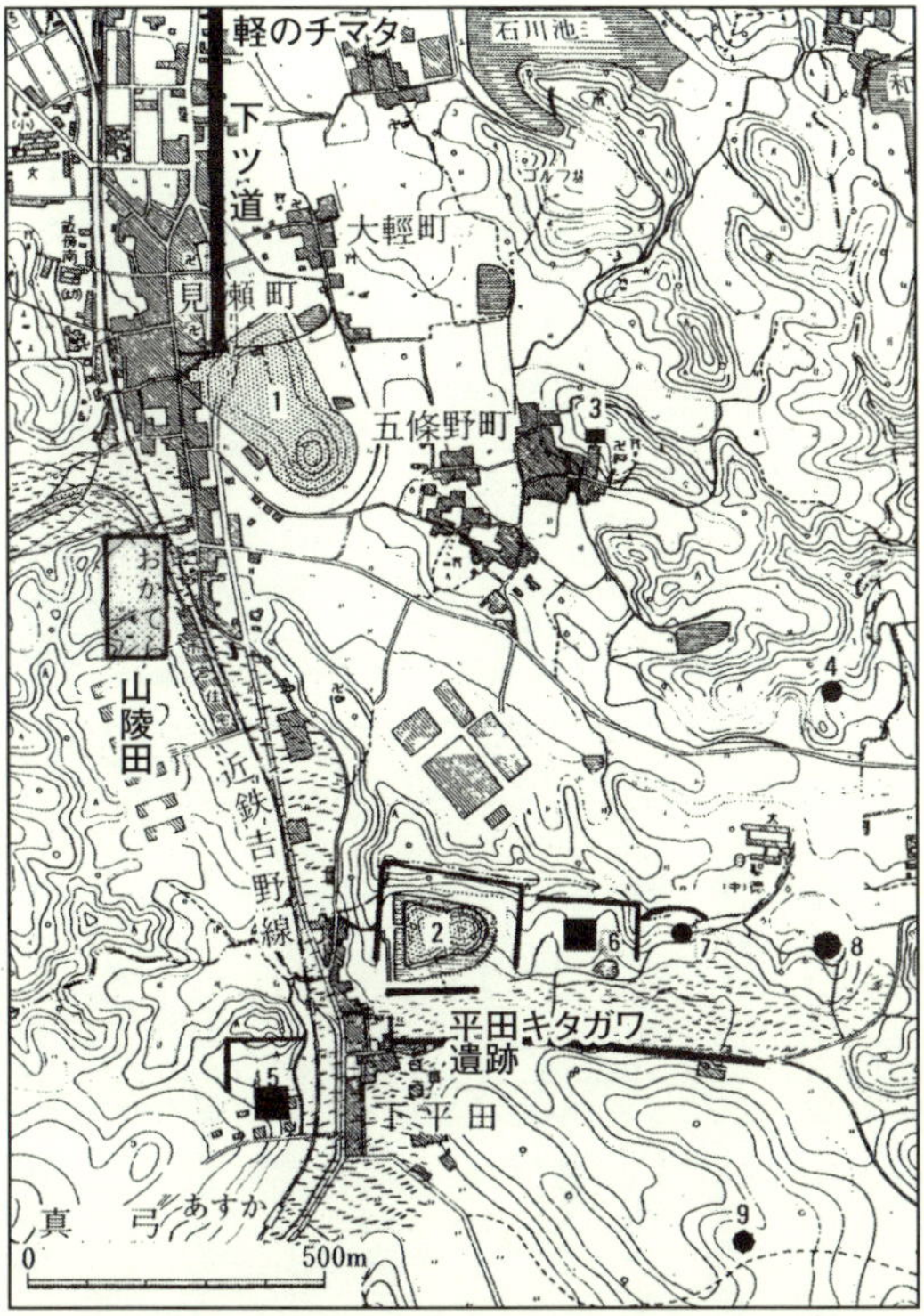

▲丸山古墳・梅山古墳をめぐる遺跡（関川、前掲書をもとに作成） 1丸山古墳 2梅山古墳 3植山古墳 4菖蒲池古墳 5岩屋山古墳 6金塚古墳 7鬼の俎・雪隠古墳 8天武・持統陵 9中尾山古墳。▦部分は池沼状態（一部推定）をあらわす。2、5、7、8にはそれぞれ背面カットがみられる（線で表現）。

かりに梅山古墳から丸山古墳へと堅塩媛が改葬されたとすると、「空墓」ともなった梅山古墳にことよせた推古二十八年の大柱の行事が行われるだろうか。推古期ごろに整備される平田キタガワ遺跡の存在も、梅山古墳から切りはなしては説明がつかないことはすでに述べた。「檜隈大陵」、「檜隈陵」、「檜隈坂合陵」がすべて梅山古墳のことを示したものとみなさないと、私の論旨は整わない。

ここに陵名が複数、あらわれた原因は丸山古墳の方にも、別の陵名があり、区別できたところに原因があるのではなかろうか。軽のチマタの誄は、もとの欽明大王陵である丸山古墳に合葬されていた皇后堅塩媛を新しい欽明大王陵である檜隈大陵に改葬された記事と読んだのである。むろん、丸山古墳の陵名は『紀』に採録されなかったことになる。それにしても、奈良盆地最大の前方後円墳である丸山古墳に「大陵」の呼称は相応しく捨てがたい思いがする。

▲**平田キタガワ遺跡の現状**(明日香村平田)
手前に小字「ツクエ」「池田」が見える。

また、丸山古墳、梅山古墳の双方ともが陵墓としての扱いをうけており、律令国家による公的管理が具体的になされていた可能性が強いことは、さきに述べたとおりである。従って、どちらかを蘇我稲目墓とする説には加担できない。ともに副葬状況が明らかになり、たとえば丸山古墳の石棺内部が盗掘などがなされた気配がないにも関わらず空っぽであったり、丸山古墳と梅山古墳の副葬品どうしが接合などした場合があったりすれば改葬の状況証拠にもなろうが、それは現実味のある話ではない。

考古学上で推定できる諸点

最後に、考古学上で指摘、推定できる諸点をもう一度あげておく。

第一に丸山古墳は飛鳥地域において最初に築かれた前方後円墳であり、規模は卓越したものである。第二に丸山古墳は、六世紀末葉から七世紀初葉につくられた可能性が高い。第三に丸山古墳が梅山古墳に先行して営まれたらしい。第四に丸山古墳が下ツ道設定の起点となったらしい。第五に梅山古墳には、終末期古墳と同様の占地や地形改変がみられる。第六に梅山古墳では七世紀前葉に墳丘ならびに周辺整備が、大規模に進められたらしい。第七に梅山古墳の東側の平田金塚《かなづか》(岩屋《いわや》)古墳、西側の越《こし》岩屋山古墳(明日香村越)には、占地や背面の造成状況に共通する点が見られる。三基の営みには関係性がある。

このうち第四、六点は、破格の状況の下で二つの古墳の営みがあったことを示していると考える。そして第一点は、営みが飛鳥地域の一角ともなれば、都を飛鳥地域に定めた政治状況とも深く結びついていると考える。被葬者は考古学の成果からしても欽明大王が最適任者ということになろう。では、その主宰者は誰か。これも蘇我馬子《そがのうまこ》をおいて他には適当な人物はみあたら

▲**平田金塚(岩屋)古墳**　現在は宮内庁の欽明陵陪塚ろ号となっている。古墳は1辺50メートルほどの方墳らしく、内部構造は切石の石材が使用されていた横穴式石室と思われる。越岩屋山古墳(⇨p. 51, 52)のような石室であったらしい。

▲**牽牛子塚古墳**　現状では、墳丘は東西18メートル、南北15メートルの不整形な楕《だ》円《えん》形である。本来は八角墳の可能性がある。墳丘の中心よりやや西寄りに、主軸を南北にもつ石槨がある。凝灰石の巨石をくりぬき左右二室からなる空間をつくっている。あらかじめ合葬の二棺を収めることを意図したものだろう。

ない。

丸山古墳、梅山古墳に限らず被葬者の確定が、古代史の理解のうえで大きな成果をもたらすことは争点を解説したなかでもふれたが、王陵の改葬についても確定作業のなかでの留意点として配慮される必要があることを説いた。

かつて梅山古墳からは指呼の距離にある越岩屋山古墳、つづく丘陵の頂上近くにつくられた牽牛子塚《けんごしづか》古墳(明日香村真弓《まゆみ》)をともに斉明陵ではないか、と述べたことがある。すなわち二つの古墳の間で斉明の改葬が行われたとみたのである。「ふたつの斉明陵」(『古代探究　森浩一70の疑問』一九九八年)という題で著した。私の提案を理解していただくためにも併読をお願いして終わりとする。

2章 飛鳥・藤原京の謎を解く

4 飛鳥と渡来文化の波

金子裕之（奈良国立文化財研究所埋蔵文化財センター研究指導部長）

六世紀から八世紀にいたる王権の所在地（みやこ）は、飛鳥（奈良県明日香村）から藤原の地（橿原市）を経て平城《へいじょう》の地（寧楽《なら》とも書く。奈良市・大和郡山《やまとこおりやま》市）へと移動する。この移動と各時代を彩る文化は、大観すれば、時々の王権が親密さを抱いた朝鮮半島の百済《くだら》（四世紀～六六〇）、新羅《しらぎ》（四世紀～九三五）、そして東アジアに覇《は》を唱えた唐《とう》（六一八～九〇七）と無関係ではなかった。ここでは、「山城《やまじろ》」「嶋《しま》」「仏教」「火葬」などの渡来文化が飛鳥・藤原の地で開花した様子を、遺跡・遺構から見ていきたい。

一　王宮と山城

甘樫丘は飛鳥西面の防壁か

百済最後の首都である泗比《しひ》（扶余《ふよ》）が、飛鳥と地形的に似ることは早くから指摘がある。滅亡時の王宮は扶蘇《ふそ》山城の南に接してあったようで、推定地の一郭からは玉石組みの溝などが見つかっている。ただし、一部の調査に止まっており、全体構造はいまだに明らかではない。

扶余の王宮は北の扶蘇山城と一体となっている。この点に注目した猪熊兼勝《いのくまかねかつ》氏は、飛鳥の甘樫丘《あまかしのおか》を扶蘇山城に擬し、その北方の明日香村豊浦《とようら》の小治田宮《おはりだのみや》（小墾田宮）推定地と対比した。甘樫丘は、飛鳥川左岸にある丘陵で、豊浦の平吉《ひきち》遺跡などごく一部の調査しか及んでいないために、山城か否かは明らかではない。しかし、その位置は、古代飛鳥の中央部付近の西面の羅城《らじょう》ともいうべき位置にある。

古代の飛鳥は、現在の明日香と異なりはるかに狭い。岸俊男博士の考証では、香具山《かぐやま》の南を北限とし、聖徳太子の建立説がある橘寺《たちばなでら》付近を南限とする主として飛鳥川右岸の地とするから、南北約三キロメートル、東西約〇・七キロメートルほどの谷間の地となる。それゆえ、甘樫丘はほぼ飛鳥中心部の西面の防ぎにあたる。

小治田宮と雷丘

小治田宮は、豊浦宮《とゆらのみや》、耳成行宮《みみなしのかりみや》につぐ推古《すいこ》朝（五九二～六二八）の三番目の宮で、推古女帝は六〇三（推古十一）年から六二八年に没するまでここを拠点とした。明日香村豊浦の字古宮土壇《あざふるみやどだん》周辺が有力推定地であったが、近年は明日香村雷の雷丘《いかづちのおか》（城山《しろやま》）東部に想定する説が有力になりつつある。

そのきっかけは、一九八五年に雷丘東南部の平安初期

▲北側から見た甘樫丘　飛鳥国営公園甘樫丘地区の入口で、すぐ北側を飛鳥川が流れる。

の井戸から「小治田宮」と記された墨書土師器《ぼくしょはじき》を発見したこと。さらに、一九九三・九四年に奈良国立文化財研究所がその北七十メートルほどの場所で礎石建ち倉庫群や、築地塀《ついじべい》の一部などを検出したことにある。もっとも、土器の一部は六世紀末から七世紀初頭にさかのぼるが、確実に推古朝といえる遺構は未発見であることが問題として残る。いずれにしても、位置が甘樫丘の北にある点は変わらない。

なお、雷丘（城山）南麓の住宅建て替えに伴う雷《いかづち》内畑《うちはた》遺跡（明日香村雷）の調査では、七世紀前後二時期の石敷き遺構が見つかった。調査範囲が小さく全貌は明らかでないが、明日香村教委の相原嘉之《あいはらよしゆき》氏はともに園池《えんち》の一部とする。遺構は丘麓に接しており、宮は雷丘を含むとすべきであろう。

推古紀二十（六一二）年是年条には、百済人路子工《みちこのたくみ》（芝耆摩呂《しきまろ》）が「須彌山《しゅみせん》の形及び呉橋《くれはし》を南庭に構《つ》け

▲「小治田宮」と記す墨書土師器
（明日香村教育委員会提供）

▲小治田宮と思われる雷丘東方遺跡の発掘（奈良国立文化財研究所許可済）
北側上空から撮影。西側の丘は雷丘。

と令す」とある。須彌山は仏説で世界の中心をなす巨大な山である。小治田宮の南庭、後の平安宮内裏紫宸殿《ししんでん》の前庭にあたる場所にその雛形《ひながた》を構えさせたとの意味であろう。雷丘が宮域に含まれるなら、これを須彌山に見立て、切り土した可能性がある。この丘の南麓が不自然な断崖《だんがい》状を呈することもその根拠となろう。なお、丘の頂部には空堀《からほり》状の溝があるが、これは中世の山城に関わる遺構であろう。

この丘に関しては、『万葉集』に興味深い歌がある。

「天皇、雷 岳《いかづちのおか》に御遊しし時、柿本朝臣人麿《かきのもとのあそんひとまろ》の作る歌一首」

「皇《おおきみ》は神にし座《ま》せば天雲《あまぐも》の雷の上に廬《いお》らせるかも」（巻三―二三五）とあって、「皇」を天武・持統・文武のどの天皇に充《あ》てるかは諸説があるが、有力な持統説でもやや下るものの、これは単なる比喩《ひゆ》ではなく、雷丘上に実際にあった楼観《ろうかん》などを詠《うた》ったとみるべきではなかろうか。

雷丘の比定地は、現「城山」と南の「上《うえ》の山」の二カ所があり、現雷丘の南に接して阿倍山田路《あべやまだみち》が通る。しかし、現阿倍山田路は一九八八年十二月から始まった道路拡幅工事に先だつ奈良国立文化財研究所の調査では、部分的にはともかく明確な側溝《そっこう》跡が見いだせないこと、現道が右の奈良・平安時代の小治田宮を分断すること、『日本霊異《りょうい》記《き》』上巻第一話にみえる小子部栖軽《ちいさこべのすがる》が雷を捉《とら》える説話では、栖軽の往く道が

▲雷丘に比定されている城山

「阿部の山田の前の道と豊浦寺《とゆらでら》の前の路」であるのに、現道は山田・豊浦寺とともにその北を通るなどの問題がある。古代の山田道は少なくとも、現道の南八・九十メートル付近に想定すべきであり、雷丘と推古朝小治田宮の比定が改めて課題となろう。

斉明朝の山城

推古没後に即位した舒明《じょめい》天皇は、いったん飛鳥の地を離れる。六三九（舒明十一）年七月に、百済川《くだらがわ》の河畔に大宮と大寺を造営し始めた。一九九七・九八年、桜井市吉備《きび》にある吉備池で巨大な金堂と塔をもつ寺跡を検出し、これが舒明紀にみえる百済大寺《くだらのおおでら》の可能性が高まった。

舒明紀十一年七月条には、「西の民は大宮を造り、東の民は大寺を作る」とあるから、大宮はその西に想定すべきであろう。ここは磐余《いわれ》の地であり、あえて「百済」の地名を付したのであろうか。ちなみに、百済の地名は、奈良県北葛城《きたかつらぎ》郡広陵《こうりょう》町の百済寺や、藤原宮跡内の小河川などにも残る。

百済宮の場合は「山城」との関係は明らかでないが、皇極《こうぎょく》（斉明《さいめい》）女帝の時代（在位六四二〜六四五、六五五〜六六一）では明らかである。女帝は、難波長柄豊碕宮《なにわながらとよさきのみや》（前期難波宮・大阪市中央区法円坂《ほうえんざか》）から飛鳥に戻り、斉明として重祚《ちょうそ》した翌年の六五六（斉明二）年、後飛鳥岡本宮《のちのあすかのおかもとのみや》や多武峰《とうのみね》に両槻宮《ふたつきのみや》（天宮《あまつみや》）、吉野宮《よしののみや》を造営し、「狂心《たぶれこころ》の渠《みぞ》」の掘削《くっさく》などの土木工事を相次いで起こした。このうち「狂心の渠」は、香山《かぐやま》（香具山）から石上山《いそのかみのやま》にいたるもので、舟二百隻に石上山の石を載みて流れに引き、「宮の東の山に石を累《かさ》ねて垣とする」とあり、別名「石山丘《いしのやまのおか》」とある。

明日香村岡《おか》には飛鳥京跡がある。現在史跡となって井戸一郭の整備がおこなわれている宮跡は、天武朝の飛鳥浄御原宮《あすかきよみはらのみや》説が通説となりつつある。宮跡の遺構は二ないし三時期からなる。上層遺構の遺存状態が良好なために、下層の遺構配置は不明な点が多いが、下層を舒明朝の岡本宮、中層を大化改新の舞台ともなった皇極朝の飛鳥板蓋宮《あすかいたぶきのみや》とする見方が根強い。

この宮跡の東側約三百メートルの丘陵上には、酒船石《さかふねいし》と称する石造物がある。一九九二年、この酒船石への近道を掘削する工事で粘土と砂を互層にして突き固める版築《はんちく》層や花崗岩《かこうがん》の石垣と砂岩切石の七重の石積み(高さ約一メートル)を発見した。この酒船石遺跡はその後の調査で、東から西に不整形に張り出す丘陵全面にわたり、地山削りだしと版築による盛り土があることを確認した。

ことに、丘陵西側斜面には四段の列石と石組みがあり、山城の可能性が高い。しかも、砂岩切石が天理《てんり》市豊田産であること、その位置や状況からみて、これが斉明紀二年条の「石山丘」にあたることは確かなようである。

花崗岩石垣の一部には、地震によるくずれや落下があり、その修復時に本来積み石であった砂岩切石を最下段の石垣にそって鋪磚《ほせん》したという。相原嘉之《あいはらよしゆき》氏は、造営期を六五六(斉明二)年とし、地震を「人定《いのとき》(午後八時)に逮《いた》りて大きに地震《ふ》る」とある

▲酒船石(⇨P.114)のある丘陵　手前は飛鳥池遺跡の一部。

天武紀十三(六八四)年十月十四日条に対応し、修復時期を「二槻《ふたつき》離宮繕治はしむ」とある『続日本紀《しょくにほんぎ》』文武《もんむ》天皇の七〇二(大宝二)年三月十七日条に対応するとする。豊田産の砂岩切石は、隣接する浄御原宮推定地上層遺跡の石敷きや、酒船石遺跡の北二百メートルにある飛鳥池遺跡の井戸(藤原宮期)周りの舗磚《ほせん》にも用いており、「石山丘」が機能を失った時期を暗示する。

酒船石遺跡の全貌は、なお明らかではない。しかし、東限を標高約百五十メートルほどの山麓を縫うように走る県道明日香・吉野《よしの》線付近とし、そこから西と西北に延びる尾根二つにまたがるとすると、東西南北ともに三百メートル前後の規模となろう。

『日本書紀』の斉明紀六(六六〇)年十二月条などでは、斉明女帝は新羅に攻略された百済救援に熱心であり、翌六六一(斉明七)年七月二十四日には救援に赴く途次の朝倉宮《あさくらのみや》(福岡県)で没した。南と北、東と西と方位は異なるが、岡本宮と石山丘は百済の扶余《ふよ》王宮と扶蘇《ふそ》山城に対応するのではなかろうか。

▲飛鳥池遺跡の井戸周りの舗磚(奈良国立文化財研究所許可済)　酒船石遺跡の切石を使って、石敷きをしている。

酒船石遺跡の砂岩切石の石積み▶
(明日香村教育委員会提供)　天理市豊田産の切石を使っている石積み。

二　王宮と嶋

須彌山石と石人像

百済と関わりが深い斉明朝に、饗宴《きょうえん》施設として整備が進んだのは、石神《いしがみ》遺跡(明日香村石神)である。石神遺跡は、一九〇三・〇四(明治三十六・三十七)年と相次いでいわゆる須彌《しゅみ》山石《せんせき》、石人像《せきじん》(通称道祖《どうそ》神《しん》)が見つかった遺跡として有名である。一九三六年の石田茂作《いしだもさく》氏らの石人像発見地の調査に続き、一九八一年からは奈良国立文化財研究所が本格調査を開始し、多数の建物跡をはじめ、石組みの溝や方形の池などを検出した。報告によると、これらの遺構は、斉明朝(A期)のもので、方位を方眼方位(ほぼ真南北)に揃えた整備が進み、正殿《せいでん》を長廊《ちょうろう》状の建物で囲った区画や井戸、倉庫群などからなる。

▲**須彌山石**　飛鳥資料館に展示されたレプリカ。園池の噴水施設であろう。

明治年間に見つかった花崗岩《かこうがん》の石造物に関しては、斉明紀三・四・五・六年条にみる蝦夷《えみし》などの饗宴記事が以前から問題である。三年七月十五日条には、「須彌山の像を飛鳥寺の西に作る（中略）、暮れに覩貨邏《とから》人に饗《あえ》たまふ」とあり、五年三月十七日条には「甘《あま》檮丘《かしのおか》の東の川上に須彌山を造りて陸奥《みちのく》と越《こし》の蝦夷《えみし》に饗たまふ」とあり、六年五月是月《このつき》条には「石上池《いそのかみのいけ》の邊《ほと》りに、須彌山を造る。高さ廟《びょう》塔《とう》の如し。以《も》って粛慎《みしはせ》四十七人に饗たまふ」などとある。

発見石造物は、ともに噴水の一部であり、園池施設の一部であった。石人像は胡服《こふく》の老人がやはり胡服を着た若い女性を背負った姿を象《かたど》るもので、峰岸純夫《みねぎしすみお》氏が指摘するように、老人像は韓国済州《さいしゅう》島のトルファバンと類似するなど、朝鮮半島の影響が濃厚であり、蝦夷を含めた対外的な饗応外交の場だったようである。ただし、これらが八世紀以降に二次的に埋められた場所は判明したが、関連する園池施設は明らかではない。

石神遺跡は天武期、藤原宮期にも造営があり、やや機能を変えながら存続したようである。この藤原宮期の層からは統一新羅時代の壷、陶硯《とうけん》などが見つかっており、百済滅亡後の七世紀後半以降は新羅使節との関わりが問題である。ただし、石神遺跡の硯《すずり》については、藤原京左京六条三坊検出の緑釉《りょくゆう》陶硯とともに、百済産説もある。

▲石人像（通称道祖神）
飛鳥資料館に展示されたレプリカ。

嶋宮

庭園を含む施設は、飛鳥の南にもあると思う。それが、明日香村島庄《しましょう》の嶋宮《しまのみや》推定地である。

嶋宮　勾池《まがりのいけ》の放《はな》ち鳥《どり》　人目を恋ひて　池に潜《かづ》かず(巻二―一七〇)

草壁皇子《くさかべのおうじ》の挽歌《ばんか》のなかでも有名なこの歌は、皇子の死を知らない鳥が、皇子がみてくれることを願って水に潜《もぐ》ろうともしない意味という。草壁皇子(六六二～六八九)は天武と持統の皇子である。女帝持統の期待をにない皇太子となったが、即位をまたずに二十八才で没した。『万葉集』には柿本人麻呂《かきのもとのひとまろ》の長歌《ちょうか》と、舎人《とねり》の一連の挽歌(柩《ひつぎ》を担うときの悲しみの歌)がある。

嶋とは中嶋のある庭園のこと。嶋宮には、園池だけでなく、附属の諸施設があった。壬申《じんしん》の乱の前年、六七一年の十月に近江朝を逃れた大海人皇子《おおあまのおうじ》(天武)は、吉野宮に入る前に嶋宮に立ち寄ったし、勝利の直後にも、岡本宮《おかもとのみや》に移るまで滞在した。嶋宮は、奈良時代も七五〇(天平勝宝二)年ごろまで記録にみえ、そこには皇室の御田《みた》が付属し、藁《わら》や、宮の奴婢《ぬひ》の食料運搬のことがみえる。

通説では、嶋宮は蘇我馬子《そがのうまこ》(?～六二六)の嶋に由来する。邸宅に池を掘り、中島(嶋)をつくる事業を最初におこなったのは、推古朝の大臣である蘇我馬子である。彼の別名は「嶋大臣《しまのおおおみ》《おとど》」。邸宅に嶋を営んだことにもとづく。六二六(推古紀三十四)年五月条には、「飛鳥河の傍《ほとり》に家せり。すなわち庭の中に小《いささか》なる池を開《ほ》れり。よりて小なる嶋を池の中に興《つ》く。故《かれ》、時の人、嶋大臣という」とあり、池を築き中島をつくることが珍しく、評判となった。

中島の名は伝わらないが、仙人《せんにん》が永遠の命を楽しんだ『史記封禅書《しきほうぜんしょ》』にみる中国の三山伝説の蓬莱《ほうらい》山、方丈山《ほうじょう》、瀛州《えいしゅう》に由来すると思う。

嶋が推古朝に始まることは、偶然ではあるまい。遣隋使《けんずいし》を前後五回も派遣し、大陸文化受容に熱心であったこの時代、庭園の思想や築造もその一環であった可能性が高いからである。この馬子の邸宅が大化改新（六四五年）の蘇我本宗家《ほんそうけ》滅亡の後、皇室の所有に帰し、皇極《こうぎょく》天皇の娘の吉備姫王《きびひめのおおきみ》などが居住し、草壁の嶋宮となったという。

先の挽歌によると、嶋宮には上池《うえのいけ》と勾池《まがのいけ》があり、磯《いそ》や滝口《たきぐち》などの施設があったようである。勾池とは岸辺が蛇行する池、または楕円形など平面形が曲率をもつ池のことであろうか。あるいは、豊浦寺北の古宮土壇《ふるみやどだん》にある小墾《おはり》（治）田《だ》宮推定地で検出した蛇行する石組み溝など導水施設を指すのであろうか。

嶋宮推定地の発掘

明日香村島庄《しましょう》の嶋宮推定地には、人頭大の玉石で護岸した方形の池と、岸が蛇行する曲池の跡が見つかっている。方形池は、内法が四十二メートル、高さ二メートル、底にも花崗岩を敷く。岸はほぼ垂直に立ち上がり、この外側を幅約十メートルの堤がとり巻く。一部の発掘にとどまるために、中島の存在は明らかではない。池の年代は、七世紀の初めから十世紀末という。

他方の「曲池」跡は、方形池の西の住宅建設地から見つかった。ここは飛鳥川支流の冬野川《ふゆのがわ》から水を引き、当初は素掘り溝で、後に岸に玉石を貼りつけ整備したとする。これを「曲池」とすることに疑問があるが、部分的調査にとどまり、全貌は明らかではない。こちらは七世紀中頃という。方形池については土器の年代や、中島が存在しないとして、橿原考古学研究所の亀田《かめだ》博《ひろし》氏は嶋宮の池とは別で、先の推古紀三十四年五月条の蘇我氏の「飛鳥河の傍らの家」の一部とする。

しかし、中島がないとすると、続いて記されている「小なる嶋を池の中に興く」とする記述と合致しない。さらに、蘇我本宗家《ほんそうけ》の伝承地は嶋宮推定地の東北約一・五キロメートル、飛鳥川左岸の甘樫丘の東南麓にあり、蘇我大臣が嶋を築くには水利の関係からもふさわしくなく、再検討が必要と思う。

調査では、園池遺構だけでなく、石組み溝や掘立柱建物などを検出している。秋山日出雄《あきやまひでお》氏は、天武五年紀にみえる南淵《みなぶち》山・細川《ほそかわ》山への立ち入り禁止記事などをもとに、嶋宮の範囲を広く想定し、飛鳥諸宮の禁苑《きんえん》とする説を唱えたが、南淵山・細川山まで含むことは難しいとして禁苑説を否定し、離宮とする説もある。

私説は禁苑説に加担したいが、規模については課題

▲嶋宮推定地の方形池の遺構（橿原考古学研究所提供）

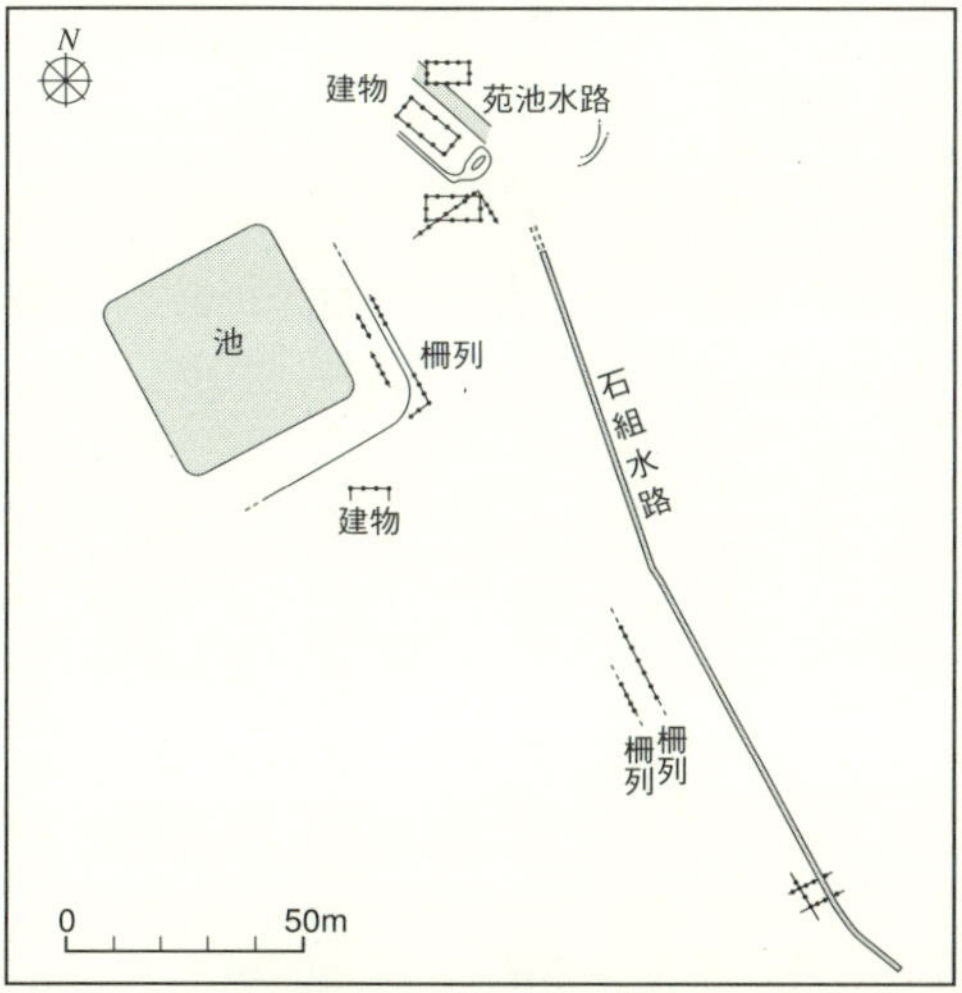

▲嶋宮推定地の遺構全体図

が多い。いずれにしても、嶋宮が広大な面積と諸施設を有したことは疑いがない。

百済・新羅の「嶋」

嶋宮推定地が飛鳥諸宮の南に位置することは、偶然ではあるまい。『三国史記』百済本記や新羅本記に例があるからである。百済本記では、

㈠六三四（武《ぶ》王三十五）年春三月条…「池を宮の南に穿《うが》つ。水を引くこと二十余里、四岸は揚柳《ようりゅう》を以って植え、水中に島嶼《とうしょ》を築き方丈仙《ほうじょうせん》山に擬す」

㈡六三六（武王三十七）年秋八月条…「群臣に望海楼《ぼうかいろう》に宴を設く」

㈢六三八（武王三十九）春三月条…「王嬪御《おうびんぎょ》とともに舟を大池に浮かぶ」

㈣六五五（義慈《ぎじ》王十五）年条…「望海楼を王宮の南に立つ」

とあって、王宮の南に園池を営み、ここで船遊びなどをおこなっている。扶余《ふよ》の宮南池推定地は、一部発掘がおこなわれているものの、全貌はなお明らかではない。

百済滅亡後、新羅はこの伝統を受け継ぐようで、次のような類似記事が新羅本記にある。

六七四（文武《ぶんぶ》王十四）年二月条に「宮内に池を穿ち、山を造りて花草を種え珍獣奇獣《ちんじゅうきじゅう》を養う」とある。後の『東史綱目《とうしこうもく》』には、「王宮内に池を穿ち、石を積みて山となし巫山《ふざん》十二峯を象《かたど》る。花卉《かき》を種え珍獣を養う。其の西は即臨海殿《りんかいでん》。池は今雁鴨池《がんもうち》と称し、慶州天柱寺《けいしゅうてんちゅうじ》の北にあり」とある。

この臨海殿での賜宴は、新羅本記六九七年九月条、七六九年三月条などにもみえる。百済の首都扶余《ふよ》

の宮南池は実態が不詳だが、雁鴨池は、新羅(現慶州《けいしゅう》)王宮の南にある月城の北東に位置し、全貌は韓国文化財管理局の『雁鴨池発掘調査報告書』によって明らかである。

奈良時代初期に降る平城宮東院《とういん》庭園は、この雁鴨池を模したとする見方がある。ただし、雁鴨池は岸の一方は出入りがあるものの、他方は直線的であること。岸の積み石は大きく池が深い反面、東院庭園は両岸とも出入りが大きい上に池底が浅く、敷きつめる玉石は径が小さいこと。雁鴨池では導水路に流《りゅう》盃渠《はいきょ》にあたる石槽二基と同種の石組み遺構一基があるのに対して、東院庭園では溝底に玉石を敷く流盃渠が雁鴨池と逆に排水溝の位置にあること。その成立時期も奈良時代後半に降るなど、単に規模に止まらず構造上も雁鴨池と一律に論じがたい。仮に模倣したとしても、平面形などごく一部とすべきであろう。

▲「雁鴨池」(韓国・慶州)

飛鳥の庭園は、嶋宮の他に、先の小治田《おはりだ》宮推定地や石神《いしがみ》遺跡、雷《いかづち》内畑《うちはた》遺跡などがあり、さらに飛鳥浄御原宮に付属した白《しら》錦《にしきの》後苑《みその》(天武紀十四年十一月六日条)の一部とする説がある飛鳥寺西南の出水《でみず》の酒船石など、多数が存在したようである。全貌が明らかな園池は少ないとはいえ、これらは大きな玉石による護岸、方形に近い構造をもつなど尹武炳《ユンブヘイ》氏の指摘にあるように、韓国の古代園池と類似点が多く、右の推測を裏づける。

藤原京と園池施設

藤原京では、宮南の園池は明らかではない。先に述べた石神遺跡の、同時期の施設をこれにあてる考えが有力であるが、別に小規模な施設が宮の南に存在した可能性はあると思う。

六九四(持統八)年十二月に遷都した藤原京は、建設開始が天武朝の初期にさかのぼる。これは条坊《じょうぼう》遺構が藤原宮の下層や、六八〇(天武九)年に持統の病気平癒を祈願して建立した薬師寺(本《もと》薬師寺)下層にあることからも明らかである。六六三年の白村江《はくすきのえ》の敗戦から間がない当時、唐から直接情報を得ることがむつかしく、新京の建設は統一新羅(現慶州《けいしゅう》)の情報に多くを頼ったであろう。

七世紀後半における新羅との交流は、天武朝の四回、持統朝の三回などの遣新羅使に対して、来朝新羅使は天武・持統・文武朝を通じてほとんど毎年のようにあるだけでなく、天武四・九年には年に二度も来朝している。こうした活発な交流は史料の上だけでなく、百済の扶余《ふよ》では条坊の存在が疑われるのに対して、統一新羅の首都慶州では条坊が施行されていることや、統一新羅時代の土器や陶硯《とうけん》が右の石神遺跡をはじめ、文武期の大官大寺《たいかんだいじ》下層(壷)、藤原京左京六条三坊(緑釉《りょくゆう》陶硯)、大藤原京周辺の桜井市の阿部ノ前《あべのまえ》遺跡から見つかっていることなどが証している。

現状では、藤原宮の宮南園池は不詳である。しかし、宮の南約二五〇メートルに位置する日高山《ひだかやま》(橿原市別所町など)を月城に見立てると、雁鴨池《がんもうち》に見立てられる地に位置する山の西北隅付近は飛鳥川に近接するだけでなく、園池跡を思わせる畔《あぜ》跡がある。この付近に園池を想定することは無謀であろうか。

三　仏教の伝来

百済がもたらした飛鳥の仏教寺院

『日本書紀』の五五二（欽明《きんめい》十三）年十月条には、百済の聖明王《せいめいおう》が釈迦仏《しゃかぶつ》の金銅像一体・幡蓋《はたきぬがさ》若干・経論《きょうろん》若干を奉ったとする記事がある。『元興寺縁起《がんごうじえんぎ》』『上宮聖徳法王帝説《じょうぐうしょうとくほうおうていせつ》』は仏教公伝を、これに先立つ五三八（宣化《せんか》三）年のことと記す。

百済は仏像や経論だけではなく、仏像の住居である寺院をもたらした。百済寺院の平面型、いわゆる伽藍《がらん》型式は中枢部が塔《とう》と金堂《こんどう》、これを囲む回廊《かいろう》を主要な要素とする。塔は釈迦《しゃか》の遺骨を納めたスツーパであり、金堂は本尊を安置する堂舎である。

伽藍型式には、塔が一基の一塔式と、二基を備えた双塔式がある。一塔式の代表が四天王寺《してんのうじ》（大阪市天王寺区）、若草《わかくさ》伽藍（法隆寺・斑鳩《いかるが》町）、山田寺（桜井市）などで、二塔式の代表が藤原京（六九四〜七一〇）の本薬師寺《もとやくしじ》（橿原市）である。四天王寺や若草伽藍は推古朝に、蘇我馬子とともに仏教興隆の政策を進めた聖徳太子の建立とする説がある。太子の事績を伝える『上宮聖徳法王帝説』の裏書は、山田寺の創建を七世紀前半と伝えるのに対して、本薬師寺の発願《ほつがん》は『日本書紀』によれば六八〇（天武九）年十一

▲飛鳥寺本尊の釈迦如来像《しゃかにょらい》　渡来《とらい》系一族の鞍作鳥《くらつくりのとり》の作である。

月に下る。金正基《きんせいき》氏は年代の違いと絡ませ、一塔式は百済の、双塔式は新羅の影響と説き、ほぼ通説化している。

一塔式は、百済の影響によるとはいえ、高句麗《こうくり》などの要素に日本の伝統が混淆《こんこう》していることも事実である。日本最初の本格的寺院である飛鳥寺は、塔の周囲に三金堂を配する一塔三金堂式である。これは、高句麗の清岩里廃寺《せいがんりはいじ》などとの関係が早くから指摘されている。飛鳥寺の発掘調査の結果、塔の心礎《しんそ》の周囲に埋納した舎利荘厳具《しゃりそうごんぐ》のうち、耳環《じかん》や短甲《たんこう》などは後期古墳の副葬品と一致する一方、馬の旗竿《はたざお》金具である蛇行《だこう》状鉄器や馬鈴《ばれい》などは韓国慶尚《けいしょう》南道上栢里《なんどうじょうはくり》古墳などに類例があり、百済や伽耶《かや》地域の影響が顕著である。

さらに、すでに失われた舎利容器についても、わずかに遺る破片から、猪熊兼勝氏が復元した銅鋺《どうわん》形舎利容器を、河田貞氏は新羅や中国に例がないことを理由に、百済の舎利荘厳手法に由来するとした。

法隆寺の飾り金具にみる百済との交流

次に、太子ゆかりの法隆寺に伝わる飾り金具について、百済との交流を考えてみよう。法隆寺西院伽藍の金堂本尊の釈迦三尊像《しゃかさんぞんぞう》(中の間)、阿弥陀如来像《あみだにょらいぞう》(西の間)の天蓋《てんがい》には、吹き返し板上面に金銅の飾り金具がある。東の間のそれは後世の作であるから別として、これには二種がある。切り抜いた金銅の薄

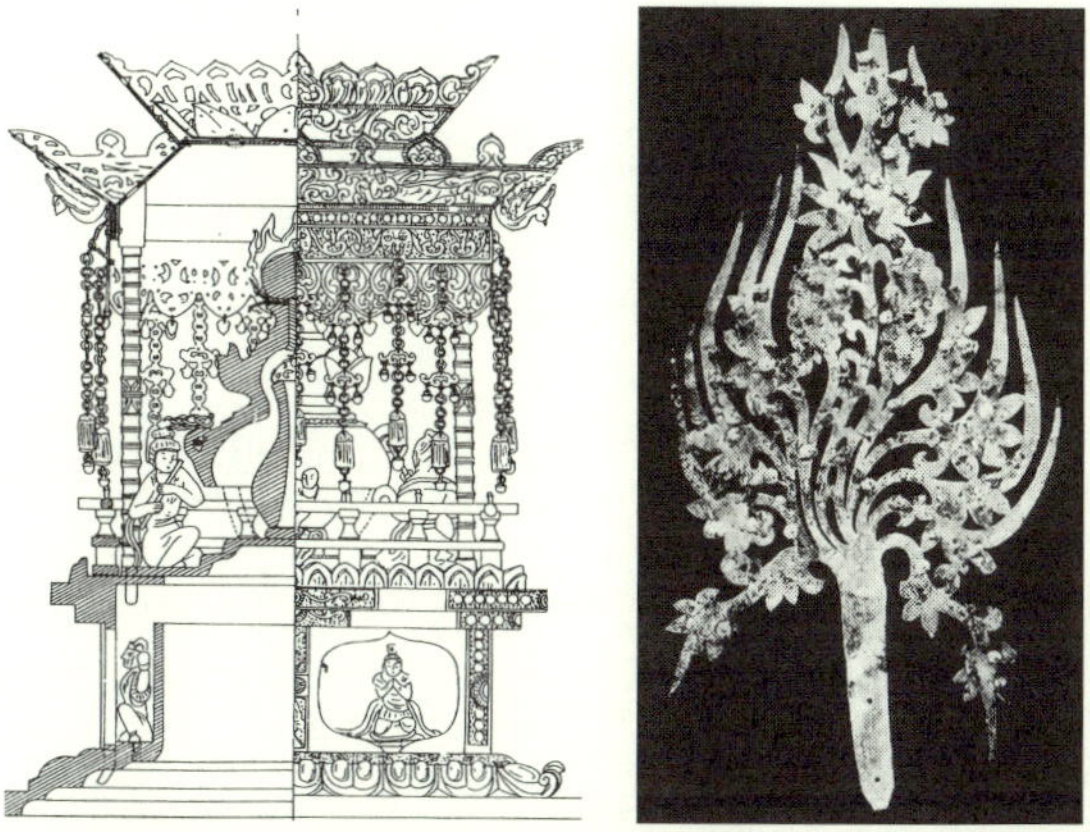

▲感恩寺舎利容器（左）と武寧王の冠の飾り金具（右）

板により連続する唐草文《からくさもん》を表現し、唐草内部に瑶珞《ようらく》を針金で止めた工芸品である。下端中央のほぞには器物に取り付ける小孔を穿《うが》つ。一方は天智朝、他方はこれよりやや下るかといい、光背《こうはい》説がある。

河田氏によると、こうした金具を天蓋《てんがい》に飾ることは、韓国慶尚道松林寺《しょうりんじ》五層塔の舎利《しゃり》容器や感恩寺《かんおんじ》舎利容器など新羅の遺品と共通性がみられ、その影響かという。さらに天蓋に飾る金具には、百済の宋山里《そうざんり》古墳群から見つかった武寧王《ぶねいおう》陵に副葬してあった冠の飾り金具がある。釈迦三尊像の作者の鞍《くら》作鳥《つくりのとり》は飛鳥寺の本尊の作者でもあり、渡来系一族であるから、両者は無関係とは思えない。百済ではもともと王侯の冠の飾りだったのが、伝来の過程で仏像天蓋の飾りに転化したと憶測することも一案であろう。

ただし、武寧王の死去は五二三年、埋葬年代が五二五年、王妃の死去は五二六年で、五二九年に改葬とある（金廷鶴《きんていかく》『韓国の考古学』一九七二）。武寧王と王妃の冠飾りは他に類例がないらしいこと、現状では法隆寺天蓋の飾り金具との年代差があまりにも大きいなど課題が多い。この点は、今後の韓日考古学の発見に委《ゆだ》ねたいが、両者に何らかの関係があるとすると、七世紀後半の彼我の交流に新たな資料を加えることになろう。

四　天皇と火葬

火葬のはじまり

道昭《どうしょう》和尚の薨伝《こうでん》を伝える『続日本紀《しょくにほんぎ》』の七〇〇(文武天皇四)年三月十日条は、「弟子等遺教を奉じ、栗原《くりはら》に火葬す。天下の火葬此《これ》より始まる也」とある。火葬地の「栗原」は、明日香村栗原とするのが通説である。この記事に続いて、七〇二(大宝二)年十二月二十二日条には、持統太上《じとうだじょう》天皇を飛鳥岡に火葬したことがみえ、七〇七(慶雲四)年六月十五日に崩じた文武《もんむ》天皇は、同年十一月十二日条に、同じ飛鳥岡に火葬したとある。道昭とそれに続く天皇火葬は、官人社会に影響を与え、八世紀以降の火葬の隆盛へと連なっていく。

火葬を仏教と結びつける通説に対して、網干善教《あぼしよしのり》氏は、右の火葬のあり方は新羅仏教と王室の影響によるとする。すなわち、『三国史記』『新羅本記』『三国遺事《いじ》』によると、新羅では統一新羅の英主、第三十代の文武《ぶんぶ》王(六八一)以下、第五十四代の景明《けいめい》王(九二三)にいたるまで、火葬による薄葬《はくそう》をおこなっている。その契機となるのは入唐《にっとう》僧義湘《ぎしょう》の火葬であり、その火葬は六二六年に没した唐の第三代皇帝高宗《こうそう》の薄葬の遺言に影響を受けたものである。道昭もまた入唐僧で、唐・長安《ちょうあん》の慈恩寺《じおんじ》で玄奘《げんじょう》のもとで法相を学んだ折に、同門に義湘と同時代の僧元暁《げんぎょう》がいたことを理由に、文武の火葬は道昭がもたらせた唐の薄葬の情報と、このころ親密であった新羅王室に関わっておこなわれたとする。また、高僧道昭に次いで持統・文武の二天皇を火葬したことが、高官を中心に官人層に拡大する契機をなしたとする。

持統に始まる天皇火葬は、元正《げんじょう》太上天皇以降途絶《とだ》える。これは対唐関係の密接化、新羅との疎遠化の影響であろう。平安時代の八四二年、嵯峨《さが》天皇が火葬砕骨《さいこつ》を遺詔《いしょう》したのは、八三四(承和元)年任命の第十九次遣唐使(八三四―八三九)以降の対唐関係の疎遠化(八九四・寛平《かんぴょう》六年に遣唐使廃止)に伴う新羅関係の変化と関わるという。道昭の火葬が天皇火葬の先鞭となったことを間接的に裏づけるのが、道昭火葬地の栗原である。

「死者のすみか」の形成

藤原京では京内への埋葬を禁じた。これは唐の都城《とじょう》制の影響であり、平城京や平安京の先蹤《せんしょう》となるものである。これによって、京周辺の丘陵地や河川敷きが死者のすみかとなった。

そこで最も重要だったのは、京の南西にあるいわゆる藤原京南西古墳群で、天武・持統合葬陵(檜隈大内《ひのくまおおうち》山陵)、および文武陵説が有力な中尾山《なかおやま》古墳、朱雀《すじゃく》・青龍《せいりゅう》・白虎《びゃっこ》・玄武《げんぶ》の四神図《ししんず》など壁画で知

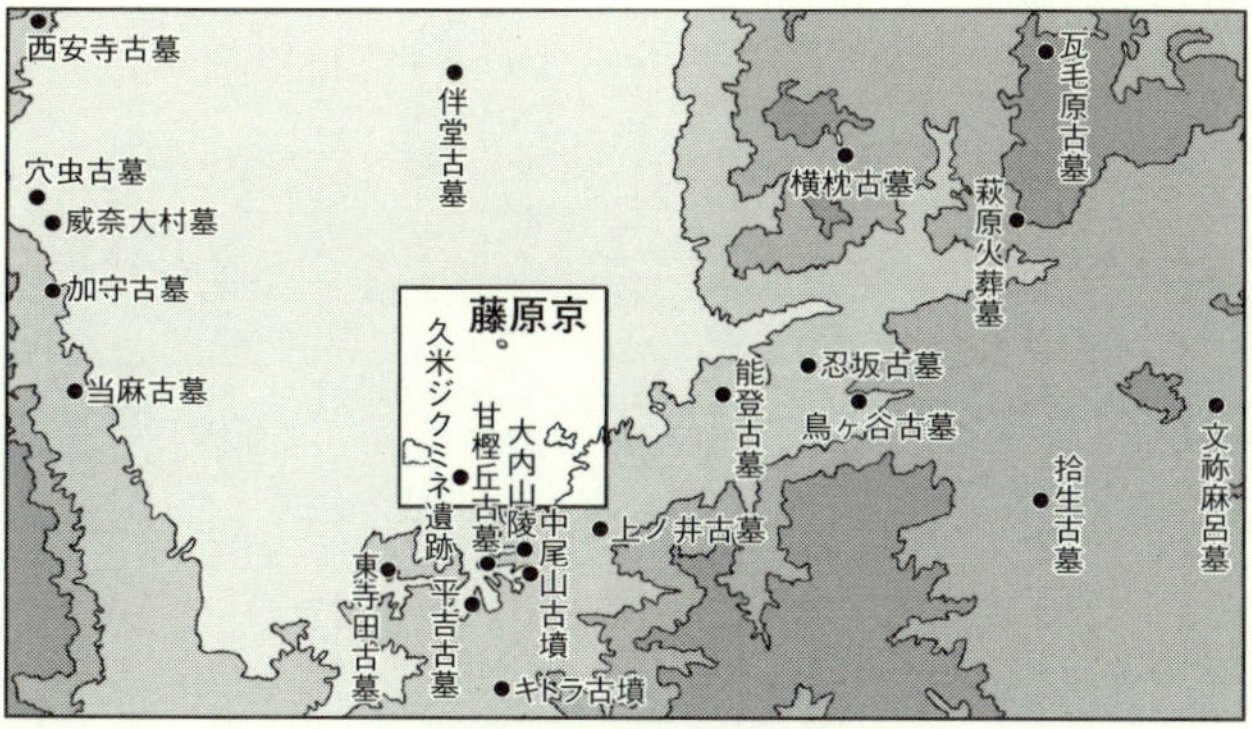

▲藤原京周辺の葬送地

▲藤原京時代の蔵骨器（奈良国立文化財研究所許可済）

られる高松塚《たかまつづか》古墳、キトラ古墳がほぼ南北にならび、天武・持統陵の西南方にはマルコ山古墳、草壁《くさかべ》（岡宮《おかのみや》）陵説がある束明神《つかみょうじん》古墳が分布する。いわゆる王陵の岡である。

南西古墳群の成立時期は、基点になる天武・持統合葬陵の築造時からみて、六八七（持統元）年十月頃と想定できよう。

この地域は中国風の陵園区《りょうえんく》を形成しており、この地に埋葬を許されたのは天武・持統に連なる皇族、功臣などであろう。道昭の火葬地に比定される栗原は高松塚古墳とキトラ古墳の中間付近にある。これは偶然ではなく、彼の社会的位置を示唆する。

火葬の流行とともに、『万葉集』の挽歌《ばんか》に登場するのが、初瀬《はせ》（泊瀬《はつせ》、長谷《はせ》）山である。ここは南西古墳群につぐ藤原京葬送地の重要地である。

「こもりくの泊瀬の山の山のまにいさよう雲は妹にかあらむ」（『万葉集』巻三―四二八）。

初瀬山を冠する有名な挽歌であり、歌中の雲は火葬の煙のことである。この時期、初瀬山を死者の山とする観念が強く、挽歌では七首を数える。それに見合うように初瀬山や谷に連なる現桜井市から宇陀《うだ》郡榛原《はいばら》町にかけての丘陵地には、七〇七（慶雲《けいうん》四）年に没し、死後、正四位上を遺贈《いぞう》された文祢麻呂《ふみのねまろ》墓（書《ふみの》首《おびと》根摩呂《ねまろ》）や拾生《ひろう》古墓などがある。拾生古墓は宇陀郡大宇陀《おおうだ》町拾生にあり、凝灰岩製石櫃《せきひつ》の外容器におさめた金銅製蔵骨器《ぞうこつき》が見つかっている。

また、初瀬山北麓の桜井市笠《かさ》字横枕では、八・九世紀代の火葬墓群がある。一九三四年の開墾の際などに見つかったもので、十基近くが確認されたが、その全貌は不詳である。

さらに、初瀬川の河原は、平安京の鴨川《かもがわ》や桂川《かつらがわ》などの例をみると、庶民の葬地だった可能性がある。『万葉集』の挽歌は、初瀬山をめぐる葬送地の現実を踏まえるのであろう。

道教思想の影響

初瀬山を死者の山とする背景には、道教《どうきょう》思想があろう。道教経典の『真誥《しんこう》』では、死者の魂はまず羅酆山《らほうさん》に赴《おもむ》く。この山は癸地《みずち》(東北)の方角、陸地から遠く離れた北海の中にあり、高さ二千六百里、周囲三万里という。ここには六つの天宮《てんきゅう》があり、死者はそこで生前の行為(功過《こうか》など)に対する審判を受け、神仙《しんせん》世界に昇るもの、鬼《き》(死者)の世界に落ちる者にふるい分けられる。仙界に昇る者も生前の功過罪福などにより、百四十年から一千年単位の修行が必要であった。

初瀬山は初瀬川の彼方にある癸地、すなわち京の東北(艮《うしとら》)にある羅酆山とみるのである。死者の山であると同時に、神仙世界と結びついた聖なる山。ある種矛盾したイメージが、初瀬山を藤原京葬送地として象徴する方向に作用し、万葉歌に魂の昇る山として現れると思う。

初瀬山の麓には初瀬寺(長谷寺)があり、銅板の法華説相図《ほっけせっそうず》が伝来する。これについては、早くから様々な所説の提示をみており、群馬大学の森田悌《もりたてい》氏は新羅の弥勒《みろく》信仰の影響が濃厚とし、天武天皇を弥勒に

▲**霊山の岩屋**（飛鳥資料館提供）　兵庫県古《ふる》法華《ほっけ》遺跡出土。飛鳥資料館に復元展示されている。

擬したとする。銅板の銘文には、説相図を霊山《れいざん》の岩屋《いわや》に秘蔵する旨の文言がみえ、長谷寺西岡の石室に安置してあったとする推定と合わせて、初瀬山は仏教の霊山でもあった。この山はさまざまな性格を備えた、聖地ではなかろうか。

説相図の製作年代をめぐっては、七世紀後半の天武朝説、文武朝説、八世紀代説がある。図中の千仏《せんぶつ》多《た》宝塔《ほうとう》の軒に吊す風鐸《ふうたく》下端の風招《ふうしょう》は、山田寺の遺品や飛鳥寺のへら瓦の図像からみて、七世紀後半代の特徴を示す。天武期といえるか否かなお検討の必要があるが、森田説に従えば初瀬山には新羅仏教の影響がおよんだことになる。火葬の流行といい、初瀬山の霊場化も新羅仏教と何らかの関わりをもつことは、時代背景からも興味深い。

平城京については別の機会に譲るとして、右の記述からも飛鳥から藤原京を経て平城京への王権の移動と各時代を彩る文化は、韓半島の百済・新羅、そして唐の情勢と密接な連関があったことが、明らかであると思う。

2章 飛鳥・藤原京の謎を解く

5 あらましの京「藤原京」

竹田政敬（橿原市教育委員会文化財課技師）

一　あらましの京「藤原京」・その姿

西京極の発見

奈良県橿原《かしはら》市の西郊外、藤原宮跡より北西約三キロメートル離れた土橋《つちはし》遺跡（橿原市土橋町ほか）の発掘調査が平成七年冬十二月に始まった。私はその調査を担当したが、年の瀬間際この場所から道路跡二本が確認された。道路は、二本が十字に交わる交叉点を含む東西路と南北路で、東西路は約九十メートル分、南北路は同一の路が二ケ所で明らかとなり、その間の未調査地を含めると全長約二一〇メートルに及ぶ。路の幅員はそれぞれ六・五メートルと七メートルである。

年が明けた平成八年二月中旬には、先に判明した路のうちの南北路からさらに西一三〇メートルほど離れた所でも、二本の路とその交叉点が確認された。路の幅員は二本とも約十七メートルで、交叉形態は先の状況とは異なり、東西路が南北路と合流した時点で終息するいわゆる「卜」状三叉路となる。四本の路の幅員は、まちまちではなく大小に揃えられ、いずれも方位に即し、ほぼ等間隔ごとに敷設し、碁盤目状であった。しかも、路はそれぞれに交叉しあっている。とくに、大きな路の交叉状況は、路の及ぶ範囲とその外側を示す境界的な意味がみられた。

境界の内側では、路に囲まれた空間地は敷地となり、一部が判明しているだけだが、そこには正殿《せいでん》を中心とし、これを囲む様に「コ」字型に建物が整然と軒を連ね、その西隣の敷地には別の配置の建物群もみられた。きわめて計画的に設置された路や敷地内建物群の存在、さらに境界の明示からこの場所は、ある時期に形成された都市空間の西端に位置しているといえる。

　このように都市計画的な様相、とくにその根幹と見られる整備された道路や住空間が形成されていたことから、この地は、東に営まれた藤原宮を中心に建設された京内に含まれるのではないかと考えられるようになった。

　というのは、今回判明した路と京の条坊《じょうぼう》道路を比較すると、大小二種類の道路幅員は京の大路《おおじ》・小路《こおじ》の規模に相当し、敷設間隔も同じ値を示している。さらに、従来唱えられてきた京域外にも、この道路間隔をあてはめていくとその延長線上に四本の路は正しく位置するもので、きわめて関連しあうものであった。つまり、同一施工原理のもとに築道されたことは容易に想像がつき、この地域まで条坊道路により街区が形成されていたことはまず間違いない。だから、大路クラスの東西路を終息させるこの南北路は、京域を画する西京極《にしきょうごく》跡といえよう。ここに初めて、京極の一つが確定したのである。

▲土橋遺跡で発掘された京の西京極大路(橿原市教育委員会提供)

東京極の発見

不思議なことに一つの京極が、その姿を現出しだすと、連動して違う地域でも現れるようである。同じ年（平成八年）の五月、今度は桜井市が発掘調査を行っていた上之庄《かみのしょう》遺跡（桜井市上之庄）から長さ八十五メートルにわたって南北路が確認された。検出された路の場所は、先に判明した西京極跡（土橋遺跡）から約五・三キロメートル東行した地点で、その先五〇〇メートル強東には大和の古道である上ツ道《かみつみち》が北走するところである。

ここでは、道路を含めて東が対象域となっていたため南北路とその東の様相が明らかとなった。約十七メートルの幅員を持ち、しかも、条坊道路想定線上に正しく位置しているこの南北路はまさしく京の大路とみなすことができる。さらに路の東は、すでに後世の改作により消滅してしまったとも考えられるが、東西大路がさらに東に向かって設営されていれば存在したであろう地点には、その痕跡《こんせき》は見られず、また周辺には建物跡もない状況から、路以東には街区が形成されていなかったといえる。このような状況が示す南北路の性格は、京の東 京 極《ひがしきょうごく》をおいて他には考えられない。時を同じくして東西の京極が確認されたのである。

ここに初めて京域の東西規模が確定した。実に約五・三キロメートルの長さである。京域の東西辺がこのように長大でその一辺がようやく確定し、しかも、京内に東の天香久山《あまのかぐやま》、西の畝傍山《うねび》、そして北の耳成山《みみなしやま》がすっぽり入ってしまうことに驚かれるかもしれない。

なぜなら、これまでは、岸俊男《きしとしお》博士が昭和四十一年から四十三年にかけて調査された藤原宮の成果をもとに、それまで唱えられた京域説を踏まえ、さらに歴史地理学など多岐にわたる考察から想定復元された京の範囲は、大和三山のなかに収まり、既設の官道や古道、すなわち北は横大路《よこおおじ》、南は山田道《やまだみち》、東は中ツ道《なかつみち》、西は下ツ道《しもつみち》がそれぞれ京極と考えられていた。直線距離にして東西二・一キロメートル強、南北三・一キロメートル強であった。優れた考察によるこの京域復元はきわめて説得力に富み、以来日本史の教科書やその他の刊行物により広く紹介され、定着していたからである。

未だ地中に埋もれている事実を明らかにして行く考古学が、この定説の再考を迫り、あるいは覆し、さらなる解明への端緒を切り開いていったのである。反面、判明した事柄それだけでは何一つ語るわけではない。先学が心血を注いで構築してきた仮説を指針とし、立論に際して行われた分析方法の有効性や仮説に対する検証の積み重ねを通して、事実は初めて語り出す。

今回判明した東と西の南北路も、従前の業績に立脚してはじめて京極と認定でき、その結果、再度京域の見直しと共にあるべき姿の解明への道が開かれたのである。もちろん、今回京極が発見されるまでにも京域論につい

▲上之庄遺跡で発掘された京の東京極大路（桜井市教育委員会提供）

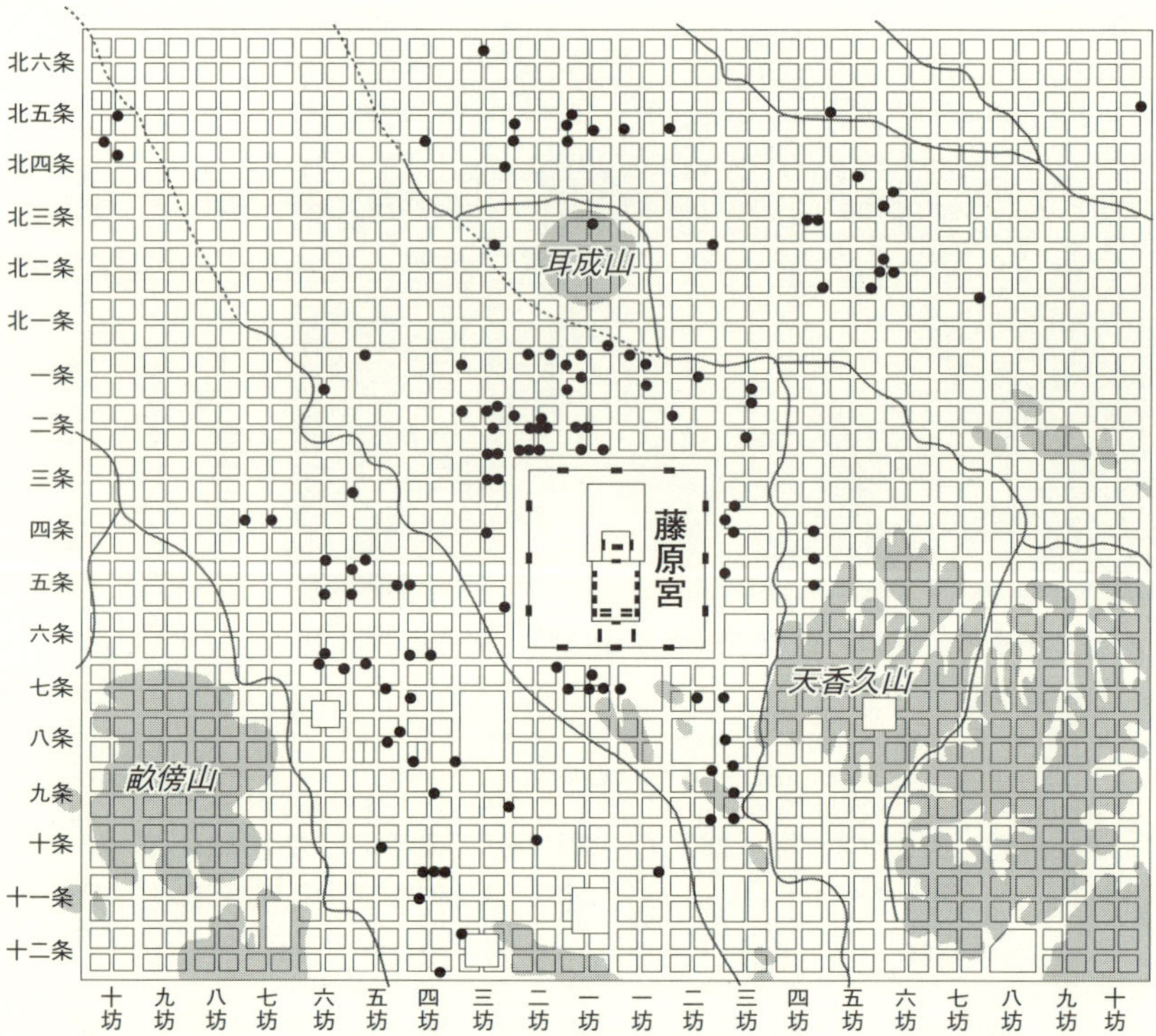

▲藤原京の範囲と条坊道路が確認された地点(宮内は除く)　京の範囲は、現在の橿原市から桜井市にまたがり、畝傍山・耳成山・天香久山の大和三山もこの京域の中にすっぽりとはいる。

ては、岸氏が唱えた京域説以降、その岸氏京域説の外側からも条坊道路や道路で区画された宅地内から生活関連遺構が検出されだし、さまざまな京域説の提起が出されていたのである。

以上のことから、次に京極発見以前の京域論の推移や、京極発見以後の想定される京域についてみていくが、その前に京名について触れておきたい。

二　京域復元の歴史

藤原京の名称は正史に現れるか

読者はこれまで藤原宮や京、そして京域という言葉はみられたが、京の名称が一度も登場していないことに気付かれたことであろう。当然この都が藤原京を指しているわけであるが、正史には藤原京の名は一度も記されておらず、わずか次の万葉歌一首の題詞にみられるにすぎない。

『万葉集』巻《まき》第一

和銅《わどう》三年庚戌《こうじゅつ》の春二月、藤原宮より寧樂宮《ならのみや》に遷りましし時に、御輿《みこし》を長屋の原に停めて迴《はる》かに故郷を望みて作る歌(一書に云はく、太上天皇の御製といへり)

七八　飛鳥《とぶとり》の明日香《あすか》の里を置きて去いなば君があたりはみえずかもあらむ

或る本、藤原京より寧樂宮に遷る時の歌

しかし、この題詞も後世付加されたとする説が有力視されている。藤原京は正式名称ではない。それでは正史ではどのように記されていたかといえば、「京」、「京師《きょうし》」、「新益京」である。京や京師からは、京の存在が確認されるだけで固有名ではない。新益京は音読みで「しんやくきょう」、訓読みで「あらましのみやこ」と両者の読み方があり特定はできないが、これも固有名ではない。ただし、益は「増す」

の類義語と考えられ、この字から京の性格が読み取られている。すなわち、読みは訓読みされた可能性が高く、新たに益した京で、それは、飛鳥を含めて北に拡大された都であった。

飛鳥の北には、宮を中心に条坊道路と街区を備えた恒久的な京を造営し、六九四年、持統《じとう》天皇が藤原宮に遷る前の六世紀末以降、営々と宮が置かれた中心地飛鳥を含めた景観をつくり出した都という姿から、固有名称よりも新益京の表記がなされたのではないか。あるいは、飛鳥と連関しながらも遷居という表記が示すように、北に独立して造営された新京部分に対して用いられた呼称ではないだろうか。飛鳥が含まれるか否かについては、今後の課題であるが、六九四年に遷居した都は新益京とよばれた。

それでは新益京が、どのようにして藤原京とよばれるようになったのだろうか。藤原京の名称は、大正二年（一九一三）、喜田貞吉《きたさだきち》博士が「藤原京考証《ふじわらきょうこうしょう》」と題する論文で藤原宮に付帯する京を宮の名をとってかりに〝藤原京〟とよんだのが始まりである。以後、この京名を冠した論文が世に多く出され、学史として定着し、藤原京が名称となった。

ところが、最近では、名称が揺らいでいる。一つ目は大和三山の中に収まっていたとする京とを区切って、その外側に広がる条坊街区をかりに大藤原京《だいふじわらきょう》とよぶ、いわゆる一つの京に二つの名称を冠する呼称。二つ目は、条坊街区総てを含めて大藤原京と称するものである。三つ目は、今日では藤原京として定着していることを重視しながらも固有名詞が存在しなかった点から「　」を付して「藤原京」とする。四つ目は正史に表記された通りの新益京とする立場である。このように、一つの都城をめぐって、研究者間ではこの都がもつ歴史的意義を究明して行く立場から大きく四つの名称が唱えられ、揺らいでいる。それぞれ傾聴に値する名称であるが、ここでは従来通り藤原京とよぶことにしたい。

京域復元の推移

藤原京の京域をはじめて復元したのは喜田氏で、大正二年(一九一三)、『歴史地理』で「藤原京考証」と題する論文を発表した。この中で京域の復元には、左京・右京の存在や『養老令《ようろうりょう》』の「戸令《こりょう》」や「職員令《しきいんりょう》」に記された坊令《ぼうれい》数九十六の解明や『万葉集』などの文献研究に加え、大和盆地を等間隔で南北に直線に延びる三つの古道(上ツ道《かみつみち》、中ツ道《なかつみち》、下ツ道《しもつみち》)に着目するなど歴史地理学の手法を取り入れ、古道を基準に京の設計がなされたと考えた。そして、坊令数九十六から十二条八坊からなる京域を想定したのである。喜田氏が唱えた京域は、今日明らかとなっている古道の位置とは相違するが、その論は後に岸俊男氏に受け継がれ、また今日さまざまな京域を想定している研究者の原点となるものである。

京域が積極的に論じられる端緒となるのは、昭和四十一年から四十三年にわたって奈良県教育委員会が実施した藤原宮の北側の調査をまとめた報告書『藤原宮』(昭和四十七年)所収の岸氏の論考があげられる。岸氏は、この調査成果とすでに明らかとなっている成果を縮尺三、〇〇〇分の一の地図に当てはめ、さらに、現存する地名の考証から古道の位置とその距離を調べることにより、一里が約五三〇メートルであることや、戦前に日本古文化研究所の人々が心血を注ぎ込んで解明した大極殿《だいごくでん》の位置が古道のうちの中ツ道と下ツ道の中央に正しく位置していることを明らかにし、京域の復元を行った。

復元された京域は、古代の官道(横大路《よこおおじ》、中ツ道、下ツ道、山田道)をそれぞれの京極とし、その中に大路を半里（約二六五メートル）ごとに規則正しく設置し、十二条八坊からなる街区を想定した。

さらに、大路によって区画されるブロックの呼称は林坊《はやしぼう》や小治田町《おはりだまち》とよぶ名称で、後の平城京で用いられたものとは異なっていることを指摘したが、呼称は平城京に準拠した。東西道路名は北京極《きたきょうごく》である横大路を基点に次にくる東西大路を一条とし、南下するにつれ数詞を増やし、南京極《みなみきょうごく》とした山田道で十二条、南北道路は朱雀大路《すざくおおじ》を境として東は左京、西は右京となり、朱雀大路の次にくる東西大路を一坊とし以下数詞を重ね、京極を四坊とし、条と坊を組合わせて○条○坊と表記した。○条○坊内には四つの区画からなるが、その一区画を以て坪《つぼ》、あるいは町《ちょう》とよんだ。これが今日、教科書などで広く知られた藤原京の範囲である。岸氏が提示した京域は、その後の調査で検証される形で成果をあげるなど、その論点は今なお研究者の指針である。

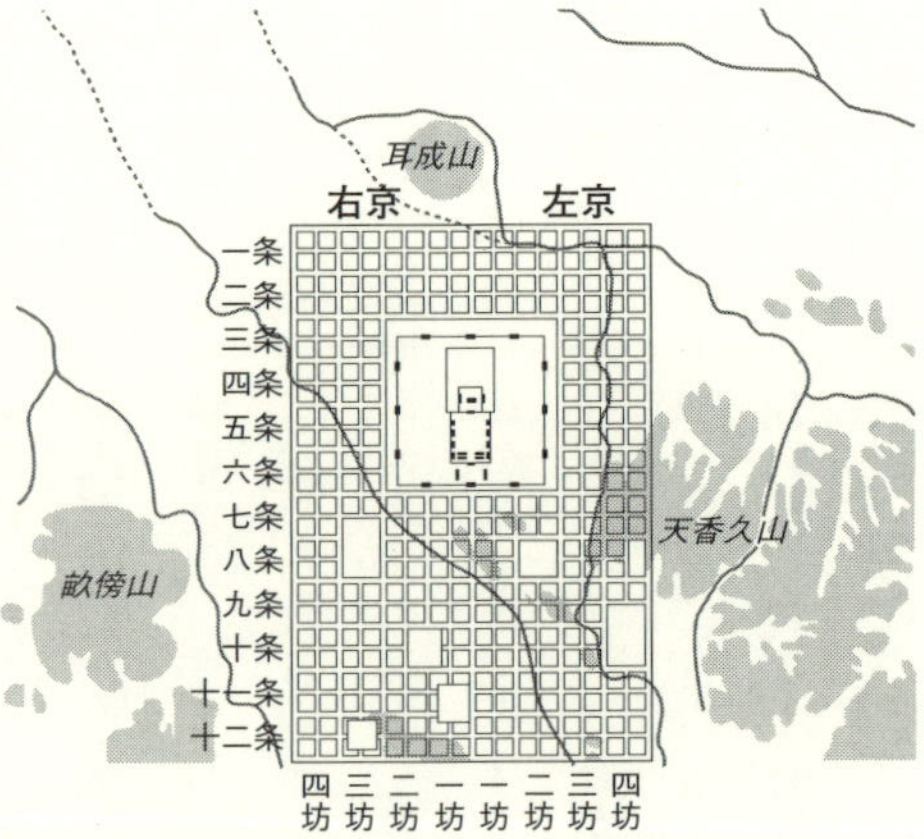

▲岸俊男氏が推定した藤原京の範囲

京域復元の転機

ところが、昭和五十七年に行われた次の二つの調査は京域を再度見直す起点となった。いずれも岸説藤原京の外側の下明寺《げみょうじ》遺跡（橿原市葛本《くずもと》町）と院上《いんのうえ》遺跡（橿原市八木《やぎ》町）の調査で、そこから京内と同じ路が確認されたのである。当時、調査地は岸説の京から遠く離れた場所での発見であったことから、これらの路は藤原京とは関連しても、一種の郊外道路だとの声も聞かれた。

しかし、調査を担当した橿原考古学研究所の中井一夫氏・松田真一氏・楠元哲夫氏、そして秋山日出雄氏らはそれぞれの調査成果から、この路は藤原京の条坊道路ではないかと考えた。さらに、藤原京の造成に際しての出来事である持統《じとう》七年(六九三)の「造京司《ぞうきょうし》衣縫王《いぬいおう》等に詔《みことのり》して掘《ほり》いたる尸《しかばね》を収めしむ」の記事とも照し合せ、周辺の古墳の分布状況を検討するなどして、新たな京域を想定した。事実、京内のその後の調査では、鳥や蓋《きぬがさ》、そして盾《たて》など多量の木製葬具《そうぐ》を伴う有名な四条《しじょう》古墳(橿原市四条町)をはじめとして、現在では三つの地域で京の造成に伴い消滅した古墳群が確認されている(⇩P.168)。

反面、京外となると古墳は削平の対象ではなかったため、四世紀初めごろに築造された弁天塚《べんてんづか》古墳(橿原市葛本町)は最近までその姿を留めていた。また、弁天塚古墳の南東約一二〇メートルに築かれていた四世紀後半の忍坂《おしさか》古墳(橿原市葛本町)は、中世には壊されていたが、藤原京の時代には威容を誇っていた。このような状況は持統七年の記事が示す通り、京の内外を推定する基準となったのである。

ここに中井、松田、秋山氏は岸説藤原京より東西に二里(各四坊)、そして横大路より北に三里(六条)広がる京域を想定した。そして、岸説藤原京を内城《ないじょう》とし、広がった範囲は拡張によるもので、そこは外京《げきょう》の性格をもったものとした。大藤原京の登場である。

一方、楠元氏はそこに二つの京の姿を重ねた。一つは、天武《てんむ》天皇が建設しようとした京、一つは持統天皇が完成させた京である。氏は『周礼《しゅらい》』冬官考工記《とうかんこうこうき》に記された都城の理想形に着目し、宮を中心に方

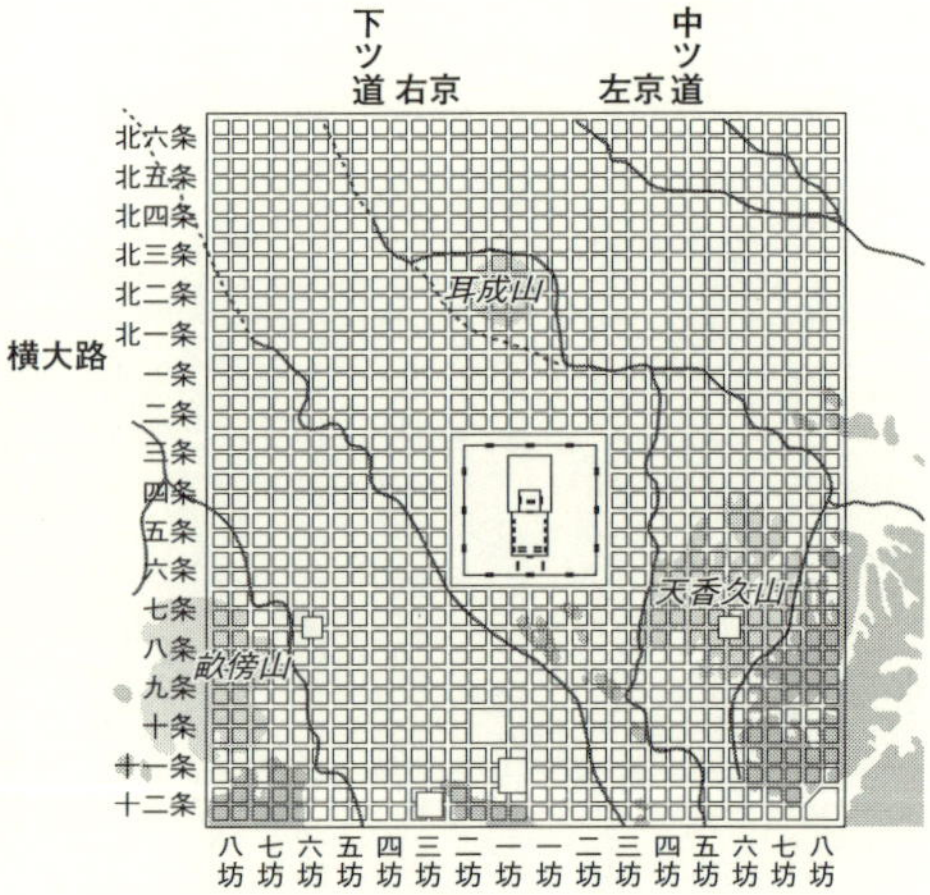

▲中井・松田・秋山説による藤原京の範囲

九里(九条九坊)の京域を想定した。これが天武天皇が目指した京であるが、天皇の死により完成には至らなかったもので、そこに原《げん》藤原京ともいうべき姿を求めたのである。そして天武天皇の死後、その意思を継いだ持統天皇が規模を縮小した形で都造りを再開したと考えた。楠元説は、持統天皇が完成させた都に岸説藤原京を重ねたのだ。完成した姿こそ岸説であるが、『日本書紀』に記された京関連の記事から造営過程を検討した結果、縮小された京域を唱えたのである。

さらに、楠元氏はもう一点重要な視点を加えた。それは、岸氏が唱えた藤原京は半里(約二六五メートル)を以て条坊とし、大路で区画される坪(町)は四つであったが、天武天皇が目指した原藤原京では、九条九坊の想定から、平城京と同様一里(約五三〇メートル)ごとに大路が設置されたとした。その結果、条坊内区画も平城京と同じ十六坪(町)であったとの見方を示したのである。

このように、下明寺・院上遺跡で二つの路が発見されたことで、京域論は再燃したのだ。とくに中井氏らの説は、内城外京という考えの是非は別として、その後に展開された京域説に強い影響を与えた。すなわち、東西と北の京極はその後の各説でも同じで、その範囲で拡大或いは縮小した議論がなされるようになっていくのである。

これら二つの京域論が提示されて以降、各地からも条坊道路の検出数が増えた。阿部義平氏は『千葉史学』の「新益京について」の論文(昭和六十一年)で新たな京域を復元した。すなわち、藤原京は、それ以前の飛鳥にあった「倭京《やまとのみやこ》《わきょう》」(十条以南の条坊が施工されなかった地域)と天武天皇が着手した「新《にい》城《き》」(条坊が施工された地域)の新旧の都が合わさって出現した都で、さらに、楠元氏の視点と同様、条坊道路のうち奇数大路が狭い点に着目し、平城京同様一里(五三〇メートル)をもって一坊が形成された見解を述べ、東西八里(八坊、従来でいうと十六坊)、南北十二里(十二条、従来でいうと二十四条)の京域を想定したのである。また、押部佳周氏も同様の京域を推論した。

京極発見以降

岸説藤原京の外から発見されたこれらの条坊道路によりさまざまな説が提示されてきたが、冒頭で触れたように東西の京極がそれよりも外の上之庄・土橋遺跡で確認され、新たな展開がみられるようになったので、以前にもましてより有効な京域が想定されるようになった。

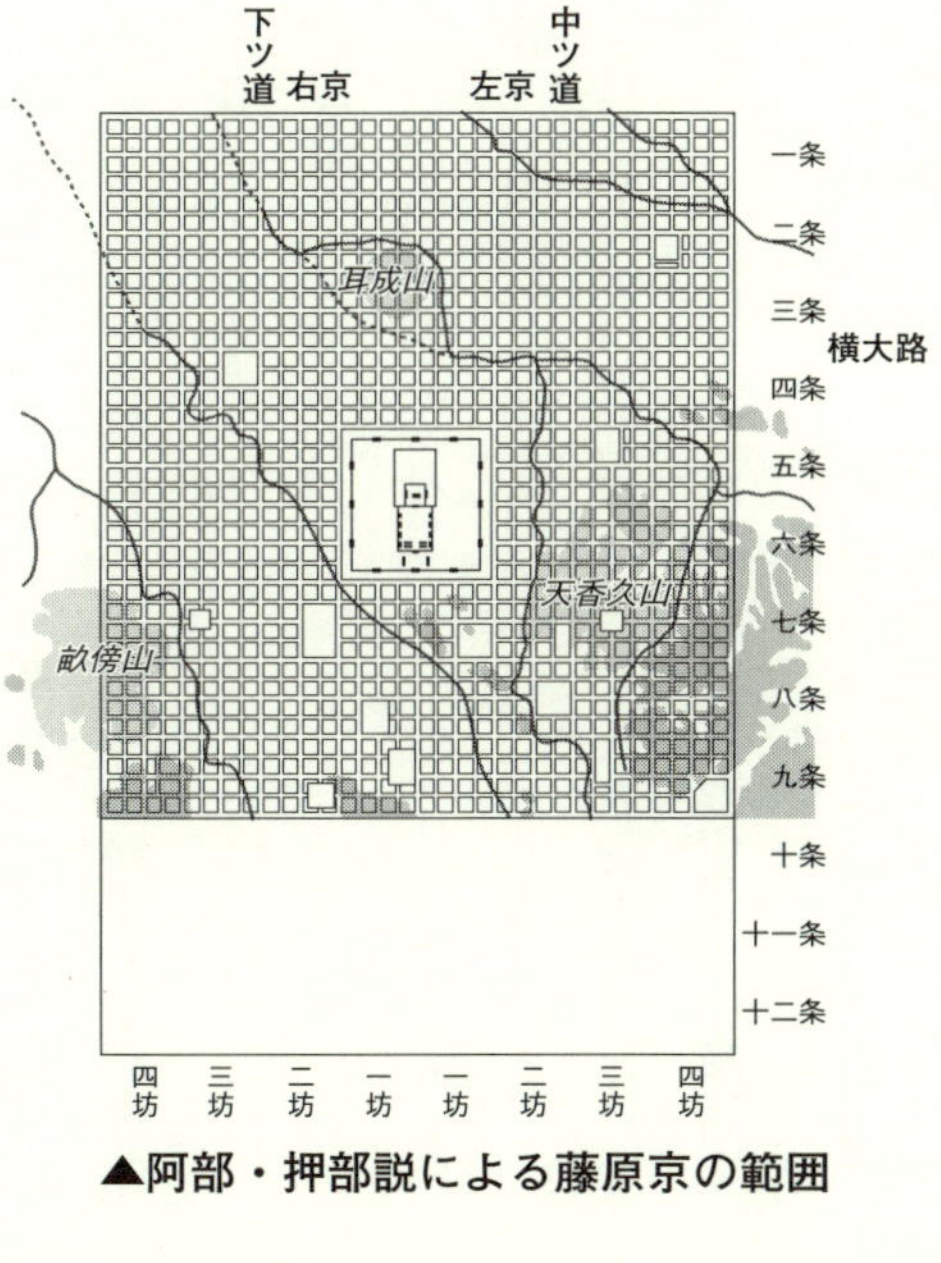

▲阿部・押部説による藤原京の範囲

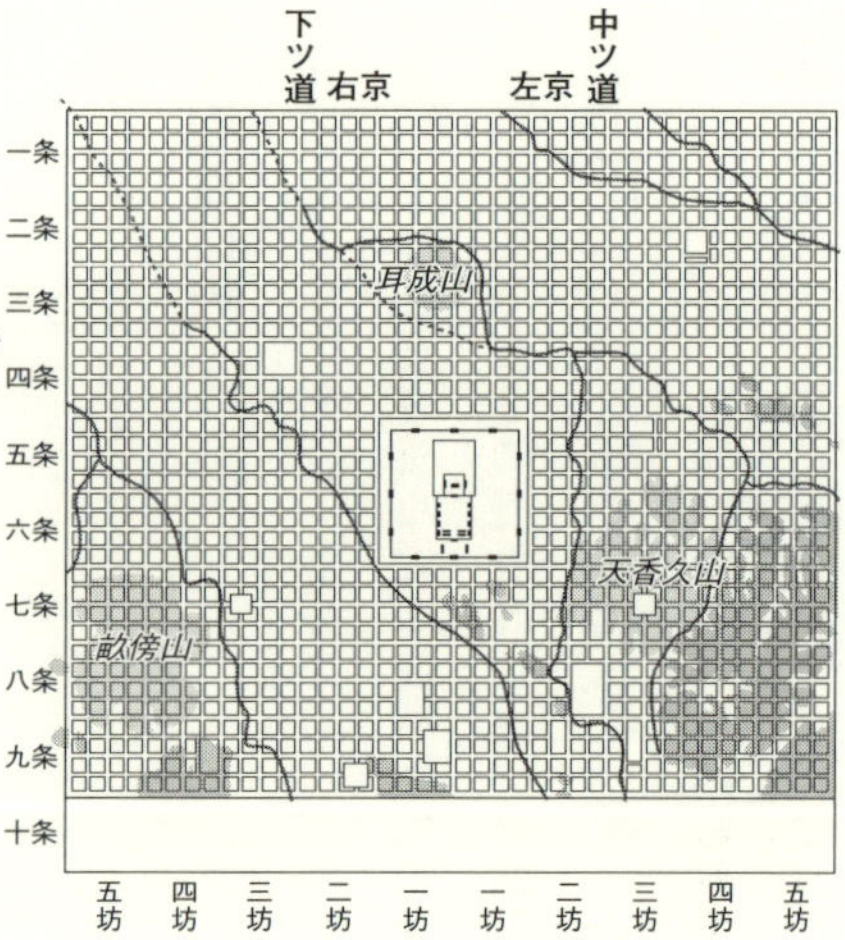

▲小澤・中村説による藤原京の範囲

こうした成果をふまえ、小澤毅《おざわつよし》氏は『考古学研究』誌上に「古代都市『藤原京』の成立」と題する論文を発表し、以下の京域を復元している。

それによると条坊道路は、

（一）楠元・阿部両氏が指摘して以降、一里ごとによる大路施工の可能性がより真実味を増した。

（二）宮の北面中門付近で出土した木簡《もっかん》が市《いち》に関連した木簡であり、市は宮の後に営まれたとの従来の推測を強めた。

（三）『養老令《ようろうりょう》』の「戸令《こりょう》」や「職員令《しきいんりょう》」に記されている坊令の数などの検討から、藤原京は中国『周礼《しゅらい》』冬官考工記《とうかんこうこうき》に記された都城の理想形を表象した都である。

以上の点から、小澤氏は北は「大藤原京」と同じとする十里（十坊）四方の京域を有し、南は史跡の丸《まる》山《やま》古墳（橿原市五条野町・大軽《おおがる》町・見瀬《みせ》町）の前方部前端に南京極を想定した。京は十条十坊からなる。

また、中村太一氏も小澤氏と同様の十里四方の京域を想定する。現在、両氏の京域が最も有力な説と見られている。

しかしながら、この説では、南京極の通る位置が丘陵地を通ることと、その中には今日では欽明《きんめい》天皇陵の説が有力な丸山古墳の前方部の一部や現宣化《せんか》天皇陵である鳥屋見三才《とりやみさんざい》古墳（橿原市鳥屋町）が含まれる。かりに南京極が両氏の想定線上に施工されたとすれば、丸山古墳の前方部先端や古墳の外堤を改変する必要が生じるが、そのような形跡は認め難い。また、周辺は起伏に富む丘陵地で、すでに指摘されているように道路痕跡もなく、事実上、道路施工が不可能な地域でもある。

さらに、和田萃《あつむ》氏が「東アジアの古代都城と葬地《そうち》―喪葬令《そうそうりょう》皇都《こうと》条《じょう》に関連して―」（『古代国家の形成と展開』吉川弘文館、一九八六年）と題する論文で藤原京から平安京までの葬地を検討し、その結果、京内から墓地を排除する理念が働いた当時においては、藤原京では天皇を含めた陵墓などは、京の南の一定地域に営まれたことを明らかにしている。

このように判明している点を顧みると、丘陵地を含めた京域の想定は都城の理想形、『周礼』に記された形と広さを理念として採り入れたものの、地理的制約から理想とする京を世に現出させることはできなかったのである。目指した京の姿は、宮を中心とした正方形の京であり、可能な限りその姿を求めたが、完成した京は、丘陵前面に東西に開通していた山田道を南京極とするもので、東西に比べ南北の長さが一里（五三〇メートル）短い姿となった。

藤原京は、東西十里、南北九里（九条十坊）が京として機能

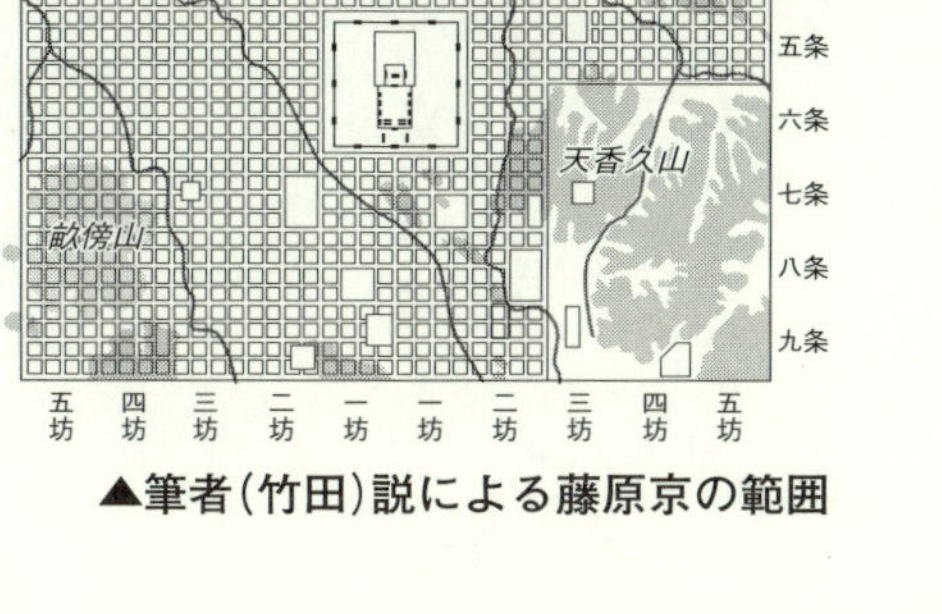

▲筆者（竹田）説による藤原京の範囲

した範囲であった。とくに、南北が九里（九条）にならざるをえなかったことは、次代の平城京の南北長をも規制してゆく。このように、私は藤原京の範囲を考えている。

京の理想と現実

そこで現在、想定した京域を、今日までに判明している条坊道路からみていこう。京内には、東西南北を合せて七十八本の道路が施工されており、同一道路を離れた地点で確認した件数を含めると一五三ケ所にのぼる。

そのうち、東西道路（条路）は二十七本、南北道路（坊路）は二十四本、計五十一本である。それを大路・小路に分けると大路が二十八本、小路は二十三本となる。次に大路の規模をみると、北からそして西から判明している北四条・北二条・横大路・二条・四条・六条・八条・十条・西十坊（西京極）・下ツ道（西四坊）・西二坊・朱雀・東二坊・東十坊（東京極）などの偶数大路は、朱雀大路と官道を除いては十六〜十七メートル前後である。これに対して、北三条・一条・三条・五条・西七坊・西五坊・西三坊・西一坊・東一坊・東五坊の奇数大路は、九メートル前後と二種類の存在が確認できる。小路は、おおむね七メートル前後である。小路はほぼ同規模となるが、奇数大路が偶数大路に比べ、狭いと言う事実がより強くなっているのが理解できる。

このことから路は、規則正しく三段階に区分され施工されており、楠元氏以降、有力視されてきた奇数大路は偶数大路の間に通る間路で、一里（約五三〇メートル）をもって一坊を形成していたことを実証しつつある。

また、京内には多くの寺院が甍《いらか》を競っていた。その中には大官大寺《たいかんだいじ》(明日香村小山・橿原市南浦町)や和田廃寺《わだはいじ》(橿原市和田町)、そして大窪寺《おおくぼ》(橿原市大久保町)のように大路をこえて寺域を形成している寺が存在した。大官大寺は九条大路を、和田廃寺は十一条大路を、大窪寺は七条大路を堰き止めていた。しかし、断線するのはすべて奇数大路であり、決して偶数大路ではない。この点からも、大路は一里ごとに設置され、十六坪をもって一坊としたと言えよう。

それでは、現在、東西南北それぞれの一番端で検出された条坊道路が、想定される京域のどのあたりまで及んでいるかを考えてみよう。東西は、もちろん京極である各十坊大路である。南は、阿倍山田道《あべやまだみち》より約九十メートル南で計画通り施工されていた十二条大路の路面の一部とそれに併走する北側溝があげられる。北は、北京極が未だ確認されていないが、想定されるところは秋山日出雄説以来の地点で、その北側に西流する寺川と削平されず最近まで見られた弁天塚古墳や、新たに調査により中世まで姿を留めていたことが判明した忍坂《おしさか》古墳の存在から、まず間違いない。そして、その想定線からわずか約

▲**軽樹村坐神社のある丘陵**(橿原市西池尻町)　この丘陵の東に西京極大路を通すために南北にカットされた切り通しがある。

四十メートル南で西三坊坊間路も確認されている。

このように、未確認の路があるものの、それぞれの端は京極及びその付近まで迫るものである。以上のことから、検出された路からは、先に私が想定した京域を裏付けることができると思われる。東西十里、南北九里からなる京域は、条坊数詞に言い換えると左右五坊、南北九条で、いわゆる九条十坊である。復元された京域には、畝傍《うねび》・耳成《みみなし》・天香久山《あまのかぐやま》の大和三山はすっぽり含まれることになる。

このような中で、耳成山付近ではその裾近くまで路、西一坊坊間小路が通じていたり、あるいは畝傍山周辺では、その西に位置する丘陵上に祀られている軽樹村坐神社《かるこむらにいますじんじゃ》(橿原市西池尻町)のすぐ東に、西京極大路を通すために南北にカットされた切り通しが存在するなど、可能な限り道路施工がなされている。

しかし、三山自体に道路が築かれることは決してなかった。とくに天香久山周辺では、天香久山を含めてその南東に展開する丘陵地は手付かずの状態であった。京内であっても路や条坊区画の存在しない地域があり、実際に施工された路だけをみていけば、藤原京は東が張り出す形状となっていたのではないか。すなわち、京域は九条十坊でありながら、実のところ東は二坊(中ツ道)以東ではその東南域が京内としての意識が薄れ、その結果、宮の東面中門にあたる充来の四条大路までが最終的に京としてみなされたのである。

班給対象者数と京域

藤原京の人口は、三万とも五万とも推測されているが、実際はよくわからない。岸説藤原京の範囲では街区は賑やかに軒を連ねた状況が連想できるが、九条十坊となると閑散としていた景観であったとも受けとめられる。現在、京域が広がったから人口もそれより多かったとは断定できない。

京に住んでいた人々は、天皇をはじめ、皇族・貴族、全国から一定期間夫役《ぶやく》として徴集された人々、そして百姓《ひゃくせい》で、それぞれ条坊道路によって区画された敷地(坪)に宅地が班給された。京の宅地の坪数をみると一、二〇〇坪ある。しかし、宮域や寺院などあらかじめ人々に班給されない坪と畝傍山や耳成山、そして京内を流れる河川など元々利用できない地域を差し引くと一、〇〇〇坪程度である。この数が班給可能な区画である。では、どのように宅地は班給されていたのであろうか。

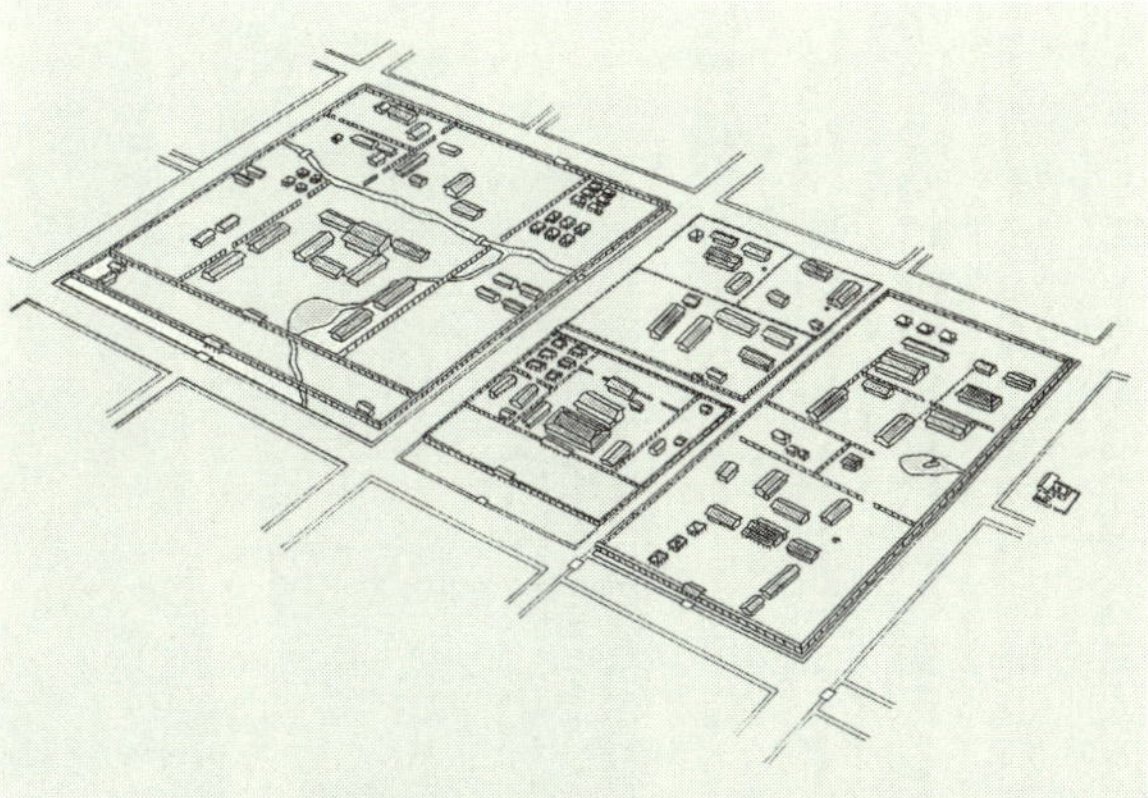

▲宅地のようす(橿原市教育委員会許可済)

六九四年、藤原宮に遷居する以前、『日本書紀』には藤原京造営中の持統五年(六九一)十二月に「右大臣《うだいじん》に賜《たま》ふ宅地四町(四坪)。直廣貳《じきこうに》(四位)より以上には二町(二坪)。大参《だいさん》(五位)より以下には一町(一坪)。勤《ごん》(六位)より以下、無位に至るまでは、其の戸口《へひと》(人数)に隨《したが》はむ。其の上戸《かみのへ》には一町。中戸《なかのへ》には半町(二分の一坪)。下戸《しものへ》には四分之一(四分の一坪)。王等も此に准《なぞら》へよ」との班給記事がみえる。これは、完成後に遷都する藤原京で、位階に応じて宅地を班給する際の規定

▲**特別史跡の藤原宮跡**　宮域は歴史的風土として、特別保存地区に指定されている。後方は耳成山。

を示したものといえる。

ちなみに、平城京遷都までの班給対象者を『日本書紀』や『続日本紀《しょくにほんぎ》』に記された人名(この間に死去した人々を除く)をみると、左・右大臣二人、四位以上四十二人、五位以上一九〇人、六位以下一一五人を数える。五位より六位以下が少ないが、実際は位階が下るにつれ人員が多かったのは推測するまでもなく、六位以下は五位の数倍はいたといえる。

また、慶雲《けいうん》元年(七〇四)十一月に「宅《やか》宮中《きゅうちゅう》に入る百姓《ひゃくせい》一千五百五烟《えん》に布を賜ふこと、差《しな》あり」の記事がある。宮中は京に読み変えることはすでに通説となっており、正しくこれらの人々も対象者であった。百姓一、五〇五の中には上戸もいれば下戸もいたはずであるが、かりに最低の四分の一町を班給されたとして、文献に記された人々すべてを計算すれば、実に七〇〇町を越える。この他、全国から徴集された人達の存在を含めるとさらに増える。

なお、調査が明らかにした宅地の大きさは四町から四分の一町、そして班給規定にはない八分の一町に及ぶ。文献資料や小規模宅地の存在からは、大半の宅地には軒が連なっていた。このような班給数は、九条十坊の京域をもって初めて可能といえるだろう。

三　平城京との関係

藤原京の道・路の幅員

さて、藤原京の横大路の幅員には、約二十七メートルと約四十メートルの二つの復元案がある。中ツ道は、西側溝しか判明していないため幅員は不明であるが、下ツ道は両側溝の判明から平城京朱雀大路《すざくおおじ》の下で見つかっている下ツ道と同じく約二十五メートルである。これら官道を基準に設計された藤原京は九条十坊と壮大な京であった。

宮の正門の朱雀門から南に延びる朱雀大路は、幅約二十五メートルと官道を除けば京内最大の道で、朱雀大路を境に東が左京、西が右京であった。また宮の南前面に走る東西道は、道路側溝の確認から宮近くでは幅約十六メートル、下ツ道付近では、幅三メートルで運河として利用された南側溝と幅約一メートルの北側溝から約二十二メートルの幅員となる。一つの路に二種類の大きさがみられるので、どちらが正しいかは断定できない。あるいは、十六メートルから二十二メートルと道幅を大きくした可能性もある。かりに二十二メートルであれば、京内で二番目に大きな路となる。

その他の路は、大・中・小の三種類である。これらの条坊道路は、官道を基準に五三〇メートルごとに大路（大）、大路間を二等分（二六五メートル）する地点に条・坊間路（中）、さらにこの間路を二等分（一

▲藤原京の復元模型(橿原市教育委員会提供)

▲平城京の復元模型(奈良市教育委員会提供)

三二メートル前後）する場所に条・坊間小路（小）を規則正しく設置した。ただし、九条十坊全域に道路を敷くことは不可能であった。とくに、東南の天香久山一帯の丘陵地は無条坊地帯である。藤原京は、最終的に東に張り出しをもつ京であった。

藤原京と平城京の相違点と共通点

ところで、東に張り出しをもつ京と言えばすぐ平城京が想起される。では、藤原京と平城京では何が相違し、何が共通するのであろうか。律令政治の成熟度合いやその政治思想の違いから多くの違いが見られるが、ここでは京の設計についてみてみよう。京を設計する際の相違点は、

（一）京の立地場所が藤原京では南が高く北が低いが、平城京は北が高く南が低い。

（二）宮の位置が藤原京では京のほぼ真ん中で正方形であるのに対し、平城京では宮は北で東が張り出している。

（三）政治をおこなう朝堂院《ちょうどういん》が藤原京では一つしかないのに、平城京では二つ存在する。

（四）条坊道路で区画された敷地に巡る施設が、藤原京では一本柱塀であるが、平城京では築地塀《ついじべい》である。

（五）藤原京には存在しないが、平城京には南京極の前面に築かれた羅城《らじょう》があること。そして、市《いち》の位置や寺院の配置に違いがみられる。

反面、共通点をみると

（一）条坊道路の設置方法と道路規模こそ違いがみられるが、朱雀大路《すざくおおじ》と宮前面の東西道路が他の条坊道路に比べ大きい。
（二）条坊道路を設置するにあたって用いた物指しが一尺約三五・四センチメートルと同じである。
（三）両京とも南北が九条である。
（四）どちらも東に張り出し部分をもつ。とくに、平城京では張り出し部分を外京《げきょう》とよび、後に付け加えられたとみられていたが、最近では京成立当初から備わっていたことが明らかにされている。この張り出し部分は、藤原京の場合、天香久山一帯が丘陵地であったため事実上条坊道路施工が不可能であったのに対し、平城京では道路施工が可能であったのに施工されなかった。
（五）どちらも張り出し部分は東西三坊分、南北をみると平城京には北一坊分は無いが、南で終わるところは北から数えて五番目の大きな路である。
（六）張り出しの位置や大きさはほぼ同じである。
このように、こと京の設計に関して相違点があるものの、両京は多くの点で共通していたのである。確かに平城京は、北に宮を置くなど唐長安城の影響を強く受けて成立したことは事実であるが、すべてを規範として採用したのではない。どちらかといえば、京のプランとしては藤原京をモデルとしたのである。

3章 鼎談

『飛鳥・藤原京—新発見の謎を解くカギ』

《古代の大転換期としての七世紀を探る》

出席者

千田　稔（国際日本文化研究センター教授）
金子裕之（奈良国立文化財研究所埋蔵文化財センター研究指導部長）
坪井恒彦（読売新聞大阪本社解説委員）

〈はじめに〉

「女帝の世紀」と呼ばれる六〇〇年代だが、この時期ほど、古代日本がダイナミックに動いたことはない。『日本書紀』は、冠位《かんい》十《じゅう》二階《にかい》を制定し、遣隋使《けんずいし》を派遣、仏教の興隆に努めた推古《すいこ》から、飛鳥《あすか》浄御原令《きよみはらりょう》を施行し藤原京に遷都した持統《じとう》までの〈七世紀〉を克明に伝える。そこからは、わが国が律令制国家の構築に向け、試行錯誤を繰り返しながらも、着実に進んでいく状況もうかがえる。

しかし、その実際の姿、当時の人々の営みはとなると、簡単にはつかめない。それがここ数年、そのベールを次々に剥《は》ぐような考古資料の大発掘が相次いでいる。それらには、大陸からの思想・信仰が色濃く反映されている。半面、それまでの固有の文化に基づく王権のあり方をうかがわせる様々な局面も観察される。

ここでは、独自の視座から古代世界を縦横にかけめぐる歴史地理学者の千田稔氏と、飛鳥・天平人たちの精神生活を解明する中から魅力的な仮説を提唱する考古学者の金子裕之氏、それに考古学・歴史報道を通して〈歴史観〉の見直しをめざす私が、新しい「七世紀へのアプローチ」をめぐって語り合った。（坪井恒彦）

▲鼎談風景　左より千田稔氏、坪井恒彦氏、金子裕之氏（1999年３月）
2000年１月、補訂。

一　飛鳥池遺跡――よみがえる飛鳥王国の巨大工房

姿を現した巨大工房群

坪井　日本列島では、年間一万件を超す埋蔵文化財の発掘調査がおこなわれ、一般の新聞・放送のメディアにも、連日のようにその成果が報道されています。そんな日々の発掘ニュースはどうしてもその場限りの「一過性」の話題に終わりがちです。それどころか、他のあらゆる分野のニュースを含めた情報の洪水の中で、あっという間に水面下に没してしまいかねません。しかし、発掘ニュースは、少し体系的に集めて整理し直してみるだけで、それまで見えてなかった未知の〈歴史観〉を浮かび上がらせることができるのではないでしょうか。それが絶えず流動し一向に行方の定まらない政治・経済、あるいは社会など、他の分野と違うところかもしれません。

そんな考古学・歴史の面白さを読者、視聴者の皆さんに伝え、感じてもらえるよう努力するのが、私のような考古学報道に携わる送り手の責務だと思います。しかし、現実には新聞紙面のスペース上の制約などがあって、そこまで手を伸ばせないことが多いことは否定できません。今日、お二人の研究者にご参加いただいての「七世紀」についての座談会の趣旨も、少し視点を変えて申せば、実はそういう反省の上に立って、ここ数年報道された「七世紀」をめぐる発掘ニュースを体系的に見直し、新たな歴史像を見つけ出したいという思いからなのです。そして、それに十分こたえられるほど、「七世紀の考古学」が最近、急激に進んでいるのではないでしょうか。

例えば、国家主導型の大規模開発がこの七世紀に入って始まりました。全国で最古のため池として著名な河内の「狭山池《さやまいけ》」（大阪狭山市）の築造時期もこれまで古墳時代説をはじめ、様々な見方が出ていましたが、一九九五年に堤の最下部から出土した築造当初のコウヤマキ製木樋《もくひ》を奈良国立文化財研究所の光谷拓実《みつたにたくみ》さんが年輪年代測定法で調べたところ、推古二十四年（六一六）の伐採木《ばっさいぼく》と判明しました。狭山池は、このころに作られたことが確実になったのです。同じ河内の「古市大溝《ふるいちのおおみぞ》」も、誉田山《こんだやま》（応神《おうじん》陵）古墳など、古市古墳群（羽曳野《はびきの》市・藤井寺《ふじいでら》市）を築造するために作られたとする説が有力でしたが、周辺の発掘資料が増えるにしたがって、遺構の切り合い関係や堆積層の調査などから、七世紀に掘られたことが確かめられました。

これらの大型開発に伴って水田・耕地面積も一挙に拡大し、農業を中心とした生産も飛躍的に上昇したことも、各地の発掘調査でわかってきました。七世紀に入って馬鍬《まぐわ》や犂《からすき》が出現、それまでの人力だけの耕作からはるかに効率的な牛馬耕に変わったのが、この時期だったことがはっきりしてきました。

こういった全国規模の七世紀の大変革が、最も集約された形で現れるのが、やはり政権の中心に近い飛鳥・藤原京だと思います。とくに、最古の本格寺院である飛鳥寺《あすかでら》の寺域南東に位置する飛鳥池遺跡の発掘には注目すべきものがあるように思います。その調査は、金子さんがおられる奈良国立文化財研究所が担当されているわけですが…。

金子　ご存じのように、飛鳥は、現在の奈良県高市《たかいち》郡明日香《あすか》村の位置と一部重なるわけですが、狭い意味での飛鳥の中央に当たるところに飛鳥寺があります。その寺と丘陵を挟んで東側に飛鳥池というため池がありました。そのため池は今から七年ほど前に埋め立てられました。

今回の飛鳥池をめぐる調査は、奈良県が万葉ミュージアムをつくるというので始められたのですが、前史があるのです。その埋め立ての時の事前調査で天武《てんむ》朝にさかのぼる木簡《もっかん》とか銅製品とか鉄製品、鏃《ぞく》や刀子《とうす》の「様（ためし）」と呼ばれた雛型《ひながた》とか金属器の未製品、工具類の原材料や、刀なども出てきました。さらに鍛造《たんぞう》に関するもの、ガラスの坩堝《るつぼ》、これは蓋《ふた》もつく大変面白いものですが、そうしたものが出てきたのです。しかも木簡の中に、製品の供給先か、素材の提供者を示す「大《おお》伯皇子宮《くのみこのみや》」や「石川宮《いしかわのみや》」などが見え、天武十年代くらいのものとわかってきました。そうすると、年代としては藤原宮の時代以前だから、飛鳥浄御原宮《あすかきよみはらのみや》に関するもので、それに関連した工房かなという捉《と》らえ方をするようになっていたのです。

▲**上空から見た飛鳥池遺跡**（明日香村）　手前。右手中央に飛鳥寺、上方に甘樫丘《あまがしのおか》が望まれる（奈良国立文化財研究所許可済）。

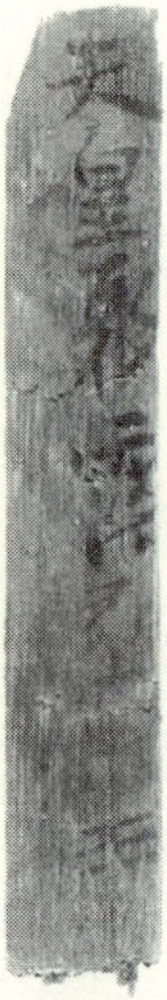

天皇聚□〔露カ〕弘寅□

②

丁丑年十二月三野国刀支評次米（六七七年）

①

▲**出土した木簡**　①は「丁丑《ていちゅう》年」（天武６年＝677年）の新嘗祭《にいなめさい》に使われた米の荷札木簡。②は「天皇」の文字を記した木簡（「天皇」を明記した最古の史料）。　奈良国立文化財研究所許可済。

その成果の上に立って、今回のミュージアムの建設に当たり、どこをどう掘ったらいいのかという作戦を立てることができました。そうした経緯があって、今回の様々な成果が上がっているわけです。

広範囲に掘った結果、七年前にはわからなかった飛鳥寺関係の木簡が大量に出てきました。それに天皇号も出てきました。その段階で、それらの木簡と、金や銀・ガラスなどの工房とは一体どういう関係にあるのか、その性格をどう考えるのかが大きな問題になってきたのです。一つの考え方としては、場所が飛鳥寺の東南の隅、外側に当たるので、もともとは寺の工房であった。それをある時期に宮の工房としても使ったのではないかとみることができます。要するに、七〇一年の「大宝令」では役所の機構が整い、国家が必要とする製品はそこの工房で生産するわけですが、この時代はまだその段階までいかない。一方、寺院の側は寺院の維持のためにそうした組織をもっていた。先端技術をもっていたわけで、それを利用したという考え方も成り立つのではないでしょうか。

掘るにしたがって、鉄や銅・ガラスだけでなく、金や銀などもどんどん出てきて、巨大な工房群であることは間違いないとわかりました。だから、当面の問題は、この遺跡が一体いつまでさかのぼるのかということになります。今のところ木簡でいくと、天武六年（六七七）が一番古いので、飛鳥浄御原宮に付属する工房であり、なおかつ飛鳥寺の工房という捉らえ方でいいのかなあというところです。

千田　飛鳥寺の工房と思われるところから出土する遺物の年代と飛鳥浄御原宮の工房と見られるところの遺物の年代はどうなっているのですか。本来、推古《すいこ》朝に成立する飛鳥寺の方が古いわけですが…。

金子　七世紀の寺とか、奈良時代の寺は、寺域が正方形とか、長方形とかにきちっと区画され、曲がったりはしていません。ところが、飛鳥寺の東南の隅の調査では、どういうわけか、寺域が本来の推定位置には出てこなくて、それよりも北側で不整形に曲がった状態で築地塀《ついじべい》、あるいは土塁《どるい》が出てきました。今掘っているところは、その南側、飛鳥寺域外の東南の谷の縁に当たるわけです。そこが一つ問題になってきます。つまり、狭い意味の寺域の外だということです。それをどう考えるか。

ガラス小玉などの宝飾品や炉跡などが出土した飛鳥池遺跡（明日香村飛鳥で）

飛鳥池遺跡・宝飾工房跡を確認

待たれる全容解明

金製品生産の可能性も

寺院内の荘厳に使われたとみられる色とりどりの宝飾品の工房跡が、二十三日確認された明日香村の飛鳥池遺跡（七世紀後半）では、三月初めにも最古の「天皇」木簡が出土したばかり。貴重な遺物が次々に飛び出してくる同遺跡の重要性が改めてクローズアップされ、遺跡の全容解明が待たれている。

瑪瑙やるつぼなど多種多様の出土品は、谷底に厚くたまった炭などとともに〝産業廃棄物〟を捨てた層に含まれていた。調査した奈良国立文化財研究所飛鳥藤原宮跡発掘調査部は、土のう二万数千袋分になるその層の土をすべて持ち帰り、順次水洗して遺物を選別している。水洗は半分近くが終わり、今回の成果となった。

るつぼや遺構から銀が検出されたが、同じ七世紀後半の天武・持統期には対馬などで銀が産出されたことが「日本書紀」に記されており、これを裏付けることになった。

瑪瑙や琥珀、ガラス玉といった宝石類が出土したことで、金、銀、瑠璃（ガラス）、瑪瑙、琥珀、サンゴ、シャコ貝の「仏教の七宝」のうち、四種類がそろったことになる。金製品が生産されていた可能性もあり、寺院の宝飾品を生産していた実態もわかってきた。

東大寺の不空羂索観音立像（国宝・奈良時代）には色とりどりの玉類が飾られている。松村恵司・同調査部考古第二調査室長は「同観音像や正倉院宝物の玉類などと比べることにより、古代のガラス製産の全容も明ら ろう」と話す。

同調査部は今後 どの遺構と遺物の を検討し、具体的 程の復元を目指す

▲飛鳥池遺跡の工房跡検出の報道
（「読売新聞」1998年4月24日）

それから天武六年の木簡が出てきた溝の跡は、南北の大溝ですが、寺に関する木簡、宮に関するもの、それから工房に関するもの、それらが基本的には一緒に出てくるといった状況です。例えば、同じ大溝からは「軽《かる》の市《いち》から銀卅一半秤を買った」とも読める木簡や、

▲「飛鳥寺」の文字が見える木簡（2行目下3文字）

「難波《なにわ》から銀いくらを求めた」などとも読めるものが見つかっています。そして、そういうものの中から、例えば「湯沐《とうもく》」と書いた木簡、それは皇室関係の封戸《ふこ》に当たるわけですが、また天皇関係とか、それから、お坊さん関係とかのものも出てきます。

坪井　それらの同じところから出てきたものは、おしなべて天武六年ごろと見ていいのでしょうか。

金子　その場合はそうです。ただ、一番さかのぼれるのが天武六年ということで、南北の大溝自体は天武六年に埋まっているわけではなくて、その後も使われています。その溝から出てきた一番古いものがそういうわけです。では、後の方はいつまで下るのかというのは非常にやっかいな問題なのです。例えば、引っ越しをする時に、それまでまとめていて不要になったものを一度に捨てる場合があります。つまり、古いものがあるからといって、それが投げ込まれた時期とみていいわけではない。だから、それらと一緒に出土する土器の編年などとも比較検討し、慎重に見極めなければなりません。なかなかマスコミの方が求められるように、一刀両断にバサッというわけにはいきません。

飛鳥寺との深い関わり

千田　飛鳥寺関係の工房があったというのは、どんな木簡をもっていうのですか。

金子　例えば、南北溝では「作佛」「聖僧銀」、土坑では「観勒《かんろく》」という日本に暦・天文地理・遁甲方《とんこうほう》術《じゅつ》を伝えたとされる百済《くだら》僧の名前、「大徳御前」といった名称からいえると考えます。さらに、院堂の童子がどうのこうのとか、「飛鳥寺」という明解な記述とかがあります。

千田　『日本書紀』なんかには、この寺のことを「法興寺《ほうこうじ》」と書いていますね。

金子　ええ、『日本書紀』の有名な大化改新の時に、中大兄皇子《なかのおおえのおうじ》と中臣鎌足《なかとみのかまたり》が相談する条などにみえます。しかし、書紀は後に編集していますから、出土木簡は、当時の史料では飛鳥寺と呼んだ最古の史料でしょう。それはともかく、この工房群は飛鳥寺(法興寺)の寺域のすぐ外側にあって、寺院関係のものと天武朝の比較的早い時期の宮殿関係のものが出土します。それで、飛鳥寺の工房と飛鳥浄御原宮に付属する工房を兼ねたような、そんな性格の工房の遺跡だったのではないか、と考えているわけです。綿密な性格付けはこれからという状態ですが。

千田　飛鳥浄御原宮の宮自身にも、仏教関係の木簡が出てますね。「飛鳥寺」の名前が木簡にあるからといって、それを必ずしも飛鳥寺に属するものとみなす必要はないんじゃないですか。それとも、飛鳥寺に工房が付属していたという記述が文献史研究から出ているのでしょうか。

▲金子裕之氏

金子　いや、それは基本的にはありません。ただ、飛鳥寺で使っていた瓦と瓦窯《かわらがま》がこの遺跡から見つかっていますので、寺との関わりはあるでしょう。

坪井　千田先生のいわれる飛鳥浄御原宮につながる仏教関係のものとは、宮の付属寺院のようなものを指されるのですか。

千田　天武紀にある御窟院《みむろいん》のことです。仏道をよく修行する者の中から七

▲千田稔氏

十人を選んで、ここで斎会《いっきえ》を設けたとあります。ですから『日本書紀』の記事などを慎重に検討しないで、安易に遺物を解決するのはさけたいですね。

金子　私は、飛鳥浄御原宮に付属する寺院は川原寺《かわらでら》だと思っていますが。

坪井　先ほど、金子先生のいわれた飛鳥寺の寺域がきちんとした方形でなく、東南側でゆがんでいるというのは、地形に制約されたものでしょうか。

金子　地形による制約だと考えられます。飛鳥池の東南奥の「酒船石《さかふねいし》」がある丘陵から張り出してくる小さな尾根があり、それが池の西方で丘陵となり、池周辺に谷地形を形成しているわけです。その西斜面でかつて瓦窯が一基見つかっていまして、これが飛鳥寺の瓦を焼いたものだといわれています。この丘陵に制約されて寺域が北東方に広がる形でゆがんでいます。

千田　遺跡の東側で発掘されている溝状のものは何ですか。

金子　もともとの谷地形を一部埋めるなどして、運河のようなものをつくっています。堀川といった方がいいでしょうか。最終的には平安時代まで使われているようですが、一番下の層まではまだ掘りきっていません。その堀川が北上しそれに沿って、飛鳥寺の東側の塀がつくられたと考えています。位置的にはその尾根続きの南の丘陵に「酒船石」があり、その周囲に斉明《さいめい》朝の山城のような石垣の巡る遺構が発掘されています。斉明紀二年に見える石山丘で、これが両槻宮《ふたつきのみや》と呼べるかどうかは別でしょうが。

千田　斉明天皇の両槻宮も視野に入れるべきでしょうが、斉明紀に宮の東に石を積んだという記事にこそ注目すべきでしょう。ただ、この堀川とされるものが、斉明朝の「狂心《たぶれこころ》の渠《みぞ》」に当てることはできないかなあ。あれは香具山《かぐやま》の西を通るといわれていますねえ。

金子　これまではそう解釈されています。でも、これから千田先生がそれを強くおっしゃれば、「狂心の渠」の可能性が出てくると思いますが(笑)。それから山城遺構で見つかった砂岩の切石《きりいし》、これは天理市豊田産といわれるもので、「狂心の渠」の史料にみえる石上山《いそのかみのやま》との関わりが問題となります。この切石は、飛鳥浄御原宮の石敷きの一部や飛鳥池遺跡の藤原宮期の井戸周辺石敷きなどに使われています。山城遺構が廃絶した後に、そこの切石をかなり持って来て井戸の一部などに再利用しているわけです。

千田　だれかが強くいえば、その遺構に『日本書紀』などの固有名詞が与えられるという現象は、考古学の現場の人に特に多いのではないでしょうか。

国づくりを支える先端技術

▲坪井恒彦氏

坪井　お話に出ている両槻宮にしろ、「狂心の渠」にしろ、大型の土木工事を好んだとされる斉明女帝が直接指揮したと考えられています。大規模な国営事業が各地で花開いた七世紀史の中で、政権の中心部の工事を象徴するのが、これらの造営工事ではなかったのでしょうか。そこで駆使された先進技術の究極の姿が飛鳥池の工房群で展開されていたのではないかと思うのです。

　それをもう少しきめ細かく見ていきたいのですが、例えば、工房群が営まれた飛鳥寺南東の谷あいの位置のことです。弥生時代の例で恐縮ですが、奈良県田原本町《たわらもとちょう》の唐古《からこ》・鍵《かぎ》遺跡で一九九八年五月に、中期後半（二千年余り前）の大量の青銅器を生産したとみられる大型鋳造の炉《ろ》跡が確認されました。出土現場は、三十ヘクタールにも及ぶ巨大な環濠《かんごう》集落の東南隅に位置し、鋳造に伴う煙や有毒ガスが集落の中心部に流れ込まないような「公害防止」をめざしたのではと話題になりました。飛鳥池遺跡の工房群にも、飛鳥浄御原宮や飛鳥寺に対して、そのような配慮がなされていたのではないでしょうか。

金子　おっしゃる通りだと思います。私どもの研究所でも飛鳥池の工房群がなぜこの位置につくられたのかという問題を検討していますが、公害防止を第一に考えるべきだという意見が出ています。ただ、もう一つは地形の高低を意識したとすれば、高い所に溶鉱炉《ようこうろ》を設ければ、その溶けた銅なり、他の金属なりを下に流すのが容易だということはいえると思います。それから瓦窯でもそうですが、そこからできる灰原《はいばら》、つまり大量に燃やした炭や灰や鉱滓《こうさい》、壊れた製品などが大量に出ます。平らな所だとその捨て場所に困りますが、傾斜地だと下に降ろせます。丘陵のすそ野を選んだ理由には、そんなことも考える必要があるように思います。

坪井　木簡が出土したのは溝や土坑からと聞いています。どんな状況で発掘されたのですか。溝は周辺を囲む谷間から湧きだした水を下流に送る人工的な排水路のようなものといわれていますが、それがまだ機能している時に木簡が廃棄されたのでしょうか。また、木簡がある程度固まって見つかった溝や土坑の特定の場所というのは、年代的にいくらかの幅をもって押さえることができるのでしょうか。

金子　例えば、農業用水路でも、ふだんは皆さん、平気でゴミを捨てたりしているわけです。それが年に一度、田んぼに水を入れる直前などに、溝さらえをされます。同じように木簡が見つかった溝も、普段はゴミ捨て場として使われていたのではないでしょうか。基本的には谷間に造られた排水路ですから、大雨などによる土石流などで埋まってしまうこともよくあります。それから木簡がかたまって見つかったところでは、一部に年号が記されていたり、年代をある程度特定できるような文言が書かれていたりして、おおよその時期がつかめています。早いもので七世紀後半、遅いものでは奈良時代まで下ります。話題になった「天皇」木簡は一緒に見つかった他の木簡の内容などから天武朝ではないかと考えられます。ともかく、飛鳥池遺跡は、木簡を含めて面白いものがたくさん出てくるのですが、なかなかその正体がつかめない。上が全部飛ばされていますしね。

千田　飛鳥の大官大寺《たいかんだいじ》には観世音菩薩《かんぜおんぼさつ》が祀《まつ》ってありますね。出土した木簡の中にある「観世音…」と関係があるかも知れません。また「子曰《しいわ》く…」は『論語』の一節ですか。『論語』は、阿波国府《あわこくふ》の跡ではないかとされる徳島市の観音寺《かんのんじ》遺跡でも出ていましたね。

金子　ただ、いくら「子曰く…」の木簡が出てきても、それだけから、当時の日本に学問として『論語』が入っていたかは疑問だという人もいます。受験勉強の対策に、その一節だけを抜き出した書物があったことも考えられるわけですから。

千田　それは反論のための反論でしょう。近年、だれかが先に言うとその説を後から感情的に否定するような問題にしばしば出くわしますね。『論語』の知識は来ていた可能性があるとみるのが、仮説実証的方法です。

坪井　そうしますと結局、飛鳥池遺跡の性格付けとして、まず、飛鳥寺の専属工房として発足し、その後、飛鳥浄御原宮からの注文も受ける国営的な総合工房に発展していったと考えていいのでしょうか。

金子　その場合、問題になるのが、飛鳥寺の工房なら、なぜ七世紀の後半からではなく、前半からスタートしていないのかという点です。つまり、七世紀前半にさかのぼる推古《すいこ》朝くらいの資料がいろんな意味で欲しいわけです。

先ほど、坪井さんは馬鍬《まぐわ》などの農機具をはじめ、古代の技術革新の大きな画期が七世紀の初めに訪れるといわれましたが、モノの上では、例えば木製品などにしても、六世紀末から七世紀前半のものというのはほとんど出てこないのです。どういうわけか分からないのですが、出てこない。それで、出てきたときにはもうガラッと変わっている。いわゆる祭祀の跡なども含めてですが。だから、考古学の立場で言えば、モノの上からもこの時期をつなげたいという思いはあるのですが…。そして、この飛鳥池遺跡でも土器は別として、六世紀末から七世紀前半のモノというのは今のところ出てこないようです。

坪井　工房の場所が別のところにあったのでしょうか。

千田　というより、寺自身が工房を持っていたかどうかもわからない。天武時代の、飛鳥寺の工房ゾーンの所在地を明確にしていく作業が必要でしょう。一ヶ所の遺構の発見で大騒ぎしないで、研究者としての冷静な目が欲しいですね。

金子　例えば、薬師寺《やくしじ》というお寺が藤原京にもあり、平城京ができるとそちらにも建てられます。しかし、出てくる瓦はほとんど変わらないのです。『造瓦工』といって瓦造り専門の工人集団、今で言えば株式会社みたいなのを、お寺が抱え込んでいるわけです。もう一つは分社化を進めるというやり方がありますが、そのための前提として、分業が成立していないといけないわけです。それが成立する以前は、結局は自分で抱えるしかないわけです。ですから、薬師寺は「寺匠《じしょう》」といったものを持っていたと思われます。だから、飛鳥寺にしても日本で最初に造られた本格的な寺院ですから、基本的には、そういう人達をお寺そのものが抱え込んでいたとみていいのではないでしょうか。

千田　平城宮の瓦はどこで焼かれたかはわかっていても、その宮殿を造った木材加工などの工房がどこにあったかはわかってないわけでしょ。例えば、その材木の保管場所なんかについては。今後、考古学で検討していかなければならない課題はたくさんあるわけですね。つまり、平城宮や平城京全体の工事のプロセスが全くわからない。

金子　確かに課題はたくさんあります。例えば、建物跡が一つ見つかっても、それがどういう性格のものであるのか、などということになるとなかなか決められません。まさに、隔靴掻痒《かっかそうよう》ですね。

坪井　金属製品とか宝石類とかを専門に造っていたということに着目すれば、宮というより、寺を対象にしたものと考える方が自然ではないでしょうか。

金子　例えば、仏さんでいきますと、奈良・東大寺の法華堂不空羂索観音《ふくうけんざくかんのん》の宝冠《ほうかん》は、ガラス玉、勾玉《まがたま》などを飾った豪華なものです。勾玉は古墳時代のものの再利用ですが、ガラス玉は奈良時代のものでしょう。また、仏像の天蓋《てんがい》なんかにも豪華なガラス玉を使った例がよく知られています。確かに坪井さんのおっしゃる通り、そういう可能性はあるわけです。

坪井　当時、寺院と宮の工房がまだ未分化だったといえるのでしょうか。

金子　その前にもう一つ、この飛鳥池遺跡の成果をふまえて、飛鳥寺の性格をどう考えるかという問題もあります。通説では、蘇我《そが》氏が造った私の寺ということになっています。国家が成立する以前、国のお寺という観念ができあがる以前ですから。では、それと飛鳥浄御原宮と、どうかかわり合うのかという問題があります。

千田　でも、七世紀も後半になってくると飛鳥寺は国家の寺になってくるわけでしょ。そうでないと、都が平城宮に移った時、飛鳥寺が元興寺《がんごうじ》として移るわけがありません。

金子　どの段階で、「私」から「公」になったのかということになります。推測ですが、天武九年四月に飛鳥寺は官寺化されます。その頃が一つの契機かなと。

千田　「官」と「私」を区別する発想は、近代的な考え方でしょう。むしろ「私」が天皇に近い権力をもつと、それは「公」に限りなく近づくのです。

坪井　飛鳥寺がそれまでの私の寺から国の寺、官寺になったとすれば、まさにその段階にそれが契機となって飛鳥池の工房が成立したとは考えられないでしょうか。それから銅製品はもちろん、金や銀などの金属の鋳造、ガラスに水晶やメノウや琥珀《こはく》などありとあらゆる宝石類を加工し、製品化していること、さらにガラス小玉の生産規模を見ても百万個単位というとてつもない体制を敷いていた可能性が高いことなどを考え合わせると、この総合工房は、単に飛鳥寺の専属とは考えにくい。他のいくつもの官寺や氏寺、例えば山田寺、川原寺、もしかしたら法隆寺や四天王寺にも様々な製品を供給していたかもしれません。そういう供給先の主要な一つに飛鳥浄御原宮があった可能性はどうでしょう。
これは思いつきなんですが、飛鳥池の工房は、飛鳥寺が官寺となった段階で各地の様々な技術集団が呼び集められ、その専属工房として発足するのですが、しだいにその規模が大きくなり、周辺に次々に建設される大寺院に製品を供給するようになったと仮定します。そこへ、飛鳥浄御原宮の方から「せっかくそんな最新鋭の設備や技術のノウハウを持っている工房がすぐ近所にあるのを見逃す手はない」とばかりに、お上の権限で特別に色々な製品を発注して造らせたというストーリーはいかがでしょう。

▲飛鳥池遺跡から出土した水晶・ガラス玉や金・銀の鋳造製品（奈良国立文化財研究所許可済）

金子　それはありうると思います。当然、飛鳥寺の方が先にできていたわけだし、技術も百済から僧侶や工人集団を呼び寄せて一番進んだものを持っていたわけですから。

千田　「観勒《かんろく》」という有名な百済僧の名前が出土木簡から出てきましたね。彼は、推古十年（六〇二）に来朝し、暦本や天文地理書、遁甲方術《とんこうほうじゅつ》書を伝えたとされ、推古三十二年には朝廷が初めて置いた僧正《そうじょう》に就任したことになっています。飛鳥池の工房が稼働していた当時も、生存していたという可能性はないとはいえないんじゃないかな。かなり高齢だろうけれども。

金子　そうですね。こういう木簡がありますので、観勒が飛鳥寺に居住していたであろうことは、ほぼ間違いないと考えられます。これまでは十四世紀の文献に「観勒が飛鳥寺に居住した」と記録されていた程度で、もう一つ信憑性に乏しかった。しかし、今回出土した木簡で、観勒は初めから飛鳥寺に住んでいた、といえるようになったと思います。

貨幣史の通説を覆す「富本銭」

坪井　次に平成十一年一月に奈良国立文化財研究所の飛鳥藤原宮跡発掘調査部が発表した「天武朝の銅銭」について、国家の成立期における貨幣制度施行の意味などにも広げて議論を深めたいと思います。今回の発表は、同調査部の松村恵司・第二調査室長が中心になってまとめられた成果ですが、まず重要なことは昨年（平成十年）、飛鳥池遺跡で出土した三十三枚の鋳造途中とみられる「富本銭《ふほんせん》」が天武朝にさかのぼるという事実です。つまり、天武政権の時代に飛鳥池の工房で「富本銭」が造られていたことが判明しました。同調査部では、これを、『日本書紀』の天武十二年（六八三）に書かれている銅銭発行の記述に結びつけ、「富本銭は天武が貨幣として発行したもので従来、わが国最初の貨幣とされてきた和同開珎《わどうかいちん》を四半世紀もさかのぼるものだ」と発表しました。

　この富本銭については、これまで「富の本になる」といった文言や一緒に鋳出されている「七曜《しちよう》」の文様などから、福を招き、災いを避けるまじないのお金「厭勝銭《ようしょうせん》」として片づけられていました。それに対して、同調査部は富本銭は「厭勝銭」ではなく、貨幣として造られ、発行されたと見たわけです。

金子　ご存じのように日本の貨幣の始まりは「皇朝十二銭《こうちょうじゅうにせん》」の最初に造られたとされる「和同開珎」

ということになっており、教科書にもそう書かれています。ところが、『日本書紀』を読むと、それ以前にお金に関する記事がかなりたくさん出てきます。和同開珎が製造された和銅元年（七〇八）以前で、例えば、先ほどいわれた天武十二年四月には「銅銭を使用しなさい。銀銭は禁止する」といった記事が出てくるわけです。持統八年（六九四）には鋳銭《じゅせん》司《し》、今でいう大蔵省の造幣局に当たるわけですが、そういうものを置くという記事が出てきます。それから文武三年（六九九）に、また「始めて鋳銭司を置く」といった記事が出てくる。造幣局があって、その前に銀銭とか、銅銭とかが出てくる。そうしたら「これは一体何なのか」という疑問は貨幣史をやった人ならだれもが抱くわけです。みんな頭を悩ますことなんです。

最近では、天武のところに出てくる「銀銭」は、いわゆる「無文銀銭《むもんぎんせん》」と呼ばれてきたものにほぼ間違いなく、天智朝にさかのぼるだろうといわれるようになりました。飛鳥池遺跡でも、九八年十月の記者発表で金や銀の塊とともに、

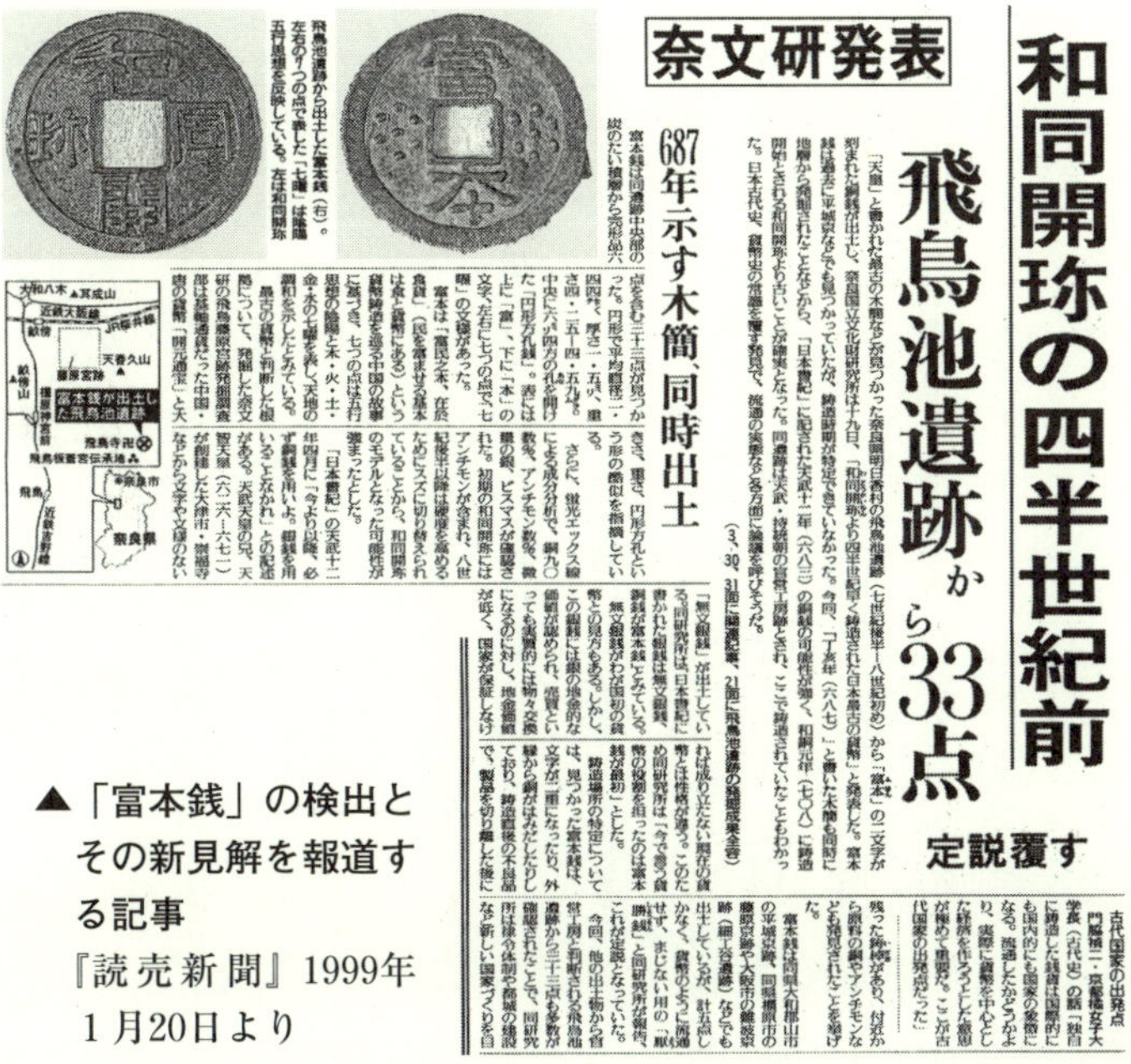

▲「富本銭」の検出とその新見解を報道する記事
『読売新聞』1999年1月20日より

この「無文銀銭」が出土したと発表されました。ここでも、造っていたのかそれとも材料として回収したのかという点が問題になりました。

千田　出土した木簡には「軽銀卅一半秤」とありますが、これは軽《かる》の市《いち》（藤原京の南西で下ツ道《しもつみち》、山田道《やまだみち》の交点〝軽のちまた〟にあったという古代の市）で銀が売られていたということですか。でも、銀は高かったのでしょう。

金子　ええ、軽の市で銀を買ったと考えています。同じように飛鳥池遺跡から出土した木簡に「難波銀十…」とあるのは難波の市で銀を買ったのだろうと思います。でも、高かったにしても、中国では、古代から銀本位制でした。唐代は金を重視しましたが。

千田　古代の日本には金貨というのはないのですか。

金子　奈良時代に一度だけあります。大和・西大寺のいわゆる称徳《しょうとく》天皇山荘推定地の近くから見つかった「開基勝宝《かいきしょうほう》」がこれにあたります。東大寺の大仏を造る時に、百済王敬福《けいふく》が陸奥《むつ》国の黄金を献じた記事が天平勝宝元年（七四九）二月にみえます。産出地は宮城県遠田《とおだ》郡涌谷《わくや》町涌谷字黄金迫《こがねばさま》です。ここの金を使ったのではないでしょうか。

千田　特殊な例ですね。結局、金はもちろん、銀にしてもそういうものを素材に貨幣を造るのに高くつくわけでしょ。銅ならそれほどかからない。だから、銀銭を禁止しているのではないですか。

坪井　確かに和同開珎の時代になっても、銀で造られた和同開珎が禁止されていますね。和銅三年（七一〇）九月に「天下の銀銭を禁止する」という記事がそうだと思いますが、その前年にも「銀銭の廃止」という記述があります。これらの読み方も千田先生が指摘されたようなことなのでしょうか。

金子　まず、和同開珎ですが、これにも「古和同」と「新和同」というのがあって、それぞれにいろんな特徴があります。最も大きな違いは「開珎」という表記で「開」の字の門がまえの上が開いているのと閉じているのがあり、開いている方が古いとされています。もう一つは丸い銅貨の真ん中に四角い穴が開いていますが、これには理由がありまして、現在は銅貨は鍛造ですが、当時は鋳造でこしらえるわけです。最後に、鋳型から余分にはみ出たバリを取って磨かないといけないわけです。その時、穴に四角い棒を差し込んでバリの付いた硬貨を固定してこするわけですが、穴が丸いと棒の周りを硬貨がグルグル回転してしまって固定できないのです。この方郭《ほうかく》の縁が古い和同開珎は大きいのです。また、外縁の帯の幅も古い方が広いという特徴があります。和同銀銭は基本的に、この古い方の特徴、門構えが閉じていて外縁の幅が広いという外観を持っています。もちろん、和同銀銭の一部には新しい特徴を持つもの、例えば、明日香村の坂田寺から出土したものなどもあるわけですが。

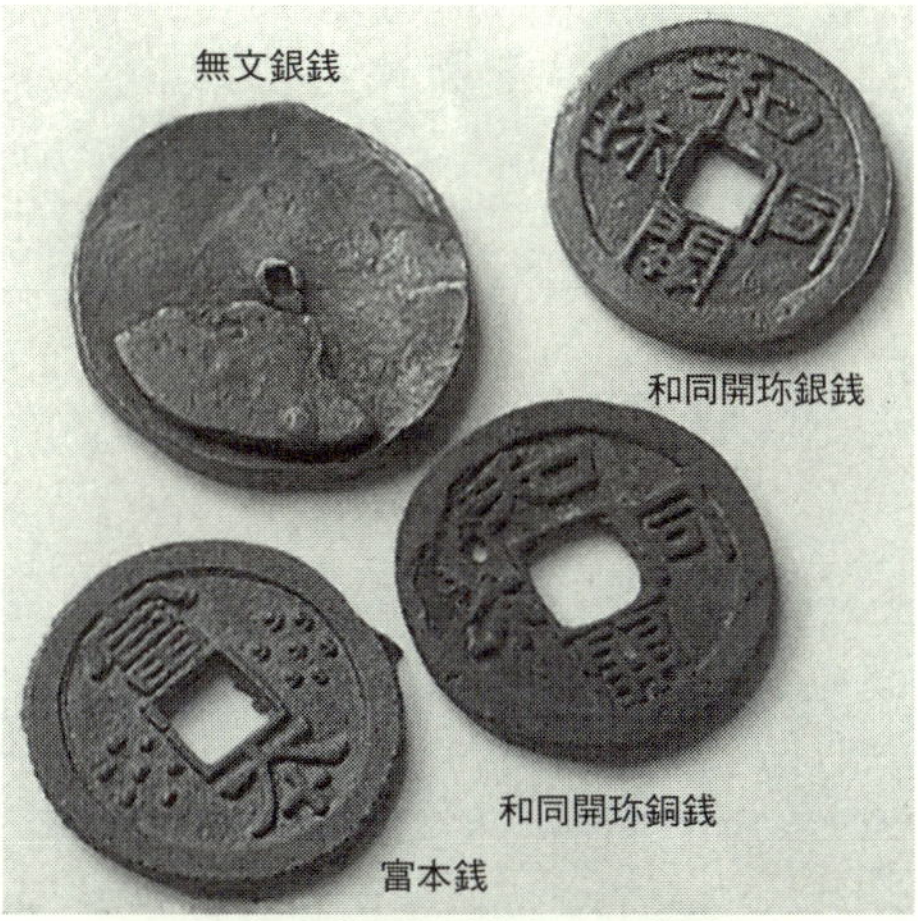

▲飛鳥・藤原地域出土の銭貨
（奈良国立文化財研究所提供）

坪井　いま言われている意味は、「和同開珎」が造られたのが、和銅元年（七〇八）よりもさかのぼりうる可能性についてですね。つまり定説のように、その年（七〇八年、慶雲四年）一月に武蔵国秩父郡《むさしのくにちちぶぐん》から銅が献上されて「和銅」と改元され、それによって初めての金属貨幣「和同開珎」が発行されたというのではない。「和同」は「和銅」という年号に関係のない吉祥句《きっしょうく》で、古和同は、和銅元年より前に造られていたということですか。

金子　それについても長い論争の歴史があり、なかなか一刀両断にはいえません。それがすんなり言えるようなら、私たちはご飯を食べられないようになるかもしれません。（笑）

千田　和同開珎は飛鳥京からは出ていませんね。藤原京から出ているものについては、矛盾しないわけでしょう。藤原京は和銅年間には成立しているのだから。

「富本銭」は流通貨幣か

坪井　それはそれとして、今回、九九年一月の発表で明らかにされた問題の「富本銭」なんですが、『日本書紀』の天武十二年に出てくる「銅銭の使用」のその銅銭とみて間違いないとすれば、次にそれが厭勝銭か、流通貨幣かという問題になってくるかと思います。

金子　天武政権は確かに「富本銭」を流通貨幣として造り、発行しようとしたかもしれません。でも、彼らがモデルにした中国側の人が実物を見れば、間違いなく厭勝銭だと思うでしょうね。中国陝西省《せんせいしょう》考古学研究所から来られた考古学者に三回確認しましたが、三回とも首を振っていました。「富本」という字句や、その両側に七つの点を打ち出した七曜、これは通貨ではなく、魔除けや招福のために造られた呪い銭（厭勝銭）だと。古銭の愛好家の間では江戸時代から「絵銭《えぜに》」の一種として扱われ、かつては富本銭が造られたのも江戸期だとされていました。しかし、富本銭が平城京の右京八条一坊の奈良時代末期の井戸跡などから見つかり、すでに八世紀に存在していたのではないかといわれだしたのです。その後、藤原京の条坊の道路の中などからも出てきまして、少なくても藤原京の時代、六九〇年代から七一〇年までにさかのぼる可能性が非常に高くなっていました。

「古和同」のことですが、その成分を調べると面白い結果が出てきます。銅貨というものは銅だけでなく、古代には「白鑞《はくろう》」と呼ばれた錫《すず》を交えた青銅合金なわけです。ところが、文武《もんむ》天皇二年(六九八)に「伊予国《いよのくに》白鑞を献ず」などとあるのに、現在、愛媛県には錫の鉱山は見当たりません。そのかわり、鉛活字の材料に使われたアンチモンの産出では、かつて世界的に有名だった市の川鉱山があります。

古代日本では錫の代わりにこれを用いていたとみられ、文武二年の白鑞はアンチモンのことを誤認した可能性が高いといわれます。古和同には、そのアンチモンを錫の代わりに加えているという特徴があり、藤原京にまでさかのぼる富本銭にもかなりのアンチモンが含まれているなど、極めて古い銭貨に共通しています。そのようなところから、今回の飛鳥池遺跡の発掘成果の以前から、この富本銭を天武十二年の銅銭に当てる説も出されていました。

▲富本銭　左右の7つの点が七曜を示す。

千田　ただ、金子さんがいわれるように、富本銭が厭勝銭だということであれば、世間に出回るいわゆる通貨ではないわけでしょう。今回の富本銭の発掘で研究者個人についても見解がぐらついている印象があります。それはマスコミからの取材のせいにもよるのでしょうが、もう少し沈着に考察する時間が必要だと思います。私も中国の研究者から通貨ではないという意見を聞きました。

金子　時の政府の首脳が厭勝銭という認識がなくて、富本銭を通貨として造らせた可能性も考えないといけないのではないでしょうか。つまり、日本で流通貨幣を初めて造ろうとした時に、中国で厭勝銭とされていたものを誤ってモデルにしてしまったのではないかという仮説です。

当時の日本は、六六三年の白村江《はくすきのえ》の戦い以降、唐とは冷戦状態にあり、三十年以上遣唐使を中断しています。とはいえ、最も進んだ文明国である唐の様々な思想・文化を日本に取り入れ、根づかせることによって、唐に喜んでもらいたいという意識も一方にはありました。そこで、本来なら唐から受け入れるべき様々な中国文明を新羅《しらぎ》に遣いを送り、そのルートで得ようとしたのです。そこで、中国の厭勝銭を流通貨幣と取り違えるような事態になったのではないでしょうか。

さらに、私は、それに気づいた政府が、富本銭に代わって、今度こそ間違いない流通貨幣として発行しようとしたのが「和同開珎」ではなかったかと思うのです。

坪井　非常に興味深い仮説ですが、富本銭は、間違って厭勝銭スタイルにされてしまったにせよ、そんなこととは関係なく、政府の意図とは裏腹に、流通貨幣にはならなかったのではないでしょうか。富本銭は考古学の発掘では、飛鳥池遺跡を除くと藤原京や平城京などから五枚しか出てません（長野県の二例の出土を加えると七例）。また、文献でも富本銭についての交換比率の記載や贋金《にせがね》の防止策の記録がなく、流通していたとはとうてい思われません。むしろ、和同開珎が発行される直前まで「無文銀銭」が物品貨幣として出回っていたことが『日本書紀』の記述からもうかがえます。結局、当時の日本はまだ、銀が地金として幅をきかすような交換経済の段階で、天武政権がいくら貨幣を流通させようと頑張っても、それを受け入れる側の社会がそこまで成熟していなかったということでしょうか。

金子　あるいは、天武政権はそこまで熱心に「富本銭」を流通させようとは考えていなかったかもしれません。唐や新羅に対して、自分の国は先進的な貨幣というものを発行しているんだぞという実績さえ認めさせれば目的は達成されたのではないでしょうか。何しろ、当時の東アジア世界で貨幣を発行しようとしたのは、中国以外では日本だけだったのですから。その理由は、冊封《さくほう》体制といって、中国の政治体制に組みこまれていた周辺諸国では、貨幣を造るなど、とんでもないことだという考え方と周辺諸国は中国の経済圏に組み込まれていたので、貨幣を発行できなかったのだ、という見方もあります。いずれにしても、貨幣の発行は、律令制の実施や都城の建設をはじめとする中国の先進文明の一つであるだけでなく、新王朝を立てたとする意味があるので、天武政権はそれらをすべて整えようとしたのに違いありません。

坪井　要するに天武・持統朝に「富本銭」という貨幣制度が導入された意味は、律令制確立に向けて大きく展開した政治社会の中で考えることが大切なのですね。

金子　後の奈良時代の様々な諸制度は、基本的には天武・持統朝の時代に成立しているわけです。もちろん、都城制度といった大きなものを含めてのことですが。

千田　消費経済と絡んで市場の成立は、いつごろと考えたらいいのでしょうか。先ほどの「軽の市」は『万葉集』にも出てきますねえ。確か天武が大和の広瀬野へ行幸するときに官人たちを「軽の市」に集めたという話もありました。天武はそこへ来なかったが、大山位《だいさんい》以上の者は馬で大路を南から北へと行進したとあります。当時、もう貨幣経済がある程度進んでいたんじゃないかなあ。だって、物々交換というのはなかなか大変なものですよ。貨幣のシステムはできあがっていたのではないでしょうか。

金子　ただ、「富本銭」について言えば、大阪市天王寺区の細工谷《さいくだに》遺跡で一枚見つかっていて、それから平城京、藤原京で各二枚しか見つかっていません。もっと出土例の多い無文銀銭にしてもお寺の荘厳具として使われているケースが多いのです。大津市の崇福寺《すうふくじ》にしても、塔の舎利器の周りに荘厳具として入れてある。つまり、宝物としての扱い、あるいは呪い的な扱いなわけです。だから、銅銭が出てきたからといって、現実にそれがすぐ貨幣経済につながるというわけにはいきません。

では、和同開珎のような通貨と、厭勝銭などの呪い銭との関係はどうなるのかということですが、これは、多機能と特殊・専用という考え方で理解したらいかがでしょうか。通貨は多機能だけど、パワーがやや小さいのに対し、厭勝銭は専用品ですから、この方面へのパワーは大きいと。ただ、貨幣のシステムを持つということは、今風にいえば、近代国家への第一歩というわけです。そういう観点から、天武朝になって新しい銅銭を造ったということはありえます。

坪井　千田先生、飛鳥池遺跡のもつ意味についてはどうでしょうか。

千田　やはり飛鳥寺、あるいは飛鳥浄御原宮にかかわる工房が具体的にわかったのは、すごいことだと思います。ただ、その工房の組織がどういうものであったか、同時代の工房が他にどのようなものであったかということを体系的に考えようとする気運が見えにくいのは、研究者の態度としてはふしぎです。

二　藤原京――都城史の常識を覆す

平城京・平安京をしのぐスケール

坪井　では、次に大藤原京の問題に入りたいと思います。ご承知のように持統天皇の八年(六九四)に、わが国で初めて条坊《じょうぼう》制を持つ都城としてつくられたとされる藤原京(新益京《しんやくきょう》)は、かつて岸俊男《きしとしお》先生が古代の幹線道路である横大路《よこおおじ》、下ツ道《しもつみち》、中ツ道《なかつみち》、山田道《やまだみち》を京極《きょうごく》とする京域を想定されました。それは一坊が四町からなる南北十二条(三・二キロメートル)、東西八条(二・一キロメートル)の条坊が設けられていたことを前提とします。実際、その想定通りの位置から道路遺構が続々と見つかり、長年、それが定説のように考えられてきました。

しかし、その後、宮の建設より京の造営の方が先行したことを示す「宮内先行条坊道路」が発見され、さらに岸説の京域外からも古墳を壊して設けられた「京外条坊道路」や宅地遺構が発掘されるようになり、俄然《がぜん》、「大藤原京」が注目を浴びるようになったわけです。それでいくと南北が四・八キロメートル、東西が四・二キロメートルで、京域の総面積は平城京に匹敵するわけです。

ところが、一九九六年二月になって、橿原《かしはら》市土橋《つちはし》町で西京極とみられる道路遺構が、また同年五月に

▲大藤原京の報道記事　『読売新聞』1996年5月6日より

は桜井市上之庄《かみのしょう》で東京極が見つかり、東西は一挙に五・三キロメートルまで広がり、総面積は二五・四平方キロメートル、大和三山をもその中に取り込み、平城京、平安京をしのぎ、岸説の四倍にもなる「巨大藤原京」まで明らかになりつつあります。とくに、西京極が畝傍山を越えてさらに西に広がるというのはそれまでの学問的な常識を覆す結果となったようです。しかも、その藤原京は完成からわずか十六年間で見捨てられ、平城京にとって代わられるわけです。

この謎に満ちた古代日本最大の都市をどのように考えたらよいのでしょう。千田先生は以前から飛鳥から藤原に移る流れの中でその中間項としての「倭京《やまとのみやこ》」に注目されています。そのお話からお願いします。

藤原京に先立つ「倭京」とは

千田　「倭京」について初めて注目されたのは、岸俊男先生です。私はそれをさらに敷衍《ふえん》しただけです。「倭京」という言葉は孝徳《こうとく》紀に、さらに天智《てんじ》紀六年(六六七)にも出ていますが、ともかく、藤原京ができる以前から存在しています。これを飛鳥と藤原の間に入れないと理屈にあいません。今のところその実態はつかめていませんが、私は、平城京や平安京のようなまとまった区域を持った京ではなく、大和にある宮、あるいは宮の関連施設が集まった空間を「倭京」と称していたのではないかと考えています。京極があったり、羅城門《らじょうもん》があったりというものではなかったのではないかと思うのです。

その同じような概念でとらえられるのが、これは従来、あまり指摘されていないのですが、近江京《おうみきょう》だと考えます。この近江京という言葉は『日本書紀』にしばしば出てきますが、「大津京《おおつきょう》」という言葉は一つも出てきません。多くの研究者がよく「大津京」と使われますが、もう一度『日本書紀』に立ち返った方がいいと思われます。「大津京」というまちがった通称のために、研究が阻害されていることに気がついている人が多い。それはともかく、近江京は計画的な道路が付けられていたかどうかは別にして、一定の区画を持った京ではなかったようです。

「倭京」もそんなふうに考えると、少なくとも飛鳥の部分は入っていたであろうと思われます。しかし、飛鳥の範囲だけでは、『日本書紀』によると「倭京」には二十四か寺があったわけですから、納まりきれません。その寺の数が合わないので、「倭京」に後の藤原京と呼ばれるところまで含めてはどうかというのが岸先生の指摘であって、私もそうかなあと思っているのです。だから、もともとそういう「倭京」という漠然とした京の空間があって、そこにもう一度藤原京と呼ばれるような都城が区画されていったと考えてもいいわけです。ただし、この「藤原京」という呼び方も大変誤解を招くわけでして、「藤原宮」の言葉はたくさんあるけれど、「藤原京」という言葉は文献には一か所しか出てきません。『日本書紀』は、すべて「新益京(しんやくきょう、あらましのみやこ)」として出てきます。それはどういう意味かというと、おそらく飛鳥に対して新しくプラスした京であろうというのが私の考え方です。

その新しくプラスした場所の予定地として、すでに「倭京」という所があったのではないか。その「倭京」の一部に藤原京、つまり「新益京」を造ったのではないかと思うのです。だから、藤原京ができた段階で飛鳥がまったく意味を持たなくなったわけではないと思うのです。確かに、先ほどから問題になっているように飛鳥寺というようなものが意味を持っているわけですから、そこで藤原京の大きさをどう考えるかという問題も浮上してきます。そういうわけで「倭京」というものがそれなりに重要な地域としてあったのだと考え、それを前提として藤原京、「新益京」が現れるのだという解釈です。

藤原京の復元過程

坪井　ありがとうございました。それで問題の「大藤原京」についてですが…。

金子　確かに、天武元年紀(六七二年)に壬申《じんしん》の乱で勝った後、大海人皇子《おおあまのおうじ》は飛鳥に戻って来るわけです。その時は「倭京に至りて嶋《しま》の宮《みや》にお入りになった」とあり、天武四、五年には「新益京をつくる」などの記事が出てきます。そういうところから、「倭京」をどう考えるかということになるわけです。しかし、かつては、最初に千田先生がいわれたようにエリアとして考え、一言でいって実態はないのだといったとらえ方がありました。

もっとも、近年の発掘調査の結果、いわゆる「大藤原京」の存在が明らかになり、少なくとも、岸説藤原京よりも京域は広かったことが確実になりました。そこで、藤原京の京域をどのように復元されたかという問題を考えないといけません。例えば、平城京は平安京に京が移され、廃都になった後、京域そのものがそっくり水田になりました。ところが、藤原京や長岡京はその後、条里《じょうり》制という区画整理事業がおこなわれたものですから、地上からは都の姿を復元できないという制約ができてしまいました。そこのところで、藤原京の京域がいまだに決まらないという一番の問題が生まれるわけです。

▲南上空から見た藤原京・藤原宮　中央前方は耳成山。その手前の醍醐《だいご》池の南側が大極殿跡である。

それからもう一つ、藤原京の規模をどう考えるかという点で問題になるのは、喜田《きた》貞吉《さだきち》の指摘です。七〇一年に成立した『大《たい》宝律令《ほうりつりょう》』が養老《ようろう》年間に改定されたものに『養老律令』があります。その注釈本が伝わっていますが、その中に京職《きょうしき》という条があります。そこの記載と関連する戸令《こりょう》と合わせると、条坊制の中で、一つの町に当たる方格区割りである「坊」一つに一人の長《おさ》がいて、四つの坊には一人の坊令《ぼうれい》を置くと規定されています。その坊令の定員が十二人だというのです。その定員が四坊に一人ということは、条（東西）方向に四つの坊があるとすると、それが十二条あり、左・右京を合わせると両方で二十四条あることになります。

ところが、平城京は水田の形で街区の跡が残っており、これは九条八坊なのです。とすると、この坊令は平城京のことではなくて藤原京のことだとわかります。そこから、喜田は藤原京の十二条八坊説を提唱します。では、具体的にそれをどういうふうに当てはめるのかということで、彼はちょっと間違えることになります。大和盆地には七世紀後半にすでに、上ツ道、中ツ道、下ツ道というものができていました。壬申の乱の時にも使われるわけですが、彼はこの道を基準にして造ったと考えた。そこまではよかったが、道の比定を間違えたわけです。そのアイデアを生かされたのが岸先生なんです。岸説は、道の比定を変えて藤原京を復元されたのです。その時に岸先生は十二条八坊の一つの坊の大きさをどのように考えられたかということですが、その基準がやはり大和三山だったのです。

それと数字という概念は面白いもので、例えば、スーパーなんかで買い物をすると、千九百八十円とかいった値段が目立ち、お客の割安感を誘っています。逆に、私たちが何かお祝い事でもする時はそんな数字ではなく、三万円、五万円といった丸い数字を意識します。古代の都市計画でも、同じことで中途半端な数字は採用しなかっただろうと考えられます。当時は里制、といっても江戸期のそれではなく、一里が今でいうと五三一メートルですが、おそらく一里、二里、三里といった単位でつくっただろうと岸先生は考えられ、それを大和三山に割り当てられた。つまり、三山の間の距離を測ってそれを五三一メートルで割り、一番近い数字を出して、そこから藤原京の条坊の規模を割り出されたわけです。

それだと平城京は一つの坊が一里四方、五三一メートル四方なんですが、藤原京ではその半分、半坊分で一坊をつくったと岸先生は考えられました。そうすると、下ツ道と中ツ道と横大路の間にうまく納まって十二条八坊という形で復元できるというのです。その時点では非常に合理的だったわけです。ところが、その後、岸説藤原京の外側から次々に道路の痕跡が出てきまして、それを一体どう解釈するのかというので、諸説が出てきました。それらの諸説も基本的には十二条八坊になるわけですが…。

千田　岸説で説得力があったのは、飛鳥の本薬師寺《もとやくしじ》と大官大寺《たいかんだいじ》の場所の相対的な位置関係で、これは平城京の薬師寺と大官大寺の関係に割とよくきれいに合うのです。そういう点からみると、今でもそうでしょう。まず施設があって、それから藤原京が大きくなってきたのだと主張される方がおられるわけでしょう。岸説がまったくだめになったということではないんじゃないですか。

▲本薬師寺跡　藤原京八条二坊に建立された。後方に見える山は畝傍山。

金子　秋山《あきやま》日《ひ》出《で》雄《お》氏（神戸女子大学名誉教授）は岸説に準拠して、その広がった部分をどう解釈するかということで、内城と外城という概念を取り込んで解決しようとしたわけです。いっぽう阿部《あべ》義平《よしひら》氏（国立歴史民俗博物館）はそれとはまったく別個で、岸説そのものが間違っていて、条坊の大きさは平城京と同じだとして、やはり一里四方で造っていたのだという形で復元しようとしました。だから、それ以降の人たちは、基本的にはそれに従うような形で復元しています。

藤原京以前にできていた条坊道路？

金子　それからもう一つ、岸説の重要な指摘として、藤原京がいつできたかという問題があります。藤原京遷都は持統八年の六九四年となっています。ところが、天武四、五年ころから盛んに「新益京」という言葉が出てきます。それから、本薬師寺が右京八条三坊という所にあり、条坊の中にきれいに納まっています。絵の場合は、ふつう、描いてから額縁《がくぶち》をつくるわけですが、今のお話だと先に額縁があるわけです。では、その額縁はいつできたのか。伝承によると、本薬師寺の起源は天武八年となっています。岸氏は、少なくともその段階には基本的なレイアウトができていたということを指摘されたのです。

その後、私たちの研究所の発掘調査によりまして、藤原宮の下から道路跡が見つかりました。とすると、藤原宮そのものが造られる以前に、先に道路、つまり土地割りができていたことになります。また、本薬師寺の中門跡の調査でも、やはりその下層から条坊の道路が出ています。だから、伝承の通り天武八年ごろまで本薬師寺がさかのぼるとすれば、藤原京の基本的な区割りはそれより前ということになります。そこで「倭京」というのはエリアではなくて、最初から土地割りがあったのではないかという形にまでだんだん迫っている段階かと思います。ことに一九九九年夏の藤原宮大極殿南東地域の調査では、藤原宮下層の道路跡にも前後二時期があることが判明していますし……。

千田　いや、私も土地割りがあったということは認めています。しかし、区画された京極が存在したとか、計画的な道路が走っていたとか、そういう状況ではないと思うのです。

金子　ただし、先ほどいわれた京内二十四か寺は、大藤原京に全部入ってしまうのですね。

千田　その京内の概念ですが、例えば京極のための柵なんかがあって、ここから京内、そこから京外というようなきちんとしたものではなかったのではないでしょうか。もう少し漠然とした「倭京」と呼ばれた範囲があって、そこに二十四か寺が含まれると考えていいのではないでしょうか。

坪井　でも、そこには条坊道路はすでに備えられていたと考えるわけですね。

千田　条坊道路は一応あったと思います。でも、それがどんな風に完成していたかは、わかりません。

坪井　藤原宮や本薬師寺中門跡の下層から見つかった道路は、倭京の条坊路の可能性があるのですね。

千田　確かに、それは大いにあると思います。だから、造りかけていたのでしょうね。

坪井　六八六年に天武が亡くなって、それで工事が中断したそうですね。

金子　その後、持統が即位し四年ほどして、再び盛んに造営の記事が出てきます。そのころに工事が再開され、それが今でいう藤原宮としてとらえられるようになったんだと考えています。それから「倭京」という言葉そのものは、天武元年には出てきますからね。「倭京」は壬申《じんしん》の乱以前、つまり京が近江に移される以前から存在していたとみていいのかどうか。エリアではなくて、現実的な意味での京があったのかどうか、そういうことに関しては今のところ、考古学的には証明できてないのです。

千田　そうした場合、天皇はずっと飛鳥にいるわけでしょ。だから、いわゆる平城京的な宮と京の配置状況ではないわけです。

坪井　宮は飛鳥に置いておいて、条坊路的な道路が延々と西北の方に広がっていたということですね。それは当然、将来、京をそこへ遷そうという意図のもとに計画されたものと考えていいわけですね。

千田　それがいわゆる天武が壬申の乱を平定した後に、乱に活躍した大伴御行《おおとものみゆき》が詠んだ歌「大君《おおきみ》は神にしませば　赤駒《あかこま》の　腹這《はらば》ふ田居《たい》を　京師《みやこ》と成しつ」に現れる「京師」でしょう。この京師を、万葉学者はこれまで飛鳥浄御原宮《きよみがはらのみや》のことだとしてきたんですが、岸先生は「そうじゃない、藤原京のことだ」とおっしゃった。でも、私は藤原京のことでもなくて、「倭京」のことだと考えてよいとも思います。

金子　「馬が田んぼで腹ばう」というくらいですから、かなり軟弱な湿地帯だと言えます。ところが、飛鳥のどこを探してもそんな場所は見当たらない。だから藤原京ではないかというのです。それほどの湿地帯というのは藤原京でも場所によりますが。

京域は確定したか

坪井　大藤原京の西京極についてですが、橿原市土橋《つちはし》町で橿原市教委の竹田政敬さんが発掘調査したところ、条坊道路が西側でT字型になっていてそこから西へは抜けてない、止まっているということで、そう判断されたようですが、これで間違いないでしょうか。

金子　そのT字型のすぐ西側を国道24号線バイパスが走っていますが、このバイパスが建設される時、発掘調査は本格的におこなわれていないのです。ただ、テストピットの調査ではあそこから数十メートル行くと、川のような地形が広がっていて、そこまでは延びないのではないかということです。

それから東京極は桜井市が調査されて、その跡が同市上之庄《かみのしょう》で見つかったというので聞いてみたのですが、すぐ脇からもう古墳時代の流路が出てきているというのですね。五世紀ごろです。だから上がほとんど飛ばされていて残ってないのです。さらにあの場所の南側でもトレンチを入れたのですが、そこからは予想した条坊道路は出てこなかったわけです。だから、確定はなかなか難しいわけです。

千田　でも、金子さんは先ほど大藤原京は決まったといわれたじゃないですか。

金子　京域が広がることは間違いないということで、東西の京極が決定したということではないのです。先ほど坊令の数から京の規模を探る試みのところで取り上げた養老令ですが、古代史の坂本《さかもと》太郎《たろう》博士は、基本的にはその前の大宝律令の字句を改めて矛盾を修正しただけで、この時までに改訂した点は施行細則である格《きゃく》に委ねたことを論証されました。先日、直木《なおき》孝次郎《こうじろう》先生（大阪市大名誉教授）とお話する機会があり、養老令について尋ねたのですが、坂本博士と同じお考えでした。

坪井　それで想定された大藤原京は東西十坊、南北十坊の正方形を考えられています。結局、京の復元の最大の根拠は、喜田貞吉の唱えた養老令の左右京職の条に出てくる坊令の数によっているわけですね。そういう意味では、喜田はやはりすごいいいところに目を付けたのですねえ。

金子　逆にいまだにその喜田の呪縛から逃れられないところに、京域の問題の難しさがあるのですよ。

千田　東西の京極の問題もさることながら、南京極も北京極も出てないですからねえ。

金子　南京極については、先ほど申しました山田道が手掛かりに

▲土橋遺跡を調査する竹田政敬技師（1996年5月）

なるのではないかと思います。ただ、現在の阿倍山田道《あべやまだみち》は、近年、明らかになってきた奈良時代の小治田宮《おはりだのみや》を分断する形で通っておりますので、おそらく後世のもので、南側に移ると考える見方が有力と思えます。とすれば、「雷丘《いかづちのおか》」はどこになるのかという問題も出てきます。ともかく、飛鳥は複雑です。

謎をよぶ宮域の位置

千田　藤原京の京域の問題はこれからですが、宮域ははっきりしています。私が最近、大藤原京の問題で大変気になるのは、宮の位置のことです。それでいくと、宮域が京の中央に来るというのですね。中央にくれば、中国の経書《きょうしょ》（古代儒教の基本的書籍）の一つである「『周礼《しゅらい》』考工記《こうこうき》」に宮は中央に置くという理念に合うというのです。こういう理念をモデルにしているというのですね。私も最初、大藤原京説を取らない時は、その説を支持していたのですが、今は、宮が京域の真ん中にあるという考え方についてはさらに検討しなければならないと思います。

例えば、長安城《ちょうあんじょう》の場合なんかも、宮は京域の北側にくっついているのですね。それなのに、なぜ藤原京の場合だけ北にないのかということになるわけです。それは、仮に大藤原京説を正しいとして、宮を北に持ってくると、耳成山《みみなしやま》にぶつかってしまいます。大和三山をどうしても京の中に取り入れたいとすれば、宮を京域の中央に持ってこないと仕方がないということも一つの考え方として念頭におくべきかもしれません。中国の理念をモデルにしたといろいろな方が言われています。私も、これも藤原京プランを考える上での一つの選択肢だとみています。ただ、耳成山を北に持ってきたから、当然、宮が南になったのだとみるのも合理的な解釈じゃないかということも考えにいれておきたいのです。

坪井　大藤原京説に立ちますと、後の平城京をもしのぐ巨大な規模というのは、やはり天武なり、持統なりが、新生律令国家の体面をかけて、あえて大きなものを企画したということなのでしょうか。

千田　ただ、私は藤原京は長安をモデルにしたかもしれないが、おそらく新羅《しらぎ》の慶州《けいしゅう》の影響は受けていたと思うのですよ。というのは、藤原京をつくる時には遣唐使は全然出してないのです。それに対し、遣新羅使はずっと出しています。また、平城京をつくる時には、遣唐使だった粟田真人《あわたのまひと》が慶雲《けいうん》元年(七〇四)に三年の任期を終えて帰ってきています。それは遣唐使が四十年ぶりに復活した時ですから、藤原京のころはずっと遣新羅使の時代なんですよ。だから、慶州の影響も今後考えていっていいのではないかと。

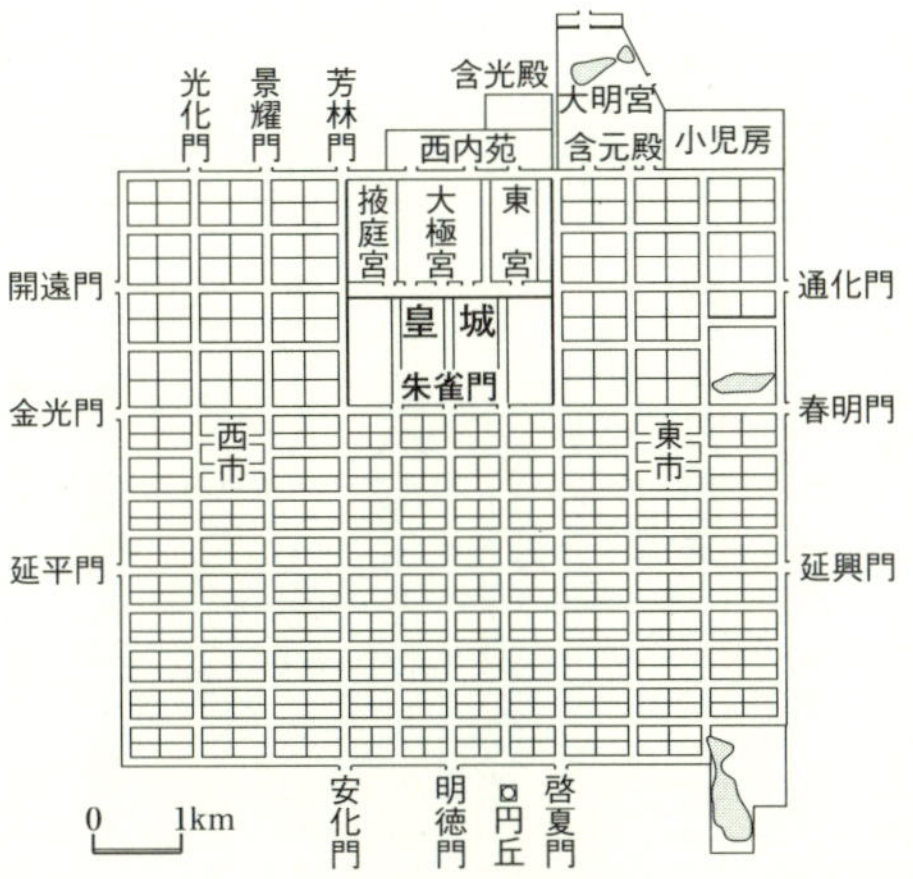

▲長安城の図

金子　慶州に行ったことはないのですが、図を見ると王城のまっすぐ北に「月城」というのがあって、藤原京を南に行くと日高山《ひだかやま》があります。慶州の場合、「月城」はもともと宮城ですが、藤原京の場合も朱雀大路は貫いていますが、日高山という山がある、あれはもともと慶州に習ったのでは、と思えます。ただ、範囲は慶州とは全然違いますが。

千田　「月城」というのは、あれはメインの王宮なんですよ。ところが、慶州の場合、途中で「北宮」というのが北の方に別につくられるのですが、あれは中国の都城《とじょう》制を意識したものだと思います。それで、藤原京はその段階でおそらく飛鳥の「エビノコ郭《かく》」と命名された東西九十五メートル、南北七十メートルの区画になってしまう。「エビノコ郭」というのが南にあって、それを、今度は長安城を念頭におきながら、あるいは慶州のそういう動向も念頭におきながら、やや北の方に持ってこようとしたのではないでしょうか。だから新羅の慶州と藤原京というのは、僕はかなり関係があるというか連動しているというか、そう見ています。あれだけ遣新羅使を出していて影響がないということはないと思うのですよ。

なぜ短命に終わったか?

坪井　それは六六三年の白村江《はくすきのえ》の戦いで倭国《わこく》は、唐と新羅の連合軍に負けてしまうわけですから、とくに唐とは緊張関係にあって、中国の情報というものはすべて新羅経由でしか入ってこないという状況にあったのでしょうね。その藤原京も、わずか十六年でその使命を終えて平城京に遷都してしまうわけですが、その短命の意味はどう考えられますか。

金子　私は、天武・持統が藤原京を一生懸命つくったのに、粟田真人《あわたのまひと》が長安に行って見聞きしたところ、中国の都城は日本のものとまったく違っていた。京の範囲もそうだし、その中での王宮の位置もそうです。それがわかって、それで遷都ということになったのではないかと考えます。

千田　ただ、天武の難波京《なにわきょう》。難波の場合、京があったか否かは問題がありますが、あそこでは宮は北に寄っているでしょう。

金子　六四五年の難波《なにわ》長柄豊碕宮《ながらのとよさきのみや》をいわゆる前期難波宮とすると、この宮に京域が付属したか否か、決着がついていません。次に問題となるのが、天武期に難波に羅城《らじょう》を築くとある記事です。羅城は京の城壁ですから、この解釈をどうするのか。また、六八六年に難波宮が焼けてしまいます。それから天武が死に、藤原宮が成立するのはその後のことですからね。その間に何があったかということでしょうね。

千田　平城京が奈良盆地の北の方に築かれると、その南がずうっと開く。吉野山《よしのやま》まで何もない空間が広がります。これは長安と同じです。長安城もずっと北の端にあって、南の方には何もない。その端に「終南山」という山を持ってきます。長安城のそういう都城の立地条件というものを平城京に持ってきたのだろうと。だから、藤原京が湿地帯で排水が悪いとか、トイレの下水処理がうまく流れなかったとかを遷都の理由にされる。ああいう俗説は、おかしいと思うのです。

坪井　藤原京の地形は、南が高く北に向かって下がるから「天子《てんし》は南面する」という条件に合わなかったからとする説もありますが、京を造営する段階からそんなことはわかっているわけですからね。

千田　長安の地形もそのようなものではないですか。

金子　これまで、平城京遷都の理由として、一つは文武朝に流行病があって、厭世気分があったから人心を一新すること、それにもう一つは七〇一年に大宝律令が制定され、長官《かみ》、次官《すけ》、判官《じょう》、主典《さかん》といった組織割りがきっちりできて、定員が決まったことが挙げられていました。つまり、小企業だったのが大企業になって組織改革をやった。それで役人の数が増えて、今までのところには入りきらなくなって新しい都に遷ったとされていたのです。とくに歴史学者の方々は、大宝律令を境に役人の数が増えたことを重視されました。ところが、私たちが藤原宮の中を掘ってみると、随分空き地が目立ってましてね。

千田　平城遷都のシナリオライターは藤原不比等《ふひと》だといわれます。先日、漫画家の里中満智子《さとなかまちこ》さんに藤原宮は自身の姓がついた都なのになぜ捨てたのかと聞かれました。藤原宮の「藤原」は、藤井ケ原《ふじいがはら》という地名から名づけられたもので、藤原氏は、とくにこの地名に執着する必要はなかったでしょう。

坪井　先ほど、藤原京が長安の都城の実態と大きくかけ離れていたので、平城京が計画されたのではというお話がありました。それは、藤原京を手直ししてすませるわけにはいかなかったのでしょうか。

千田　それが不可能とかどうとかいうのではなく、藤原不比等が「エイ、ヤッ」とばかり、唐の長安城をモデルにしたものを新しくつくろうという、そういう決断があったのではないかと思うんですよ。

金子　例えば、基本設計というものがあるわけでしょ。都市でも建物でも、どういった規模にするのか、予算はいくらか、といったことですが、その基本設計そのものが間違っていた。じゃあどうするのかということですよね。手直し程度でいけるのかどうか。例えば、規模が違い過ぎます。平城京や平安京と比べてみても、藤原京はあまりにも巨大過ぎますしね。それから、先ほどの地形の問題も含めてね、手直しが不可能なほどいろいろな問題点があるということじゃないのですか。

千田　それから、水運の問題ですが、藤原京の場合はどうしてたかという点です。例えば、初瀬《はせ》川までさかのぼり、そこから海石榴市《つばいち》を利用することになりますか。水運を問題にした場合、平城京の場合も大和川までかなりの距離があるし、今の大阪と奈良の府県境にある大和川の亀ノ瀬《かめのせ》では、そのまま同じ大きな船ではさかのぼれないので、小さいものに替えなければならない。それほど便利ではないんです。

三　藤原京南西古墳群が語るもの――飛鳥古墳ミステリー――

衝撃の天体図――キトラ古墳

坪井　それでは最後に、七世紀の初期国家政権の実態を探っていくうえでの集約的なテーマとして古墳、主にいわゆる終末期古墳の問題に移りたいと思います。とくに一九九八年三月に明らかにされた明日香村南部、檜隈《ひのくま》の阿部《あべ》山に位置するキトラ古墳（七世紀末～八世紀初め）の石室天井の天文図は、当時としては世界でも最高水準の精緻な宇宙観を示すものとして大きな話題になりました。一九七二年に見つかった明日香村平田の高松塚《たかまつづか》古墳の天井の壁画は、四周に二十八宿、中央に四輔と北極五星が描かれているだけの装飾的傾向の強い「星《せい》宿図《しゅくず》」でした。

ところが、キトラ古墳の天文図は、内規・赤道

▲キトラ古墳調査再開を報じる新聞
（「読売新聞」1998年3月5日）

・外規と呼ばれる星の日周運動に平行な三円が、北極を中心に同心円状に刻まれ、太陽が星座の中を動く年周運動の経路「黄道《おうどう》」が赤道《せきどう》に交わる偏心円《へんしんえん》として描かれています。地平線に沈まない星の範囲を示す内規と赤道の半径比率から、この天文図の観測地点は北緯三八度から三九度と割り出されました。

古代において高度な東洋天文学が発達していたのは、中国の首都圏・洛陽《らくよう》など（北緯三五度付近）か、高句麗《こうくり》・平壌《へいじょう》付近（北緯三九度付近）に限られることから、この天文図の粉本《ふんぽん》（テキスト）のデータは、平壌付近とみて間違いなさそうです。今回の天文図とよく似たものに、李氏《りし》朝鮮に伝わる石刻星図《せっこくせいず》「天象列次分野之《てんしょうれつじぶんやの》図《ず》」（一三九五年）があります。

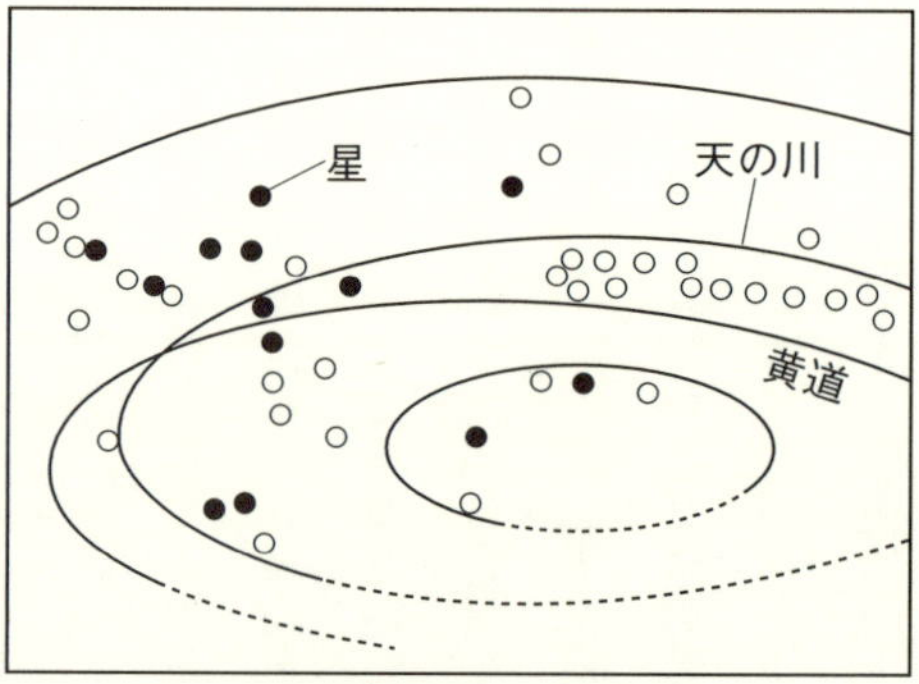

▲キトラ古墳の星宿図のイラスト　白い星は金、黒い星は銀で彩色されたと思われる。

これは、ちょうど高句麗滅亡（六六八年）の際、大同江《だいどうこう》に沈んだ石刻星図の拓本《たくほん》を参考にしたとされます。すると、年代的にもキトラ古墳との関連が非常に注目されます。こういうことを前提にお話を進めて頂ければと存じます。まず、キトラ古墳が営まれている地理的な環境からどうでしょうか。

「聖なるライン」の解明に

金子　ご承知のように、藤原京の南西のところに終末期古墳が集中する地域がありましてそれらを藤原京南西古墳群というような呼び方をしているわけですね。これを、橿原考古学研究所の河上邦彦《かわかみくにひこ》さんや前園実知雄《まえぞのみちお》さん（現・奈良芸術短大教授）は中国風の陵園《りょうえん》区《く》というようなとらえ方というか概念を導入しまして、藤原京時代の陵園だというふうに考えているわけです。それは、間違いないと思います。その基になったのは、岸俊男先生の「聖なるライン」の考え方です。岸先生は、いわゆる藤原京の朱雀《すざく》大路《おおじ》の延長線上に天武・持統合葬陵や高松塚古墳が並ぶというようなことをおっしゃったわけです。

いわゆる天武・持統合葬陵というのは、藤原京の中軸線上のちょうど南に当たるわけです。岸説でいうと、北の京極だった横大路からちょうど九里のところに、一里が五三一メートルなので、それを掛ければいいのですが、そこに天武・持統合葬陵があるわけです。だからこれが一つの基準となって、京の南西のところに陵園区をつくって、功臣たちをそこに埋葬するようにしたのではないかというわけです。

キトラ古墳もその中に入るわけですから、被葬者も天武・持統朝に関連した官吏ないし親王、王族の墓の可能性というものをやはり一つ考えないといけないと思うのです。

千田　別に陵園という概念を持ち込んでも持ち込まなくても、かなり重要な人物がここ

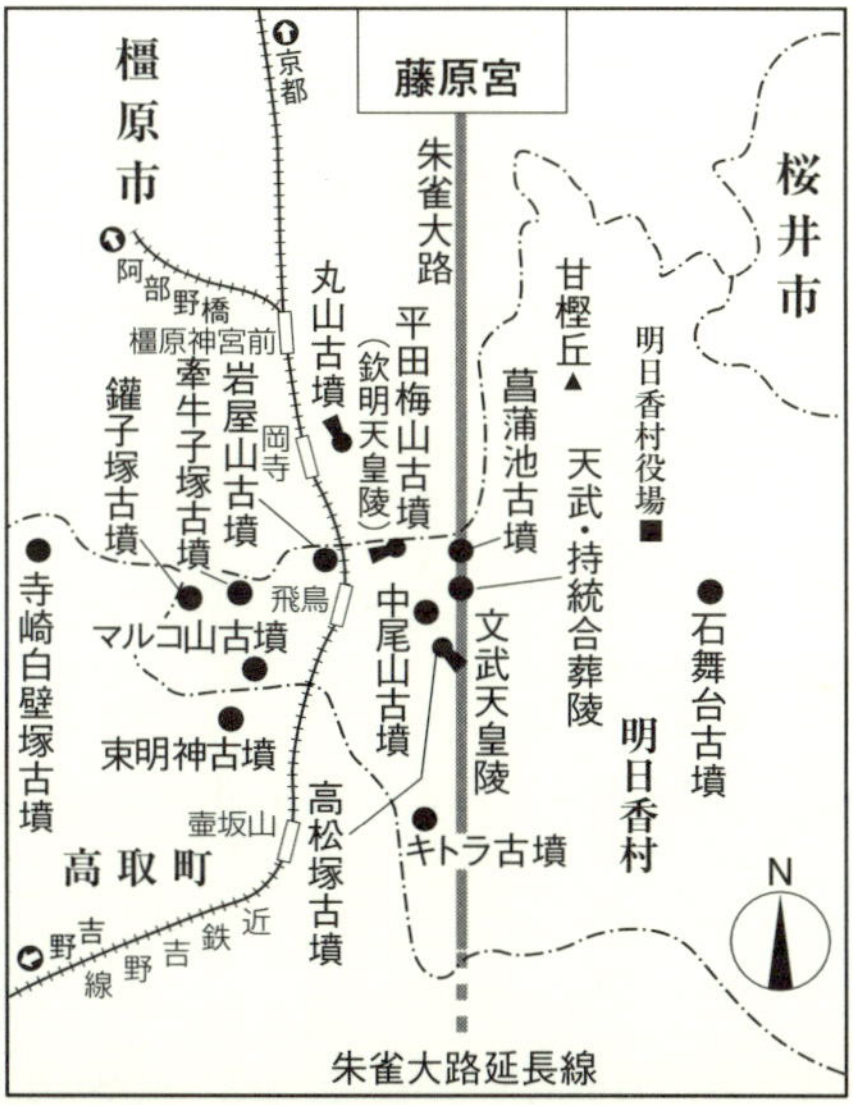

▲**藤原京南西古墳群**　朱雀大路延長線上に天武・持統合葬陵がある。

に葬られたという関係からいえば、私は渡来人、結論からいえば、百済王《くだらのこにきし》氏の墓がここにあっても一向に差し支えないという見方なんですよ。ただ、先ほどの金子さんのお話では横大路から測って九里だというのだけれども、横大路は今は北京極ではなくなっているわけで、岸説藤原京ではということでしょう。

金子　確かに、岸説藤原京は今はうんと拡大しているわけです。そういう点ではかつてこの陵園区と藤原京とは面積も同じではないかといわれていたのですが、それも当たらなくなりました。ただ、中軸線そのものは変わりません。

千田　それとなぜ位置は南西なのですか。中国の陵園区はすべて南西にあるわけですか。

金子　いいえ、中国では天子南面ですから、ほぼ北側にあります。そういう点でも、藤原京の王陵の谷とでもいいますか、それは長安城のあり方とは違っています。先ほど、平城京への遷都の経緯で坪井さんからなぜ藤原京で手直しができなかったのかという疑問が出されましたが、こういう陵園区の問題もあって、しようがなかったのかもしれません。

　ともかく、藤原京のあり方は、長安の都城とはそれほど著しく異なっていたわけです。お墓のあり方を含めてまでも。ただ、北魏《ほくぎ》だと、西北に陵園区がくる例はあります。藤原京については、道教《どうきょう》思想史家の福永光司《ふくながみつじ》さんなんかは、道教思想の影響で宮の南に、陵園区を持ってきたのだとおっしゃっています。それは、道教の教典『真誥《しんこう》』の中に高位高官であった者は死後、都の南の朱火宮(南宮)において、昇仙《しょうせん》のための錬成《れんせい》を受けるとあります。だから、宮の南側にこういうものを設けたのではないかと。中国のどこかをモデルにしたというよりは、そういうふうに考えた方がいいのではないでしょうか。

千田　ただ、例えば明日香村真弓《まゆみ》の牽牛子塚《けんごしづか》古墳の被葬者を斉明《さいめい》天皇に当てるでしょ。すると、これは藤原京とは関係ないですね。斉明は飛鳥京だから。だから、ここを藤原京だけの陵園とみるのは、ちょっとしんどいですね。飛鳥・藤原京を含めての陵園とみるのですか。

金子　少なくとも、天武・持統合葬陵が一つの基準と考えるとそれ以降ということになります。そうすると、天武・持統朝よりも古い橿原市五条野町の菖蒲池《しょうぶいけ》古墳は、どうなるのかということになります。飛鳥期の伝統をふまえた可能性はあるとは思います。

▲天武・持統陵古墳

千田　藤原京南西古墳群の真ん中を南北に、近鉄吉野線を境に谷が走っているわけですが、むしろその谷の西側にある牽牛子塚、鑵子塚《かんすづか》、マルコ山、束明神《つかみょうじん》などの古墳群があります。ここは越智《おち》丘陵なんです。越智というのは、「若返る」という変若《へんじゃく》を意味するあの越智だから、これは最初から墓地として、越智の丘陵は設定されていたのではないでしょうか。それに、これ以外にも終末期の古墳がここにあるでしょ。

坪井　最近、発掘されて話題になった高取町寺崎の白壁塚《しらかべづか》古墳などもそうですね。

金子　『万葉集』ではここは「越水《こしみず》」と書かれていますね。

坪井　でも、その場合、近鉄吉野線の東側のキトラなどを含む古墳群はどう見たらいいのですか。

千田　「聖なるライン」にきっちり乗っていなくても、大体南と見るならば、どうなりますか。菖蒲池古墳は天武・持統朝より古いとなればこれは偶然としかいいようがない。それで明日香村平田の中尾山古墳の被葬者は一応、文武《もんむ》天皇に当てるわけですね。それで高松塚、キトラ古墳と続くわけですね。

金子　だから、高松塚古墳には石上麻呂《いそのかみのまろ》が葬られており、同古墳は中尾山古墳の陪塚《ばいちょう》で、陵園区の一つだろうというのが秋山日出雄さんらの見方です。要するに文武の功臣として、石上麻呂がここに墳墓をつくることを許されたのではないかというわけです。

▲高松塚古墳

被葬者は日本人とは限らない

千田　まあ、何とでもいえますが、高松塚にしても、キトラにしても、その古墳の被葬者論になると、古代史の先生方は途端にナショナリズムに陥ってしまわれ、日本人でないといけないように決めつけられる。このころには、かなり多くの渡来人が入り込んでいます。とくに、百済王氏は最後はきわめて高い位についています。ですから、日本人がここに葬られていなければならないという議論にこだわると、戦前の皇国史観に戻ってしまうのではないか。それを平気でおっしゃる。大体、石上麻呂なんて人物があんな立派なお墓に葬られるはずがないじゃないですか。

金子　ただ、私は天武・持統陵というものが藤原京南西古墳群の基点、つまり祖墳になったと思います。天武の皇子女のうち、十市皇女《とおちのひめみこ》とか、氷上女《ひかみのひめ》は大和の赤穂という所に葬られています。この赤穂を和田萃《わだあつむ》さん（京都教育大学）は、檜隈《ひのくま》の安古《あこ》山陵（文武陵）などの「安古」のことだろうといわれています。そうすると、天武・持統陵ができた後に、もしかすると地名の表記を変えたのかなという推測も成り立ちます。やはり天武・持統陵が基点になっているのかなあと。

千田　基点になったかどうかは知らないけれど、きちっとした場所を選んだことは確かでしょうね。

金子　それから草壁皇子《くさかべのおうじ》は真弓岡《まゆみのおか》に葬られたとあります。真弓の木といえば、中国では棺にする木のことで、あれは葬送地だということで、そんなにはさかのぼらないかもしれません。

坪井　陵園区というのはその通りであってもいいと思うのですが、皇族と高位高官でなくても、功臣であればここに葬られる資格はあったのですね。

千田　渡来人でもいいわけです。私は百済王・善光王《ぜんこうおう》とその子、昌成《しょうじょう》をそれぞれ高松塚古墳とキトラ古墳の被葬者の候補に挙げています。昌成は、父親に先立って二十年ほど早く亡くなっています。

坪井　横口式石槨《せっかく》の壁と天井との間の合掌《がっしょう》風の傾斜角など

宮内庁が治定している草壁皇子真弓岡陵
（高取町森）　実際の墓は、近くの東明神古墳と考えられている。

の編年では、キトラ古墳、石のカラト古墳（奈良市・京都府相楽《そうらく》郡木津町境）、マルコ山古墳、高松塚古墳と並びそうですので、キトラと高松塚の間には二十年以上の開きがあるかもしれません。

千田　あれだけの精密な天文図を持つ古墳に葬られるというのは、並の人間でないというのが私の大前提なんですよ。石上麻呂がそんな待遇を受けているなんてこと、ありえません。それから草壁皇子が有力な候補の高取町佐田の束明神《つかみょうじん》古墳。ああいうところには壁画の痕跡がありません。逆に、皇族関係では墳形が八角形の所が多いけれど、キトラや高松塚はそうではありません。とすれば、当時の皇族ではないし、まして高官なら墓があまりにも立派過ぎます。

金子　被葬者論についてはどうですかねえ。日本では基本的に墓誌が出ませんからね。

千田　古代史の研究者も、口では国際化といいながらすぐにナショナリズムを掲げますからねえ。

金子　私は、天武・持統朝の功臣ないし皇族であれば、だれでも構わないと思っています。だから高位・高官も入るし、百済王のような人物も入ります。

坪井　キトラの天文図は、いってみれば、明らかに渡来系ですが、千田先生の渡来王族説は、そんなところでも結び付くのでしょうか。

束明神古墳

千田　というか、あの天文図の中心には「北極星」がくるわけですが、そんなものが描かれた天井の下に葬られる人物は、そういう視点からも、天皇か王しか浮かんできません。とすると、日本の天皇はといえば、例えば、欽明陵と考えられている丸山古墳（橿原市五条野町・大軽町・見瀬町）の石室にもそんなものはありませんでした。となると、渡来系の王族ですよ。だから和田萃さんは東漢《やまとのあや》という説を出されましたが、東漢は蘇我氏に使われた身分ですからね。

坪井　とにかく、星宿図、天文図を持つ古墳はまだ二例しか見つかってないわけです。

千田　そんなにたくさんはないだろうというのが、今の僕の考え方です。

金子　確かに、キトラ、高松塚ともに天皇は入りようがないわけですね。それから終末期古墳の年代決定が難しいことも被葬者の特定を困難にしています。あのころの古墳には年代を探れる土器というものがほとんど入っていませんからね。

坪井　様々な視点からのご意見ありがとうございました。今ずっとお伺いしていまして改めて七世紀後半の時代の画期性、変革性、国際性の問題のご指摘を受け、さらなる論議を重ねていかねばならないと痛感させていただきました。

とくに、この座談会の催された時期と並行して進められた飛鳥池遺跡出土の富本銭《ふほんせん》鋳造の問題は、今後の天武・持統朝の政権の在り方を考える上できわめて示唆的なテーマだと思います。

例えば、新聞などの報道ではあまりに専門的過ぎて取り上げられなかったのですが、飛鳥池の現場から見つかった明らかに富本銭鋳造の際に使われたと思われる鋳棹《いざお》（銭笵＝銭貨の鋳型＝に溶けた銅を流し込んで枝分かれさせ、枝銭として鋳造させる幹の部分)の問題があります。鋳造研究の専門家にいわせると鋳棹が異常に太く、これでは大変な湯(溶銅)の無駄遣いになるし、鋳棹部分と枝銭の先端部分とではかなりの温度差が生じ、冷えるまでの時間がバラバラで失敗しやすいということです。

また、枝銭に分かれる「堰《せき》」と呼ばれる部分がすべて鋳棹に直角に配されています。しかし、銭笵は直角に立てて使われるため、湯の流れをよくしようと思えば、「堰」は斜め下に向けて斜行させねばならないそうです。そういわれれば、後の和同開珎は確かに、鋳棹はずっとスリムで、「堰」は斜め下方に向けられています。つまり、今回の鋳棹では、富本銭はとても大量にはつくれないし、失敗作も多かっただろうということです。こうしたことから考えられるのは、政権側としては通貨としての富本銭を大量に発行しようというよりは、対中国、あるいは対新羅など国際的に独立した「帝国」として認めさせる条件づくりに、この貨幣を利用したのではないかということです。

そういう目で見ていきますと、本日、お話いただきました巨大な藤原京にしても、飛鳥浄御原宮にしても、天武朝以降、国家としての基盤整備に躍起となっていた七世紀後半の政権の姿が生々しく反映しているかのように感じられます。これからも、千田先生や金子先生をはじめとする皆さま方のご教示を得ながら、様々な角度からこの時代の解明に取り組んでまいりたいと思います。(了)

【追記】 古代日本における「七世紀史」見直しの重要性を、飛鳥地域を中心に語って頂いたが、この座談会(平成十一年三月)後も、翌十二年初頭にかけ目を見張らされるような発掘成果が同地域で相次いだ。

まず、飛鳥池遺跡で新たな展開が十一年七月にあった。当初見つかっていなかった富本銭の鋳型片など鋳造にかかわる遺物が大量に出土。少なくとも一万枚以上が鋳造されたと見られ、奈良国立文化財研究所は「富本銭の大量生産を示し、通貨としての流通を裏付ける」と発表した。

飛鳥池遺跡の南西約四百メートルの飛鳥川右岸では、同六月に七世紀後半の巨大な苑池遺構が橿原考古学研究所によって発掘された。池の広さは今回確認されただけで約千平方メートル。池は原地形から見て北方へ大きく広がりそうだ。近くの「岡の酒船石」とともに、飛鳥の謎の石造物の一つに数えられていた「出水《でみず》の酒船石」に連続する一連の石造物も同時に確認され、「出水の酒船石」などは、この池に水をそそぐ大がかりな流水装置の一部と判明した。当初の築造は斉明朝期と見られるが、天武朝期に拡張されているうえ、飛鳥浄御原《あすかきよみはらの》宮《みや》の推定宮域の北西に隣接しており、『日本書紀』の六八五年に、天武天皇が訪ねたと記述のある「白錦後《しらにしきのみ》苑《その》」の可能性が高いとみられる。

飛鳥池遺跡南方の丘陵でも、一九九二年以来、二〇〇〇年初めまでに砂岩の切石などを用いた石垣・石敷き状遺構が大規模に連なっていたことが判明。斉明天皇が「狂心《たぶれこころ》の渠《みぞ》」とともに「七万人余りを動員し、船二百隻で石上山《いそのかみのやま》の石を運んで後飛鳥岡本宮の山にそれを重ねて垣を造った」とある書紀の同二年条の記事に符合する。七世紀後半の東アジアの緊張情勢に備えた朝鮮式山城のような施設だったのではという見方もある。

また、石敷き状遺構には研究者によって、〝神仙《しんせん》思想による蓬莱山《ほうらいさん》の施設〟とも、〝流水庭園のような饗応《きょうおう》施設〟とも解釈しうるようなものも含まれている。その背景をめぐり、前者については斉明紀の二年条にある「田身嶺《とうのみね》（多武峰）」の上に建てられた「両槻宮《ふたつきのみや》」または「天宮《あまつみや》」と呼ばれる道教寺院（道観《どうかん》）との関連が、後者については斉明紀の五年条、六年条に蝦夷《えみし》や粛慎《みしはせ》を饗応するために「甘樫丘《あまかしのおか》の東の川上」や「石上池の邊《ほと》り」に造られたという「須彌山《すみのやま》」との関連から考えられ、今後、問題になりそうだ。

（坪井　恒彦）

あとがき

九州、山陰遠征から戻った倭建命《やまとたけるのみこと》（日本武尊）は、東国遠征に赴く。その帰途、大和を目前にした能煩野《のぼの》（三重県鈴鹿《すずか》郡）で死を覚悟した建命は、

倭は 国のまほろば たたなづく 青垣 山隠《こも》れる 倭しうるはし、と歌い白鳥と化した。

大和は古代史を彩る舞台である。盆地東南部付近を点々とした政権中枢は、六世紀のある段階から盆地東南部の最奥ともいうべき飛鳥に移動した。百済が漢城（ソウル）、熊津（公州）、泗沘（扶余）と遷都した故事が思い浮かぶ。

古代の飛鳥は現代のそれより狭く、飛鳥川右岸を中心とし南は橘《たちばな》寺から北は香具山付近までの南北約三キロメートル、東西約〇・七キロメートルほどの地域である。東南西の三方は、多武峰《とうのみね》からのびる山麓に囲まれ天然の要害をなす。ここを王城の地とした理由であろう。

律令国家への胎動は七世紀初頭の推古朝にあり、世紀末の天武・持統朝に大きく展開。『飛鳥浄《きよ》御原《みはら》令』、ついで『大宝律令』として完成した。それに伴って六九四年には藤原京が、ついで七一〇年には平城京が建設され、政権中枢はこの谷を後にした。その間、この谷あいは数々のドラマや政治的暗闘の舞台となった。一九九九年十一月、大阪市の難波宮跡で戊申《ぼしん》年（六四八）木簡《もっかん》が見つかり大きな話題となった。飛鳥から難波に遷り、新宮を作るきっかけは、六四五年の大化改新である。

改新クーデターの発端となる飛鳥板蓋宮《いたぶきのみや》跡は、現飛鳥京跡にほぼ重なるという。上層には天武の浄

御原宮跡があるために、実態は明らかではない。しかし、この地に立ち、蘇我氏の甘樫丘上下の宮門《みかど》や、中大兄が事件後に警備を固めた法興寺(飛鳥寺)をみまわすと、指呼の間である。

現地であらためて『日本書紀』を読むと、気づかなかった興味深い事実を発見するのではあるまいか。とはいえ、『書紀』はあくまで歴史叙述であり、細々とした日常的なこと、常識的なことには黙して語らない。飛鳥の日常的な風景に数々の謎が満ちている理由である。

謎は、地上の観光コースだけではない。

「飛鳥はなにが出るか分からない」とは、マスコミだけでなく研究者の本音でもある。発掘すればするほど、謎が増すのが飛鳥であり、歴史の重みのなせる業であろう。

本書は飛鳥・藤原京とその歴史の謎解きに満ちた楽しい本である。いわゆる論文集ではないし、研究者だけの本でもない。飛鳥・藤原京の謎に挑む一線の記者がともに筆を競ういわば競作であり、練達の文章には思わず引き込まれる。研究者の文章と読み比べると、いっそう興趣が増す。

ふだんの記事ではみえない記者の本音が垣間みえることも嬉しい。ことに調査機関、というより個人の代弁が行間に仄《ほの》みえると、思わず伏せ字に目がゆく。それを頭に相手を推理しながら読むと、謎解きの楽しさが倍加する。本書のいまひとつの楽しみ方といえよう。

多くの方々の協力によって本書は興味深く、楽しい本となった。関係諸機関、執筆者の方々、編集を担当していただいた西田孝司氏にお礼申しあげる次第である。

平成十二年二月

金子裕之

へ・ほ

ま行

や・ゆ・よ

ら行・わ

な行

は・ひ

ふ

遺跡・文化財さくいん

あ

い

う・え

『飛鳥・藤原京の謎を掘る』協力者一覧（敬称略・五十音順）

本書の刊行にあたり、次の各氏ならびに諸機関に、貴重な資料の提供をいただくとともに取材のご協力、およびご教示をたまわりました。記して感謝申し上げます。

〈個人〉

相原　嘉之
天野　末喜
伊藤　勇輔
猪熊　兼勝
岩本　圭輔
大谷　照子
大脇　　潔
奥田　　尚
垣内　礼子
亀田　　博
河上　邦彦
北村　憲彦
桐山　佳葉
黒崎　　直
木場　幸弘
小林　弘美
西光　慎治
清水　真一
関川　尚功
納谷　守幸
成田　美和
西口　壽生
橋本　輝彦
林　日佐子
福井　秀昭
前園実知雄
増田　一裕
松井　　章
松村　恵司
森　　和彦
森岡　秀人
村上　　隆
山田　泰三
山本　宝純
吉岡佐和子
米田　敏幸

〈諸機関〉

飛鳥資料館
飛鳥寺
明日香村教育委員会
斑鳩町教育委員会
大阪府立弥生文化博物館
岡寺
橿原市教育委員会
橿原市立鴨公小学校
橿原市立千塚資料館
現代コミュニケーション
向原寺
埼玉県立さきたま資料館
桜井市教育委員会
新宮市総務課
高槻市役所広報課
高取町教育委員会
奈良県観光課
奈良県立橿原考古学研究所
奈良県立橿原考古学研究所附属博物館
奈良国立文化財研究所
奈良市教育委員会
福井市役所観光課
藤井寺市教育委員会
山本瓦工業株式会社
読売新聞社

●編著者紹介
千田　稔　（せんだ　みのる）
一九四二年生まれ。奈良県出身。京都大学大学院文学研究科博士課程中途退学。現在、国際日本文化研究センター教授。歴史地理学専攻。文学博士。一九九四年度浜田青陵賞受賞。著書に『宮都の風光』（角川書店）、『鬼神への鎮魂歌』（学習研究社）、『うずまきは語る』（福武書店）、『古代日本の歴史地理学的研究』（岩波書店）、『天平の僧　行基』（中公新書）、『風景の考古学』（地人書房）、『平城京の風景』（文英堂）、『王権の海』（角川選書）、『高千穂幻想』（ＰＨＰ新書）などがある。

金子裕之　（かねこ　ひろゆき）
一九四五年生まれ。富山県出身。国学院大学大学院文学研究科修士課程修了。現在、奈良国立文化財研究所埋蔵文化財センター研究指導部長。奈良女子大学大学院人間文化研究科客員教授。考古学（古代都城史）専攻。一九九九年度樋口清之賞受賞。著書に『木簡は語る　歴史発掘十二巻』（講談社）、『まじない世界Ⅰ（縄文～古代）日本の美術三六〇号』（至文堂）、『平城京の精神生活』（角川書店）。編著書に『法隆寺の至宝第五巻　百萬塔・陀羅尼経』（小学館）、『古代の都と村　古代史復元九』（講談社）、『日本の信仰遺跡』（雄山閣）などがある。

●執筆者紹介
1章　ジャーナリストが見た飛鳥・藤原京
林　文夫（読売新聞松江支局長）
松村和明（読売新聞大阪本社編成部記者）
関口和哉（読売新聞奈良支局橿原通信部記者）
2章　飛鳥・藤原京の謎を解く
千田　稔
金子裕之
今尾文昭（奈良県立橿原考古学研究所主任研究員）
竹田政敬（橿原市教育委員会文化財課技師）
3章　鼎談『飛鳥・藤原京――新発見の謎を解くカギ――』
千田　稔
金子裕之
坪井恒彦（読売新聞大阪本社解説委員）

飛鳥・藤原京の謎を掘る

二〇〇〇年三月　一日　第一刷印刷
二〇〇〇年三月一〇日　第一刷発行

編著者　千田　稔
　　　　金子裕之
発行者　益井英博
印刷所　天理時報社
発行所　株式会社　文英堂
東京都新宿区岩戸町一七　〒162-0832
電話　〇三(三二六九)四二三一(代)
振替　〇〇一七〇-三-八二四三八
京都市南区上鳥羽大物町二八　〒600-8691
電話　〇七五(六七一)三一六一(代)
振替　〇一〇一〇-一-六八二四

ISBN 4-578-12958-6　C 0021